智能驾驶之激光雷达算法详解

The algorithms for LiDAR in intelligent driving

揭皓翔◎编著

人民邮电出版社
北京

图书在版编目（CIP）数据

智能驾驶之激光雷达算法详解 / 揭皓翔编著. -- 北京 : 人民邮电出版社, 2024.5
ISBN 978-7-115-62366-9

Ⅰ. ①智… Ⅱ. ①揭… Ⅲ. ①激光雷达－应用－智能控制－汽车 Ⅳ. ①U46

中国国家版本馆CIP数据核字(2023)第141928号

内 容 提 要

本书内容涵盖了智能驾驶场景中常用的激光雷达的标定、感知和定位算法。标定算法部分介绍了有代表性的激光雷达与车体的外参标定算法以及激光雷达和相机间的外参标定算法；感知算法部分介绍了基于激光雷达进行地面检测、障碍物聚类、目标检测、多目标跟踪、路沿检测的代表性算法；定位算法部分则介绍了几种有影响力的激光里程计、激光雷达+IMU（intertial measurement unit，惯性测量单元）组合定位算法以及多传感器融合定位与建图算法。本书着重从理论出发，介绍激光雷达关键算法的原理，可为读者提供车载激光雷达相关算法的基础指导。

本书可作为高等院校车辆工程、机器人工程、交通工程专业和自动驾驶专业的教材，也可供智能驾驶或机器人领域的技术爱好者以及激光雷达标定、感知、定位算法工程师使用和参考。

◆ 编　　著　揭皓翔
责任编辑　张　涛
责任印制　王　郁　焦志炜

◆ 人民邮电出版社出版发行　　北京市丰台区成寿寺路 11 号
邮编　100164　　电子邮件　315@ptpress.com.cn
网址　https://www.ptpress.com.cn
三河市君旺印务有限公司印刷

◆ 开本：787×1092　1/16
印张：16.25　　　　2024 年 5 月第 1 版
字数：410 千字　　　2025 年 6 月河北第 2 次印刷

定价：89.80 元

读者服务热线：(010)81055410　印装质量热线：(010)81055316
反盗版热线：(010)81055315

前　言

写作背景

智能驾驶是辅助驾驶和自动驾驶的统称，通常指汽车通过搭载先进的传感器、控制器等设备，结合人工智能算法以辅助驾驶员对车辆的操控甚至实现无人驾驶。随着近年来智能驾驶热潮的兴起，大批的整车厂、零部件供应商、互联网科技公司、高校、科研院所等均积极开展了智能驾驶技术的研究，大力推动智能驾驶技术的商业化落地。

目前，智能驾驶的感知技术路线则主要分为以相机和激光雷达为主导的多传感器融合方案两个方向。以相机为主的感知方案虽具有成本优势，但其在感知精度、稳定性、场景适应性方面都有局限性，且对非标准静态物体识别困难。得益于成像原理的优势，激光雷达能够精确地提供环境、目标的深度信息，且对外界光照变化不敏感。因此，业界普遍认为激光雷达主导的感知方案具有实现更高级别智能驾驶的潜力。然而，硬件成本一直是制约以激光雷达为主导的多传感器融合方案商业落地的重要因素。

但就目前而言，我们可以看到激光雷达的硬件成本正在快速下降。在这种背景下，一些车企明显加速了激光雷达应用的进度。例如，在 2021 年，市场上仅有少数车型的旗舰款搭载了高线束激光雷达，而在 2023 年，市场上已有几十余款车型宣布搭载了高线束激光雷达。

由此，汽车行业对激光雷达算法工程师的需求量也逐步增大。但是相比图像算法而言，国内关于激光雷达算法的研究起步较晚，该领域的从业人员相对较少。此外，由于目前市面上并没有系统介绍车载激光雷达相关应用的图书，使得许多工程人员转入激光领域的研究和工作时上手困难。因此，我结合工作中的经验编著了本书。在本书中，我系统地收集和整理了部分优秀的算法并对这些算法进行原理分析，希望能够帮助读者快速地了解激光雷达的基础知识和算法。

本书特色

本书是系统性介绍车载激光雷达关键算法的技术书。全书分 14 章，涉及激光雷达和智能驾驶的基础知识，以及激光雷达在智能驾驶中的标定、感知和定位方法，基本涵盖了当前车载激光雷达的应用场景。

首先，在基础知识部分（第 1 章），介绍了激光雷达的基本硬件原理、发展历程，以及其特点、功能和商业化应用现状；然后，分别针对标定、感知、定位三个方向的基础知识，介绍了坐标系欧氏变换基础和李群、李代数基础（第 2 章）以及深度学习基础（第 7 章）。

在标定算法部分（第 3 章和第 4 章），介绍了有代表性的激光雷达与车体的外参标定算法以及激光雷达和相机间的外参标定算法，涵盖了基于标定物、无标定物、离线标定和在线标定等多种标定模式。

在感知算法部分（第 5 章和第 6 章、第 8 ～ 10 章），介绍了基于激光雷达进行地面检测、障碍物聚类、目标检测、多目标跟踪、路沿检测的代表性算法。

在定位算法部分（第 11 ～ 13 章），介绍了几种有影响力的激光里程计、激光雷达 +IMU 组合定位算法以及多传感器融合定位与建图算法。第 14 章对车载激光雷达的未来发展进行了介绍。

本书在进行算法介绍时，首先从问题定义、研究背景和主流研究方向等角度出发，帮助读者快速勾勒出该领域的研究现状；然后，针对每个方向精选有代表性的算法进行详细剖析。在本书中，我以图文并茂的方式对关键算法进行阐述，全书包含 200 余幅图，400 余个公式，希望能够结合直观形象的图和严谨详细的理论推导使读者加深对书中算法的理解。

读者对象

本书可作为高等院校车辆工程、机器人工程、交通工程专业和自动驾驶专业的教材，也可供智能驾驶或机器人领域的技术爱好者以及激光雷达标定、感知、定位算法工程师使用和参考。

本书配套资源

书中所介绍的关键算法大多有开源代码，其对应的 GitHub 链接在文中已经分别给出，感兴趣的读者可自行下载。

致谢

衷心感谢周一博、江世宏、李耀光、罗建国、魏翔宇等对本书提出的宝贵意见和建议！衷心感谢东软睿驰汽车技术（上海）有限公司的刘威教授、胡骏博士、刘力锋博士等对我研究工作的帮助！衷心感谢高健、宁作涛、左心怡、张文胜、张越等为本书写作提供的部分素材！感谢深兰科技（上海）有限公司陈海波董事长和总经理李泽涵博士、华中科技大学吴义忠教授、清华大学黄晋副教授、杭州电子科技大学陈慧勤副教授和陈昌副教授、华为智能车 BU 凌永伟对本书的支持！感谢我的父母、夫人和女儿，他们的鼓励给了我完成本书的动力和信心！感谢为本书付出辛勤劳动的每一位编辑，他们认真、细致的工作让本书质量有了进一步提升！

由于本书涉及的知识点较多，加之编写时间有限，书中难免有不妥之处，敬请读者指正。由于一些算法的原理比较复杂，为了保持部分算法的“原汁原味”，书中参考了对应的算法原文给出的详细的推理过程，并在相应位置注明了来源和出处。另外，书中涉及较多的图表与数据，一些图表和数据是作者复现、改进后得出的，还有一些图表和数据则是引用了算法原文，并同样在书中注明了来源和出处。读者如有疑问或版权问题请随时通过电子邮件与我联系，我的联系邮箱为 lidarbook@126.com。我在此对所有这些算法的作者表示感谢！

本书编辑联系邮箱：zhangtao@ptpress.com.cn。

揭皓翔

于汽车创新港

目录

第 7 章 深度学习基础 ······ 103

第 8 章 基于 3D 激光点云的目标检测 ······ 127

第 1 章　初识激光雷达

1.1　激光雷达的基本原理

激光雷达（LiDAR）是光探测和测距（Light Detection and Ranging）的简称，早期也被称为光雷达。这里我们以常见的车载机械式激光雷达为例，简述激光雷达的工作原理。如图 1-1 所示，激光雷达以激光作为信号源，由激光器发射出脉冲激光，打到地面、树木、车辆、道路、桥梁和建筑物等被测物体表面上；随后激光会发生散射，一部分光波会被反射到激光雷达的接收器上；再根据激光测距原理，即可得到从激光雷达到目标点的距离信息；进而通过激光器不断地水平旋转，便可以得到车辆周围目标物上全部激光点的数据，在用此数据进行成像处理后，便可得到周围环境精确的三维立体点云[1]。

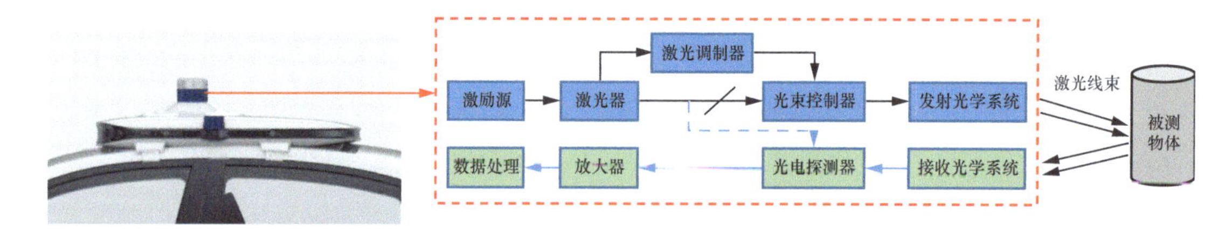

图 1-1　激光雷达工作原理示意图

图 1-2 展示了我们使用速腾 128 线激光雷达 RS-Ruby 在郊区场景采集的一帧激光点云。这里我们所说的 128 线表示该激光雷达能够发射 128 条激光线束。图 1-2 中的每个激光点都包含（x,y,z,intensity）四维度信息，分别表示该激光点在激光雷达坐标系下 x、y、z 三个坐标轴方向的坐标值以及反射强度值。

图 1-2　激光点云效果展示

1.2 激光雷达的发展历程

自 1960 年第一台激光器诞生后，美国麻省理工学院林肯实验室在其基础上于 1964 年研制出第一台激光雷达。由于激光雷达具有测量精度高、方向性好、不易受外界光照条件影响和地面杂波干扰等特性，其随即被应用于军事领域。随着 20 世纪 80—90 年代科研测绘和气象预测等行业的快速发展，业界学者尝试引入激光雷达技术，由此激光雷达走入商用领域。随后，激光测距仪开始进入工业测量以及机器人行业。2000 年以后，随着学者们对无人驾驶技术的探索，激光雷达的应用得到进一步拓展。美国国防部高级研究计划局分别在 2004 年、2005 年和 2007 年举办的无人车挑战赛更是极大地推动了激光雷达在无人车感知方案中的应用。其中，在 2007 年完成比赛的 6 支队伍中，有 5 支队伍使用了 Velodyne 的多线束激光雷达[2]。至此，激光雷达开始走进人们的视野。随着近年来中国、美国和欧洲大力推动智能驾驶技术的发展和应用，激光雷达行业也随之进入高速发展期。到目前为止，激光雷达已经在智能驾驶、车联网、无人机、工业机器人、消费类电子产品、探测导航、气象测绘等诸多商业领域有不同程度的应用。

1.3 车载激光雷达的分类

当前，车载激光雷达相关技术仍处在高速发展阶段，激光雷达厂家对其各模块都有不同的设计方案。我们根据不同模块所采用技术方案的不同，对车载激光雷达大致进行了分类，如表 1-1 所示。

表 1-1 车载激光雷达的分类

<table>
<tr><th>组成部分</th><th>分类</th><th>描述</th></tr>
<tr><td rowspan="3">光源</td><td>880nm/905nm</td><td>近红外激光</td></tr>
<tr><td>1350nm</td><td rowspan="2">中、远红外激光</td></tr>
<tr><td>1550nm</td></tr>
<tr><td rowspan="3">发射端</td><td>EEL</td><td>边缘发射激光器（Edge Emitting Laser）的英文简称，是一种激光发射方向平行于晶圆表面的半导体激光器</td></tr>
<tr><td>VCSEL</td><td>垂直腔面发射激光器（Vertical Cavity Surface Emitting Laser）的英文简称，是一种激光发射方向垂直于晶圆表面的半导体激光器</td></tr>
<tr><td>光纤激光器</td><td>以掺入光纤元素玻璃作为增益介质的激光器</td></tr>
<tr><td rowspan="4">接收端</td><td>PIN</td><td>光电二极管，在 P 区与 N 区之间生成 I 型层，吸收光辐射而产生光电流的一种光检测器</td></tr>
<tr><td>APD</td><td>雪崩光电二极管（Avalanche Photo Diode）的英文简称，工作在线性增益范围</td></tr>
<tr><td>SPAD</td><td>单光子雪崩二极管（Single Photon Avalanche Diode）的英文简称，工作在盖革模式，具有单光子探测能力</td></tr>
<tr><td>SiPM</td><td>硅光电倍增管（Silicon Photo-Multiplier）的英文简称，是继承了成百上千个单光子雪崩二极管的光电探测器件</td></tr>
</table>

续表

组成部分	分类	描述
扫描系统	机械式	通过让激光雷达整体旋转来达到扫描视场的效果
	MEMS 振镜	通过控制 MEMS（Microelectromechanical System）振镜振动来达到扫描视场的效果
	透射棱镜	又称双楔形棱镜激光雷达，激光在通过第一个楔形棱镜后发生一次偏转，在通过第二个楔形棱镜后再一次发生偏转，进而实现视场角和线数的提升
	转镜（混合固态）	通过让折射镜转动来达到扫描视场的效果
	Flash	通过发射面光使得激光布满视场
	OPA	光学相控阵（Optical Phased Araay）的英文简称，一种通过对阵列移相器中每个移相器的相位进行调节，利用干涉原理实现激光按照特定方向发射的技术进行

（注：该表参考了禾赛科技的招股说明书）

其中，机械扫描式激光雷达技术成熟，有多种线数（4 线、16 线、32 线、32 线、128 线等）的产品可供选择，且通常能够实现水平 360° 的视场角。但其由于成本较高、供货周期较长、体积较大、运动部件较多以及难以符合车规要求等，尚无法满足量产车辆的内嵌安装需求。因此，它目前多作为 Robotaxi 的激光雷达解决方案或被用于数据采集车辆中。MEMS 振镜式、透射棱镜式和转镜式激光雷达为目前影响力较大的半固态车载激光雷达，并逐步被多个汽车厂商配备到其量产车型中。Flash 和 OPA 式激光雷达均为纯固态激光雷达，由于完全去除了机械运动部件，业界认为这种解决方案是未来车载激光雷达的技术趋势。但是由于现阶段的探测范围、技术成熟度和成本等，这类激光雷达在车载领域目前应用相对较少。

1.4　车载激光雷达的特点

目前，智能驾驶车辆中经常用到的感知传感器有激光雷达、相机、毫米波雷达、超声波雷达等。表 1-2 对比了它们的优缺点。

表 1-2　4 种主流车载感知传感器的特点对比

车载感知传感器	优势	劣势	成本	技术成熟度	可探测范围
激光雷达	能够精确提供环境、目标的深度信息；可用于绘制高精 3D 地图；对外界光照变化不敏感	激光点云质量易受雾霾、雨雪天气影响；设备成本高	高	低	中、远
相机	角分辨率高，能提供丰富的色彩、纹理信息	受外界光照等环境影响较大；较难准确地提供深度信息	较低	高	远
毫米波雷达	受环境影响相对较小，对沙尘和烟雾具有很强的穿透能力；可同时测速测距	频段易受干扰；角分辨率较低，点云较少；对静止物体、行人探测效果不佳	中	中	远
超声波雷达	技术成熟，成本低	易受温度等外部环境影响；分辨率较低，无法准确描述目标轮廓	低	高	近

由表 1-2 可以看出，激光雷达作为一种主动三维测量传感器，具有不受光照变化影响以及能够准确测量目标距离和深度的优势。但是，激光点云具有稀疏性，并缺少色彩、纹理信息，且目前的激光点云通常无法提供目标的速度信息。此外，激光线束在雾霾、雨雪天气中衰减较快，点云质量此时会明显下降。因此，为适应智能驾驶中复杂的工况，通常需要各传感器协同工作。

进一步地，对于激光雷达而言，不同的技术方案也使其具有不同的特性。我们在表 1-3 中统计了三种常见半固态扫描激光雷达和机械式扫描激光雷达的特点。

表 1-3 多种扫描方式的特点对比

	机械旋转式	转镜式	二维振镜（MEMS）	透射棱镜
点云示例				
扫描方式	只对光束做水平方向偏转	只对光束做水平方向偏转	对光束做水平、垂直两方向偏转	对光束做水平、垂直两方向偏转
系统集成度	低	高	中	中
系统复杂度	高	低	中	中
运动部件	低速旋转电动机（<2000r/min）	低速旋转电动机（<2000r/min）	高频振动 MEMS 振镜	高速旋转电动机（>5000r/min）
可靠性	高	高	中	中
成本	高	中	中	低

（注：该表参考了禾赛科技在第三届激光雷达前瞻技术展示交流会上的报告）

其中，速腾 M1、禾赛 AT128 以及揽沃浩界 HAP 分别为 MEMS 振镜、转镜式扫描和透射棱镜方案中具有代表性的车载激光雷达，并均已符合车规要求。图 1-3 ～图 1-5 分别展示了其激光雷达样机和对应点云的效果，表 1-4 ～表 1-6 分别给出了其部分参数性能，相关图片和数据均来自对应型号的官方网站。

图 1-3 速腾 M1 激光雷达及其点云效果

表 1-4 速腾 M1 激光雷达基本参数

参数	说明	参数	说明
激光波长 /nm	905	测距能力	150m@10%NIST
等效线数 / 线	125	帧率 /Hz	10
水平视场角 /(°)	120（−60 ～ +60）	垂直视场角 /(°)	25（−12.5 ～ +12.5）
点频 /(pts · s^{-1})	约 7.5×10^5（单回波） 约 1.5×10^6（双回波）	以太网输出速率 /(Mbit · s^{-1})	1000（Base T1）
功能安全等级	ASIL-B	平均角分辨率 /(°)	0.2(H)×0.2(V)

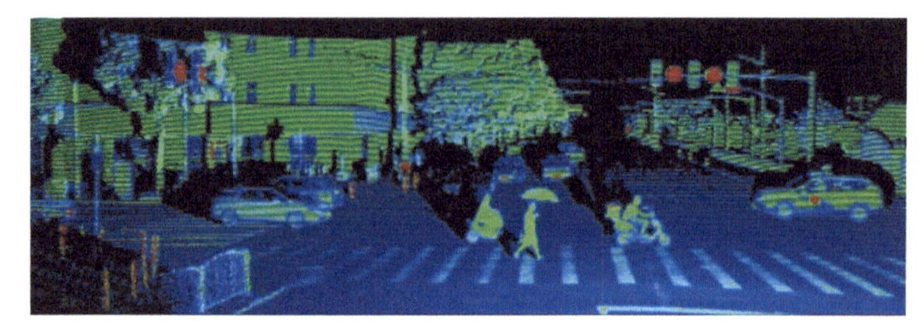

图 1-4　禾赛 AT128 激光雷达及其点云效果

表 1-5　禾赛 AT128 激光雷达基本参数

参数	说明	参数	说明
激光波长 /nm	1550	测距能力	200m@10%NIST
等效线数 / 线	128	帧率 /Hz	10
水平视场角 /(°)	120	垂直视场角 /(°)	25.4
点频 /(pts · s^{-1})	1.53×10^6	以太网输出速率 /(Mbit · s^{-1})	1000（Base T1）
功能安全等级	ASIL-B	平均角分辨率 /(°)	0.1(H)×0.2(V)

图 1-5　揽沃浩界 HAP 激光雷达及其点云效果

表 1-6　揽沃浩界 HAP 激光雷达基本参数

参数	说明	参数	说明
激光波长 /nm	905	测距能力	150m@10%NIST
等效线数 / 线	144	帧率 /Hz	20
水平视场角 /(°)	120	垂直视场角 /(°)	25
点频 /(pts · s^{-1})	4.5×10^5	以太网输出速率 /(Mbit · s^{-1})	100（Base T1/TX）
功能安全等级	ASIL-B	平均角分辨率 /(°)	0.16(H)×0.2(V)

由以上三种代表性激光雷达的点云效果和基本参数可以看出，目前主流的几款半固态（混合固态）激光雷达均达到了 120 线束以上，且具有 120° 的水平视场角和 25° 左右的垂直视场角，能够有效探测道路参与者的尺寸、位置等信息。各激光雷达有效探测距离为 150 ～ 200 m，基本能够满足目前大部分智能驾驶场景的使用需求。

此外，从上述点云效果中我们可以进一步看出：

（1）使用一维转镜式方案的激光雷达，其点云效果最接近传统机械式激光雷达。

（2）基于 MEMS 振镜方案的激光雷达，由于单个 MEMS 振镜的视场角较小，通常会由多个 MEMS 振镜组合拼凑出较大的视场角，因此最终输出的点云中会有多个拼接缝存在。

（3）基于透射棱镜方案的激光雷达，通常也需要用多个 MEMS 模块拼接出较大的视场角，且其激光扫描方式比较特殊，目前常见的有“花瓣形”和“类椭圆”两种非重复扫描方式，具体如图 1-6 所示。

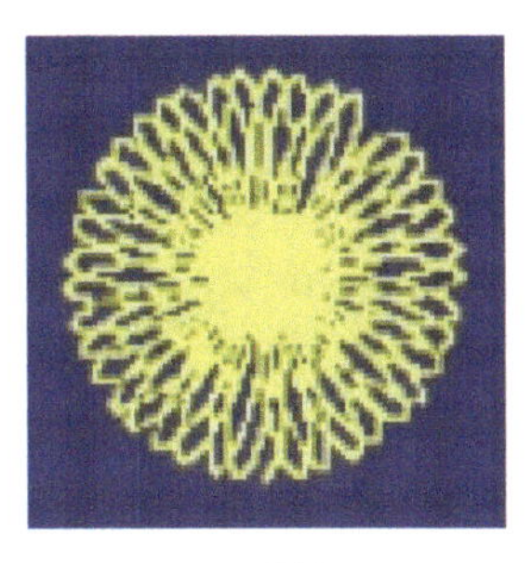

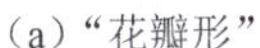

（a）“花瓣形”

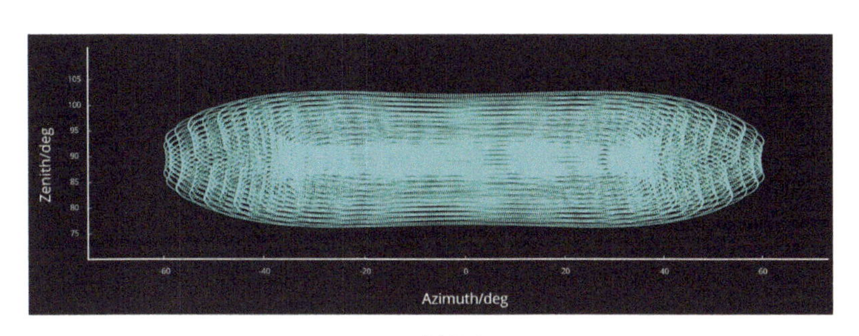

（b）“类椭圆”

图 1-6　常见的两种激光雷达非重复扫描方式

（注：图片来源于揽沃科技的官方网站）

如前所述，当下激光雷达仍处在高速发展阶段。就目前而言，业界整体已呈现出百家争鸣的局面，各厂商选取的不同技术方案均有各自的优势和特点，而未来哪种激光雷达会胜出，将留给时间和市场进行检验。

1.5 车载激光雷达的应用功能

根据智能驾驶系统中各算法功能的不同，我们可大致将智能驾驶系统分为感知、即时定位和建图（Simultaneous Localization and Mapping，SLAM）、预测、决策、规划、控制等多个子系统。由于激光雷达能够对周围环境和物体实现高精度的三维探测，并能够结合反射强度信息体现目标材质的差异，业界的许多学者和专家主要将其应用到智能车的感知系统和定位系统中。

1.5.1 激光雷达在感知功能中的应用

在感知系统中，激光雷达通常可用于图 1-7 中的各功能模块，实现对道路、障碍物、目标和可行驶区域的识别、判断。

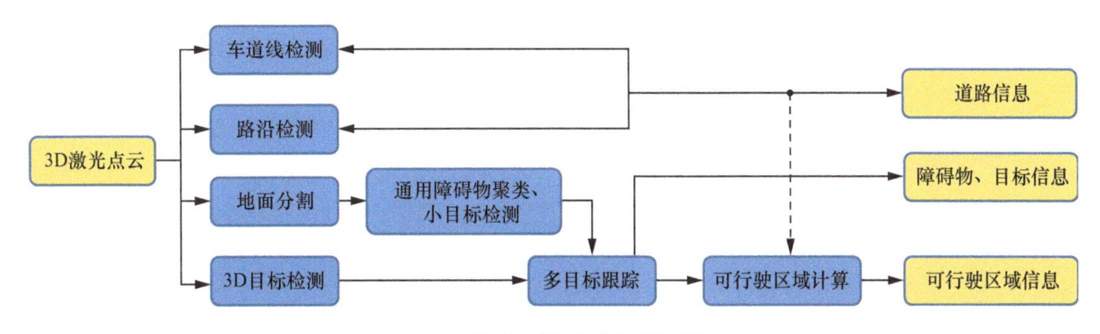

图 1-7　激光感知系统流程示例

由于车辆是行驶在道路上的，这就需要我们从点云中识别出地面点云和非地面点云，其中地面点云用于后续可行驶区域的确定，而非地面点云则用于进行障碍物聚类、分割。图 1-8 示例性地展示了我们在某园区场景进行地面点云分割和障碍物聚类划分的效果。

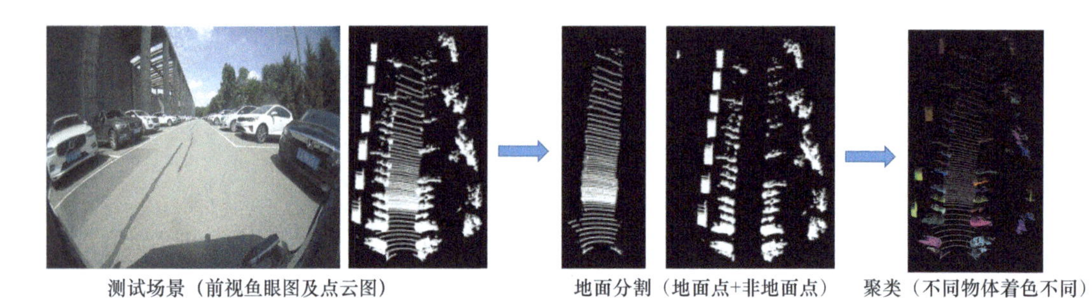

图 1-8　地面检测和聚类分割效果展示

得益于当今深度学习技术的发展，我们可使用深度神经网络提取 3D 激光点云中的结构、轮廓、强度等特征信息，进行端到端的目标检测，得到目标的位置、尺寸、朝向等信息。图 1-9 示例性地给出了我们在 KITTI 数据集和 Waymo 数据集中进行 3D 目标检测的效果。

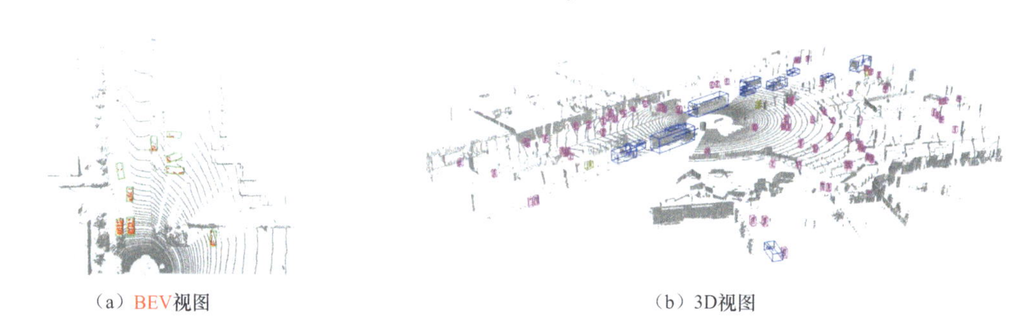

图 1-9　基于 3D 激光点云的目标检测示例

需要指出的是，在工程应用中，3D 目标检测模块通常用于对特定的几个常见类别的目标进行识别，如车辆、行人、骑行者等，而石墩、锥桶等小障碍物则可通过聚类功能实现。这一方面是为了降低工程标注成本，另一方面是为了降低系统对深度神经网络的检测难度要求。此外，聚类功能和 3D 目标检测功能的结合可以进一步提升感知算法的鲁棒性，降低智能车在行驶中遇到奇异物体（如侧翻的车辆、其他车辆掉落的货物等）时，单一目标检测模块发生漏检对后续功能的影响。

考虑在驾驶场景中，目标车辆可能被周围物体遮挡，以及激光点云中有噪声存在，单独基于一帧点云进行目标检测往往难以获取目标的准确信息。因此，我们需要结合多帧的目标检测信息，得到目标信息的最优估计。此外，系统希望能够对检测到的行人、汽车等多个目标赋予不同的 ID 以进行目标管理，并进行目标的速度估计，用于后续轨迹预测等功能。上述过程便是由多目标跟踪模块完成的。图 1-10 展示了在高速场景下基于某 3 帧连续点云进行目标跟踪后输出的 ID 分配结果。

在驾驶过程中，感知系统通常还需要获取道路边界和车道线信息，这就需要对应的路沿检测和车道线检测模块。而早期业界使用激光雷达进行路沿检测和车道线检测的公开研究相对较少，这主要是由于之前智能驾驶公开数据集中使用的激光雷达线数较少，其点云数据比较稀疏，故往往无法有效探测到中、远处的车道线和路沿。然而，随着近两年激光雷达硬件技术的不断提升，120 线束以上激光雷达的不断普及，目前车载激光雷达能够探测到较远处的路沿和车道线。再加上激光点云能够提供较准确的车道线（路沿）的 3D 位置，以及激光雷达在夜间场景中的优势，越来越多的学者开始投身到基于激光点云进行路沿检测和车道线检测的研究中。图 1-11 和图 1-12 分别展示了基于 3D 激光点云进行路沿检测和车道线检测的效果。

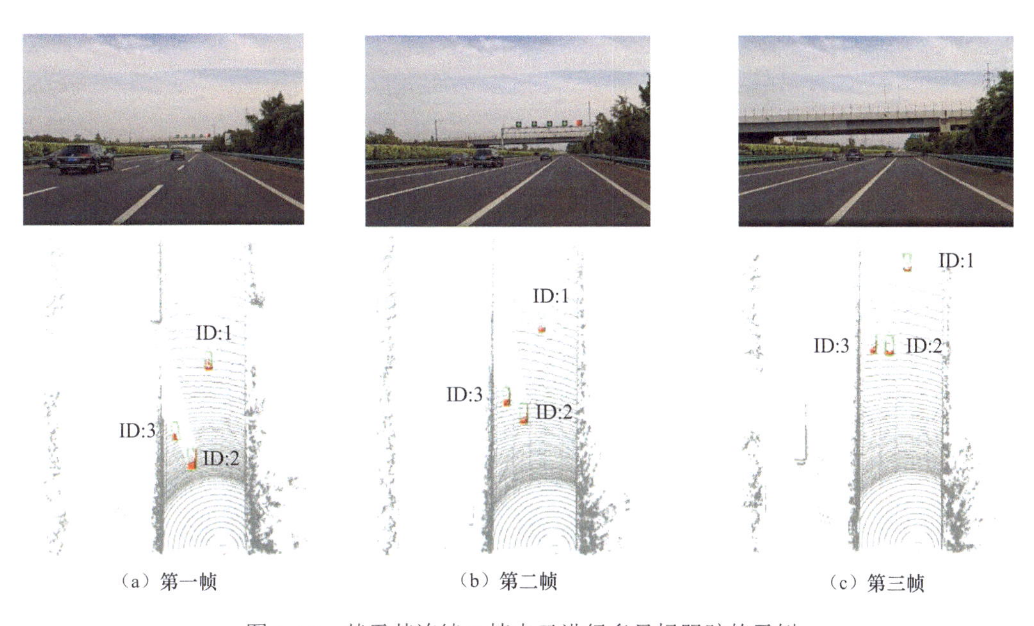

（a）第一帧　（b）第二帧　（c）第三帧

图 1-10　基于某连续 3 帧点云进行多目标跟踪的示例

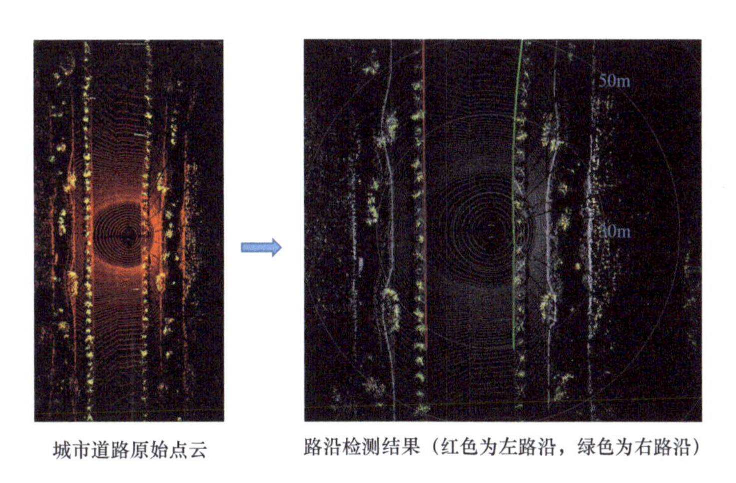

50m
城市道路原始点云
路沿检测结果（红色为左路沿，绿色为右路沿）

图 1-11　基于 3D 激光点云的路沿检测效果图

在获取了道路边界、车道线、障碍物和目标等信息后，即可计算出车辆的可行驶区域，供后续规控功能使用。图 1-13 示意性地给出了使用速腾真值系统 RS-Reference 输出的可行驶区域。

此外，一些学者尝试在激光点云中使用基于语义分割 [4]、实例分割 [5] 或全景分割 [6] 的技术路线来实现激光感知各模块的功能，系统流程大致如图 1-14 所示。通过语义分割模型，我们可以将原始 3D 激光点云分为前景点云和背景点云，如图 1-15 所示。一方面，前景点云通常

（a）车道线图像和真值

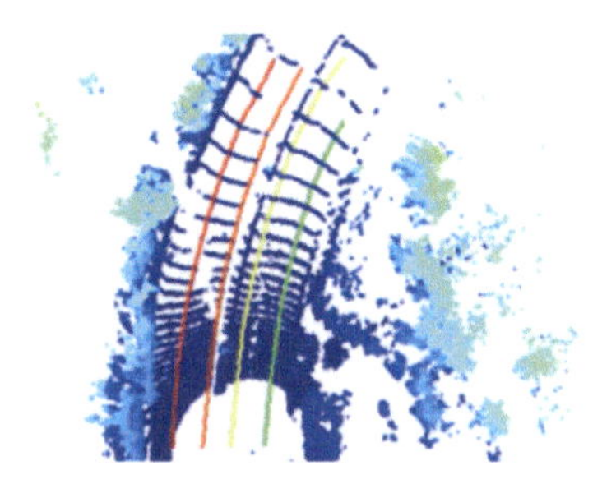

（b）激光点云和车道线检测效果

图 1-12 基于 3D 激光点云的车道线检测效果图
（注：图片来源于本章参考文献 [3]）

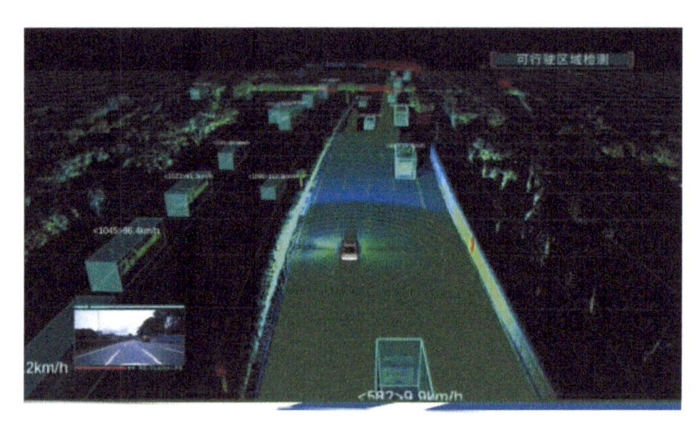

图 1-13 可行驶区域检测示例

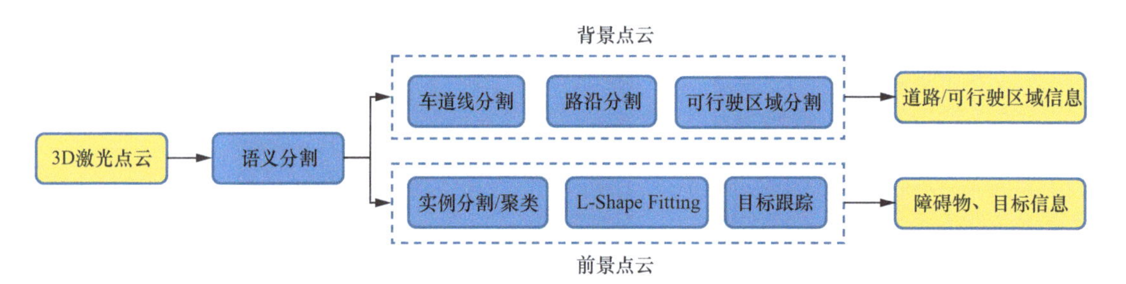

图 1-14 以点云语义 / 实例分割为主的感知方案流程示意图

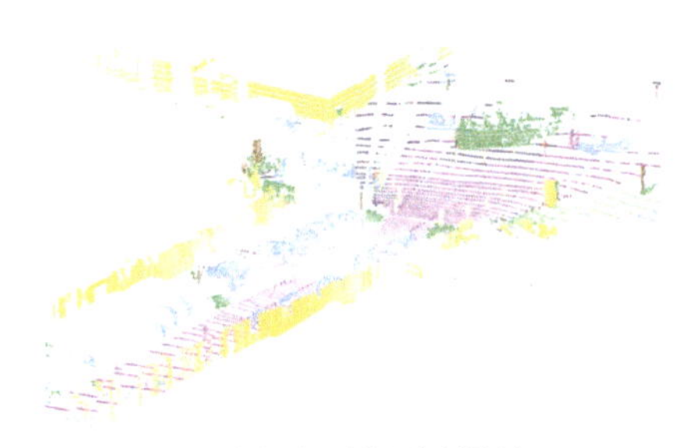

（a）点云语义分割效果

（b）将语义点云投影到图像的效果

图 1-15 激光点云语义分割效果示例
（注：图片来源于本章参考文献 [4]）

包含与我们所关注目标（如车辆、行人、骑行者）对应的激光点云，并可基于聚类算法或实例/全景分割模型对前景点云进一步划分，进而结合 L-Shape Fitting 算法[7]得到每个目标的尺寸、朝向。随后，我们便可进行各目标的跟踪，实现目标管理、速度估计等功能。另一方面，在背景点云中，我们可以进行车道线、路沿和可行驶区域的分割计算。目前，智能驾驶领域应用比较广泛的分割网络数据集为 SemanticKITTI，但是由于语义分割网络通常需要逐点地标注信息，因此在工业应用中，基于纯语义分割方案的感知系统的商用推广难度相对较大。

1.5.2 激光雷达在 SLAM 功能中的应用

在记忆泊车（Home-Zone Parking Pilot，HPP）、自动辅助导航驾驶（Navigate on Autopilot，NOA）等 L2+ 或更高级别的智能驾驶功能中，除了需要对目标、道路环境等进行感知、检测之外，还需要系统能够实时确定车辆的行驶位置，以辅助系统寻找车位，以及判断自车何时需要变道、下闸道等。如何实现对智能车全天候、高精度、实时的定位呢？我们知道，现有的全球定位系统（Global Positioning System，GPS）是一种以人造地球卫星为基础的高精度无线电导航的定位系统，具有全能性（适用于陆地、海洋、航天、航空场景）、全球性、全天候性和实时性，能够为各类静止或高速运动的物体迅速提供精确的瞬间三维空间坐标、速度矢量和精确授时服务[8]，其定位原理如图 1-16 所示。

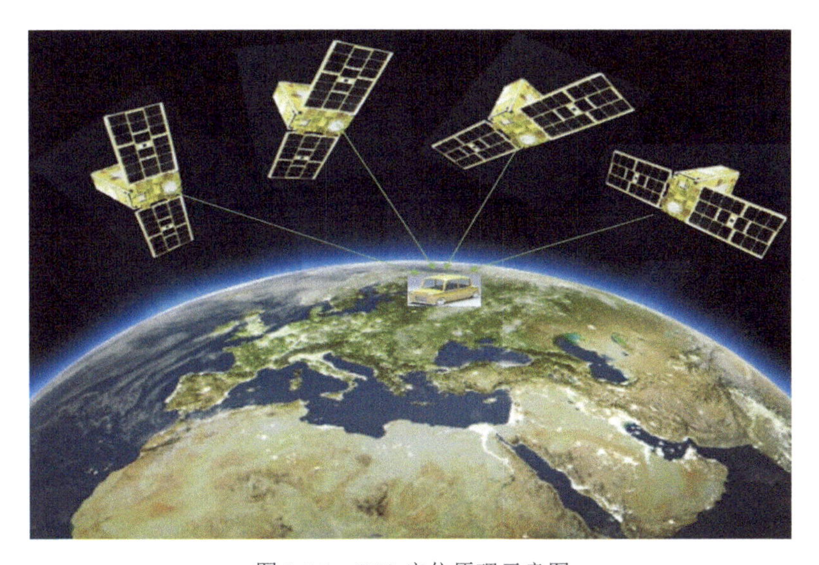

图 1-16 GPS 定位原理示意图

在实际工程中，车载 GPS 的引入虽然能够在一般情况下提供智能驾驶车辆的位置数据，但是考虑成本，其定位精度通常为米级，信号频率多为 1Hz。此外，在高架桥、地下停车场、城区等场景中，车载导航系统的 GPS 定位信号往往会受到树木、建筑、隧道等的影响或遮挡，导致 GPS 位置信息精度降低或信号完全缺失，该过程如图 1-17 所示。

因此，为了弥补 GPS 的上述缺点，从而实现对车辆分米级，甚至厘米级的实时定位，业界的许多研发团队使用了高精地图和高精定位组合的方式。图 1-18 给出了常见的车辆定位系统架构。其中，通过将智能车行驶中获取的实时激光雷达点云和图像与事先建立的高精地图进行帧 - 图的匹配，可得到车辆的绝对位置估计，而后将其和 GPS 信号结合，这样在一定程度

上可以降低 GPS 信号丢失对绝对位置计算的影响。同时，基于连续帧的激光点云、图像，可实现对应的里程计功能，并与惯性测量单元（Interial Measurement Unit，IMU）数据、轮速计数据结合，实现对车辆的相对定位。最后，通过融合上述各定位信息，实现对车辆的高精定位。

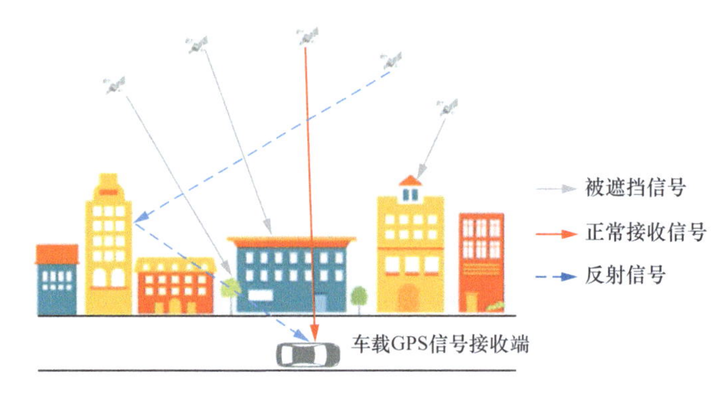

图 1-17　GPS 信号受外界环境影响示意图

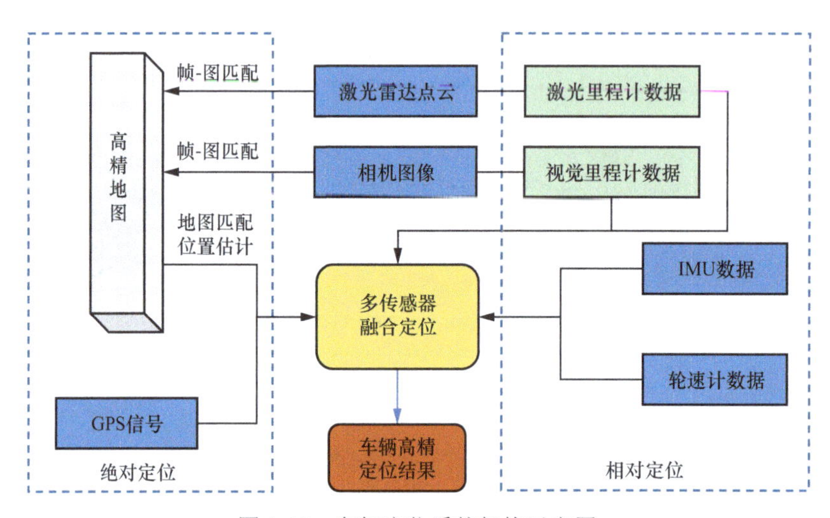

图 1-18　车辆定位系统架构示意图

一方面，在建图阶段，由于激光雷达的探测精度较高且不受光照变化的影响，其对高精地图的构建起着至关重要的作用。我们可以使用配备了高精度实时动态测量（Real Time Kinematic，RTK）设备、高性能 IMU、激光雷达、相机等多种传感器的数据采集车对道路进行数据采集。而后，经过离线处理，在点云地图中进一步融入图像语义信息，标明交通标志、车道线、信号灯、道路曲率等多种背景信息和数据，得到最终的高精定位地图，如图 1-19 所示。

另一方面，在定位阶段，如前所述，我们可以基于激光雷达实时获取的点云，实现激光里程计和地图匹配两种定位功能。其中，激光里程计是通过相邻帧点云间的匹配，根据对应多个路标或特征点的位置变化，推算出车辆运动增量，实现车辆的局部定位，该过程如图 1-20 所示。

而激光点云 - 地图匹配则是对实时获取的激光点云和预先构建好的高精定位地图进行匹配，计算出车辆在场景中的绝对位置，该过程如图 1-21 所示。

图 1-19 高精定位地图示例

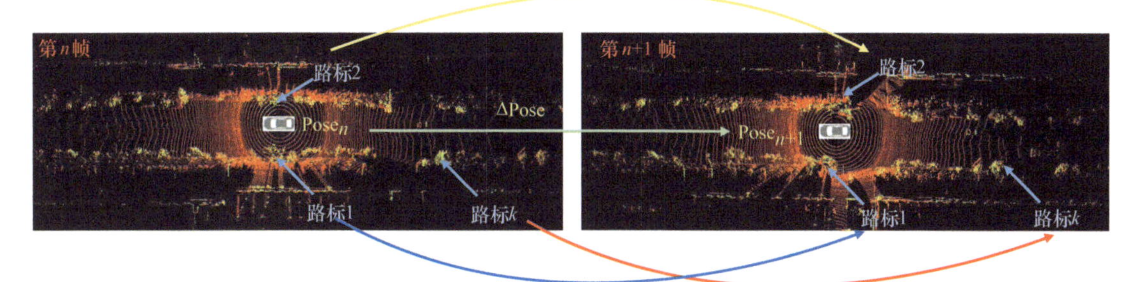

图 1-20 激光里程计示例

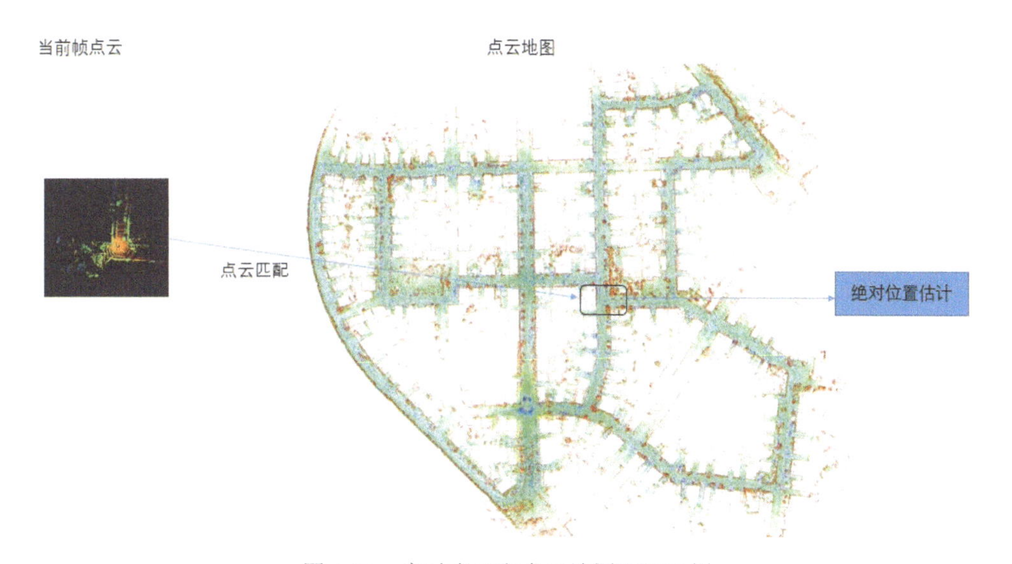

图 1-21 实时点云和点云地图匹配示例

1.6 车载激光雷达的商用现状

Robotaxi 和无人驾驶卡车由于对传感器成本相对不太敏感，因此普遍配备了激光雷达。图 1-22 和图 1-23 分别展示了享道出行的 Robotaxi 运营车辆和 TuSimple 的无人驾驶干线物流车辆。

图 1-22　享道出行的 Robotaxi 运营车辆

（注：图片来源于享道出行官网）

图 1-23　TuSimple 的无人驾驶干线物流车辆

（注：图片来源于 TuSimple 官网）

然而，对于整车厂而言，量产高阶辅助驾驶车辆的感知技术路线则主要分为以视觉为主导和以激光雷达为主导（即激光雷达、相机、毫米波等多传感融合）两个方向。以视觉为主导的感知方案具有成本优势，而以激光雷达为主导的感知方案具有实现更高级别智能驾驶的潜力。

特斯拉是使用以视觉为主导的感知方案的代表性企业，其基于海量的路采数据，结合强大的芯片算力，采用“摄像头 + 毫米波雷达”的感知方案，较好地解决了多数场景的环境感知问题。而北美版 2021 款 Model 3 和 Model Y 进一步去除了毫米波雷达传感器，仅使用纯视觉感知方案。图 1-24 为特斯拉官网给出的 AutoPilot HW2.0 系统感知传感器配置示意图，该系统配备了 8 个相机、1 个前向毫米波雷达及 12 个超声波雷达。

图 1-24　特斯拉车载感知传感器配置示意图

（注：图片参考特斯拉官网资料绘制而成）

但是，由于以视觉为主导的感知方案在感知精度、稳定性、场景适应性方面都有局限性，对非标准静态物体识别困难，且系统对视觉算法要求较高，因此除了特斯拉以外，其余大部分智能驾驶公司和汽车厂商逐步转向以激光雷达为主导的多传感融合方案。近年来，随着激光雷达的成本不断降低，其价格已经由早期几十万元人民币降至目前几万元甚至几千元人民币，并且一些激光雷达供应商表示，未来几年激光雷达的价格将进一步下探至千元人民币左右。在这种趋势下，一些整车厂明显加速了激光雷达前装量产的进度。例如，如图 1-25 所示，蔚来汽车在 2021 年发布的 ET7 搭载了超感系统，并配备了 1 个图达通激光雷达、7 个 800 万像素摄像头、4 个 300 万像素环视摄像头、5 个毫米波雷达和 12 个超声波雷达；威马汽车在 2021 年发布的 M7 配备了 3 个速腾 M1 激光雷达、5 个毫米波雷达、12 个超声波雷达、7 个 800 万像素超高清摄像头和 4 个环视摄像头；小鹏 P5 的 XPilot 3.5 系统则搭载了 2 个 Livox 激光雷达、12 个超声波传感器、9 个高清摄像头、4 个环视单目摄像头和 5 个毫米波雷达；理想汽车在 2022 年发布的 L9 也搭载了 1 个禾赛 AT128 激光雷达、6 个 800 万像素的 ADS 摄像头、4 个环视鱼眼摄像头、1 个毫米波雷达和 12 个超声波雷达。此外，北汽极狐阿尔法 S、非凡 R7、摩卡 WEY、广汽 AION LX Plus 和沙龙机甲龙等多个车型也都宣布搭载了高性能激光雷达。

(a) 蔚来 ET7

(b) 威马 M7

(c) 小鹏 P5

(d) 理想 L9

图 1-25　多款搭载了激光雷达的量产车型

（注：图片来自对应车型的官方网站）

在上述商业化背景下，汽车行业对激光雷达算法工程师的人才需求也逐步增大。但是相比图像算法而言，国内关于激光雷达算法的研究起步较晚，该领域的从业人员相对较少。此外，由于目前市面上并没有系统介绍车载激光雷达相关应用的图书，使得许多工程人员在转入激光雷达领域的研究和工作时上手困难。因此，笔者结合工作中的经验和总结，系统地收集和整理了部分优秀的算法，并给出相关算法的开源代码地址供大家参考。本书主要分为 4 部分，涉及激光雷达和智能驾驶的基础知识，以及激光雷达在智能驾驶中的标定、感知和定位方法，基本

涵盖了车载激光雷达常见的应用场景，希望能够帮助行业新人快速了解激光雷达的相关基础知识和算法。

1.7　本章小结

在本章，我们首先介绍了激光雷达的基本知识，包括其工作原理、发展历程、主要分类和特点。然后，我们介绍了激光雷达在智能车感知系统和定位系统中的应用功能。最后，我们给出了目前激光雷达的商业化现状。相信通过本章的学习，大家应该对激光雷达有了初步的认识。在后续章节，我们将具体介绍激光雷达相关的标定、感知和定位算法。让我们一起开启学习之旅吧！

本章参考文献

[1] 王会，罗涛，陆培源．激光雷达在无人车辆中的应用及关键技术分析 [J]．激光与红外，2018，48(12): 1458-1467.

[2] 张丽，张毅，涂金龙．激光雷达的关键技术及其在无人驾驶车辆中的应用 [J]．现代工业经济和信息化，2021，11(12): 156-158.

[3] PAEK D, KONG S H, TIRTA W K. Mixer-based lidar lane detection network and dataset for urban roads[J]. arXiv e-prints, 2021, 50(10): 101-106.

[4] CORTINHAL T, TZELEPIS G, AKSOY E. Salsanext: Fast semantic segmentation of lidar point clouds for autonomous driving[C]. In 2020 IEEE Intelligent Vehicles Symposium (IV), 2020: 655-661.

[5] ZHANG F, GUAN C, FANG J, et al. Instance segmentation of LiDAR point clouds[C]. IEEE International Conference on Robotics and Automation (ICRA), 2020: 9448-9455.

[6] SIROHI K, ROHIT M, DANIEL B, et al. Efficient LPS: Efficient LiDAR panoptic segmentation[J]. IEEE Transactions on Robotics, 2022, 38(1): 1894-1914.

[7] LIU Y, LIU B, ZHANG H. Estimation of 2D bounding box orientation with convex-hull points—A quantitative evaluation on accuracy and efficiency[C]. 2020 IEEE Intelligent Vehicles Symposium (IV), 2020: 945-950.

[8] 黄丁发，熊永良，袁林果．全球定位系统 GPS 理论与实践 [M]. 成都：西南交通大学出版社，2006.

第 2 章 空间变换数学基础

2.1 坐标系的欧氏变换基础

由于在后续传感器标定和定位以及建图相关的算法学习中，通常涉及坐标系空间变换相关的知识，因此本章首先介绍一些坐标系欧氏变换的基础数学内容。如图 2-1（a）所示，在进行激光雷达的外参标定时，我们实际上是求解激光雷达坐标系相对车体坐标系的姿态和相对位置；在图 2-1（b）中进行车辆定位时，我们通常是在求解车体坐标系的相对变化量 $T_{C_{t_i}}^{C_{t_j}}$ 及其相对世界参考坐标系的变化量 $T_{C_w}^{C_{t_i}}$。这两个坐标系之间的位置和姿态变化构成了欧氏变换。其中，姿态描述的是一个坐标系的轴系相对另一个坐标系轴系的旋转或方向关系，相对位置描述的是一个坐标系的原点相对另一个坐标系原点的平移关系。

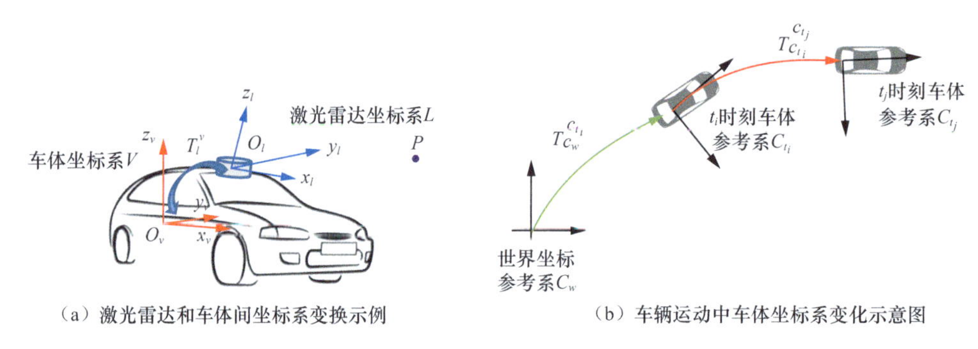

（a）激光雷达和车体间坐标系变换示例　　（b）车辆运动中车体坐标系变化示意图

图 2-1　智能驾驶中涉及的坐标系变换示意图

2.1.1 旋转和平移变换

1. 旋转矩阵

我们首先考虑两坐标系间具有共同原点且仅有相对旋转的情况。如图 2-2 所示，假设空间中的任意激光点相对坐标系的位置可以用三维向量表示，则点 P 在坐标系 1 和坐标系 2 下的三维向量可分别表示为

$$^1\boldsymbol{P}=[p_x^1\ p_y^1\ p_z^1]^{\mathrm{T}} \tag{2-1}$$

$$^2\boldsymbol{P}=[p_x^2\ p_y^2\ p_z^2]^{\mathrm{T}} \tag{2-2}$$

若进一步有两坐标系的单位正交基分别为 $\boldsymbol{x}_1$、$\boldsymbol{y}_1$、$\boldsymbol{z}_1$ 和 $\boldsymbol{x}_2$、$\boldsymbol{y}_2$、$\boldsymbol{z}_2$，则式（2-1）和式（2-2）可进一步改写为

$$^1\boldsymbol{P}=p_x^1\boldsymbol{x}_1+p_y^1\boldsymbol{y}_1+p_z^1\boldsymbol{z}_1 \tag{2-3}$$

$$^2\boldsymbol{P}=p_x^2\boldsymbol{x}_2+p_y^2\boldsymbol{y}_2+p_z^2\boldsymbol{z}_2 \tag{2-4}$$

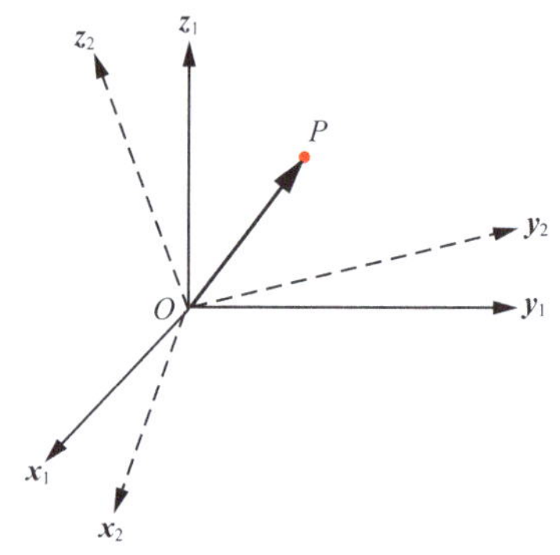

图 2-2　两坐标系间的旋转变换示意图

假设坐标系 2 的单位正交基在坐标系 1 下的投影关系如下：

$$\boldsymbol{x}_2 = a_x\boldsymbol{x}_1 + a_y\boldsymbol{y}_1 + a_z\boldsymbol{z}_1 \tag{2-5}$$

$$\boldsymbol{y}_2 = b_x\boldsymbol{x}_1 + b_y\boldsymbol{y}_1 + b_z\boldsymbol{z}_1 \tag{2-6}$$

$$\boldsymbol{z}_2 = c_x\boldsymbol{x}_1 + c_y\boldsymbol{y}_1 + c_z\boldsymbol{z}_1 \tag{2-7}$$

将式（2-5）～式（2-7）代入式（2-4）并整理，便可得到点P基于坐标系1中三个单位正交基的另一种表示：

$$\begin{aligned}{}^1\boldsymbol{P} = &(p_x^2 a_x + p_y^2 b_x + p_z^2 c_x)\boldsymbol{x}_1 + (p_x^2 a_y + p_y^2 b_y + p_z^2 c_y)\boldsymbol{y}_1 \\ &+ (p_x^2 a_z + p_y^2 b_z + p_z^2 c_z)z_1\end{aligned} \tag{2-8}$$

结合式（2-3）和式（2-8），可得点P在两坐标系间的表示具有下述关系：

$$p_x^1 = p_x^2 a_x + p_y^2 b_x + p_z^2 c_x \tag{2-9}$$

$$p_y^1 = p_x^2 a_y + p_y^2 b_y + p_z^2 c_y \tag{2-10}$$

$$p_z^1 = p_x^2 a_z + p_y^2 b_z + p_z^2 c_z \tag{2-11}$$

进一步将式（2-9）～式（2-11）改写为矩阵形式，则有

$${}^1\boldsymbol{P} = \boldsymbol{R}_2^1\,{}^2\boldsymbol{P} \tag{2-12}$$

其中

$$\boldsymbol{R}_2^1 = \begin{bmatrix} a_x & b_x & c_x \\ a_y & b_y & c_y \\ a_z & b_z & c_z \end{bmatrix}$$

考虑到所作用的坐标${}^2\boldsymbol{P}$在矩阵$\boldsymbol{R}$的右侧，所以这里矩阵$\boldsymbol{R}$的标号应该由下（2）向上（1）读。可以看出，矩阵$\boldsymbol{R}_2^1$可以将点P位于坐标系2中的坐标或投影转换成坐标系1中的坐标或投影，该矩阵描述了两个坐标系之间的旋转关系（具体地说，就是坐标系2到坐标系1的旋转），因此我们称其为旋转矩阵。因为矩阵$\boldsymbol{R}$的各分量为两坐标系基矢量间的投影关系，基矢量的模长为1，其分量实际上为各基矢量夹角的余弦值，所以该矩阵又被称作方向余弦矩阵。此外，我们可以进一步分析得到旋转矩阵是行列式为1的正交阵，因此旋转矩阵$\boldsymbol{R}$与其转置矩阵$\boldsymbol{R}^{\mathrm{T}}$的相乘结果为单位阵$\boldsymbol{E}$，即有

$$\boldsymbol{R}^{\mathrm{T}}\boldsymbol{R} = \boldsymbol{R}\boldsymbol{R}^{\mathrm{T}} = \boldsymbol{E} \tag{2-13}$$

我们通常可以通过旋转矩阵的转置矩阵得到其逆矩阵$\boldsymbol{R}^{-1}$，即

$$\boldsymbol{R}^{\mathrm{T}} = \boldsymbol{R}^{-1} \tag{2-14}$$

进一步地，以图2-3为例，可以看出，若坐标系2相对坐标系1逆时针方向旋转φ角度，则固定点P在坐标系2下的表示相当于P点在坐标系1中反方向旋转φ角度后P'点的表示。这表明物体相对于坐标轴的旋转和坐标轴相对于物体的等角度反向旋转在描述上是等效的。

2. 齐次变换矩阵

接下来，我们进一步考虑两坐标系间同时具有旋转和平移的情况。如图2-4所示，坐标系3为激光点P对应的激光雷达参考坐标系，坐标系1为车体的参考坐标系，二者之间具有三维空间中的相对旋转$\boldsymbol{R}_3^1$和平移$\boldsymbol{d}$。假设激光点P在激光雷达坐标系下的坐标已知，并且可用向量${}^3\boldsymbol{P}$表示，则我们可以通过下述步骤求得激光点P在车体坐标系下的表示。

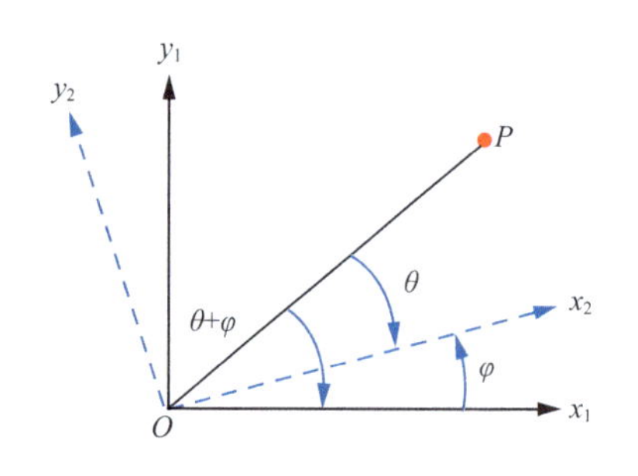

（a）坐标系逆时针旋转φ角度

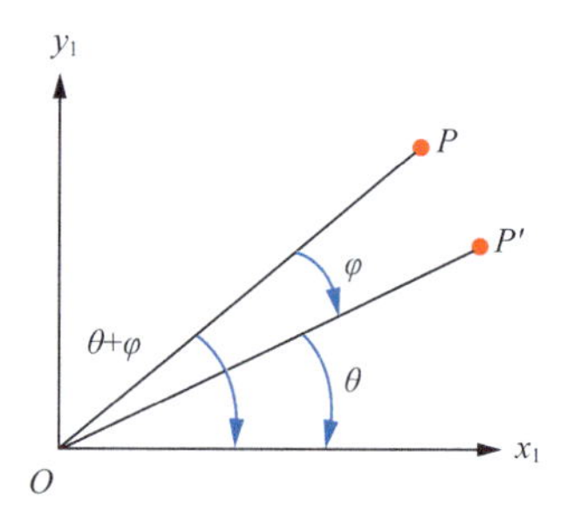

（b）激光点顺时针旋转φ角度

图 2-3 OP 线段在两坐标系下的方位表示

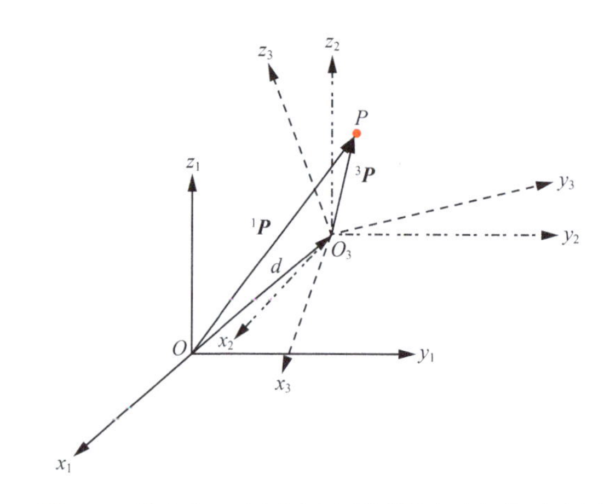

图 2-4 激光点 P 在两坐标系间的欧氏变换示意图

如果将坐标系 3 在其原点处旋转至和坐标系 1 轴向一致的姿态，并构建中间坐标系 2，则激光点 P 在坐标系 2 中可表示为

$$^2\boldsymbol{P}=\boldsymbol{R}_3^2\,{}^3\boldsymbol{P} \tag{2-15}$$

由于坐标系 2 和坐标系 1 的姿态一致，因此进一步有 $\boldsymbol{R}_3^2=\boldsymbol{R}_3^1$

在得到激光点 P 在坐标系 2 中的表示后，进一步通过两坐标系原点之间的位置矢量 $\boldsymbol{d}$，可得到激光点 P 在坐标系 1 中的表示为

$$^1\boldsymbol{P}={}^2\boldsymbol{P}+\boldsymbol{d} \tag{2-16}$$

结合式（2-15）和式（2-16），可得到激光点 P 在车体坐标系中的表示为

$$^1\boldsymbol{P}=\boldsymbol{R}_3^1\,{}^3\boldsymbol{P}+\boldsymbol{d} \tag{2-17}$$

我们可以将式（2-17）改写成等价的齐次变换形式：

$$\begin{bmatrix} ^1\boldsymbol{P} \\ 1 \end{bmatrix}=\begin{bmatrix} \boldsymbol{R}_3^1 & \boldsymbol{d} \\ \boldsymbol{0}^{\mathrm{T}} & 1 \end{bmatrix}\begin{bmatrix} ^3\boldsymbol{P} \\ 1 \end{bmatrix} \tag{2-18}$$

其中，$\boldsymbol{0}^{\mathrm{T}}=[0,0,0]$，$\begin{bmatrix} ^1\boldsymbol{P} \\ 1 \end{bmatrix}$和$\begin{bmatrix} ^3\boldsymbol{P} \\ 1 \end{bmatrix}$为 4 维列向量，$\boldsymbol{T}=\begin{bmatrix} \boldsymbol{R}_3^1 & \boldsymbol{d} \\ \boldsymbol{0}^{\mathrm{T}} & 1 \end{bmatrix}$为齐次变换矩阵。

2.1.2 旋转的欧拉角表示

我们可以看出，在使用旋转矩阵 $\boldsymbol{R}$ 表示三维空间中的旋转和姿态时，共需要 9 个变量来表示它们，而对应的旋转本身则通常只有 3 个自由度。这种旋转的表达方式会带来明显的参数冗余，使得我们在利用算法求解旋转矩阵时需要较多的变量，并且由于旋转矩阵是行列式为 1 的正交阵，因此还需要额外引入相应的约束，这使得求解较为复杂。事实上，我们可以将空间旋转表示为绕坐标系 3 个轴向的转角表示，即旋转的欧拉角姿态表示。欧拉角的使用十分广泛，根据旋转轴顺序的不同，欧拉角有多种形式。在航空航天、船舶工程等特定领域，欧拉角通常有统一的定义方式，例如 RPY 角形式。如图 2-5 所示，假设前向为 x 轴，左侧为 y 轴，垂直向上为 z 轴，其中绕 x 轴的旋转角称为翻滚角（roll），绕 y 轴的旋转角称为俯仰角（pitch），绕 z 轴的旋转角称为偏航角（yaw）；则 RPY 角形式的欧拉角描述了物体首先绕 x 轴旋转，然后绕 y 轴旋转，然后绕 z 轴旋转。

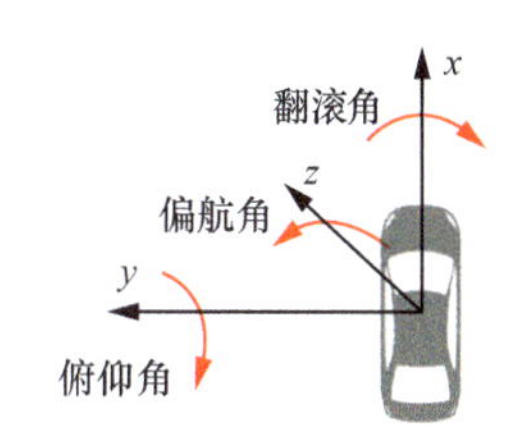

图 2-5 RPY 角定义示意图

其中需要注意的是，根据物体围绕的转轴是属于固定坐标系还是运动坐标系，我们得到的旋转也会不同。下面我们先以绕固定轴的 RPY 角为例讲述该过程。如图 2-6（a）所示，我们现有一个原始坐标系，而后我们将其绕着原始坐标系的 x 轴旋转 roll 角度，得到坐标系 1，如图 2-6（b）所示；接下来，我们将得到的坐标系 1 绕着原始坐标系的 y 轴旋转 pitch 角度，得到坐标系 2，如图 2-6（c）所示；最后，我们将得到的坐标系 2 绕着原始坐标系的 z 轴旋转 yaw 角度，得到坐标系 3，如图 2-6（d）所示。坐标系 3 的方位可通过相对固定轴的旋转合成得到，即通过依次左乘每一步的旋转矩阵得到总的姿态变换，于是有

$$
\begin{aligned}
\boldsymbol{R} &= \boldsymbol{R}_z(\text{yaw})\boldsymbol{R}_y(\text{pitch})\boldsymbol{R}_x(\text{roll}) \\
&= \begin{bmatrix} \mathrm{c(p)c(y)} & \mathrm{s(r)s(p)c(y)-c(r)s(y)} & \mathrm{c(r)s(p)c(y)+s(r)s(y)} \\ \mathrm{c(p)s(u)} & \mathrm{s(r)s(p)s(y)+c(r)c(y)} & \mathrm{c(r)s(p)s(y)-s(r)c(y)} \\ \mathrm{-s(p)} & \mathrm{s(r)c(p)} & \mathrm{c(r)c(p)} \end{bmatrix}
\end{aligned}
\tag{2-19}
$$

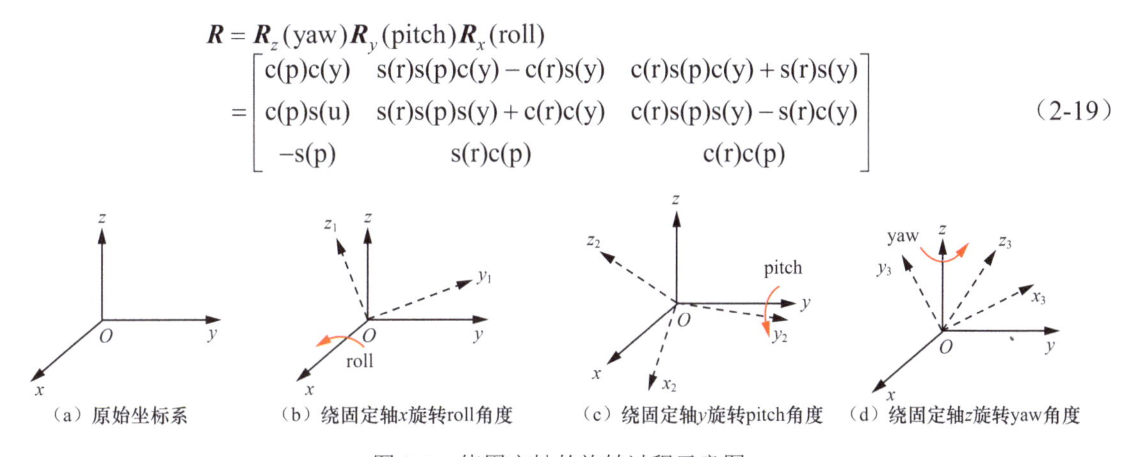

图 2-6 绕固定轴的旋转过程示意图

上面由于篇幅受限，我们用 c() 和 s() 分别代表 cos() 和 sin() 函数，并将 yaw、pitch、roll 分别简写为 y、p、r，于是有

$$
\boldsymbol{R}_x = \begin{bmatrix} 1 & 0 & 0 \\ 0 & \cos(\text{roll}) & \sin(\text{roll}) \\ 0 & -\sin(\text{roll}) & \cos(\text{roll}) \end{bmatrix},\ \boldsymbol{R}_y = \begin{bmatrix} \cos(\text{pitch}) & 0 & -\sin(\text{pitch}) \\ 0 & 1 & 0 \\ \sin(\text{pitch}) & 0 & \cos(\text{pitch}) \end{bmatrix},\ \boldsymbol{R}_z = \begin{bmatrix} \cos(\text{yaw}) & \sin(\text{yaw}) & 0 \\ -\sin(\text{yaw}) & \cos(\text{yaw}) & 1 \\ 0 & 0 & 1 \end{bmatrix}
$$

进一步地，我们再讨论基于运动坐标系旋转的情况。如图 2-7（a）所示，我们仍从原始坐

标系出发，将其绕原始坐标系的 x 轴旋转 roll 角度，得到坐标系 1，如图 2-7（b）所示；接下来，我们将得到的坐标系 1 绕着其 y 轴旋转 pitch 角度，得到坐标系 2，如图 2-7（c）所示；最后，我们将得到的坐标系 2 绕着其 z 轴旋转 yaw 角度，得到坐标系 3，如图 2-7（d）所示。对比图 2-6 和图 2-7 可以看出，在使用固定轴旋转和运动轴旋转两种方式时，我们自第二步旋转开始得到不同的旋转结果。在使用运动轴旋转时，我们可通过依次右乘每一步的旋转矩阵，得到总的姿态变换，于是有

$$\boldsymbol{R}=\boldsymbol{R}_x(\text{roll})\boldsymbol{R}_y(\text{pitch})\boldsymbol{R}_z(\text{yaw}) \tag{2-20}$$

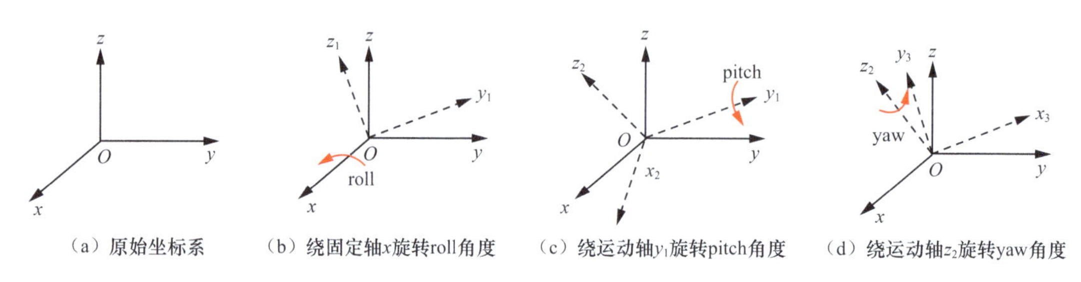

（a）原始坐标系
（b）绕固定轴x旋转roll角度
（c）绕运动轴y₁旋转pitch角度
（d）绕运动轴z₂旋转yaw角度

图 2-7　绕运动轴的旋转过程示意图

以绕固定轴的旋转为例，将坐标系 1 旋转到坐标系 3 的欧拉角可记为下述矢量：

$$\boldsymbol{\psi}_{\text{rpy}}=[\text{roll},\text{pitch},\text{yaw}]^{\text{T}} \tag{2-21}$$

我们可以看出，欧拉角描述的空间旋转与其转动顺序强相关，且欧拉角的三个分量不具有互换性。在求解欧拉角 RPY 的逆变换时，不能仅对角度取负实现，而应该按照相反的旋转顺序反转相应的角度。此外，连续旋转操作也不能通过简单的欧拉角相加来描述。

此外，当俯仰角 pitch=±90° 时，欧拉角描述的旋转存在奇异性，此时滚动角和偏航角无法区分，其描述的旋转会出现退化现象，这就是欧拉角的万向锁现象。虽然用欧拉角表示旋转具有较强的直观性，但是由于欧拉角的奇异性，工程人员在优化和滤波等迭代算法中通常不使用欧拉角表示较大的旋转变换。

2.1.3　旋转的轴角表示 / 旋转向量表示

事实上，我们还可以使用一个旋转轴和旋转角度来描述空间旋转或姿态。若进一步使一个向量的朝向与这个旋转轴一致，并使这个向量的模长等于旋转角度，则可以得到描述空间旋转或姿态的旋转向量表示形式，一些学者也将其称为旋转的轴角表示形式。图 2-8 展示了空间中的一点 P 绕单位长度的转轴 $\boldsymbol{n}$ 旋转 θ 角度而得到 P' 点的过程，在此过程中，如果旋转是绕轴逆时针进行的，则角度为正。

图 2-8　空间旋转的轴角表示示意图

可以看出，旋转向量使用了 4 个变量来描述 3 个自由度的旋转，与旋转矩阵相比，它是空间旋转的一种紧凑表达。法国数学家本杰明•奥伦德•罗德里格斯给出了由旋转向量到旋转矩阵的转换关系：

$$\boldsymbol{R}=\cos\theta\boldsymbol{E}+(1-\cos\theta)\boldsymbol{n}\boldsymbol{n}^{\text{T}}+\sin\theta\boldsymbol{n}^{\wedge} \tag{2-22}$$

其中 $\boldsymbol{n}^{\wedge}$ 为向量 $\boldsymbol{n}$ 的反对称阵，若 $\boldsymbol{n}=[n_1,n_2,n_3]^{\text{T}}$，则 $\boldsymbol{n}^{\wedge}$ 为

$$n^{\wedge}=\begin{bmatrix}0 & -n_3 & n_2\\ n_3 & 0 & -n_1\\ -n_2 & n_1 & 0\end{bmatrix} \tag{2-23}$$

式（2-22）即著名的罗德里格斯旋转公式，详细的推导证明这里不再给出，读者可以参考相关论文、博客。基于式（2-22），我们分别求等式两侧矩阵对角线元素之和，即对式（2-22）取迹，这可以进一步得到由旋转矩阵到旋转向量的转换关系：

$$\theta=\arccos\left(\frac{\operatorname{trace}(\boldsymbol{R})-1}{2}\right) \tag{2-24}$$

当 $\theta \neq 0$ 时，我们可以进一步得到单位转轴矢量：

$$\boldsymbol{n}=\frac{1}{2\sin\theta}\begin{bmatrix}r_{32}-r_{32}\\ r_{13}-r_{31}\\ r_{21}-r_{12}\end{bmatrix} \tag{2-25}$$

其中 r_{ij} 表示旋转矩阵 $\boldsymbol{R}$ 在第 i 行第 j 列的元素值。

然而，虽然旋转向量能够给出空间旋转的紧凑表达，但是其存在下列两个问题。

（1）不唯一性：我们可以看出，绕 $-\boldsymbol{n}$ 旋转 $-\theta$ 角度和绕 $\boldsymbol{n}$ 旋转 θ 角度是等效的，因此同一个旋转通常有多种旋转向量的表示形式。

（2）奇异性：当 $\boldsymbol{R}=\boldsymbol{E}$ 为单位阵且 $\theta=0$ 时，转轴 $\boldsymbol{n}$ 可以随意选取。

2.1.4 旋转的单位四元数表示

本节介绍空间旋转的另一种表示形式，即单位四元数。四元数是将二维空间中的复数扩展至三维空间中得到的超复数，具体可表示为

$$\boldsymbol{Q}=q_0+q_1\mathrm{i}+q_2\mathrm{j}+q_3\mathrm{k} \tag{2-26}$$

其中 q_0 为四元数 $\boldsymbol{Q}$ 的实部，q_1、q_2 和 q_3 为虚部。若实部为 0，则该四元数又称为虚四元数；若虚部各项均为 0，则该四元数又称为实四元数。i、j 和 k 则为虚数单位，分别对应坐标系的三个轴，并满足下述 Hamilton 表达约束 [1]：

$$\mathrm{i}^2=\mathrm{j}^2=\mathrm{k}^2=-1,\quad \mathrm{ij}=\mathrm{k},\quad \mathrm{jk}=\mathrm{i},\quad \mathrm{ki}=\mathrm{j},\quad \mathrm{ji}=-\mathrm{k},\quad \mathrm{kj}=-\mathrm{i},\quad \mathrm{ik}=-\mathrm{j} \tag{2-27}$$

同时，我们也可以采用矢量形式来表示上述四元数，于是有

$$\boldsymbol{Q}=\begin{bmatrix}q_0 & q_1 & q_2 & q_3\end{bmatrix}=\begin{bmatrix}s\ \boldsymbol{v}\end{bmatrix},\quad s=q_0,\quad \boldsymbol{v}=\begin{bmatrix}q_1 & q_2 & q_3\end{bmatrix} \tag{2-28}$$

1．四元数的运算

1）模长

通过对四元数中各元素求平方和并开根号处理，可得到其模长：

$$\|\boldsymbol{Q}\|=\sqrt{{q_0}^2+{q_1}^2+{q_2}^2+{q_3}^2} \tag{2-29}$$

当 $\|\boldsymbol{Q}\|=1$ 时，我们称 $\boldsymbol{Q}$ 为单位四元数。我们知道，在二维空间中，单位复数 $\boldsymbol{q}$ 实际上可以描述极坐标系下的二维旋转，如图 2-9 所示。

$$\boldsymbol{q}=\cos\varphi+\mathrm{i}\sin\varphi \tag{2-30}$$

因此，对于单位四元数，我们可以将其改写成下述形式，以描述三维空间的任意旋转变换：

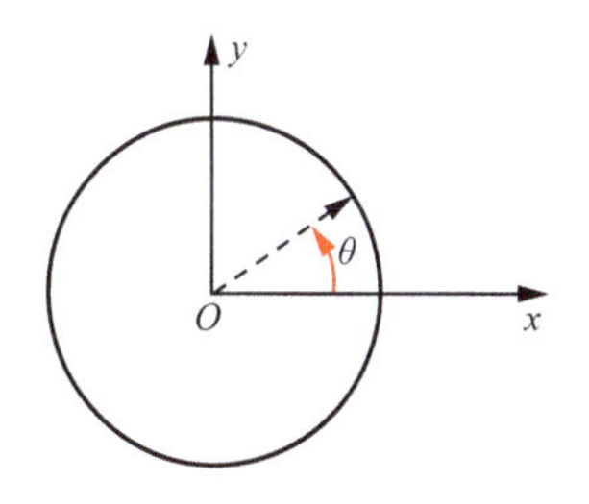

图 2-9 单位复数和二维旋转

$$\boldsymbol{Q}_e = q_0 + q_1\mathrm{i} + q_2\mathrm{j} + q_3\mathrm{k} = s + \boldsymbol{v} = \cos\varphi + \boldsymbol{n}\sin\varphi，\ \|\boldsymbol{n}\| = 1 \tag{2-31}$$

2）加减法

四元数的加减法与普通向量的加减法类似，具体如下：

$$\boldsymbol{Q}_a \pm \boldsymbol{Q}_b = \left[s_a \pm s_b \quad \boldsymbol{v}_a \pm \boldsymbol{v}_b\right] \tag{2-32}$$

3）乘法（点乘）

四元数的点乘和向量的点乘类似，将两个四元数的每一项相乘再取和，即有

$$\begin{aligned}\boldsymbol{Q}_a\boldsymbol{Q}_b &= [q_0^a \quad q_1^a \quad q_2^a \quad q_3^a][q_0^b \quad q_1^b \quad q_2^b \quad q_3^b] \\ &= (q_0^a q_0^b - q_1^a q_1^b - q_2^a q_2^b - q_3^a q_3^b) \\ &\quad + (q_0^a q_1^b + q_1^a q_0^b + q_2^a q_3^b - q_3^a q_2^b)\mathrm{i} \\ &\quad + (q_0^a q_2^b + q_2^a q_0^b + q_3^a q_1^b - q_1^a q_3^b)\mathrm{j} \\ &\quad + (q_0^a q_3^b + q_1^a q_2^b + q_3^a q_0^b - q_2^a q_1^b)\mathrm{k} \\ &= (s_a s_b - \boldsymbol{v}_a^{\mathrm{T}}\boldsymbol{v}_b, s_a\boldsymbol{v}_b + s_a\boldsymbol{v}_b + \boldsymbol{v}_a\boldsymbol{v}_b)\end{aligned} \tag{2-33}$$

4）共轭

四元数 $\boldsymbol{Q} = [s\ \boldsymbol{v}]$ 的共轭可用 $\bar{\boldsymbol{Q}}$ 表示，相当于在 $\boldsymbol{Q}$ 的基础上对虚部取负数，即

$$\bar{\boldsymbol{Q}} = [s \quad -\boldsymbol{v}] \tag{2-34}$$

进一步可以计算得知，一个四元数与其共轭四元数的乘积为一个实数，即

$$\bar{\boldsymbol{Q}}\boldsymbol{Q} = \boldsymbol{Q}\bar{\boldsymbol{Q}} = [s\ \boldsymbol{v}][s \quad -\boldsymbol{v}] = [s^2 + \boldsymbol{v}^2 \quad \boldsymbol{0}] = \|\boldsymbol{Q}\|^2 = s^2 + \boldsymbol{v}^2 \tag{2-35}$$

5）逆

四元数的逆定义如下：

$$\boldsymbol{Q}^{-1} = \frac{\bar{\boldsymbol{Q}}}{\|\boldsymbol{Q}\|^2} \tag{2-36}$$

由式（2-32）可以看出，四元数与其逆的点乘结果为实数 1。

进一步地，对于单位四元数 $\boldsymbol{Q}_e$，由于其模长为 1，因此有

$$\boldsymbol{Q}_e^{-1} = \overline{\boldsymbol{Q}_e} \tag{2-37}$$

6）数乘

四元数和实数相乘，表示对四元数进行缩放，并有

$$\lambda\boldsymbol{Q} = \boldsymbol{Q}\lambda = [\lambda s \ \lambda\boldsymbol{v}] \tag{2-38}$$

2. 基于单位四元数的连续旋转

假设我们有三维空间中的一个点 $\boldsymbol{P} = [x, y, z]$，基于单位四元数 $\boldsymbol{Q}_e = \cos\varphi + \boldsymbol{n}\sin\varphi$ 对点 $\boldsymbol{P}$ 进行旋转操作的过程可以通过下式来表示：

$$\boldsymbol{P}' = \boldsymbol{Q}_e\boldsymbol{P}\boldsymbol{Q}_e^{-1} \tag{2-39}$$

若有多个单位四元数可用来表示对点 $\boldsymbol{P}$ 的连续空间旋转，如 $\boldsymbol{Q}_e$ 和 $\boldsymbol{Q}_e'$，则该过程可表示为

$$\boldsymbol{P}'' = \boldsymbol{Q}_e'(\boldsymbol{Q}_e\boldsymbol{P}\boldsymbol{Q}_e^{-1})\boldsymbol{Q}_e'^{-1} \tag{2-40}$$

3. 单位四元数和其他旋转表示之间的转换

这里我们省去具体的推导过程，直接给出单位四元数和其他旋转表示之间的转换方程。

1）单位四元数和旋转向量的转换

若已知绕单位向量 $\boldsymbol{n}$ 旋转 θ 角度的旋转变换，则可通过单位四元数表示该旋转为

$$Q = (\cos(\theta/2) \quad \boldsymbol{n}\sin(\theta/2)) \tag{2-41}$$

有了式（2-41）中单位四元数和旋转向量的转换关系，回头看式（2-39），就可以分析出：基于单位四元数 $\boldsymbol{Q}_e = \cos\varphi + \boldsymbol{n}\sin\varphi$ 对 $\boldsymbol{P}$ 点旋转的过程可看作绕 $\boldsymbol{n}$ 轴对 $\boldsymbol{P}$ 点旋转 2φ 角度。

2）单位四元数和旋转矩阵的转换

由于在式（2-39）中，我们基于四元数得到了对点 $\boldsymbol{P}$ 的旋转表达，而基于前面所述的旋转矩阵同样可以实现该旋转过程，因此有

$$\boldsymbol{P}' = \boldsymbol{Q}_e \boldsymbol{P} \boldsymbol{Q}_e^{-1} = \boldsymbol{R}\boldsymbol{P} \tag{2-42}$$

由此我们便可以推导出由单位四元数 $\boldsymbol{Q}_e = s + \boldsymbol{v}$ 到旋转矩阵 $\boldsymbol{R}$ 的转换公式：

$$\boldsymbol{R} = \boldsymbol{v}\boldsymbol{v}^{\mathrm{T}} + s^2\boldsymbol{E} + 2s\boldsymbol{v}^{\wedge} + (\boldsymbol{v}^{\wedge})^2 = \begin{bmatrix} 1-2p_2^2-2p_3^2 & 2p_1p_2-2sp_3 & 2p_1p_3+2sp_2 \\ 2p_1p_2+2sp_3 & 1-2p_1^2-2p_3^2 & 2p_2p_3-2sp_1 \\ 2p_1p_2-2sp_2 & 2p_2p_3+2sp_1 & 1-2p_1^2-2p_2^2 \end{bmatrix} \tag{2-43}$$

实际上，在得到单位四元数和旋转向量的转换关系后，根据罗德里格斯旋转公式［见式（2-22）］，我们可以由旋转向量进一步得到旋转矩阵：

$$\boldsymbol{R} = \mathrm{e}^{\theta\boldsymbol{n}^{\wedge}} \tag{2-44}$$

在这里，我们基本了解了多种空间变换的描述方式和基本原理，在具体代码实现方面，许多经典的函数库均已实现了高效的旋转变换和齐次变换操作供读者使用，如 C++ 环境中的 Eigen 库、Python 环境中的 tf.transformations 和 scipy.spatial.transform 库等。

2.2 李群和李代数基础

在 2.1 节中，我们学习了坐标系间的欧氏变换和旋转的多种表示形式，其中齐次变换矩阵、旋转矩阵、单位四元数等表示都不具有传统意义上的可加性，导致当我们在标定及定位任务中需要对位姿进行估计或优化时，不易直接使用相关算法中的迭代式操作。例如，已知 $\boldsymbol{T}$ 为齐次变换矩阵，基于非线性最小二乘法中的梯度迭代公式 $\boldsymbol{T} \to \boldsymbol{T} + \lambda\Delta\boldsymbol{T}$ 得到的 $\boldsymbol{T}$ 通常不再为齐次变换矩阵。背后的原因在于，旋转矩阵和单位四元数自身带有各元素之间的约束关系，因此当我们将其中各元素作为优化变量时，还需要引入额外的约束条件。但是，这会进一步使得该优化问题变成约束优化问题，计算复杂度明显提升[2]。在这种背景下，一些学者探索利用李群和李代数之间的转换关系，简化位姿估计相关的求解过程。本节将简单介绍李群和李代数的基本知识，对其详细理论感兴趣的读者可以查阅相关图书并进行深入学习。

2.2.1 李群基础

1．群

群是抽象代数学中的一个基本概念，通常表示为由有限或无限个元素构成的集合加上一种运算（群运算）的代数结构。对于群 G，若 * 为群操作，集合为 S，则该群可以表示为 G=(S,*)。群的定义需要其满足下述条件[3]。

（1）封闭性：若 $\forall A,B\in G$，则有 $A*B\in G$。

（2）结合律：若 $\forall A,B,C\in G$，则有 $(A*B)*C=A*(B*C)\in G$。

（3）幺元：必定存在一个单位元素 $I\in G$，对于任意的 $A\in G$ 均有 $IA=AI=A$。

（4）逆：若 $\forall A\in G$，则必定存在其逆元素 A^{-1}，使得 $AA^{-1}=A^{-1}A=I$。

有了上述群的定义，我们再回头看旋转矩阵和齐次矩阵，可以看出它们均符合群的定义。具体地说，三维旋转矩阵实际上构成了特殊正交群 SO(3)，三维齐次变换矩阵的集合则为特殊欧氏群 SE(3)，具体可表述为

$$\mathrm{SO}(3)=\{\boldsymbol{R}\in\mathbb{R}^{3\times3}\mid,\ \boldsymbol{R}\boldsymbol{R}^{\mathrm{T}}=\boldsymbol{E},\ \det(\boldsymbol{R})=1\}\tag{2-45}$$

$$\mathrm{SE}(3)=\left\{\boldsymbol{T}=\begin{bmatrix}\boldsymbol{R}&\boldsymbol{t}\\\boldsymbol{0}&\boldsymbol{1}\end{bmatrix}\in\mathbb{R}^{4\times4}\mid\boldsymbol{R}\in\mathrm{SO}(3),\boldsymbol{t}\in\mathbb{R}^3\right\}\tag{2-46}$$

同时，SO(3) 和 SE(3) 均只对乘法操作封闭，而对加法操作不封闭，故其群操作为二元乘法。对于任意两个旋转矩阵 $\boldsymbol{R}_1$ 和 $\boldsymbol{R}_2$ 以及齐次变换矩阵 $\boldsymbol{T}_1$ 和 $\boldsymbol{T}_2$，即有

$$\boldsymbol{R}_3=\boldsymbol{R}_1+\boldsymbol{R}_2\notin\mathrm{SO}(3),\quad\boldsymbol{R}_4=\boldsymbol{R}_1\boldsymbol{R}_2\in\mathrm{SO}(3)\tag{2-47}$$

$$\boldsymbol{T}_3=\boldsymbol{T}_1+\boldsymbol{T}_2\notin\mathrm{SE}(3),\quad\boldsymbol{T}_4=\boldsymbol{T}_1\boldsymbol{T}_2\in\mathrm{SE}(3)\tag{2-48}$$

2．流形

一个 D- 维流形是局部具有 D 维欧氏空间性质的拓扑空间，它是局部同胚与欧氏空间的[4]。其中，同胚是拓扑学中的基本概念。简单地说，对于两个流形 A 和 B，如果可以通过弯曲、延展、剪切等操作实现 A 到 B 的转换，则认为两者是同胚的。我们可以看出，流形是线性子空间的一种非线性推广，我们日常接触到的圆周、球面分别是一维和二维流形。结合流形的定义，可知一个 D- 维流形 M 在每个点 $\boldsymbol{a}\in\boldsymbol{M}$ 处都有一个对应的切空间 $\boldsymbol{T}_a\boldsymbol{M}$，该切空间的维度为 D。图 2-10 展示了嵌入三维坐标系的一个二维流形在点 $\boldsymbol{a}$ 处的切空间为二维平面，其切空间的向量基为 $[\boldsymbol{e}_1,\boldsymbol{e}_2]$ [5]。

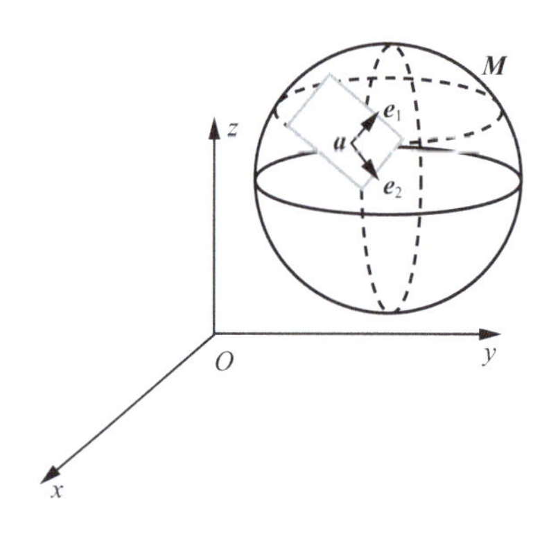

图 2-10　一个二维流形及其切平面

3．李群

在介绍了群和流形的概念后，我们便可以引出李群的概念。学者们为纪念挪威数学家 Sophus Lie 在连续变换群领域做出的突出贡献，将具有群结构的光滑微分流形命名为李群[6]。具体地说，若 G 为一个群，同时它又是 D 维空间的一个流形，并且其群乘积和取逆操作都是平滑函数，则 G 为一个李群。进一步讲，本书所关注的旋转矩阵构成的 SO(3) 群、四元数群以及齐次变换矩阵构成的 SE(3) 群实际上均是李群。

2.2.2　李代数基础

李代数是由一个集合 $\mathbb{V}$、一个数域 $\mathbb{F}$ 和一个李括号运算 $[\cdot,\cdot]$ 组成的代数结构，可表述为 $(\mathbb{V},\mathbb{F},[\cdot,\cdot])$，用于表示被赋予李括号运算的线性空间。李代数的定义需要其满足下述条件[7]。

（1）封闭性：若 $\forall\boldsymbol{A},\boldsymbol{B}\in\mathbb{V}$，则有 $[\boldsymbol{A},\boldsymbol{B}]\in\mathbb{V}$。

（2）分配率：若 $\forall\boldsymbol{A},\boldsymbol{B},\boldsymbol{C}\in\mathbb{V}$ 且 $x,y\in\mathbb{F}$，则有 $[x\boldsymbol{A}+y\boldsymbol{B},\boldsymbol{C}]=x[\boldsymbol{A},\boldsymbol{C}]+y[\boldsymbol{B},\boldsymbol{C}]$。

（3）自反性：若 $\forall\boldsymbol{A}\in\mathbb{V}$，则有 $[\boldsymbol{A},\boldsymbol{A}]=0$。

（4）反对称性：若 $\forall \boldsymbol{A},\boldsymbol{B}\in\mathbb{V}$，则有 $[\boldsymbol{A},\boldsymbol{B}]=-[\boldsymbol{B},\boldsymbol{A}]$。

（5）雅克比恒等式：若 $\forall \boldsymbol{A},\boldsymbol{B},\boldsymbol{C}\in\mathbb{V}$，则有 $[\boldsymbol{A},[\boldsymbol{B},\boldsymbol{C}]]+[\boldsymbol{B},[\boldsymbol{C},\boldsymbol{A}]]+[\boldsymbol{C},[\boldsymbol{A},\boldsymbol{B}]]=0$。

事实上，李括号运算是任意线性空间中的一种广义的向量乘法，其不仅适用于任意维度的实向量空间，也适用于复数空间和对偶空间。具体来说，在三维空间 $\mathbb{R}^3$ 中，向量的叉乘运算即为该空间的李括号运算。

李代数的一个重要作用在于其能够反映李群的局部特性，并且李群 $\boldsymbol{M}$ 和李代数 $\boldsymbol{m}$ 之间满足下述双射关系。

- 李群到李代数的对数映射：

$$\ln:\boldsymbol{M}\to\boldsymbol{m} \tag{2-49}$$

- 李代数到李群的指数映射：

$$\exp:\boldsymbol{m}\to\boldsymbol{M} \tag{2-50}$$

更具体地说，李代数实际上是李群在其幺元处的切空间，它能够完全捕获李群的局部结构，并可表示为

$$\boldsymbol{m}=\boldsymbol{T}_{\boldsymbol{I}}\boldsymbol{M} \tag{2-51}$$

至此我们可以看出，有了李群和李代数之间的映射关系，我们就可以将流形空间中待求解的问题表示成对应的线性空间中的李代数结构，从而使得利用线性空间中的模型和算法成为可能。

1. 李代数so(3)

我们再回头分析旋转矩阵 $\boldsymbol{R}$ 构成的李群 SO(3)，其对应的李代数则记为 so(3)。结合李代数和李群之间的映射关系可知，so(3) 的元素应为三维线性空间中的 3×3 矩阵。若 $\boldsymbol{r}$ 为 $\boldsymbol{R}$ 对应的李代数，则结合 $\boldsymbol{r}\to\boldsymbol{R}$ 的指数映射关系可知

$$\boldsymbol{R}=\mathrm{e}^{r} \tag{2-52}$$

另外，结合罗德里格斯旋转公式［见式（2-22）］以及指数函数的泰勒级数展开式，对旋转向量取指数映射，可得下述等式关系：

$$\begin{aligned}\mathrm{e}^{\theta\boldsymbol{n}^\wedge}&=\sum_{i=0}^{\infty}\frac{1}{i!}(\theta\boldsymbol{n}^\wedge)^i\\&=\boldsymbol{E}+\theta\boldsymbol{n}^\wedge+\frac{1}{2!}\theta^2\boldsymbol{n}^\wedge\boldsymbol{n}^\wedge+\frac{1}{3!}\theta^3\boldsymbol{n}^\wedge\boldsymbol{n}^\wedge\boldsymbol{n}^\wedge+\frac{1}{3!}\theta^4\boldsymbol{n}^\wedge\boldsymbol{n}^\wedge\boldsymbol{n}^\wedge\boldsymbol{n}^\wedge+\cdots\end{aligned} \tag{2-53}$$

对于反对称矩阵 $\boldsymbol{n}^\wedge$ 的乘积，我们可以推导出其具有下述特性：

$$\boldsymbol{n}^\wedge\boldsymbol{n}^\wedge=\boldsymbol{n}\boldsymbol{n}^{\mathrm{T}}-\boldsymbol{E}\quad \boldsymbol{n}^\wedge\boldsymbol{n}^\wedge\boldsymbol{n}^\wedge=\boldsymbol{n}^\wedge(\boldsymbol{n}\boldsymbol{n}^{\mathrm{T}}-\boldsymbol{E})=-\boldsymbol{n}^\wedge \tag{2-54}$$

因此，式（2-53）可进一步简化为

$$\begin{aligned}\mathrm{e}^{\theta\boldsymbol{n}^\wedge}&=\boldsymbol{n}\boldsymbol{n}^{\mathrm{T}}-\boldsymbol{n}^\wedge\boldsymbol{n}^\wedge+\theta\boldsymbol{n}^\wedge+\frac{1}{2!}\theta^2\boldsymbol{n}^\wedge\boldsymbol{n}^\wedge-\frac{1}{3!}\theta^3\boldsymbol{n}^\wedge-\frac{1}{4!}\theta^4\boldsymbol{n}^\wedge\boldsymbol{n}^\wedge+\cdots\\&=\boldsymbol{n}\boldsymbol{n}^{\mathrm{T}}+\underbrace{\left(\theta-\frac{1}{3!}\theta^3+\frac{1}{5!}\theta^5-\cdots\right)}_{\sin\theta}\boldsymbol{n}^\wedge-\underbrace{\left(1-\frac{1}{2!}\theta^2+\frac{1}{4!}\theta^4-\cdots\right)}_{\cos\theta}\boldsymbol{n}^\wedge\boldsymbol{n}^\wedge\\&=\boldsymbol{n}\boldsymbol{n}^{\mathrm{T}}+\sin\theta\boldsymbol{n}^\wedge-\cos\theta(\boldsymbol{n}\boldsymbol{n}^{\mathrm{T}}-\boldsymbol{E})\\&=\cos\theta\boldsymbol{E}+(1-\cos\theta)\boldsymbol{n}\boldsymbol{n}^{\mathrm{T}}+\sin\theta\boldsymbol{n}^\wedge=\boldsymbol{R}\end{aligned} \tag{2-55}$$

至此我们可以看出，对于 $\boldsymbol{R}\in \mathrm{SO}(3)$，对应的李代数 $\boldsymbol{r}=\theta\boldsymbol{n}^{\wedge}\in \mathrm{so}(3)$，其中 θ 和 $\boldsymbol{n}$ 分别为 $\boldsymbol{R}$ 对应的旋转向量表达中的旋转角和单位转轴向量。由于反对称操作满足数乘运算，令 $\boldsymbol{\varphi}^{\wedge}=\theta\boldsymbol{n}^{\wedge}$，对应的欧氏空间中的三维向量为 $\boldsymbol{\varphi}=[\varphi_1\quad \varphi_2\quad \varphi_3]^{\mathrm{T}}$，李代数 so(3) 可具体表示为

$$\mathrm{so}(3)=\{\boldsymbol{\varphi}^{\wedge}\mid \boldsymbol{\varphi}^{\wedge}\in\mathbb{R}^{3\times3},\boldsymbol{\varphi}\in\mathbb{R}^{3}\} \tag{2-56}$$

此外，so(3) 空间可由下述三组基表示，其中每个基表示绕某个轴的微小旋转。

$$\boldsymbol{G}_1^{\mathrm{so}(3)}=\begin{bmatrix}0&0&0\\0&0&-1\\0&1&0\end{bmatrix},\ \boldsymbol{G}_2^{\mathrm{so}(3)}=\begin{bmatrix}0&0&1\\0&0&0\\-1&0&0\end{bmatrix},\ \boldsymbol{G}_3^{\mathrm{so}(3)}=\begin{bmatrix}0&-1&0\\1&0&0\\0&0&0\end{bmatrix} \tag{2-57}$$

由此，我们也可进一步将 so(3) 空间中的元素 $\boldsymbol{\varphi}^{\wedge}$ 表示为上述三组基下的向量形式：

$$\boldsymbol{\varphi}^{\wedge}=\varphi_1 G_1+\varphi_2 G_2+\varphi_3 G_3=[\varphi_1\quad \varphi_2\quad \varphi_3]^{\mathrm{T}}\mid(\boldsymbol{G}_1^{\mathrm{so}(3)},\boldsymbol{G}_2^{\mathrm{so}(3)},\boldsymbol{G}_3^{\mathrm{so}(3)}) \tag{2-58}$$

结合对数函数的泰勒级数展开式，我们也可得到由李群到李代数的对数映射关系，这里不再展开推导。如图 2-11 所示，我们最终可以得到旋转矩阵和李代数以及三维向量之间的关系如下：

$$\boldsymbol{R}=\exp(\boldsymbol{\varphi}^{\wedge})=\mathrm{Exp}(\boldsymbol{\varphi}) \tag{2-59}$$

$$\boldsymbol{\varphi}=\ln(R)^{\vee}=\mathrm{Ln}(\boldsymbol{R}) \tag{2-60}$$

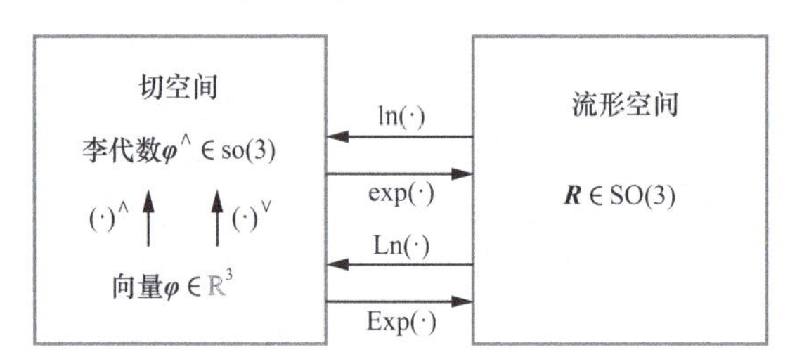

图 2-11　向量$\boldsymbol{\varphi}$、李代数so(3)和李群SO(3)之间的关系示意图

其中 $(\cdot)^{\wedge}$ 和 $(\cdot)^{\vee}$ 分别为反对称操作与其逆操作，并有

$$\boldsymbol{\varphi}^{\wedge}=\boldsymbol{\Psi}=\begin{bmatrix}0&-\varphi_3&\varphi_2\\\varphi_3&0&\varphi_1\\-\varphi_2&\varphi_1&0\end{bmatrix} \tag{2-61}$$

$$\boldsymbol{\Psi}^{\vee}=\boldsymbol{\varphi}=[\varphi_1\quad \varphi_2\quad \varphi_3]^{\mathrm{T}} \tag{2-62}$$

2. 李代数se(3)

进一步地，对于由齐次变换矩阵 $\boldsymbol{T}$ 构成的李群 SE(3)，我们将对应的李代数命名为 se(3)。由式（2-63）中旋转矩阵 $\boldsymbol{T}$ 的结构可知：se(3) 是由 4×4 矩阵组成的空间。

$$\boldsymbol{T}=\begin{bmatrix}\boldsymbol{R}&\boldsymbol{d}\\\boldsymbol{0}^{\mathrm{T}}&\boldsymbol{1}\end{bmatrix}\in\mathbb{R}^{4\times4},\quad \boldsymbol{R}\in\mathrm{SO}(3),\quad \boldsymbol{d}\in\mathbb{R}^{3} \tag{2-63}$$

该空间可由下述 6 组基表示，其中每个基表示绕某个轴的微小旋转或者沿某个轴的微小移动。

$$G_1^{se(3)} = \begin{bmatrix} 0 & 0 & 0 & 1 \\ 0 & 0 & 0 & 0 \\ 0 & 0 & 0 & 0 \\ 0 & 0 & 0 & 0 \end{bmatrix}, \quad G_2^{se(3)} = \begin{bmatrix} 0 & 0 & 0 & 0 \\ 0 & 0 & 0 & 1 \\ 0 & 0 & 0 & 0 \\ 0 & 0 & 0 & 0 \end{bmatrix}, \quad G_3^{se(3)} = \begin{bmatrix} 0 & 0 & 0 & 0 \\ 0 & 0 & 0 & 0 \\ 0 & 0 & 0 & 1 \\ 0 & 0 & 0 & 0 \end{bmatrix}$$

$$G_4^{se(3)} = \begin{bmatrix} 0 & 0 & 0 & 0 \\ 0 & 0 & -1 & 0 \\ 0 & 1 & 0 & 0 \\ 0 & 0 & 0 & 0 \end{bmatrix}, \quad G_5^{se(3)} = \begin{bmatrix} 0 & 0 & 1 & 0 \\ 0 & 0 & 0 & 0 \\ -1 & 0 & 0 & 0 \\ 0 & 0 & 0 & 0 \end{bmatrix}, \quad G_6^{se(3)} = \begin{bmatrix} 0 & -1 & 0 & 0 \\ 1 & 0 & 0 & 0 \\ 0 & 0 & 0 & 0 \\ 0 & 0 & 0 & 0 \end{bmatrix} \tag{2-64}$$

故 se(3) 可具体描述为

$$\mathrm{se}(3) = \{G_i^{se(3)}\}_{i=1,2,\cdots,6} \tag{2-65}$$

若 $\tau \in \mathrm{se}(3)$ 为 $T \in \mathrm{SE}(3)$ 对应的李代数元素，则使用上述基可将其表示为下述矢量形式：

$$\tau = (t\ \varphi)^{\mathrm{T}} \mid (G_1^{se(3)}, \cdots, G_6^{se(3)}) \tag{2-66}$$

τ 中的前三维表示位移，后三维表示旋转。根据李代数到李群的指数映射关系，对 τ 取指数，于是有

$$e^{\tau} = \begin{bmatrix} e^{\varphi^\wedge} & Vt \\ 0 & 1 \end{bmatrix} = T = \begin{bmatrix} R & d \\ 0^{\mathrm{T}} & 1 \end{bmatrix} \tag{2-67}$$

其中：

$$V = E + \frac{1-\cos\theta}{\theta^2} n^\wedge + \frac{\theta - \sin\theta}{\theta^3} n^\wedge n^\wedge \tag{2-68}$$

在式（2-67）中，同样有 $\varphi^\wedge = \theta n^\wedge$，$\theta$ 和 n 为齐次变换矩阵 T 中旋转矩阵 R 对应的轴角表示，并可据此推导出李代数 τ 中位移分量 t 与齐次变换矩阵 T 中位移分量 d 之间的关系如下：

$$Vt = d \tag{2-69}$$

3. “田”“日”操作的定义

下面进一步引入流形空间上的“田”“日”操作[8]，以便我们在后续章节中描述汽车的旋转和平移变换。令 $\mathcal{M}$ 为系统状态变量所在的流形空间，$\mathbb{R}^n$ 为该流形空间的维度，$\mathcal{M}$ 和 $\mathbb{R}^n$ 是局部同胚的，通过“田”“日”操作可在 $\mathcal{M}$ 幺元的局部邻域内与其正切空间 $\mathbb{R}^n$ 之间建立下述双映射关系：

$$\boxplus: \mathcal{M} \times \mathbb{R}^n \to \mathcal{M}, \quad \boxminus: \mathcal{M} \times \mathcal{M} \to \mathbb{R}^n \tag{2-70}$$

假设我们已知 $x \in \mathcal{M}$，μ 为其正切空间 $\mathbb{R}^3$ 上的一个扰动矢量，则 $y = x \boxplus \mu$ 的物理含义如图 2-12 所示。

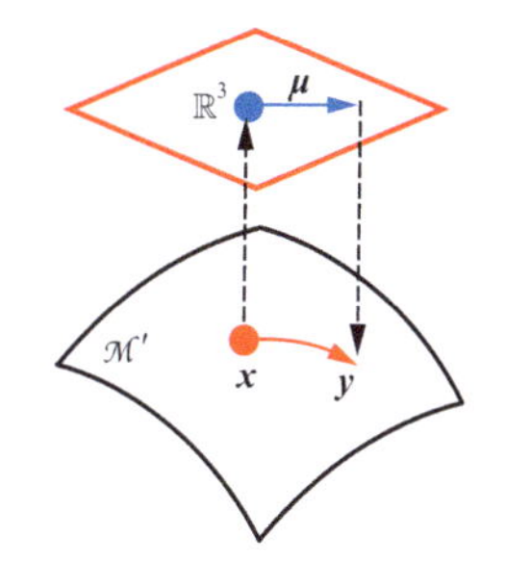

图 2-12 “田”操作原理示意图

进一步地，对于复合流形 $\mathcal{M} = \mathrm{SO}(3) \times \mathbb{R}^n$，则有

$$\begin{bmatrix} R \\ a_1 \end{bmatrix} \boxplus \begin{bmatrix} r \\ a_2 \end{bmatrix} \triangleq \begin{bmatrix} R * \mathrm{Exp}(r) \\ a_1 + a_2 \end{bmatrix}, \quad \begin{bmatrix} R_1 \\ a_1 \end{bmatrix} \boxminus \begin{bmatrix} R_2 \\ a_2 \end{bmatrix} \triangleq \begin{bmatrix} \mathrm{Ln}(R_2^{\mathrm{T}} R_1) \\ a_1 - a_2 \end{bmatrix} \tag{2-71}$$

其中，R 为旋转矩阵，$r \in \mathbb{R}^3$ 为旋转向量，$a_1, a_2 \in \mathbb{R}^n$，$\mathrm{Exp}(\cdot)$ 和 $\mathrm{Ln}(\cdot)$ 分别表示旋转矩阵和旋转向量之间的罗德里格斯变换。

2.3 本章小结

在本章中，我们一起学习了空间变换的相关知识，包括旋转的几种表达方式及其转换关系、齐次变换矩阵以及李群、李代数的基本概念，以作为后续标定和定位章节的数学基础。考虑到篇幅和本书侧重点、空间变换以及李群、李代数相关的一些推导公式，本章并没有详细展开介绍，感兴趣的读者可以参考相关文献进行深入了解。

本章参考文献

[1] ALPAY D, COLOMBO F, SABADINI I. Quaternions and Matrices[M]. Berlin: Springer, 2020.
[2] 高翔，张涛，等．视觉 SLAM 十四讲：从理论到实践 [M]．2 版．北京：电子工业出版社，2019.
[3] 梅加强．流形与几何初步 [M]．北京：科学出版社，2013.
[4] 李永刚．基于微分流形的全对称少自由度并联机构基础理论研究 [D]. 天津大学，2006.
[5] SOLÀ J, DERAY J, ATCHUTHAN D. A micro Lie theory for state estimation in robotics[C]. ArXiv: 1812.01537, 2018.
[6] 杨梦铎，李凡长，张莉．李群机器学习十年研究进展 [J]．计算机学报，2015, 38(7): 1337-1356.
[7] 李世雄．Lie 群与 Lie 代数简介 [D]．安徽大学，2001.
[8] HE D, XU W, ZHANG F. Embedding manifold structures into kalman filters[C]. ArXiv: 2102.03804, 2021.

第 3 章　激光雷达－车体的外参标定

3.1 引言

在本章，我们将介绍如何获取激光雷达相对车体的位置和姿态，即如何对激光雷达进行外参标定。在获取激光雷达外参后，我们才能将激光雷达感知的目标转换至车体坐标系下，以供后续模块使用。根据标定过程中自车是否运动，我们可将 LiDAR- 车体的外参标定分为静态标定和动态标定两类。静态标定一般需要专业的标定设备和场地，结合四轮定位台架（或摆正器）、标定板、激光测距仪及全站仪等设备进行。图 3-1 展示了华为智能车 BU 建立的极狐感知系统传感器静态标定间。

图 3-1　感知系统传感器静态标定间示例

（注：图片来自 ADS 高阶智能驾驶官方公众号）

目前在汽车工业中，整车厂主要通过静态标定间对 LiDAR、相机、雷达等进行标定。静态标定的原理相对简单，其标定精度主要取决于标定设备的精度和传感器数据的质量，而高精度的标定件通常需要几十万到几百万人民币不等（根据配置和精度不同，其价格有较大浮动）。此外，当车辆交付用户使用以后，由于长期的振动甚至行驶中的剐蹭，也可能使得传感器外参发生变化，进而影响后续辅助驾驶系统的感知或定位功能。因此，近年来一些研究机构和整车厂正在探索通过车辆在特定路段或正常道路中的行驶，动态地标定得到传感器的外参或监测传感器的位姿状态。

在本章，我们主要介绍 LiDAR 的动态外参标定。基于对国内外研究现状的调研，我们将其细分为下述三个方向。

1）基于道路、标定物的外参标定

这类方法通常假设地面绝对水平，然后对地面进行拟合，并反过来推算 LiDAR 相对车体、地面的垂向高度（z 值）、俯仰角和翻滚角。对于偏航角的标定，参考文献 [1] 中的算法依赖于路边的垂直杆状物，如路灯、标定桩等。参考文献 [2] 在标定偏航角时指出，当 LiDAR 安装倾角较大时，其照射到地面的波形是双曲线，可通过双曲线中心朝向推算出偏航角。上述标定算法均需要地面水平或垂直的参考物体的先验信息，这在特定的标定道路内可以在一定程度上得到满足，但在用户实际驾驶过程中很难得到保证。

2）基于手眼模型的外参标定

手眼标定早期被应用于机械手上摄像头的标定，并可扩展至多种具有定位功能的传感器标定。该方法一般通过求解形如 $AX=XB$ 的等式约束方程，得到外参矩阵 X，A 和 B 为由不同传感器得到的运动变化量。具体到单激光雷达的外参标定，百度 Apollo 基于手眼标定方法实现了 LiDAR 和 IMU 之间偏航角的标定。同样，参考文献 [3] 也采用了手眼模型来实现 3D 激光雷达和 IMU 之间的外参标定。英伟达的 DriveWork 在进行 LiDAR 的外参标定时，选择了基于手眼标定算法来求解其偏航角和俯仰角，并根据地面拟合标定俯仰角和翻滚角。当两种方法标定的俯仰角误差小于设定的阈值时，就认为得到了俯仰角的一致性结果，并且当迭代满足设定的终止条件时，输出最终的标定结果。

从手眼标定的求解公式 $AX=XB$[4] 可以看出该方法存在的一些问题。首先，为了使方程容易求解，需要使得位姿变换矩阵 A 和 B 不能接近单位阵，对应的物理含义就是要求车辆在各自由度上有尽可能大的运动。由于车辆几乎总是平行于地面运动，车辆在侧倾方向上一般不会有太大的变化；因此，该方法通常用于激光雷达偏航角或俯仰角的标定，并要求在特定的场地中按照“8”字形或圆形轨迹行驶[5]。其次，LiDAR 里程计、SLAM 和车辆位姿模块的误差最终会被引入外参标定结果，因此这类方法一般需要高精度的定位模块。

3）基于点云特征优化的外参标定

这类方法通常需要建立点云地图，通过对地图质量特征进行分析，并结合非线性优化来获取外参标定结果。Levinson 和 Thrun[6] 基于 Velodyne 64 线束 LiDAR 提出了一种无监督的外参标定算法：通过已知的车辆运动获取累积的点云地图，针对累积点云提出一种能量方程，以表征每个线束中激光点与相邻线束邻域激光点构成平面之间的距离，并通过对能量方程进行优化搜索，获取 LiDAR 的外参标定参数。参考文献 [7] 基于低分辨率的 AesinGCH MStar 8000 LiDAR，提出通过优化 Reny Quadratic Entropy（RQE）函数来获取外参标定矩阵。

参考文献 [8] 认为点云中局部邻域的点是共面的，并基于此提出了一种表示不同帧点云之间距离的能量方程，但该方法对于树木、草丛较多、大平面建筑较少的场景精度不高。参考文献 [8] 还对移动建图系统进行了激光雷达的外参标定，分析了点云的 7 种几何特征并构建了不同的损失函数。在参考文献 [9] 中，作者针对传感器获取的点云结合定位系统数据构建出点云地图，在对点云地图进行体素滤波后，进行上述特征的计算，并代入构建的目标函数，通过对目标函数进行优化，最终求得传感器外参。参考文献 [10] 则认为 LiDAR 外参可以通过对累积 3D 点云的局部散度进行量化来获得，该方法通过对点云地图中的每个激光点及其邻域点集进行主成分分析，提出了对应的量化目标函数，并通过对其进行优化来获取最优的外参估计值。

下面我们将分别针对上述三个方向，选取具有代表性的算法进行分析和讨论。

3.2 基于道路、标定物特征的 LiDAR 动态外参标定

本节我们选取吉林大学的陈贵宾等[1] 于 2017 年提出的车载 3D 激光雷达分步自动标定

（Step-by-Step Automatic Calibration，SSAC）算法进行分析。

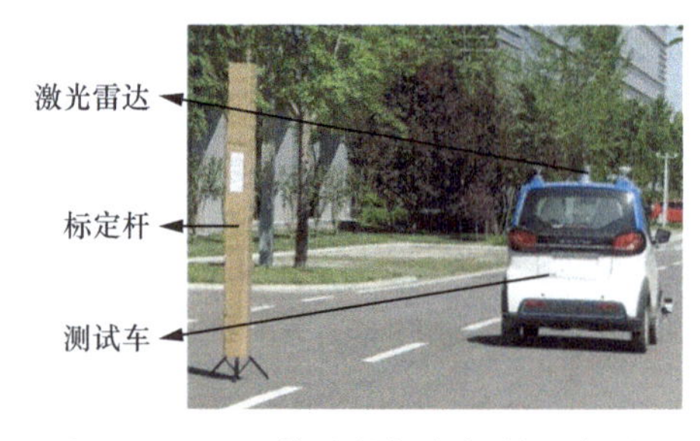

图 3-2　SSAC 算法的标定场景示意图
（注：图片来自参考文献 [1]）

图 3-2 给出了 SSAC 算法的标定场景。该算法需要一个垂直标定杆作为外部参考，并依赖于道路水平的先验信息。SSAC 算法在总体上分为两个阶段：在第一阶段，通过地面点云进行平面拟合，得到水平地面在激光雷达坐标系下的方程，并构造水平度函数，然后利用粒子群优化算法求得水平度最小时对应激光雷达相对车体的俯仰角 pitch、横滚角 roll 和高度 Δz；在第二阶段，在车辆直线行驶过程中分析同一个标定杆对应的点云特征，具体则是在每一帧中通过聚类获取标定杆的中心点，而后将我们从多帧中获取的标定杆中心点连成直线，由该直线与车辆前进方向的夹角计算求解出激光雷达相对车体的偏航角 yaw。SSAC 算法通过上述步骤即可完成对激光雷达 4 个外参的标定，x 轴和 y 轴方向的位移偏差则可以通过测量得到。

3.2.1　SSAC 第一阶段

1. 基本思路

在该阶段的标定中，SSAC 算法根据地面点云求解俯仰角 pitch、横滚角 roll 和纵向位移（即高度）Δz。如图 3-3 所示，我们注意到，当 LiDAR 坐标系和车体坐标系有角度偏差时，例如在 pitch 角度分量有顺时针方向的俯仰角 γ，则水平地面在 LiDAR 坐标系下将呈现逆时针方向的倾角 γ。

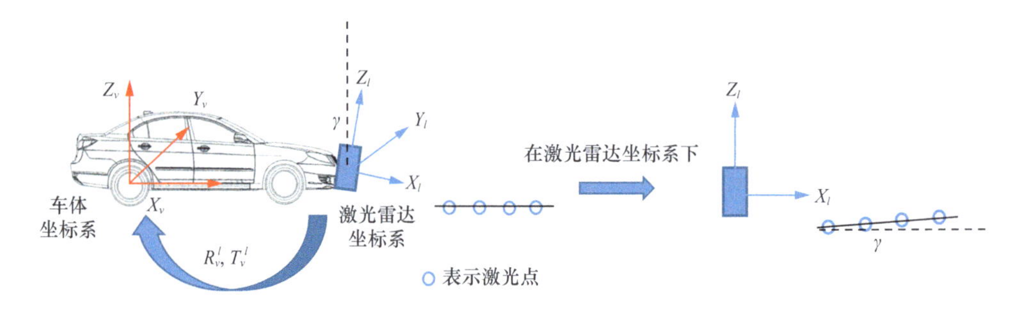

图 3-3　水平地面在不同坐标系下的表现形式

该算法需要我们首先从原始点云中分割出地面点云 P'（地面分割的具体方法详见第 5 章）。而后，基于待求解的激光雷达外参，得到车体坐标系下的地面点云 P。具体而言，我们可以将激光雷达坐标系下的坐标点（x',y',z'）经式（3-1）转换得到车辆坐标系下的坐标点（X,Y,Z）：

$$\begin{bmatrix} x \\ y \\ z \end{bmatrix} = \boldsymbol{R}_l^v \begin{bmatrix} x' \\ y' \\ z' \end{bmatrix} + \boldsymbol{d}_v^l \tag{3-1}$$

其中：

$$\boldsymbol{d}_v^l = [\Delta x, \Delta y, \Delta z]', \boldsymbol{R}_l^v = \boldsymbol{R}_x \boldsymbol{R}_y \boldsymbol{R}_z$$

因此，在车体坐标系下，我们基于地面点云 P 可以拟合得到形如式（3-2）的地平面方程：

$$z = Ax + By + C \tag{3-2}$$

其中，A、B、C 为平面方程系数。

根据简单的几何知识可知，当 $A=B=0$ 时，对应的平面将平行于 OXY 平面，因此陈贵宾等提出构建式（3-3）中的水平度函数：

$$f = |A| + |B| \tag{3-3}$$

如果外参标定正确，则基于地面点云 P 得到的地面方程应为水平面，对应的水平度 f 趋近于 0。因此，可通过迭代搜索使得水平度 f 最小，得到对应俯仰角和横滚角的标定值，并可结合此时的 z 值计算得到激光雷达的安装高度。

2. 粒子群优化的基本概念

SSAC 采用粒子群优化算法对水平度函数 f 进行最小化。粒子群优化（Particle Swarm Optimization，PSO）算法是一种基于种群智能的启发式直接搜索算法，其在多个领域得到了广泛应用。PSO 最初是由 Kennedy 和 Eberhart [11] 通过对鸟群的觅食行为进行观察，提出的一种全局优化搜索方法。粒子群优化算法把优化问题的设计域抽象为“飞行空间”，把优化问题的解抽象为在空间中飞行的“粒子”。在算法搜索过程中，每个粒子通过自身的飞行记录以及整个粒子群体的飞行经验来确定下一步的飞行状态（包括粒子的速度和位置）。标准的粒子群优化算法一般用于解决单目标连续优化问题 $\mathrm{argmin}\, f(x)$。假设在迭代过程中粒子 i 自身搜索到的最优点为 Pbest_i，整个种群搜索到的最优点为 Gbest，则该粒子的速度和位置更新公式为

$$v_i^{k+1} = w \times v_i^k + r_1 \times \mathrm{rand}_1 \times (\mathrm{Pbest}_i - x_i^k) + r_2 \times \mathrm{rand}_2 \times (\mathrm{Gbest} - x_i^k)$$
$$x_i^{k+1} = x_i^k + v_i^{k+1} \tag{3-4}$$

其中，i 是粒子的索引值，k 表示迭代次数，w 是惯性权重，r_1 和 r_2 被称为学习因子或加速常数，v_i^k 和 v_i^{k+1} 分别是第 i 个粒子在第 k 次迭代和第 k+1 次迭代中的飞行速度，x_i^k 和 x_i^{k+1} 是第 i 个粒子在第 k 次迭代和第 k+1 次迭代中的位置（即变量值）。

3. 算法流程

SSAC 第一阶段的流程如下。

（1）输入原始的地面点云数据。

（2）初始化参数。令 $\gamma = \Delta z = 0$，Δx和Δy 可通过测量得到；并随机初始化粒子种群 $\{(\mathrm{pitch}_i, \mathrm{roll}_i) \mid i = 1, 2, \cdots, N_p\}$，其中 N_p 为种群个数。

（3）对于每个粒子参数，进行下述操作。

（3.1）结合式（3-1）得到车体坐标系下的地面点云 P。

（3.2）通过最小二乘法得到车体坐标系下的平面方程，如式（3-2）所示。

（3.3）结合式（3-3）计算水平度值 f_i。

（3.4）结合每个粒子搜索到的水平度值 f_i，更新粒子搜索到的最优点 Pbest_i 和种群搜索到的最优点 Gbest。

（4）结合 PSO 的更新公式［见式（3-4）］，得到新的粒子种群。

（5）重复步骤（3）和步骤（4），直至达到最大迭代次数 N 或者搜索到的水平度小于设定的阈值 E_0，输出 Gbest 对应的粒子，即为标定得到的 pitch 和 roll。

（6）在标定 pitch 和 roll 后，结合对应平面方程中的参数值 C 和车辆坐标系下的高度进一步计算得到 Δz。

3.2.2　SSAC 第二阶段

在该阶段的标定中，SSAC 算法仅考虑激光雷达相对车体偏航角的标定。具体过程如下：假设车辆沿着世界坐标系的 x 轴直线行驶，记录车辆行驶过程中包含同一个标定杆的激光点云，通过高程滤波等方式提取出标定杆，再采用 K 均值算法得到标定杆的点云聚类中心，在世界坐标系的 OXY 二维平面上，将每帧标定杆中心经最小二乘法拟合，得到一条直线，如式（3-5）所示。

$$y = k_f x + b \tag{3-5}$$

这条直线的斜率 k_f 反映了激光雷达相对车体的偏航角，即

$$\text{yaw} = \arctan(k_f) \tag{3-6}$$

SSAC 第二阶段的算法流程如图 3-4 所示。

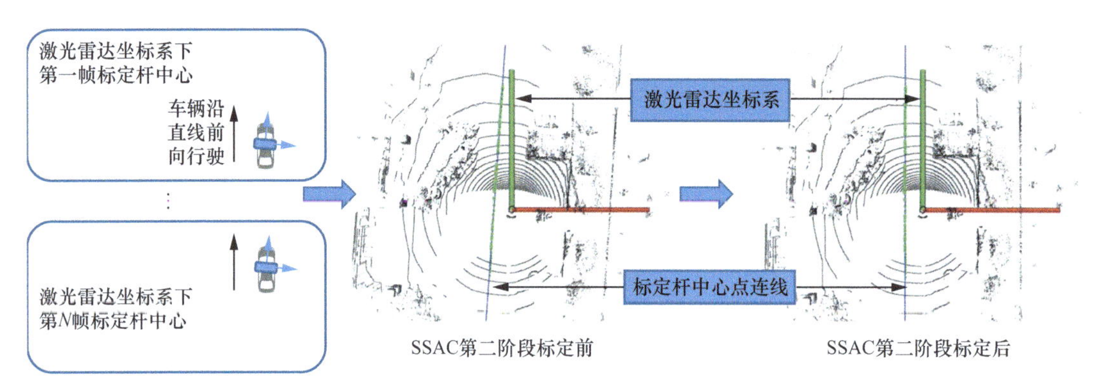

图 3-4　SSAC 第二阶段的算法流程

（注：图片根据参考文献 [1] 制作而成）

3.3　基于手眼模型的 LiDAR 外参标定

3.3.1　手眼模型简述

观察图 3-5，我们首先对手眼模型的基本原理进行分析。假设在 T 时刻，车辆在世界坐标系下的位置为 E，对应激光雷达的位置为 F。令车辆行驶的运动量为 $\boldsymbol{RV}_k$，在 K 时刻对应的位置为 H，此时激光雷达的位置为 G，它由 F 到 G 的运动量为 $\boldsymbol{RL}_k$。从图 3-5 可以看出，从 F 点出发到达 H 点有两条路径，一条路径是从 F 点出发经由 G 点到达 H 点，另一条路径是从 F 点出发经由 E 点到达 H 点。令激光雷达到车体的外参矩阵为 $\boldsymbol{T}_v^l$，则有

$$\boldsymbol{RV}_k \boldsymbol{T}_v^l = \boldsymbol{T}_v^l \boldsymbol{RL}_k \tag{3-7}$$

在车辆的连续运动中，根据运动数据可以构建出多个形如式（3-7）的等式方程，然后可以采用 Tasi 算法 [12]、Navy 算法 [13] 或 Nguyen 算法 [14] 进行求解。上述算法一般采用两步法将旋转变量和平移变量的求解过程分离，并将欧氏空间中的旋转运动分别转换成旋转向量、李群以及四元数的表示形式，以简化求解过程 [15]。下面我们选取基于李群的 Navy 算法进行分析。

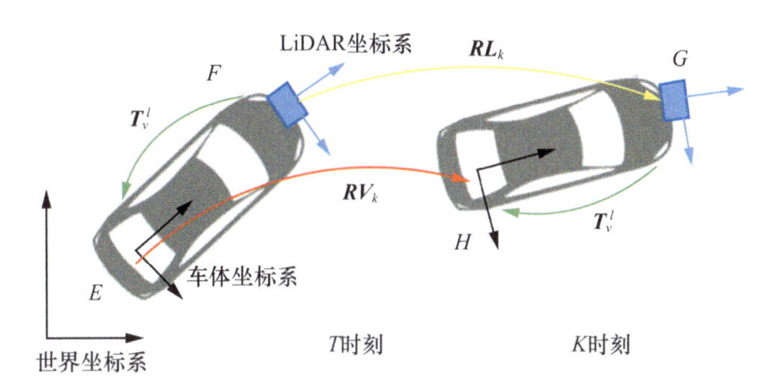

图 3-5 基于手眼模型进行激光雷达外参标定的示意图

3.3.2 使用 Navy 算法求解手眼模型

Navy 算法是由 Frank C. Park 和 Bryan J. Martin 等于 1994 年提出的，其针对我们在机器人传感器标定中遇到的 ***AX***=***XB*** 等式求解问题，引入了李群、李代数理论，并结合非线性最小二乘法，推导出了手眼模型的封闭解。

在等式 ***AX***=***XB*** 中，位姿变换矩阵 ***A***、***B***、***X*** 均属于欧氏群 SE(3)，具体如式（3-8）所示。

$$\mathrm{SE}(3)=\left\{\boldsymbol{T}=\begin{bmatrix}\boldsymbol{\Theta} & \boldsymbol{b}\\ \boldsymbol{0} & \boldsymbol{1}\end{bmatrix}\in\mathbb{R}^{4\times4}\mid\boldsymbol{\Theta}\in\mathrm{SO}(3),\ \boldsymbol{b}\in\mathbb{R}^3\right\} \tag{3-8}$$

将 ***A***、***B***、***X*** 记为

$$\boldsymbol{A}=(\boldsymbol{\Theta}_A,\boldsymbol{b}_A),\quad \boldsymbol{B}=(\boldsymbol{\Theta}_B,\boldsymbol{b}_B),\quad \boldsymbol{X}=(\boldsymbol{\Theta}_X,\boldsymbol{b}_X) \tag{3-9}$$

其中，$\boldsymbol{\Theta}$ 表示三维空间内的旋转矩阵，$\boldsymbol{b}$ 表示三维空间内的平移矢量，并有

$$\mathrm{SO}(3)=\{\boldsymbol{\Theta}\in\mathbb{R}^{3\times3}\mid\boldsymbol{\Theta}\boldsymbol{\Theta}^{\mathrm{T}}=\boldsymbol{I},\ \det(\boldsymbol{\Theta})=1\} \tag{3-10}$$

SE(3) 和 SO(3) 均是李群，并且由上述定义可以看出，SE(3) 和 SO(3) 均只对乘法封闭，即有

$$\boldsymbol{T}_1\boldsymbol{T}_2\in\mathrm{SE}(3),\quad \boldsymbol{\Theta}_1\boldsymbol{\Theta}_2\in\mathrm{SO}(3) \tag{3-11}$$

等式 ***AX***=***XB*** 可以被改写为下述形式：

$$\begin{bmatrix}\boldsymbol{\Theta}_A & \boldsymbol{b}_A\\ \boldsymbol{0} & \boldsymbol{1}\end{bmatrix}\begin{bmatrix}\boldsymbol{\Theta}_X & \boldsymbol{b}_X\\ \boldsymbol{0} & \boldsymbol{1}\end{bmatrix}=\begin{bmatrix}\boldsymbol{\Theta}_X & \boldsymbol{b}_X\\ \boldsymbol{0} & \boldsymbol{1}\end{bmatrix}\begin{bmatrix}\boldsymbol{\Theta}_B & \boldsymbol{b}_B\\ \boldsymbol{0} & \boldsymbol{1}\end{bmatrix} \tag{3-12}$$

展开后可以得到：

$$\boldsymbol{\Theta}_A\boldsymbol{\Theta}_X=\boldsymbol{\Theta}_X\boldsymbol{\Theta}_B \tag{3-13}$$

$$\boldsymbol{\Theta}_A\boldsymbol{b}_X+\boldsymbol{b}_A=\boldsymbol{\Theta}_X\boldsymbol{b}_B+\boldsymbol{b}_X \tag{3-14}$$

1. 理想解推导

式（3-13）实际上是 SO(3) 上形如 ***AX***=***XB*** 的等式方程，Park 和 Martin 指出在理想条件下求解 $\boldsymbol{\Theta}_X$ 至少需要两个等式约束。假设现有两组无噪声的旋转运动量观测数据（$\boldsymbol{\Theta}_{A_1}$，$\boldsymbol{\Theta}_{B_1}$）和（$\boldsymbol{\Theta}_{A_2}$，$\boldsymbol{\Theta}_{B_2}$），则方程组可表示为

$$\begin{cases}\boldsymbol{\Theta}_{A_1}\boldsymbol{\Theta}_X=\boldsymbol{\Theta}_X\boldsymbol{\Theta}_{B_1}\\ \boldsymbol{\Theta}_{A_2}\boldsymbol{\Theta}_X=\boldsymbol{\Theta}_X\boldsymbol{\Theta}_{B_2}\end{cases} \tag{3-15}$$

当满足 $\mathrm{tr}(\boldsymbol{\Theta}_{A_i}) \neq -1$、$\mathrm{tr}(\boldsymbol{\Theta}_{B_i}) \neq -1$ 且 $\|\log\boldsymbol{\Theta}_{A_i}\| = \|\log\boldsymbol{\Theta}_{B_i}\| (i=1,2)$ 时，该等式方程组的解为

$$\boldsymbol{\Theta}_X = \boldsymbol{A}\boldsymbol{B}^{-1} \tag{3-16}$$

其中，$\boldsymbol{A}$ 和 $\boldsymbol{B}$ 均为 3×3 的矩阵，分别由列向量 $\{\alpha_1, \alpha_2, \alpha_1 \times \alpha_2\}$ 和 $\{\beta_1, \beta_2, \beta_1 \times \beta_2\}$ 构成，要求

$$\boldsymbol{\alpha}_i = \log\boldsymbol{\Theta}_{A_i}, \quad \boldsymbol{\beta}_i = \log\boldsymbol{\Theta}_{B_i}, \quad i = 1,2 \tag{3-17}$$

且有

$$\log\boldsymbol{\Theta} = \frac{\phi}{2\sin\phi}(\boldsymbol{\Theta} - \boldsymbol{\Theta}^{\mathrm{T}}) \tag{3-18}$$

其中，$1 + 2\cos\phi = \mathrm{tr}(\boldsymbol{\Theta}), |\phi| < \pi, \|\log\boldsymbol{\Theta}\|^2 = \phi^2$。

在得到旋转变量后，进一步求解平移变量 $\boldsymbol{b}_X$。在无噪声的旋转、平移数据（$\boldsymbol{\Theta}_{A_1}, \boldsymbol{\Theta}_{B_1}, \boldsymbol{b}_{A_1}, \boldsymbol{b}_{B_1}$）和（$\boldsymbol{\Theta}_{A_2}, \boldsymbol{\Theta}_{B_2}, \boldsymbol{b}_{A_2}, \boldsymbol{b}_{B_2}$）的基础上，可以得到：

$$\begin{cases} (\boldsymbol{\Theta}_{A_1} - \boldsymbol{I})\boldsymbol{b}_X = \boldsymbol{\Theta}_X \boldsymbol{b}_{B_1} - \boldsymbol{b}_{A_1} \\ (\boldsymbol{\Theta}_{A_2} - \boldsymbol{I})\boldsymbol{b}_X = \boldsymbol{\Theta}_X \boldsymbol{b}_{B_2} - \boldsymbol{b}_{A_2} \end{cases} \tag{3-19}$$

进一步整理后可以得到：

$$\begin{bmatrix} (\boldsymbol{\Theta}_{A_1} - \boldsymbol{I}) \\ (\boldsymbol{\Theta}_{A_2} - \boldsymbol{I}) \end{bmatrix} \boldsymbol{b}_X = \begin{bmatrix} \boldsymbol{\Theta}_X \boldsymbol{b}_{B_1} - \boldsymbol{b}_{A_1} \\ \boldsymbol{\Theta}_X \boldsymbol{b}_{B_2} - \boldsymbol{b}_{A_2} \end{bmatrix} \tag{3-20}$$

将式（3-16）求解得到的 $\boldsymbol{\Theta}_X$ 代入，即可求解得到 $\boldsymbol{b}_X$。

2. 最小二乘解推导

在实践中，我们获取的运动量观测值通常包含了计算或测量噪声。假设我们获取的一组运动量观测值为 $\{(A_1, B_1), \cdots, (A_k, B_k)\}$，基于最小二乘法的思想，我们可以通过最小化式（3-21）得到 $\boldsymbol{\Theta}_X$ 的最优解，具体如式（3-22）所示。

$$\eta_1 = \sum_{i=1}^{k} \|\boldsymbol{\Theta}_X \boldsymbol{\beta}_i - \boldsymbol{\alpha}_i\|^2 \tag{3-21}$$

$\boldsymbol{\alpha}_i$ 和 $\boldsymbol{\beta}_i$ 的定义见式（3-17）。

$$\boldsymbol{\Theta}_X = (\boldsymbol{M}^{\mathrm{T}}\boldsymbol{M})^{-1/2}\boldsymbol{M}^{\mathrm{T}} \tag{3-22}$$

其中：

$$\boldsymbol{M} = \sum_{i=1}^{k} \boldsymbol{\beta}_i \boldsymbol{\alpha}_i^{\mathrm{T}} \tag{3-23}$$

在求得旋转向量 $\boldsymbol{\Theta}_X$ 后，同样基于最小二乘法的思想，构建式（3-24），并对 η_2 进行最小化。

$$\eta_2 = \sum_{i=1}^{k} \|(\boldsymbol{\Theta}_{A_i} - \boldsymbol{I})\boldsymbol{b}_X - \boldsymbol{\Theta}_X \boldsymbol{b}_{B_i} + \boldsymbol{b}_{A_i}\|^2 \tag{3-24}$$

该最小二乘优化的解为

$$\boldsymbol{b}_X = (\boldsymbol{C}^{\mathrm{T}}\boldsymbol{C})^{-1}\boldsymbol{C}^{\mathrm{T}}\boldsymbol{d} \tag{3-25}$$

其中：

$$\boldsymbol{C} = \begin{bmatrix} \boldsymbol{I} - \boldsymbol{\Theta}_{A_1} \\ \vdots \\ \boldsymbol{I} - \boldsymbol{\Theta}_{A_k} \end{bmatrix}, \quad \boldsymbol{d} = \begin{bmatrix} \boldsymbol{b}_{A_1} - \boldsymbol{\Theta}_X \boldsymbol{b}_{B_1} \\ \vdots \\ \boldsymbol{b}_{A_k} - \boldsymbol{\Theta}_X \boldsymbol{b}_{B_k} \end{bmatrix}$$

3.3.3 DriveWorks 中激光雷达外参的标定

经过前面的介绍，读者应该对手眼标定的基本原理和求解方法有了一定的了解，本节将结合英伟达 DriveWorks 中的 LiDAR Self-Calibration (LSC) 标定方法，进一步介绍手眼模型在激光雷达外参标定中的应用。LSC 主要标定激光雷达相对车体的翻滚角 roll、俯仰角 pitch、偏航角 yaw 以及高度差 height。在硬件方面，LSC 需要 360° FOV 的多线束激光雷达，例如 Velodyne HDL-32e 和 Velodyne HDL-64e 以及 GPS 和 IMU 等。在标定时，LSC 要求待标定角度的初值与真值的直接误差不超过 10°，并且要求高度的初值与真值之间的误差不超过 10cm，此外还要求车辆的行驶速度不低于 5km/h。当激光雷达的扫描频率为 1Hz 时，标定总时长不超过 10min。

与 SSAC 算法类似，LSC 通过进行地面拟合实现了激光雷达外参中 roll、pitch 和 height 的标定。具体来说，LSC 主要通过对拟合地平面的法向量进行分析来求解这三个参数。

假设在激光雷达坐标系下得到地平面的单位法向量为 $\boldsymbol{n}$，水平地面在世界坐标系下的单位法向量为 $\boldsymbol{e}=[0,0,1]$，则垂直的单位法向量 $\boldsymbol{e}$ 经过 roll 和 pitch 角度的旋转便可得到 $\boldsymbol{n}$，旋转轴为

$$\boldsymbol{t}=\boldsymbol{e}\times\boldsymbol{n} \tag{3-26}$$

$\boldsymbol{e}$ 和 $\boldsymbol{n}$ 之间总的角度为

$$\theta=\arccos(\boldsymbol{e}\cdot\boldsymbol{n}) \tag{3-27}$$

如前面的图 3-3 所示，激光雷达的旋转方向与拟合得到的地平面的旋转方向相反，角度相等。由此，我们得到仅考虑 roll 和 pitch 时，激光雷达偏转的轴角 / 旋转向量表示形式（$\theta,\boldsymbol{t}$）。根据罗德里格斯旋转公式，可由轴角转换得到旋转矩阵，故有

$$\boldsymbol{R}=\cos(\theta)\boldsymbol{I}+(1-\cos(\theta))(-\boldsymbol{t})(-\boldsymbol{t})^{\mathrm{T}}+\sin(\theta)(-\boldsymbol{t})^{\wedge} \tag{3-28}$$

在得到旋转矩阵 $\boldsymbol{R}$ 后，再通过旋转矩阵和欧拉角之间的变换关系，即可求解出 pitch 和 roll。相关的旋转变换关系均封装在 Eigen 库中，在进行代码实现时，读者可以利用 Eigen 库快速实现轴角、旋转矩阵、欧拉角和四元数之间的变换。

$$\boldsymbol{R}=\boldsymbol{R}_x\boldsymbol{R}_y \tag{3-29}$$

其中：

$$\boldsymbol{R}_x=\begin{bmatrix}1 & 0 & 0\\ 0 & \cos(\text{roll}) & \sin(\text{roll})\\ 0 & -\sin(\text{roll}) & \cos(\text{roll})\end{bmatrix},\quad \boldsymbol{R}_y=\begin{bmatrix}\cos(\text{pitch}) & 0 & -\sin(\text{pitch})\\ 0 & 1 & 0\\ \sin(\text{pitch}) & 0 & \cos(\text{pitch})\end{bmatrix} \tag{3-30}$$

此外，LSC 采用手眼模型并基于激光雷达和车体的运动变化量进行 yaw 和 pitch 的标定。前面已经提到过，在采用手眼模型时，需要车辆在待标定的角度方向有一定的运动变化，因此在利用手眼模型标定 yaw 和 pitch 时，需要车辆走圆形或“8”字形轨迹，并且要有一定的上、下坡。

车辆的运动变化通常可以通过 IMU 或 GNSS/IMU 组合导航获取，因此需要车辆定位模块首先进行精确的外参标定；而激光雷达的运动变化，通常可以通过 LiDAR ego-motion 模块获取，比如通过两帧间点云的 ICP 匹配、LOAM 算法等，具体将在第 11 章展开介绍。

随着车辆行驶，LSC 将得到多组标定结果，可根据所标定数据的分布，计算出标定最优值。如果基于地面拟合和手眼标定得到的 pitch 角度差在设定的阈值内，我们就认为得到了一致的 pitch 标定结果。最终当 yaw、pitch、roll 的标定最优值波动小于 0.3°、高度值变化小于 3cm 或者标定时长达到 10min 时，算法将输出最终的标定结果，如图 3-6 所示。

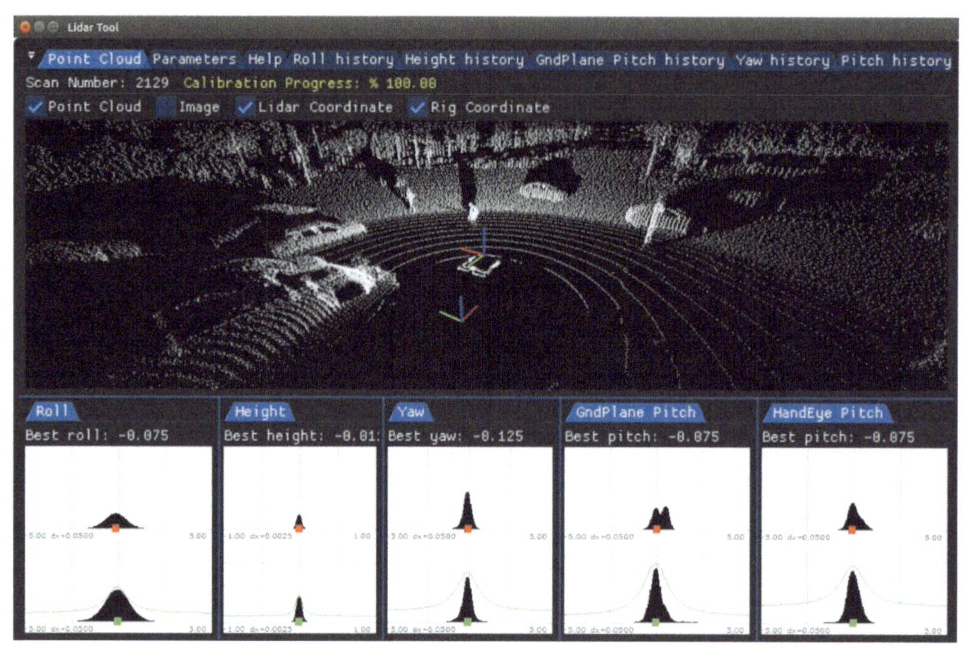

图 3-6 DriveWorks 激光雷达外参标定的结果图

（注：图片来自 DriveWorks 官方网站）

3.4 基于累积点云特征优化的 LiDAR 外参标定

近年来，许多学者基于累积点云特征优化实现了 LiDAR 外参标定。这类方法一般不依赖于标定物或外界先验信息，其基本思想如下：当 LiDAR 外参标定正确时，世界坐标系下一个静止物体的表面，在累积点云地图中应表现出清晰的边界特征；而当 LiDAR 外参没有得到正确标定时，在点云地图中，一个物体的表面会出现模糊、错层等，如图 3-7 所示。

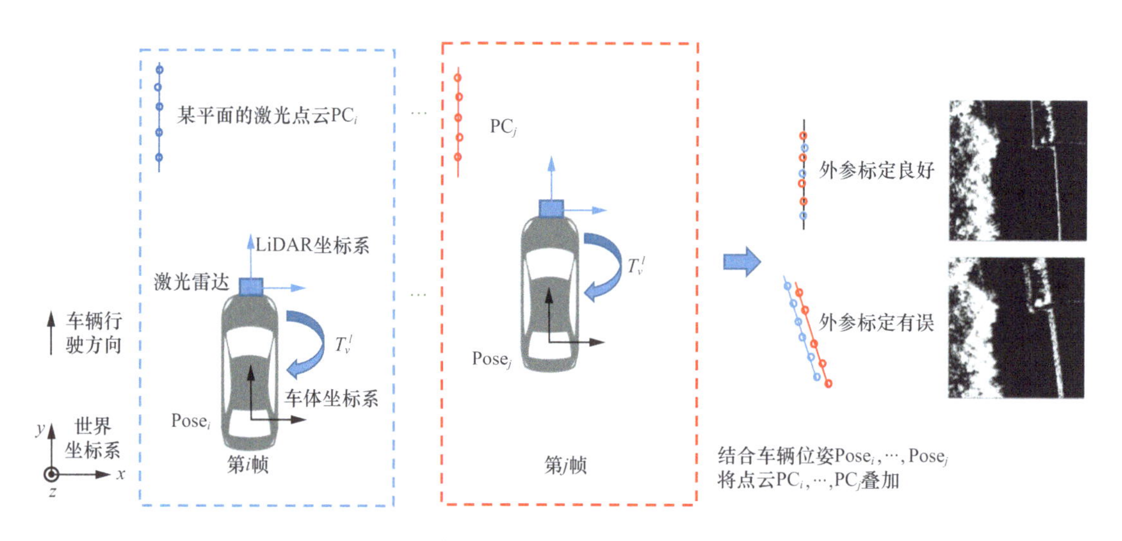

图 3-7 LiDAR 外参对世界坐标系下点云地图的影响示意图

3.4.1　AESC-MMS 算法

本节我们选取比较有代表性的 AESC-MMS（Automatic Extrinsic Self-Calibration of Mobile Mapping Systems）算法进行分析和讨论，该算法是由 Hillemann 等人[9]于 2019 年基于移动建图系统提出的，用于激光雷达与位姿估计传感器的外参标定。其中位姿传感器可以是 IMU、GPS，也可以是运行 SLAM 算法的摄像头等。代码的开源地址为 GitHub 上的 markushillemann/Feat-Calibr。

1. 算法流程

AESC-MMS 算法的基本流程如图 3-8 所示。首先，结合 LiDAR 的初始外参和获取的多帧激光点云、位姿信息，构建世界坐标系下的累积点云地图。

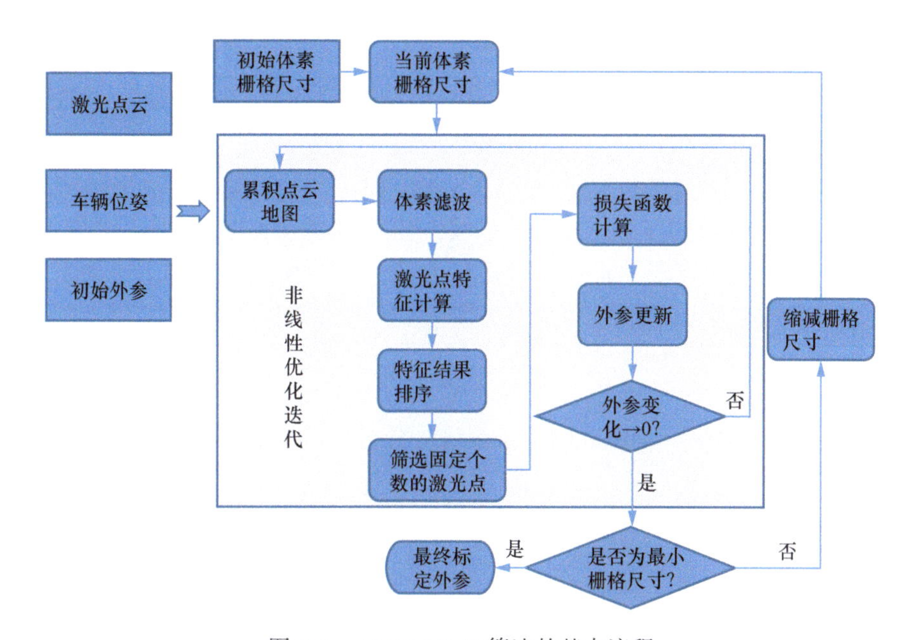

图 3-8　AESC-MMS 算法的基本流程

假设外参的矢量表达为 $\text{cal}=[\text{roll},\text{pitch},\text{yaw},\Delta x,\Delta y,\Delta z]$，则齐次变换矩阵 $\boldsymbol{T}_v^l$ 可表示为

$$\boldsymbol{T}_l^v=\begin{bmatrix}\boldsymbol{R}_l^v & \boldsymbol{d}_l^v\\ \boldsymbol{0} & \boldsymbol{1}\end{bmatrix},\ \boldsymbol{d}_v^l=[\Delta x,\Delta y,\Delta z]',\ \boldsymbol{R}_v^l=\boldsymbol{R}_x\boldsymbol{R}_y\boldsymbol{R}_z \tag{3-31}$$

将激光雷达坐标系下第 t 帧激光点云 ${}^l\boldsymbol{PC}_t$ 结合车辆位姿和外参转换到世界坐标系 w 的过程可以用式（3-32）来表示。

$${}^w\boldsymbol{PC}_t=\boldsymbol{R}_v^w.*(\boldsymbol{R}_l^v.*{}^l\boldsymbol{PC}_t+\boldsymbol{T}_v^l)+\boldsymbol{d}_w^v \tag{3-32}$$

其中的“.*”表示对点云中的每个激光点进行运算。

由第 t 帧到第 k 帧累积得到的点云地图 $\text{Map}_{t,k}$ 可由式（3-33）得到：

$$\text{Map}_{t,k}=\sum_{r=t}^{k}{}^w\boldsymbol{PC}_r \tag{3-33}$$

然后，根据当前栅格尺寸参数，对累积点云用体素栅格滤波进行降采样，以减少点云地图中点的个数，从而降低后续优化过程的计算开销。令降采样后世界坐标系下的点云地图为

$$\mathrm{Map}'_{t,k} = \mathrm{VoxelFilter}(\mathrm{Map}_{t,k}) \tag{3-34}$$

在降采样后的点云地图中，对每个激光点及其最近的 k 个邻域点进行几何特征分析，并利用损失函数量化点云地图的质量，通过对损失函数进行最小化得到外参的估计值。

此外，AESC-MMS 算法会在最外层循环中，递归地减小体素栅格的尺寸，从而在一定程度上避免内层优化陷入局部极值，提升最终外参标定的精度。

2. *点云地图几何特征分析及损失函数构建*

在分析点云地图的 3D 结构特征时，AESC-MMS 算法将首先基于点云地图 $\mathrm{Map}'_{t,k}$ 中的任意激光点 $\boldsymbol{p}_i \in \mathbb{R}^3$ 及其最近的 M 个邻域点的集合 $\mathcal{N}_i : \{\boldsymbol{p}_{i1}, \cdots, \boldsymbol{p}_{iM}\}$ 计算 3D 协方差矩阵，具体如式（3-35）所示。

$$C_i = (\boldsymbol{p}_{i0} - \overline{\boldsymbol{p}}_i, \cdots, \boldsymbol{p}_{iM} - \overline{\boldsymbol{p}}_i)(\boldsymbol{p}_{i0} - \overline{\boldsymbol{p}}_i, \cdots, \boldsymbol{p}_{iM} - \overline{\boldsymbol{p}}_i)^{\mathrm{T}} \tag{3-35}$$

$$\overline{\boldsymbol{p}}_i = \frac{1}{M+1}\sum_{j=0}^{M}\boldsymbol{p}_{ij}, \quad \boldsymbol{p}_{i0} = \boldsymbol{p}_i \tag{3-36}$$

然后对 3D 协方差矩阵进行主成分分析（PCA），得到三个实数特征值，将它们按下述规则编号：

$$\lambda_{1,i} \geqslant \lambda_{2,i} \geqslant \lambda_{3,i} \geqslant 0 \tag{3-37}$$

根据特征值，我们可以初步分析 $\boldsymbol{p}_i$ 及其邻域 $\mathcal{N}_i$ 呈现出的 3D 几何特征，具体如下。

（a）当 $\lambda_{1,i} \gg \lambda_{2,i}, \lambda_{3,i}$ 时，表示 $\boldsymbol{p}_i$ 及其邻域 $\mathcal{N}_i$ 沿着 $\lambda_{1,i}$ 对应的主轴呈线性排列。

（b）当 $\lambda_{1,i}, \lambda_{2,i} \gg \lambda_{3,i}$ 时，表示 $\boldsymbol{p}_i$ 及其邻域 $\mathcal{N}_i$ 近似地呈 2D 平面分布，平面法向量近似为 $\lambda_{3,i}$ 对应的主轴方向。

（c）当 $\lambda_{1,i} \approx \lambda_{2,i} \approx \lambda_{3,i}$ 时，表示 $\boldsymbol{p}_i$ 及其邻域 $\mathcal{N}_i$ 在 3 个主轴方向呈现出相对平均的分布状态。

在基于 PCA 对点云中局部的 3D 结构特征进行分析后，AESC-MMS 算法进一步引入了参考文献 [16] 和 [17] 中的 7 种度量公式，以描述点云地图中 $\boldsymbol{p}_i$ 及其邻域 $\mathcal{N}_i$ 的几何特征，具体如下。

线性度（L）：
$$g_{L,i}(\boldsymbol{p}_i, \mathcal{N}_i) = 1 - \frac{\lambda_{1,i} - \lambda_{2,i}}{\lambda_{1,i}} \tag{3-38}$$

平面度（P）：
$$g_{P,i}(\boldsymbol{p}_i, \mathcal{N}_i) = 1 - \frac{\lambda_{2,i} - \lambda_{3,i}}{\lambda_{1,i}} \tag{3-39}$$

球形度（S）：
$$g_{S,i}(\boldsymbol{p}_i, \mathcal{N}_i) = \frac{\lambda_{3,i}}{\lambda_{1,i}} \tag{3-40}$$

各向同性度（O）：
$$g_{O,i}(\boldsymbol{p}_i, \mathcal{N}_i) = \sqrt[3]{\lambda_{1,i}\lambda_{2,i}\lambda_{3,i}} \tag{3-41}$$

各向异性度（A）：
$$g_{A,i}(\boldsymbol{p}_i, \mathcal{N}_i) = 1 - \frac{\lambda_{1,i} - \lambda_{3,i}}{\lambda_{1,i}} \tag{3-42}$$

特征值熵（E）：
$$g_{E,i}(\boldsymbol{p}_i, \mathcal{N}_i) = -\sum_{j=1}^{3}\lambda_{j,i}\mathrm{In}(\lambda_{j,i}) \tag{3-43}$$

曲率变化量（C）：
$$g_{C,i}(\boldsymbol{p}_i, \mathcal{N}_i) = \frac{\lambda_{3,i}}{\lambda_{1,i} + \lambda_{2,i} + \lambda_{3,i}} \tag{3-44}$$

理论上，当 $\lambda_{1,i} = \lambda_{2,i} = \lambda_{3,i} = 0$ 时，上面的一些指标会出现未定义的情况，此时 $\boldsymbol{p}_i$ 和 $\mathcal{N}_i$ 中的点坐标相等。但是由于激光雷达本身存在的测量噪声以及前述体素栅格的滤波操作，在进行实际标定时不会出现三个特征值均为 0 的情况。将上述特征描述公式统一记为 $g_{F,i}(\boldsymbol{p}_i, \mathcal{N}_i) \in [0,1]$，$F \in \{L, P, S, O, A, E, C\}$。

Hillemann 等提出通过最小化下述损失函数来表征点云地图的质量：

$$\mathcal{R}=\sum_{i=1}^{N'}(g_{F,i}(\boldsymbol{p}_i,\mathcal{N}_i))^2,\quad \boldsymbol{p}_i\in \mathrm{Map}'_{t,k} \tag{3-45}$$

其中 N' 为下采样后点云地图 $\mathrm{Map}'_{t,k}$ 中点的个数，为了进一步确保参与优化的激光点个数固定的同时舍弃一部分噪点，AESC-MMS 算法会对 $\mathrm{Map}'_{t,k}$ 中的每个点 $\boldsymbol{p}_i$ 计算其 $g_{F,i}(\boldsymbol{p}_i,\mathcal{N}_i)$ 指标并排序，取其中 $g_{F,i}(\boldsymbol{p}_i,\mathcal{N}_i)$ 最小的 $\xi\%$ 部分点云子集用于地图质量优化。

此外，为了降低某些点处几何特征值异常对整个目标函数或优化搜索的影响，Hillemann 等人引入了 M 估计理论，并最终将式（3-45）中的损失函数改写为下述形式：

$$\mathcal{R}=\sum_{i=1}^{L}\rho_k(g_{F,i}\boldsymbol{p}_i,\mathcal{N}_i),\quad \boldsymbol{p}_i\in \mathrm{Map}'_{t,k} \tag{3-46}$$

其中 L 为点云子集中激光点的个数，ρ_k 为 Huber 估计，并有

$$\rho_k(x)=\begin{cases}0.5x^2 & ,x<k\\ k(|x|-0.5k) & ,x\geqslant k\end{cases} \tag{3-47}$$

因此，激光雷达的外参标定值可通过求解下述优化问题而获得：

$$[\mathrm{yaw},\mathrm{pitch},\mathrm{roll},\Delta x,\Delta y,\Delta z]_{\mathrm{final}}=\underset{\mathrm{cal}}{\mathrm{argmin}}\,\mathcal{R} \tag{3-48}$$

Hillemann 等基于室内、室外等多场景的数据进行了算法测试，结果表明使用指标得到的外参通常能够使得累积点云地图具有更优的点云质量。图 3-9 给出了基于 KITTI 数据集中的一个场景对激光雷达外参标定后得到的点云地图，以及使用 KITTI 数据集参考外参得到的点云地图。我们可以看出，二者在建图效果上几乎一致，这也表明了 AESC-MMS 算法的有效性。

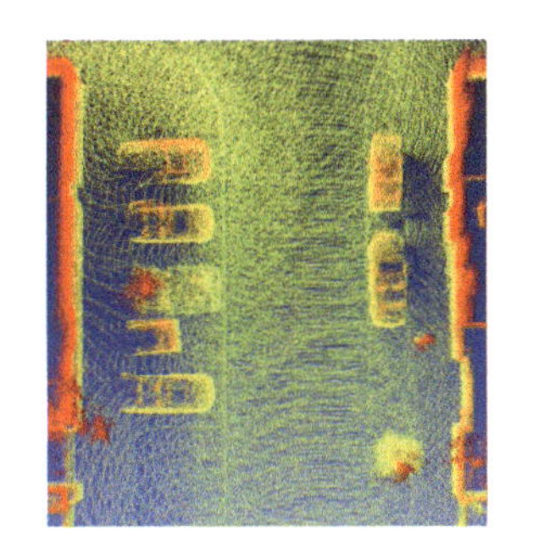

（a）使用KITTI数据集参考外参得到的累积点云俯视图

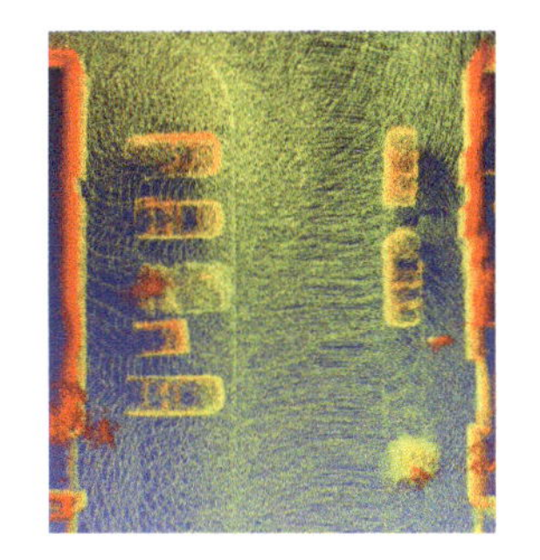

（b）基于g_o标定后的累积点云俯视图

图 3-9 基于 KITTI 数据集标定后的点云地图对比

（注：图片来自参考文献 [9]）

3.4.2 DyLESC 算法

随着当前激光雷达硬件技术的不断成熟，其线数也由早期的 16 线、32 线发展到现在业界普遍使用的等效 125 线、128 线等。一方面，高线束激光雷达的点云能够更清晰地反映周围环境、物体（如地面、房屋、护栏、树木、草丛）等表面的细微特征，供标定算法使用；另一方面，基于全部点云进行质量优化所需的计算开销较大，这对标定算法的计算耗时提出了更高要求。

在此背景下，我们提出了 DyLESC 动态标定算法[20]。该算法抽取了点云中比较有代表性的平面点，并结合其邻域点构建微观上的面元，而后基于面元附近的几何特征和累积点云的点数指标构建了表征累积点云质量的模糊度函数，最后通过对该模糊度函数进行非线性优化实现了激光雷达外参的标定。

1. 算法整体流程

具体在标定过程中，DyLESC 算法通过构建表征点云质量的非线性优化问题来进行激光雷达外参中 yaw 角度和 pitch 角度的优化，而 roll 角度和高度 z 则采用类似于 DriveWorks 根据地面方程反算的方式来求解。激光雷达相对车体的 x 轴和 y 轴位置可通过手动测量的方式获取。DyLESC 算法对 yaw 角度和 pitch 角度进行标定的整体流程如图 3-10 所示。算法的固定输入为原始激光点云和车辆的运动信息。考虑当车辆行驶在颠簸路段时，采集到的点云抖动明显，且位姿数据误差也明显增大，我们决定在运动过滤步骤中，通过 IMU 和轮速计给出的车辆运动信息来进行标定数据的筛选。具体来说，当车辆运动状态满足 z 方向的加速度小于 0.3m/s² 且速度被限制为 V>3km/h 时，其对应时刻的点云才会被选择用于激光雷达外参的标定。为了减少标定过程中目标运动对累积点云质量造成的不利影响，DyLESC 算法还可以接入目标检测模块的结果，去除行人、车辆等物体对应的激光点，提取纯静态的激光点云用于外参标定。

考虑到定位模块提供长时间的绝对定位相对困难，但是可以在短时间内提供较高精度的车辆相对位姿变化，DyLESC 算法选择 $r+1$ 个连续点云帧（如第 l 帧点云至第 $l+r$ 帧点云，默认 r 取 10）来构建子地图 $\mathrm{Map}_{l,l+r}^{m}$ 并进行地图特征优化，以缓解长距离点云地图中定位误差对外参标定的影响。此外，为了保证子地图分布的均匀性，我们可根据行驶距离等条件进行关键点云帧 l 的选择。而后，基于子地图 $\mathrm{Map}_{l,l+r}^{m}$ 对提出的模糊度函数进行最小化，得到第 m 次标定结果。最后，使用 RANSAC 算法去除由多个子地图（m=1,…,K）得到的标定结果中的异常值，并得到最终的外参标定结果。

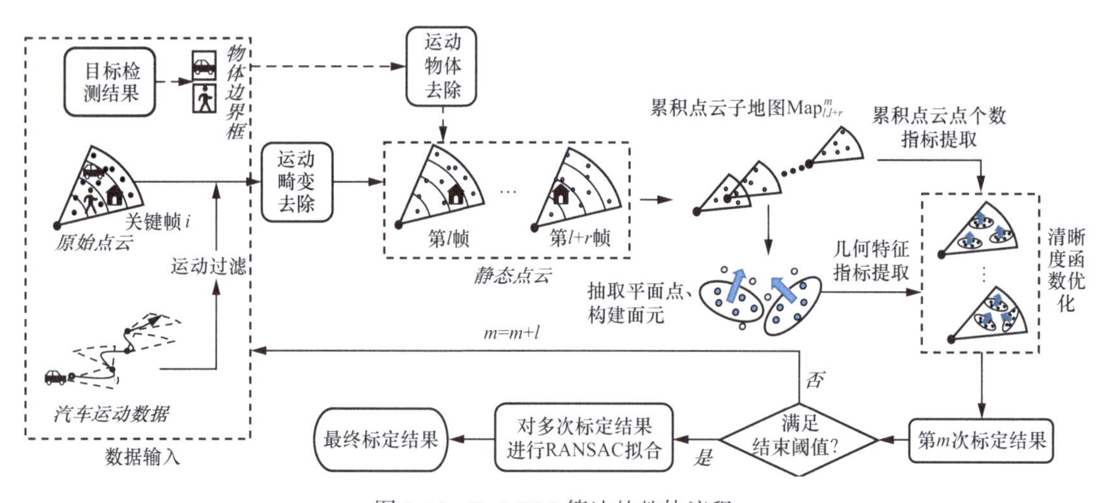

图 3-10　DyLESC 算法的整体流程

2. 点云运动畸变矫正

激光雷达在采集数据时，其激光发射器在水平视场角（horizontal field of view，HFOV）内做旋转运动。此时，若激光雷达本身也在运动，激光点云数据就会受到激光雷达运动的影响，我们称这种现象为点云的运动畸变。图 3-11 示意性地展示了点云运动畸变的原理，其中图 3-11

（a）给出的场景如下：当车辆静止时，激光雷达在 $[t_0,t_1]$ 时刻内完成对前方墙体的一帧点云扫描，得到无偏的点云 $P=\{p_0,\cdots,p_n\}$；而在图 3-11（b）中，车辆在 $[t_0,t_1]$ 时刻内沿 x 轴向前行驶了 Δx 的距离，在这种状态下得到的激光点 $\boldsymbol{p}_n'$ 的 x 值相比无偏激光点 $\boldsymbol{p}_n$ 的 x 值小 Δx。

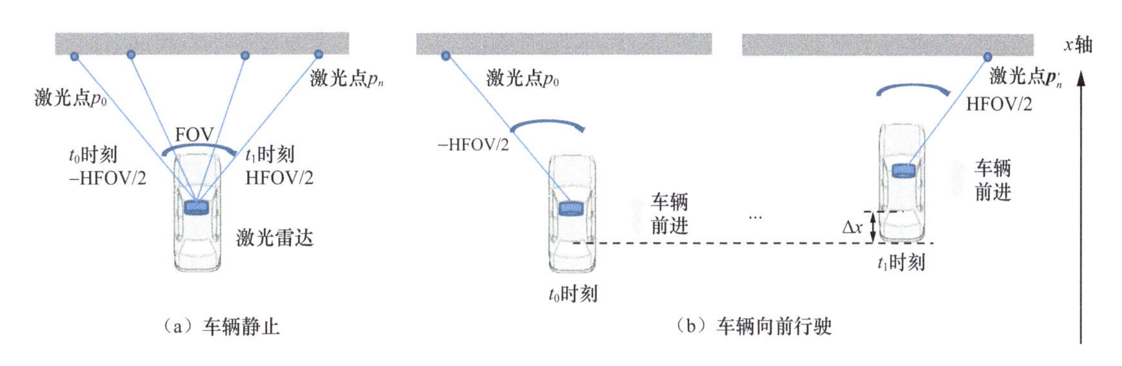

图 3-11　点云运动畸变原理示意图

为了消除自车 / 激光雷达运动对外参标定的影响，我们首先需要去除点云的运动畸变。假设激光雷达 / 车辆在每帧之间是匀速运动的，由此便可采用线性插值的方式将第 k 帧内任意时间戳对应的激光点云投影到帧首或帧尾时刻。以将点云矫正到帧首时刻 t_k 为例，令 $\boldsymbol{T}_k^l(t)$ 为 t 时刻由高频 IMU 数据和当前外参矩阵得到的 $[t_k,t]$ 时刻内激光雷达的位姿变换矢量，有 $\boldsymbol{T}_k^l(t)=[\boldsymbol{\theta}_k^l(t),\boldsymbol{\tau}_k^l(t)]^{\mathrm{T}}$，其中 $\boldsymbol{\tau}_k^l(t)=[t_x,t_y,t_z]^{\mathrm{T}}$ 为位移矢量，$\boldsymbol{\theta}_k^l(t)=[\theta_x,\theta_y,\theta_z]^{\mathrm{T}}$ 为旋转角矢量。根据罗德里格斯旋转公式，可由旋转角矢量求解对应的旋转矩阵：

$$\boldsymbol{R}_k^l(t)=\mathrm{e}^{\hat{\theta}_k^l(t)}=\boldsymbol{I}+\frac{\hat{\boldsymbol{\theta}}_k^l(t)}{\left\|\boldsymbol{\theta}_k^l(t)\right\|}\sin\left\|\boldsymbol{\theta}_k^l(t)\right\|+\left(\frac{\hat{\boldsymbol{\theta}}_k^l(t)}{\left\|\boldsymbol{\theta}_k^l(t)\right\|}\right)^2\left(1-\left\|\cos\boldsymbol{\theta}_k^l(t)\right\|\right) \tag{3-49}$$

其中 $\hat{\boldsymbol{\theta}}_k^l(t)$ 为旋转矢量 $\boldsymbol{\theta}_k^l(t)$ 的反对称阵。

假定对于激光点 $\boldsymbol{p}_{(k,i)}\in\boldsymbol{P}_k$，对应的时间戳为 $t_{(k,i)}$，$\boldsymbol{T}_{(k,i)}^l=\left[\boldsymbol{\theta}_{(k,i)}^l(t),\boldsymbol{\tau}_{(k,i)}^l(t)\right]^{\mathrm{T}}$ 为 $[t_k,t_{(k,i)}]$ 时刻内对应的位姿变换矢量，则 $\boldsymbol{T}_{(k,i)}^l$ 可以基于 $\boldsymbol{T}_k^l(t)$ 通过插值求得，如式（3-50）所示。

$$\boldsymbol{T}_{(k,i)}^l=\frac{t_{(k,i)}-t_k}{t-t_k}\boldsymbol{T}_k^l(t) \tag{3-50}$$

因此，通过下式可实现将激光点投影到帧首时刻，获取去除运动畸变后的激光点。

$$\tilde{\boldsymbol{p}}_{(k,i)}=\boldsymbol{R}_{(k,i)}^l\boldsymbol{p}_{(k,i)}+\boldsymbol{\tau}_{(k,i)}^l \tag{3-51}$$

其中，$\boldsymbol{R}_{(k,i)}^l$ 可由旋转矢量 $\boldsymbol{\theta}_{(k,i)}^l(t)$ 经式（3-49）求解得到。

3. 平面点提取和面元构建

为了减少计算开销，避免对点云中所有的点进行特征优化，DyLESC 算法选择抽取点云中有代表性的平面特征点进行分析。如何在点云中抽取平面特征点是 LiDAR Slam 领域比较经典的问题，相应地也有多种成熟的方法可以使用。例如，LOAM 算法 [18] 使用广义曲率来识别角点和平面特征点；TC-LVIO 算法 [19] 则首先计算局部点集的 Hessian 矩阵，然后对其特征值进行分析以确定平面特征点；DyLESC 算法则选取了 LOAM 算法中计算广义曲率的方式，具体的计算方式为

$$c_{(l,i)}=\frac{1}{|S|\left\|\boldsymbol{p}_{(l,i)}\right\|}\left\|\sum_{j\in S,j\neq i}(\boldsymbol{p}_{l,i}-\boldsymbol{p}_{l,j})\right\| \tag{3-52}$$

其中，$c_{(l,i)}$ 为第 l 帧点云中第 i 个激光点 $\boldsymbol{p}_{(l,i)}$ 的广义曲率，S 为 $\boldsymbol{p}_{(l,i)}$ 的邻域点集，$\boldsymbol{p}_{(l,j)}$ 为邻域点集 S 中的激光点。

DyLESC 算法会对第 l 帧点云中的每个激光点进行广义曲率的计算，并将它们按照大小排序，选择其中广义曲率最大的 N_p 个点作为平面特征点。而后在第 l 帧点云中，以每个平面点 $\boldsymbol{P}_{(l,q)} \mid q=1,\cdots,N_p$ 为中心，在其附近选取最近的 N 个激光点 $a_{(l,q)} \mid q=1,\cdots,N$，对得到的局部点集进行特征值分解，并根据点法式构建面元 $\mathrm{MP}_{(l,q)}$。

4. 点云模糊度函数的构建和优化

如前所述，若激光雷达的外参标定准确，则累积点云地图中道路、建筑物等表面应呈现清晰的边界特征，且不同帧之间的同一平面应尽可能重合，而不应该出现明显的错层、模糊、扭曲现象。反映在微观上，我们可通过式（3-53）计算子地图中第 l 帧点云在平面点 $\boldsymbol{P}_{(l,q)}$ 的 δ 邻域内的激光点 $\boldsymbol{b}_{(n,p)}$ 与面元 $\mathrm{MP}_{(l,q)}$ 的距离来近似表达子地图 $\mathrm{Map}_{l,l+r}^{m}$ 的模糊程度，原理如图 3-12 所示。由于第 l 帧内的邻域点 $\boldsymbol{a}_{(l,j)}$ 到面元的距离一般在构建面元时便已固定，不会随着外参发生变化，因此在计算时 n 可取 $[l+1,\cdots,l+r]$。

$$\mathrm{Dis}=\sum_{q=1}^{N_p}\sum_{p=1}^{N}\|\boldsymbol{v}_q * \boldsymbol{\gamma}_p\|, \quad \boldsymbol{\gamma}_p=\boldsymbol{b}_{(n,p)}-\boldsymbol{P}_{(l,q)} \tag{3-53}$$

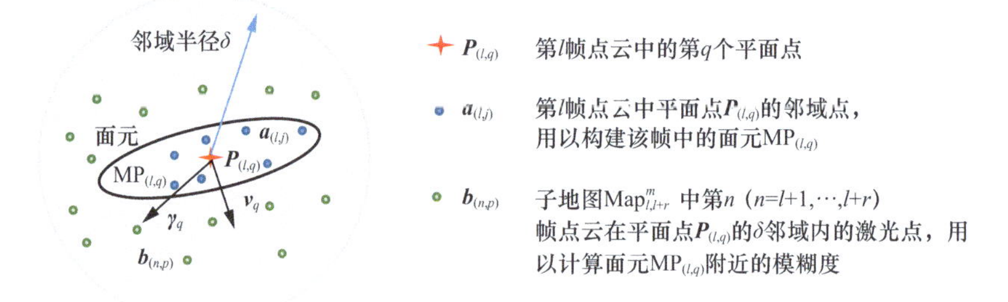

图 3-12 基于面元的模糊度计算原理示意图

此外，我们注意到累积点云地图越清晰，其经体素滤波完成下采样处理后，总的激光点个数通常越小。因此，DyLESC 算法最终构建了下述模糊度函数 F_m 来表征点云子地图 $\mathrm{Map}_{l,l+r}^{m}$ 的质量：

$$F_m=\lambda\frac{\mathrm{Dis}_m}{\mathrm{Dis}_0}+\mu\frac{\mathrm{Num}_m}{\mathrm{Num}_0} \quad \mathrm{Num}_m=\mathrm{Num}(\mathrm{VoxelFilter}(\mathrm{Map}_{l,l+r}^{m})) \tag{3-54}$$

其中，Dis_0 和 Num_0 为根据外参初值计算得到的距离指标和点数指标初值，用于迭代优化时两指标结果的归一化，λ 和 μ 为两指标的权重。

在使用非线性优化算法对 F_m 进行最小化后，即可得到基于子地图 $\mathrm{Map}_{l,l+r}^{m}$ 的外参标定结果 ${}^{m}T_l^{v}$。在车辆行驶过程中，我们可以构建一系列的子地图（如 k 个子地图），由此可以得到一组外参结果 $\{{}^{1}T_l^{v},\cdots,{}^{m}T_l^{v},\cdots,{}^{k}T_l^{v}\}$，再结合 RANSAC 算法进一步去除外参标定值中的噪声，即可得到最终的标定结果。

图 3-13 给出了使用 DyLESC 算法标定前后，我们在三个测试场景中构建点云子地图的 BEV 投影图像。由子图 A1 和 A2 可以看出，在经过 DyLESC 算法标定后，点云地图中绿化带和人行道对应的点云也更加清晰，路沿对应的点云也没有错层现象。由子图 B1 和 C1 可以看

出，当未经过标定时，路边的树木、灌木丛对应的点云十分模糊。由子图 B2 和 C2 可以看出，在经过 DyLESC 算法标定后，我们从得到的点云子地图中可以清晰地看到树木枝干的细节特征。

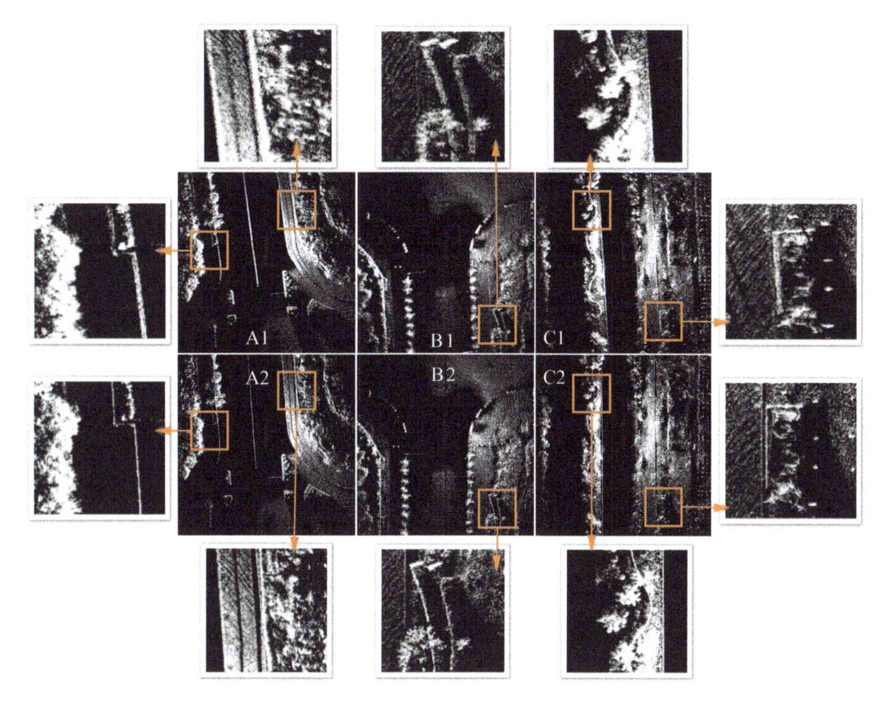

图 3-13　多场景下标定前后点云子地图的 BEV 效果对比

3.5　本章小结

本章介绍了激光雷达相对车体 /IMU 的外参标定算法，并着重分析了其中的动态标定方法。同时，我们根据算法原理的不同，将激光雷达的动态外参标定初步划分为三个类别，并分别选取具有代表性的算法进行分析和讨论。读者在实际研究和工作中，可以结合标定场地条件、标定精度需求、算法运行工况等多方面因素选择合适的激光雷达标定算法。

本章参考文献

[1] 陈贵宾，高振海，何磊．车载三维激光雷达外参数的分步自动标定算法 [J]. 中国激光，2017, 44(10): 249-255.

[2] ZAITER M A, LHERBIER R, FAOUR G, et al. Extrinsic LiDAR/ground calibration method using 3D geometrical planebased estimation[J]. Sensors, 2020, 20(10): 2814.

[3] LEI J, ZHAO L, DUO J Y, et al. A novel 3D Lidar-IMU calibration method based on hand-eye calibration system[C]. CISC 2020: 342-350.

[4] SHIU Y C, AHMAD S. Calibration of wrist-mounted robotic sensors by solving homogeneous transform equations of the form AX=XB[J]. IEEE Transactions on Robotics and Automation, 1989, 5(1): 16-29.

[5] SHEEHAN M, HARRISON A, NEWMAN P. Self-calibration for a 3D laser[J]. The International Journal of Robotics Research, 2012, 31(5): 675-687.

[6] LEVINSON J, THRUN S. Unsupervised calibration for multi-beam lasers[C]. In Proceedings of the Experimental Robotics, Springer, 2014: 179-193.

[7] SHEEHAN M, HARRISON A, NEWMAN P. Self-calibration for a 3D laser[J]. The International Journal of Robotics Research, 2012, 31(5): 675-687.

[8] NOUIRA H, DESCHAUD J E, GOULETTE F. Point cloud refinement with self-calibration of a mobile multibeam LiDAR sensor[J]. Photogrammetric Record, 2017, 32(159):291-316.

[9] HILLEMANN M, WEINMANN M, MUELLER M S, et al. Automatic extrinsic self-calibration of mobile mapping systems based on geometric 3D features[J]. Remote Sensing, 2019, 11(16): 1955.

[10] DIEHM A L, GEHRUNG J, HEBEL M, et al. Extrinsic self-calibration of an operational mobile LiDAR system[C]. Laser Radar Technology and Applications XXV, 2020: 114-116.

[11] KENNEDY J, EBERHART R C. SWARM Intelligence[M]. Massachusetts: Morgan Kaufmann Publishers Inc, 2001.

[12] TSAI R Y, LENZ R K. A new technique for fully autonomous and efficient 3D robotics hand/eye calibration[J].IEEE Transactions on Robotics & Automation, 1989, 5(3):345-358.

[13] PARK F C, MARTIN B J .Robot sensor calibration: solving AX=XB on the Euclidean group[J]. IEEE Transactions on Robotics and Automation, 1994, 10(5): 717-721.

[14] CUONG Q. On the covariance of X in AX = XB[C]. ArXiv: 1706. 03498, 2017.

[15] DANIILIDIS, KONSTANTINOS. Hand-eye calibration using dual quaternions[J]. The International Journal of Robotics Research, 1999, 6(3): 286-298.

[16] WEST K F, WEBB B N, LERSCH J R, et al.Context-driven automated target detection in 3D data[J]. Proceedings of SPIE-The International Society for Optical Engineering, 2004, 5(6):133-143.

[17] PAULY M, KEISER R, GROSS M .Multi-scale feature extraction on point-sampled surfaces[C]. Blackwell Publishing Inc, 2003:281-289.

[18] ZHANG J, SINGH S. Loam: Lidar odometry and mapping in realtime[J]. In Robotics: Science and Systems, 2014, 2(1): 36-39.

[19] WISTH D, CAMURRI M, DAS S, et al. Unified multi-modal landmark tracking for tightly coupled lidar-visual-inertial odometry[J]. In IEEE Robotics and Automation Letters, 2021, 6(2): 1004-1011.

[20] JIE H X, ZHOU Y B, NING Z T, et al. DyLESC: A Dynamic LiDAR extrinsic self-calibration method for intelligent driving vehicles[C]. ICITE, 2022: 185-190.

第 4 章 LiDAR-Camera 的外参标定

4.1 引言

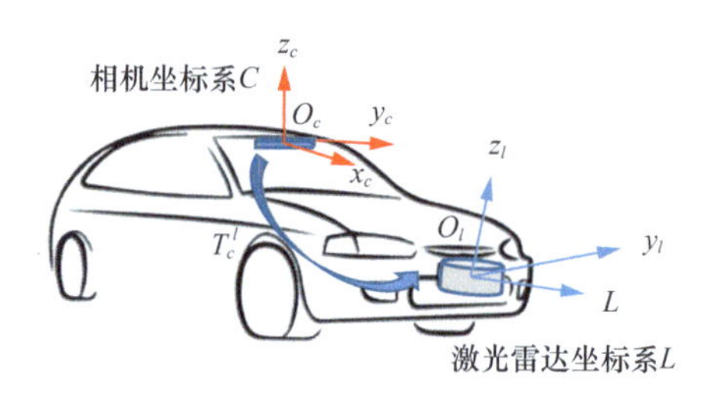

图 4-1 相机和激光雷达之间的外参关系

由于相机数据和激光雷达数据具有较强的互补性，二者的数据融合是智能驾驶领域的一个研究热点。对二者进行精确的外参标定，是实现图像和激光点云数据高质量融合的基础之一[1]。在本章中，我们将进一步介绍 3D 激光雷达和 2D 相机之间（L-C）的外参标定方法。

图 4-1 示意性地给出了相机和激光雷达之间的外参关系。通常按照标定时对传感器运动状态的要求，我们可将 L-C 标定分为静态标定和动态标定；按照对标定物的需求，又可将其分为有标定物和无标定物两种方式，无标定物的标定算法通常又称为自标定算法；按照实时性和算法运行状态的不同，则可将其分为离线标定和在线标定。

有标定物的标定算法通常借助给定的标靶，如棋盘格、二维码标定板等，快速地在激光坐标系和视觉坐标系下找到特征点并建立两个传感器之间的联系。例如，A. Dhall 等人[2]提取了矩形标定板的 4 个顶点分别在相机坐标系和激光雷达坐标系下的坐标，并通过多组静态观测数据结合 PnP 算法求解出最终的 L-C 外参矩阵。另外，A. Dhall 等还给出了该算法的开源代码，地址为 GitHub 上的 ankitdhall/lidar_camera_calibration，感兴趣的读者可以下载学习。这种仅提取 4 个顶点的方式对标定板信息的利用率较低，日本名古屋大学的 W. Wang 等[3]于 2017 年提出了 ILCC 算法，该算法通过相机和激光雷达识别棋盘标定板的黑白分界交点，并构建 3D-2D 的匹配问题，从而进一步提升了标定精度。L. Zhou 等[4]进一步提取了标定板的平面和边缘信息，通过相机坐标系和激光雷达坐标系内平面特征和线状特征的各自对应关系，求解出 L-C 外参，该算法已被收录于 MATLAB 工具箱中。J. Cui 等[7]借鉴了 ILCC 算法的思想，提出了 ACSC 算法，旨在基于黑白棋盘格标定板实现 Livox 激光雷达和 2D 相机的外参标定，该算法的开源代码地址为 GitHub 上的 HViktorTsoi/ACSC。

当没有可以依赖的标靶时，自标定算法通过从周围环境中提取有代表性的线特征、面特征等，然后利用两个坐标系下对应特征的匹配来实现 L-C 外参的估计[5]。例如，P. Moghadam 等人[6]提取物体边界或者环境中的平面交线，并得到这类线特征在 3D 激光点云和 2D 图像中的表示，然后将标定问题转换成非线性优化问题以求解出 L-C 外参。香港大学的 C. Yuan 等[22]结合 Livox 激光雷达非重复式扫描的特点，从多帧累积点云中提取边缘特征，并和图像中的边缘特征进行匹配，通过非线性优化求解出 L-C 外参。此外，利用点云中的 3D 区域与图像中的 2D 区域的对应关系也可实现相机 - 激光雷达的外参标定[8]。

进一步地，当需要在车辆动态行驶过程中在线地完成 L-C 外参标定时，就会对标定算法提出更高的挑战。目前业内采用的主要方法是通过最大化点云与图像的配准信息来估计标定参数，并通过构建表征不同传感器坐标系下，特征匹配关系的非线性优化问题来实现对外参的求解。根据信息提取方式的不同，多传感器在线标定的研究主要分为边缘配准[9]、互信息[10]、分割[11,12]三个方向。

此外，当激光雷达和相机之间没有重合视场时，我们可通过分析运动情况下相机和激光雷达各自的轨迹，并结合手眼模型，求解出 L-C 外参。Huang 等[13]则进一步应用 Gauss-Helmert

模型，同时优化相机 - 激光雷达各自的运动轨迹和外参。

总的来说，静态、有标定物的离线标定方法通常可在高精度的标定件中使用；而动态、无标定物的在线标定方法可在自然驾驶场景中使用，并根据离线标定的结果、车辆运动等信息，实现对离线标定结果的全部参数或部分参数的修正。接下来，我们具体结合几种有代表性的 L-C 外参标定算法来进行深入学习。

4.2 基于标定物的 L-C 静态标定——ILCC 算法

日本名古屋大学的 W. Wang 等 [3] 于 2017 年提出了 ILCC 算法，该算法通过提取棋盘格标定板的特征点来进行激光雷达和相机的标定，并且使用 Velodyne 32 线机械式激光雷达（HDL-32e）和 Ladybug 3 全景相机进行了效果验证，官方的开源代码可在 GitHub 上找到。

4.2.1 算法整体流程

为了更高效地利用棋盘格的信息，ILCC 算法并不像传统的 LCC 算法 [2] 那样仅提取标定板的 4 个顶点作为特征点，而是分别在稀疏的激光点云和图像中估计棋盘格黑白相间处的交点，并基于此建立激光雷达和相机的匹配关系。为此，W. Wang 等结合棋盘格的尺寸和栅格大小信息，基于激光点反射强度和棋盘格黑白颜色的相关性约束构建损失函数，并通过对该损失函数进行优化，得到黑白交点的 3D 位置估计值。接下来，他们又从相机得到的全景图像中提取了 2D 交点的坐标。有了特征交点的 3D 和 2D 坐标后，即可进行激光雷达和相机的外参求解。针对该 3D-2D 特征点匹配问题，首先使用 UpnP（Unified Perspective-n-Point）[15] 算法求解外参初值，而后结合构建的非线性优化问题，基于 LM[16,17] 算法求解出最终的外参估计值。ILCC 算法的流程如图 4-2 所示。

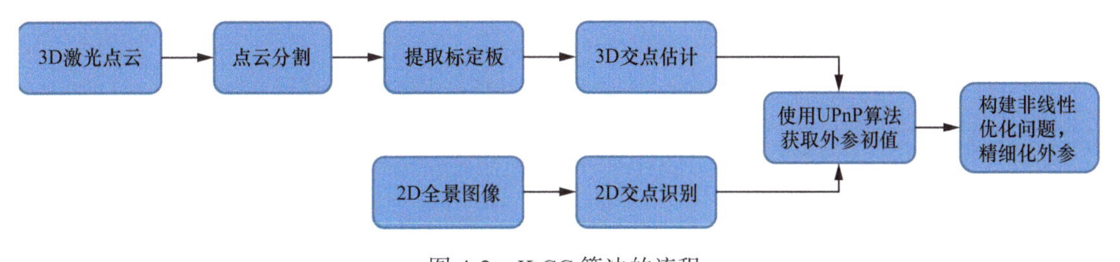

图 4-2　ILCC 算法的流程

4.2.2 特征交点提取过程

在本节中，我们将结合参考文献 [2] 具体描述 ILCC 算法对激光点云中的交点进行提取的过程。

1. 点云分割

从图 4-2 中可以看到，在获取原始的 3D 激光点云后，ILCC 算法将首先对其进行聚类划分。

W. Wang 等考虑到所使用 Velodyne HDL-32e 激光雷达点云的稀疏性，采用了他们于 2016 年提出的 SLS（ScanLine-based Segmentation）聚类分割算法[18]。

SLS 算法是一种基于扫描线的聚类分割算法，该算法首先顺着扫描方向，根据每线束中连续激光点之间距离和角度的变化，将一帧激光点云聚类为多个扫描线段。然后，根据不同线束间扫描线段的相近性，将它们聚集成多个物体。点云聚类分割的常用算法也可参考本书第 6 章。

2. 棋盘格检测

在对点云进行分割之后，ILCC 算法将结合聚类点集的平面度、激光点的分布特性、边界尺寸等约束筛选出棋盘格对应的点云。

1）根据聚类中激光点的个数进行筛选

首先，我们可根据分割后各聚类中激光点的个数、坐标值等信息初步过滤掉一部分明显不对应于标定板的点集。例如，结合标定板的尺寸和激光雷达的分辨率，我们可初步估算竖直放置的标定板对应的激光点个数，如下式所示：

$$n_{\text{theo}} = \left\lfloor \frac{d_w}{2r\sin\left(\frac{\Delta h}{2}\right)} \right\rfloor \left\lfloor \frac{d_H}{2r\sin\left(\frac{\Delta v}{2}\right)} \right\rfloor \tag{4-1}$$

其中的“⌊ ⌋”表示对实数向下取整，d_w 和 d_H 分别为棋盘格的宽度和高度，r 表示 LiDAR 中心轴到点云聚类中心的欧氏距离，Δh 和 Δv 表示激光雷达的水平和垂直角分辨率，如图 4-3 所示。对于 Velodyne HDL-32e 激光雷达，Δh 和 Δv 分别为 0.16° 和 1.33° 。

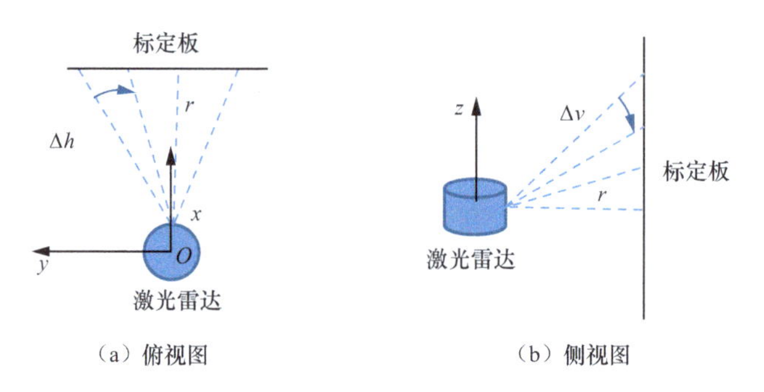

图 4-3　Velodyne 机械式激光雷达线束角度间隔示意图

2）根据聚类的平面度特征进行筛选

在初步过滤部分聚类点集后，ILCC 算法将利用主成分分析（PCA）方法进一步筛选出呈现平面特征的点云聚类。具体地说，就是对聚类内所有点组成的矩阵 $\boldsymbol{M}_{n\times3}$ 沿着 3 个基本矢量进行分解，$\boldsymbol{M}_b=(\boldsymbol{\mu}_1,\boldsymbol{\mu}_2,\boldsymbol{\mu}_3)^{\mathrm{T}}$，对应的特征值分别为 λ_1 、λ_2 和 λ_3 。若聚类 PCA 对应最小特征值 λ_3 小于 0.01，则认为该点云聚类对应的是平面物体。

3）根据聚类的边界尺寸进行筛选

进一步地，我们再根据点云集的边界尺寸进行筛选，保留边界宽度在 $[0.8d_w,1.6d_w]$ 以内且边界高度在 $[0.8d_H,1.6d_H]$ 以内的平面点集，并认为它们是潜在的标定板点云。

4）根据聚类的点云均匀性进行筛选

最后，ILCC 算法将通过分析点云分布的均匀性来筛选出标定板对应的点云簇。在该步骤中，我们将经由前述约束筛选出的平面点云，按照平面的边界尺寸均匀地划分为 4 部分，如

图 4-4 所示。同时，根据式（4-2）得到量化点云均匀性的指标 $\varepsilon_{\text{norm}}$。

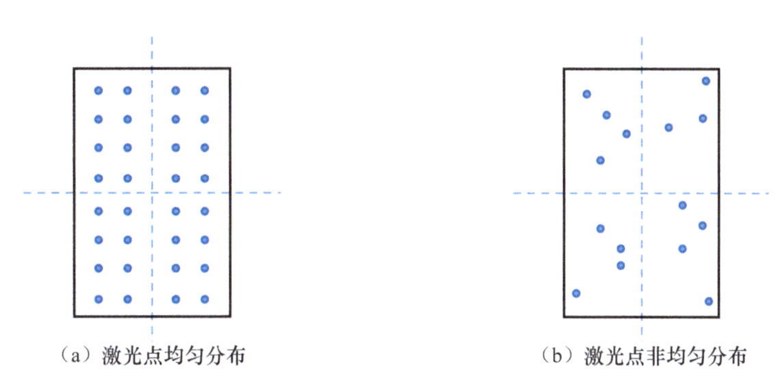

（a）激光点均匀分布
（b）激光点非均匀分布

图 4-4 点云分布均匀性示意图

$$\varepsilon_{\text{norm}} = 1 - \frac{n_{\max} - n_{\min}}{n_{\text{all}}} \in [0,1) \tag{4-2}$$

其中 $n_{\max}$ 和 $n_{\min}$ 分别是不同区域中激光点个数的最大值和最小值，n_{all} 是整个点云聚类中激光点的个数。

通过式（4-2）可以看出，$\varepsilon_{\text{norm}}$ 值越大表明点云分布越均匀，ILCC 算法要求将均匀性筛选阈值设置为 $\varepsilon_{\text{norm}} \geqslant 0.85$。由于 ILCC 算法只采用了一个棋盘格标定板，因此，如果一帧激光点云中有多个点云簇符合均匀性条件，则选择均匀性最好的点云簇，作为棋盘格标定板对应的点集，并记为 $P^M = \{\boldsymbol{p}_1^M, \boldsymbol{p}_2^M, \cdots, \boldsymbol{p}_N^M\}$。

3. 交点位置估计

在获取棋盘格标定板对应的 3D 激光点云后，ILCC 算法基于点云的强度信息估计棋盘格黑白交点所处的位置。图 4-5（a）给出了一个真实棋盘格标定板对应的激光点云强度分布散点图，图 4-5（b）则给出了激光点云强度分布直方图。

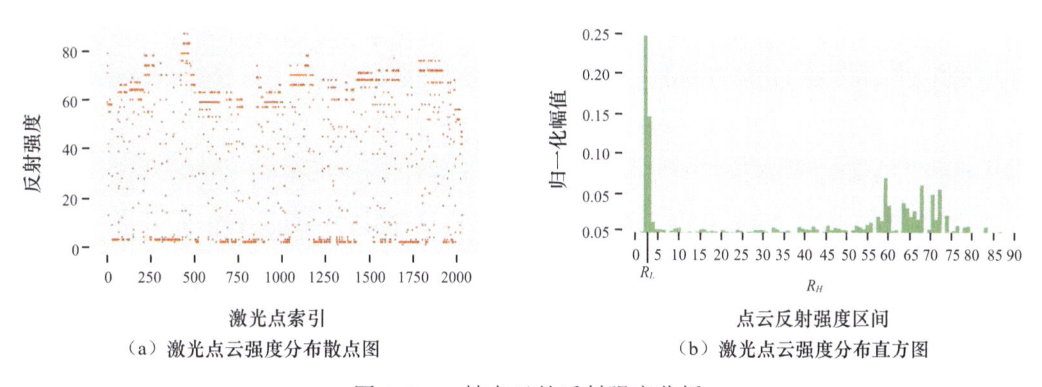

图 4-5 一帧点云的反射强度分析
（图片来自参考文献 [3]）

通过对激光雷达点云强度进行分析，ILCC 算法基于式（4-3）实现了对激光点的分类，强度小于 τ_l 的激光点被认为对应于标定板的黑色栅格，强度大于 τ_h 的激光点则被认为对应于标定板的白色栅格。

$$\begin{cases} \tau_l = ((\varepsilon_g - 1)R_L + R_H) / \varepsilon_g \\ \tau_h = (R_L + (\varepsilon_g - 1)R_H) / \varepsilon_g \end{cases} \tag{4-3}$$

其中 R_L 和 R_H 分别为激光点云强度分布直方图［见图 4-5（b）］中两侧的峰值，$\varepsilon_g \geqslant 2$ 且为常数。

在得到点云强度和标定板颜色的对应关系后，即可进行标定板黑白交点位置的估计。为了不失一般性，我们采用 2×3 的棋盘格来描述 3D 交点位置估计的整个流程。如图 4-6（a）所示，结合标定板的实际尺寸、网格大小等条件，我们建立了激光雷达坐标系中 YOZ 平面下的虚拟标定板模型 B_{sim}。假设图 4-6（b）为我们抽取得到的真实棋盘格标定板 B_{real} 的激光点云 P^M；如果能够找到一个位姿矩阵 $\boldsymbol{T}$，使得点云和虚拟标定板模型 B_{sim} 完美重合，则可以由虚拟标定板模型 B_{sim} 的交点 J_{sim}［图 4-6（c）中的黄色点］计算出真实棋盘格标定板 B_{real} 中黑白交点 J_{real} 的估计值。

（a）虚拟标定板模型 B_{sim}

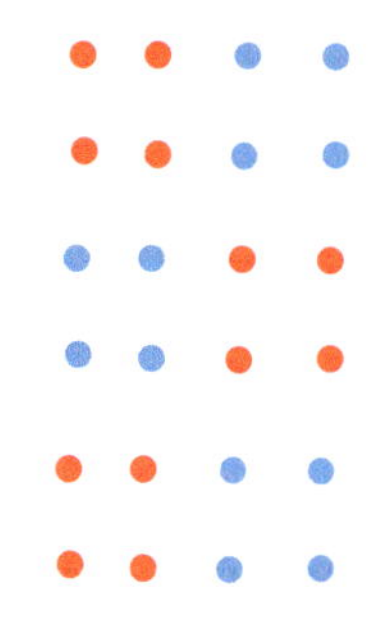
（b）真实棋盘格标定板 B_{real} 的激光点云 P^M

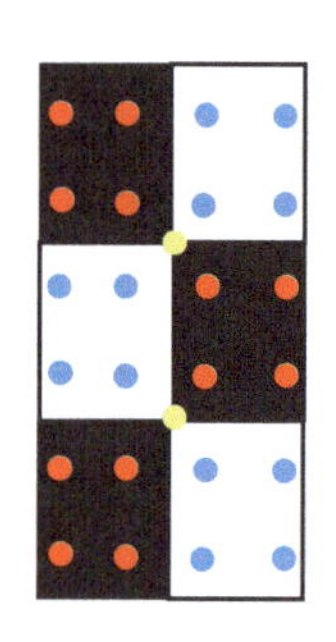
（c）重合对齐后的交点估计

图 4-6　棋盘格黑白交点估计示意图

（注：红色表示较低的反射强度，蓝色表示较高的反射强度，黄色为估计的交点）

具体在进行 3D 点云和虚拟标定板模型的匹配时，我们需要考虑的约束有两个：一个是激光点要尽可能地落在虚拟标定板模型内；另一个是激光点反射强度和棋盘格颜色的对应性。因此，ILCC 算法构建了下述损失函数，来求解将真实点云 P^M 与虚拟标定板模型对齐所需的姿态矩阵 $\boldsymbol{T}_r$，并根据虚拟标定板模型的交点 J_{sim} 和姿态矩阵 $\boldsymbol{T}_r$ 得到真实棋盘格标定板中黑白交点 $\hat{J}_{\text{real}}$ 的估计值：

$$\boldsymbol{T}_r = \operatorname{argmin}(C_m) \qquad \hat{J}_{\text{real}} = \boldsymbol{T}_r^{-1} J_{\text{sim}} \tag{4-4}$$

其中：

$$C_m = \sum_i^n f_g(r_i)\{f_{\text{in}}(\hat{\boldsymbol{p}}_i, \boldsymbol{G})|c_i - \hat{c}_i| f_{\text{d}}(\hat{\boldsymbol{p}}_i, \boldsymbol{V}_i) + [1 - f_{\text{in}}(\hat{\boldsymbol{p}}_i, \boldsymbol{G})] f_{\text{d}}(\hat{\boldsymbol{p}}_i, \boldsymbol{G})\}, \hat{\boldsymbol{p}}_i \in \hat{P}^M$$

在式（4-4）中，$\hat{P}^M = \{\boldsymbol{T}_r(\boldsymbol{\theta}^M, \boldsymbol{t}^M, \boldsymbol{p}_i^M), \boldsymbol{p}_i^M \in P^M\}$ 是真实点云 P^M 在被转换到虚拟标定板模型 B_{sim} 中心坐标系后的点云。r_i 表示第 i 个激光点 $\hat{\boldsymbol{p}}_i$ 的反射强度，c_i 则表示根据激光点强度 r_i 估计的该点所对应标定板的颜色。这里约定当 $r_i < \tau_l$ 时 $c_i = 0$，当 $r_i > \tau_h$ 时 $c_i = 1$。$\hat{c}_i$ 表示匹配对齐时激光点 $\hat{\boldsymbol{p}}_i$ 在虚拟标定板模型 B_{sim} 中所对应网格的颜色，对应黑色网格时 $\hat{c}_i$ 为 0，对应白色网格时 $\hat{c}_i$ 为 1。$f_{\text{in}}(\hat{\boldsymbol{p}}_i, \boldsymbol{G})$ 用于限制激光点落在虚拟标定板模型 B_{sim} 内，$f_d(\hat{\boldsymbol{p}}_i, \boldsymbol{V}_i)$ 则用于惩罚激光点处在错误颜色栅格的情景，而 $f_g(r_i)$ 用以衡量激光点强度值所在的区间，上述三项可分别通过式（4-5）～式（4-7）计算得出。在这里，我们用 $\boldsymbol{G}$ 表示标定板的 4 个角点，用 $\boldsymbol{V}_i$ 表示对应于激光点 $\hat{\boldsymbol{p}}_i$ 所在栅格的 4 个顶点。

$$f_g(r_i) = \begin{cases} 1, & r_i \notin [\tau_l, \tau_h] \\ 0, & \text{其他} \end{cases} \tag{4-5}$$

$$f_{\text{in}}(\hat{\boldsymbol{p}}_i,\boldsymbol{G})=\begin{cases}1, & \text{如果}\hat{\boldsymbol{p}}_i\text{处在包含角点}\boldsymbol{G}\text{的栅格内}\\0, & \text{其他}\end{cases} \tag{4-6}$$

$$f_d=\min(\Delta x_1,\Delta x_2)+\min(\Delta y_1,\Delta y_2) \tag{4-7}$$

图 4-7 展示了激光点落在错误网格和超出棋盘格标定板边界的两种情况，此时 Δx_1和Δx_2 表示水平方向距离网格或棋盘格左、右边界的距离，Δy_1和Δy_2 则表示垂直方向距离网格或棋盘格上、下边界的距离。

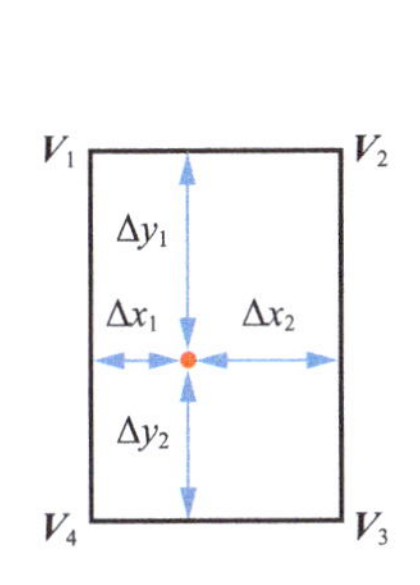

（a）激光点匹配到错误的栅格

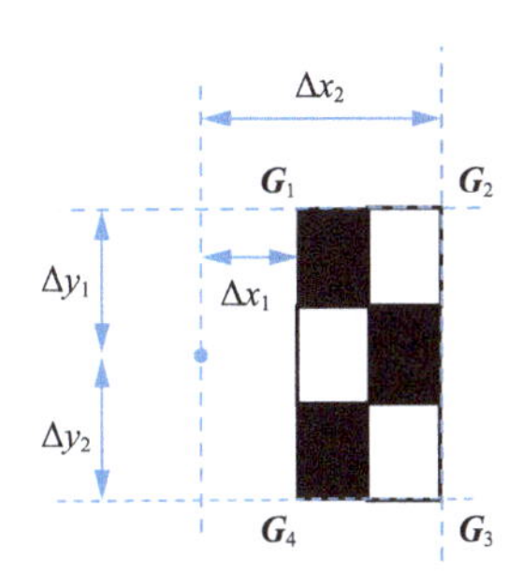

（b）激光点匹配到标定板外

图 4-7　激光点处在标定板模型不同位置的示意图

总的来说，利用该损失函数进行优化 [14] 的目的是希望尽可能使所有的激光点都落在虚拟标定板模型内，并且反射强度低的点落在虚拟标定板的黑色网格内，反射强度高的点落在虚拟标定板的白色网格内。此时，我们认为虚拟标定板与实际的 3D 激光点云已经完美匹配，进而可以由虚拟标定板的交点 J_{sim} 求出真实标定板交点 $\hat{J}_{\text{real}}$ 的 3D 估计值。

在视觉图像中，检测棋盘格标定板的角点是一个比较经典的问题，对于透视图像、模糊甚至扭曲畸变的图像已有一些成熟的算法，详见参考文献 [19] 和 [20]。ILCC 算法采用参考文献 [19] 中的方法在全景图像中检测棋盘格角点，具体细节本节不再展开。

4.2.3　分步式外参求解

经上述处理，我们获取了激光雷达坐标系下棋盘格角点的 3D 估计值和图像坐标系下棋盘格角点的 2D 检测值，因此可以将联合外参标定转换为 3D-2D 特征点匹配问题。首先，ILCC 算法结合 OpenGV 工具包，利用 UPnP 算法求解得到外参标定的初值，而后便可通过非线性优化的方式更精确地求解 3D-2D 特征点匹配问题。该非线性优化问题的构建思路是建立一个球坐标系，通过最小化棋盘格 3D 角点和 2D 角点在这个球坐标系下倾斜角和方位角之间的误差，以求解最终的外参标定结果。损失函数的定义如下：

$$E_{\text{err}}=\sqrt{f_{p2a}^2(\hat{\boldsymbol{p}}_i)-f_{x2a}^2(\boldsymbol{x}_i)} \tag{4-8}$$

其中 f_{p2a}^2 和 f_{x2a}^2 分别为 3D 特征交点 $\hat{\boldsymbol{p}}_i$ 和 2D 图像交点 $\boldsymbol{x}_i$ 在被转换到球坐标系后的倾斜角和方向角。

4.2.4　实验验证

我们尝试基于 ILCC 算法进行了鱼眼相机和 128 线激光雷达 RS-Ruby 的外参标定。图 4-8

给出了一组四路鱼眼相机的图像效果，可以看出鱼眼相机具有较大的畸变，这也对联合标定引入了额外的困难。

图 4-8　四路鱼眼图像示例

为此，我们在标定时需要结合鱼眼相机模型和畸变参数对鱼眼图像进行畸变去除操作，而后再提取出棋盘格的 2D 黑白交点。以前视鱼眼为例，上述流程的效果如图 4-9 所示。

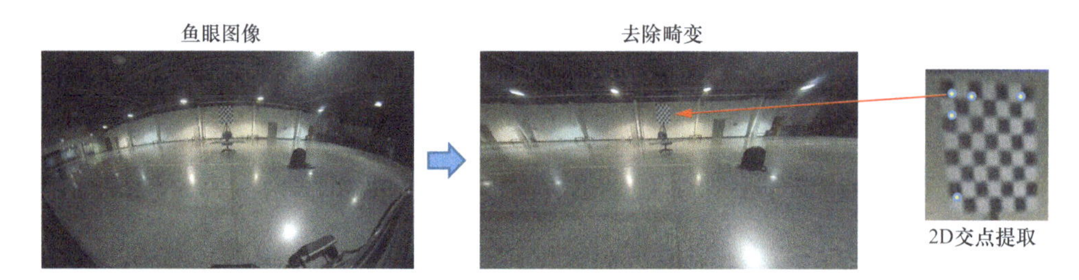

图 4-9　标定时一帧图像数据的处理流程和 2D 交点示意图

在激光雷达一侧，我们按照 ILCC 算法的流程对原始点云进行分割，提取出标定板点云，并计算出黑白交点的 3D 位置估计值，该过程如图 4-10 所示。

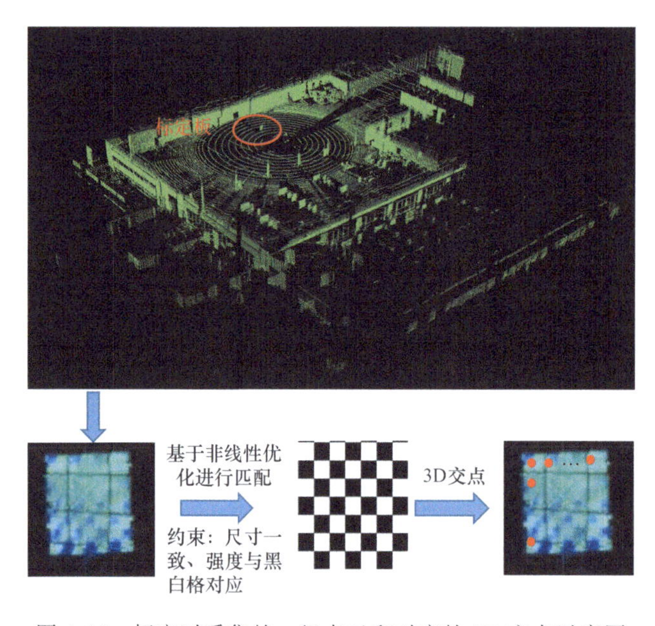

图 4-10　标定时采集的一组点云和对应的 3D 交点示意图

在测试时，我们通过将标定板放置在不同的位置和姿态，共采集了 30 组标定数据，得到了最终的前视鱼眼相机 - 激光雷达外参结果。在标定前后，将激光点云投影到去除畸变后的图像的效果对比如图 4-11 所示。可以看出，在使用 ILCC 算法标定后，标定板和地面的激光点云能够和图像更好地对齐，这证明了 ILCC 算法的有效性。

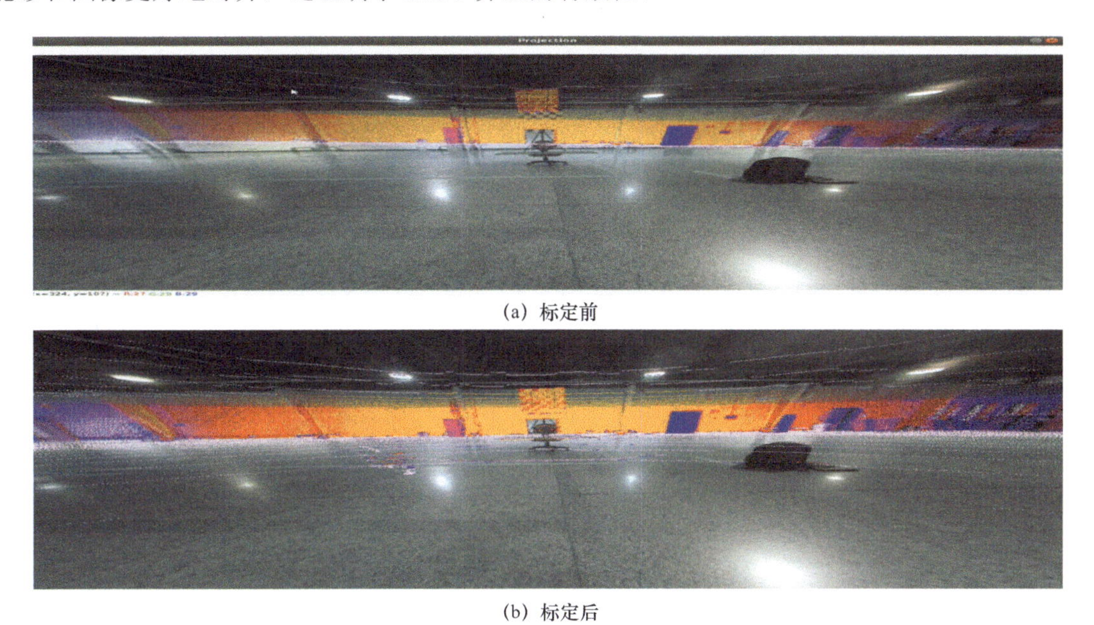

(a) 标定前

(b) 标定后

图 4-11 标定前后激光 - 图像投影效果对比

4.3 无标定物的 L-C 静态标定——PESC 算法

香港大学机械工程学院的 C. Yuan 等 [22] 基于 Livox AVIA 半固态激光雷达和 RGB 相机，于 2021 年提出了一种像素级的激光 - 视觉外参联合标定算法（Pixel-level Extrinsic Self Calibration，PESC）。该算法不依赖于给定的标定板，而是在周边环境中提取边缘线等一般性特征，通过视觉坐标系下和激光坐标系下对应特征的关联，进行传感器之间的外参标定，官方代码可在 GitHub 上找到。

PESC 算法主要分为三个模块：（1）边缘特征提取；（2）特征关联匹配；（3）基于非线性优化的外参求解。本节将介绍其中各模块的具体原理和流程。

4.3.1 边缘特征提取

一些 L-C 标定算法在进行不依赖标定板的外参标定时，会首先将激光点云投影到图像中，而后从投影后的点云中提取特征 [23] 或互信息 [21]，最后通过非线性优化求解出外参。这类方法存在的一个主要问题是零值映射，如图 4-12 所示，如果摄像机在激光雷达的上方，则区域 A、B 可以被摄像机观测到；但是由于物体 1 的遮挡，区域 A、B 不会被激光雷达观测到。同样，区域 C、D 会被激光雷达观测到，但是摄像机观测不到这两个区域。这就导致在将激光点云投影到图像时可能存在零值映射问题。

而另一方面，由于目前棱镜式非重复扫描激光雷达的特性，当扫描到物体的边界时，会产生明显的噪点，这会进一步导致在将激光点云投影到图像时产生多值映射现象。C. Yuan 等指出，在使用高线束的非重复式扫描激光雷达时，上述现象对外参标定结果的影响是不容忽视的。因此，PESC 算法选择从原始激光点云中提取物体表面上深度连续的边缘特征，并建立其与图像中边缘特征的对应关系。其中，深度连续和深度不连续边缘特征如图 4-13 所示。

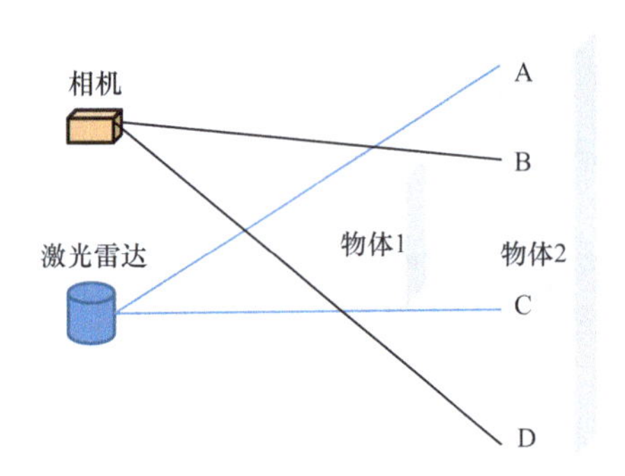

图 4-12　遮挡导致的零值映射原理示意图

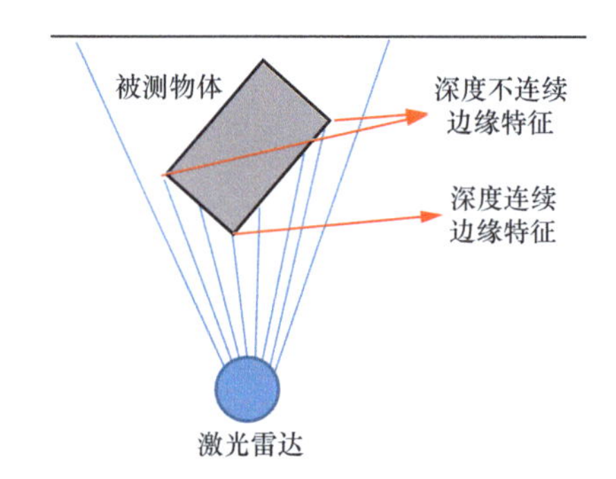

图 4-13　深度连续和深度不连续边缘特征示意图

在具体实现时，可采用 Canny 算法进行图像中的边缘特征提取。而在激光雷达一侧，深度连续边缘特征的提取步骤如下：首先，将激光点云划分成给定尺寸的体素（如室内场景中体素尺寸为 1 米，室外场景中体素尺寸为 0.5 米）。然后，对于每个体素，迭代地使用 RANSAC 算法，拟合出体素内的平面并去除离群点。最后，保留相连接并在一定角度范围（如 [30°,150°]）以内的平面对，并把计算得到的平面交线作为深度连续边缘特征。

4.3.2　特征关联匹配

在分别从激光点云和图像中抽取边缘特征之后，需要对特征进行匹配。在抽取的激光边缘特征中，C. Yuan 等采样地抽取了一些激光点 ${}^{L}\boldsymbol{P}_i \in \mathbb{R}^3$，并根据外参估计值 ${}_{L}^{C}\bar{\boldsymbol{T}}$ 将它们转换到视觉坐标系下，该过程可表示为

$$ {}^{C}\boldsymbol{P}_i = {}_{L}^{C}\bar{\boldsymbol{T}}({}^{L}\boldsymbol{P}_i) \in \mathbb{R}^3 \tag{4-9} $$

其中外参矩阵的估计值可由旋转矩阵 ${}_{L}^{C}\bar{\boldsymbol{R}}$ 和平移矢量 ${}_{L}^{C}\bar{\boldsymbol{t}}$ 表示为

$$ {}_{L}^{C}\bar{\boldsymbol{T}} = ({}_{L}^{C}\bar{\boldsymbol{R}}, {}_{L}^{C}\bar{\boldsymbol{t}}) \tag{4-10} $$

转换到相机坐标系的点根据相机模型可转换到像平面，具体为

$$ {}^{C}\boldsymbol{p}_i = \boldsymbol{\pi}({}^{C}\boldsymbol{P}_i) \tag{4-11} $$

其中 $\boldsymbol{\pi}(\boldsymbol{P})$ 是针孔相机模型。考虑到相机畸变 $\boldsymbol{f}(\boldsymbol{P})$，激光点投影到像平面的坐标可表示为

$$ \boldsymbol{p}_i = (\mu_i, \nu_i) = \boldsymbol{f}({}^{C}\boldsymbol{p}_i) \tag{4-12} $$

在由图像边缘特征像素点组成的 *k-d* 树中，搜索离 $\boldsymbol{p}_i$ 最近的 κ 个邻域点，记为 $\boldsymbol{Q}_i = \{q_i^j; j = 1, \cdots, \kappa\}$，$\boldsymbol{q}_i$ 为点集合 $\boldsymbol{Q}_i$ 的质心，$\boldsymbol{S}_i$ 为点集合 $\boldsymbol{Q}_i$ 的协方差矩阵。

$$ \boldsymbol{q}_i = \frac{1}{\kappa}\sum_{j=1}^{\kappa} \boldsymbol{q}_i^j, \quad \boldsymbol{S}_i = \sum_{j=1}^{\kappa} (\boldsymbol{q}_i^j - \boldsymbol{q}_i)(\boldsymbol{q}_i^j - \boldsymbol{q}_i)^{\mathrm{T}} $$

对协方差矩阵进行特征值分析，将最小特征值对应的特征向量记为 $\boldsymbol{n}_i$。有了点 $\boldsymbol{q}_i$ 和法向量 $\boldsymbol{n}_i$，就可以表征图像中对应激光投影点的边缘特征线。

除了将激光边缘特征中的一些采样点投影到图像坐标之外，PESC 算法还会同时将激光雷达一侧得到的边缘方向等特征信息投影到图像中，以辅助消除激光特征和图像特征的错误匹配情况。

4.3.3 基于非线性优化的外参求解

1. 观测噪声

在 PESC 算法中，C. Yuan 等人考虑了观测噪声对激光边缘特征点 ${}^L\boldsymbol{P}_i$ 和图像中对应边缘特征 $\{\boldsymbol{n}_i,\boldsymbol{q}_i\}$ 的影响。记 ${}^I\boldsymbol{w}_i \in \mathcal{N}(0, {}^I\boldsymbol{\Sigma}_i)$ 为提取图像边缘特征时对应 $\boldsymbol{q}_i$ 的噪声，其协方差 ${}^I\Sigma_i = \sigma_I^2 \boldsymbol{I}_{2\times2}$，由于像素点的离散性，当 $\sigma_I = 1.5$ 时上式表示一个像素的噪声。

对于激光点 ${}^L\boldsymbol{P}_i$，记 ${}^L\boldsymbol{w}_i$ 为其观测噪声。激光雷达通过扫描电机的编码值来测量水平和高度方向的方位角，并通过激光束的飞行时间来测量深度。令 $\boldsymbol{w}_i \in \mathbb{S}^2$（$\mathbb{S}^2$ 表示二维李群）为测量的方位角，$\boldsymbol{\delta}_{\boldsymbol{w}_i} \sim \mathcal{N}(\boldsymbol{0}_{2\times1}, \boldsymbol{\Sigma}_{\boldsymbol{w}_i})$ 为方位角 $\boldsymbol{w}_i$ 下对应切平面的测量噪声。结合李群和李代数之间的关系，利用流形空间中封闭的“田”操作[24]，我们可以得到真实方位角 $\boldsymbol{w}_i^{gt}$ 与其测量值 $\boldsymbol{w}_i$ 之间的关系表达：

$$\boldsymbol{q}_i = \frac{1}{\kappa}\sum_{j=1}^{\kappa}\boldsymbol{q}_i^j,\quad \boldsymbol{S}_i = \sum_{j=1}^{\kappa}(\boldsymbol{q}_i^j - \boldsymbol{q}_i)(\boldsymbol{q}_i^j - \boldsymbol{q}_i)^{\mathrm{T}} \tag{4-13}$$

$$\boldsymbol{w}_i^{gt} = \boldsymbol{w}_i \boxplus_{\mathbb{S}^2} \delta_{\boldsymbol{w}_i} \triangleq \mathrm{e}^{(N(\boldsymbol{w}_i)\delta_{\boldsymbol{w}_i})^\wedge}\boldsymbol{w}_i = \mathrm{e}^{(\delta_{\boldsymbol{w}_i})^\wedge}\boldsymbol{w}_i \tag{4-14}$$

其中 $\boldsymbol{N}(\boldsymbol{w}_i) = [N_1\ N_2] \in \mathbb{R}^{3\times2}$ 是方位角 $\boldsymbol{w}_i$ 下对应切空间的一组正交基，且 $\boldsymbol{\delta}_{\boldsymbol{w}_i}$ 实际上是与微小测量偏差 $\mathrm{e}^{(\delta_{\boldsymbol{w}_i})^\wedge}$ 对应的李代数。

类似地，令 d_i 表示激光的深度测量值，$\delta_{d_i} \sim \mathcal{N}(0, \Sigma_{d_i})$ 为测量误差，则深度真实值可表示为

$$d_i^{gt} = d_i + \delta_{d_i} \tag{4-15}$$

而后，结合方位角模型［见式（4-14）］和深度误差模型［见式（4-15）］，可将激光雷达测量值和真实值之间的关系描述为

$$\begin{aligned} {}^L\boldsymbol{P}_i^{gt} &= d_i^{gt}\boldsymbol{w}_i^{gt} = (d_i + \delta_{d_i})(\boldsymbol{w}_i \boxplus_{\mathbb{S}^2} \delta_{\boldsymbol{w}_i}) \\ &\approx \underbrace{d_i\boldsymbol{w}_i}_{{}^L\boldsymbol{P}_i} + \underbrace{\boldsymbol{w}_i\delta_{d_i} - d_i\boldsymbol{w}_i^\wedge \boldsymbol{N}(\boldsymbol{w}_i)\boldsymbol{\delta}_{\boldsymbol{w}_i}}_{{}^L\boldsymbol{w}_i} \end{aligned} \tag{4-16}$$

最终，我们得到激光点云的测量噪声模型如下：

$$\begin{aligned} {}^L\boldsymbol{w}_i &= \underbrace{[\boldsymbol{w}_i \quad -d_i\boldsymbol{w}_i^\wedge \boldsymbol{N}(\boldsymbol{w}_i)]}_{\boldsymbol{A}_i}\begin{bmatrix}\delta_{d_i} \\ \boldsymbol{\delta}_{\boldsymbol{w}_i}\end{bmatrix} \sim \mathcal{N}(\boldsymbol{0}, {}^I\boldsymbol{\Sigma}_i) \\ {}^I\boldsymbol{\Sigma}_i &= \boldsymbol{A}_i\begin{bmatrix}\Sigma_{d_i} & \boldsymbol{0}_{1\times2} \\ \boldsymbol{0}_{2\times1} & \boldsymbol{\Sigma}_{\boldsymbol{w}_i}\end{bmatrix}\boldsymbol{A}_i^{\mathrm{T}} \end{aligned} \tag{4-17}$$

2. 标定公式和优化过程

前面已经提到 ${}^L\boldsymbol{P}_i$ 是激光点云中边缘特征上采样的激光点，对应的图像边缘可通过 $\{\boldsymbol{q}_i,\boldsymbol{n}_i\}$ 来表示。因此，假设我们已经获取到外参真实值 ${}_L^C\boldsymbol{T}$，那么在补偿激光点 ${}^L\boldsymbol{P}_i$ 和图像的噪声后，

若把激光点 ${}^{L}\boldsymbol{P}_i$ 投影到图像坐标系，则应该正好落在图像的边缘特征 $\{\boldsymbol{q}_i, \boldsymbol{n}_i\}$ 上。该过程具体可表示为

$$0 = \boldsymbol{n}_i^{\mathrm{T}}(\boldsymbol{f}(\boldsymbol{\pi}({}_{L}^{C}\boldsymbol{T}({}^{L}\boldsymbol{P}_i + {}^{L}\boldsymbol{w}_i))) - (\boldsymbol{q}_i + {}^{I}\boldsymbol{w}_i)) \tag{4-18}$$

式（4-18）结合图像和激光测量值 ${}^{L}\boldsymbol{P}_i$、$\boldsymbol{q}_i$、$\boldsymbol{n}_i$ 及其噪声 ${}^{L}\boldsymbol{w}_i$、${}^{I}\boldsymbol{w}_i$ 对外参矩阵 ${}_{L}^{C}\boldsymbol{T}$ 施加了非线性等式约束，可通过迭代的方式求解上式。令 ${}_{L}^{C}\bar{\boldsymbol{T}}$ 为当前外参估计值，在正切空间中利用 SE(3) 李群空间中的“田”操作对 ${}_{L}^{C}\bar{\boldsymbol{T}}$ 进行参数化表示：

$${}_{L}^{C}\boldsymbol{T} = {}_{L}^{C}\bar{\boldsymbol{T}} \boxplus_{\mathrm{SE}(3)} \delta\boldsymbol{T} \triangleq \mathrm{Exp}(\delta\boldsymbol{T}) \cdot {}_{L}^{C}\bar{\boldsymbol{T}} \tag{4-19}$$

并有

$$\delta\boldsymbol{T} = \begin{bmatrix} \delta\boldsymbol{\theta} \\ \delta\boldsymbol{t} \end{bmatrix} \in \mathbb{R}^6;\quad \mathrm{Exp}(\delta\boldsymbol{T}) = \begin{bmatrix} \mathrm{e}^{\delta\boldsymbol{\theta}^{\wedge}} & \boldsymbol{V}\delta\boldsymbol{t} \\ 0 & 1 \end{bmatrix} \tag{4-20}$$

实际上，我们在第 2 章已经介绍过式（4-20），其中的 $\boldsymbol{V}$ 可由式（2-68）计算得出。

下面我们将给出 C. Yuan 等人在参考文献 [22] 中列出的部分公式推理过程来讲解 PESC 标定算法的具体原理。将式（4-19）和式（4-20）代入式（4-18）并利用一阶项近似可得：

$$\begin{aligned} 0 &= \boldsymbol{n}_i^{\mathrm{T}}(\boldsymbol{f}(\boldsymbol{\pi}({}_{L}^{C}T({}^{L}\boldsymbol{P}_i + {}^{L}\boldsymbol{w}_i))) - (\boldsymbol{q}_i + {}^{I}\boldsymbol{w}_i)) \approx \boldsymbol{r}_i + \boldsymbol{J}_{T_i}\delta\boldsymbol{T} + \boldsymbol{J}_{w_i}\boldsymbol{w}_i \\ &\approx \boldsymbol{r}_i + \boldsymbol{J}_{T_i}\delta\boldsymbol{T} + \boldsymbol{J}_{w_i}\boldsymbol{w}_i \end{aligned} \tag{4-21}$$

其中：

$$\begin{aligned} \boldsymbol{r}_i &= \boldsymbol{n}_i^{\mathrm{T}}(\boldsymbol{f}(\boldsymbol{\pi}({}_{L}^{C}T({}^{L}\boldsymbol{P}_i))) - \boldsymbol{q}_i) \in \mathbb{R} \\ \boldsymbol{J}_{T_i} &= \boldsymbol{n}_i^{\mathrm{T}} \frac{\partial \boldsymbol{f}(\boldsymbol{p})}{\partial \boldsymbol{p}} \frac{\partial \boldsymbol{\pi}(\boldsymbol{P})}{\partial \boldsymbol{P}} \begin{bmatrix} -({}_{l}^{C}\boldsymbol{T}({}^{L}\boldsymbol{P}_i))^{\wedge} & \boldsymbol{I} \end{bmatrix} \in \mathbb{R}^{1\times 6} \\ \boldsymbol{w}_i &= \begin{bmatrix} {}^{L}\boldsymbol{w}_i \\ {}^{I}\boldsymbol{w}_i \end{bmatrix} \in \mathcal{N}(0, \boldsymbol{\Sigma}_i), \boldsymbol{\Sigma}_i = \begin{bmatrix} {}^{L}\boldsymbol{\Sigma}_i & 0 \\ 0 & {}^{I}\boldsymbol{\Sigma}_i \end{bmatrix} \in \mathbb{R}^{5\times 5} \end{aligned} \tag{4-22}$$

式（4-21）给出的是一个激光点与对应图像边缘特征的关系，对于 N 个激光点和对应的图像边缘特征，我们可以得到下述矩阵方程：

$$\underbrace{\begin{bmatrix} 0 \\ \vdots \\ 0 \end{bmatrix}}_{0} \approx \underbrace{\begin{bmatrix} \boldsymbol{r}_1 \\ \vdots \\ \boldsymbol{r}_N \end{bmatrix}}_{\boldsymbol{r}} + \underbrace{\begin{bmatrix} \boldsymbol{J}_{T_1} \\ \vdots \\ \boldsymbol{J}_{T_N} \end{bmatrix}}_{\boldsymbol{J}_T} \delta\boldsymbol{T} + \underbrace{\begin{bmatrix} \boldsymbol{J}_{w_1} & \cdots & 0 \\ \vdots & \ddots & \vdots \\ 0 & \cdots & \boldsymbol{J}_{w_N} \end{bmatrix}}_{\boldsymbol{J}_w} \underbrace{\begin{bmatrix} \boldsymbol{w}_1 \\ \vdots \\ \boldsymbol{w}_N \end{bmatrix}}_{\boldsymbol{w}} \tag{4-23}$$

其中：

$$\boldsymbol{w} \sim \mathcal{N}(0, \boldsymbol{\Sigma}),\quad \boldsymbol{\Sigma} = \mathrm{diag}(\boldsymbol{\Sigma}_1, \cdots, \boldsymbol{\Sigma}_N)$$

由式（4-23）进一步可得

$$\boldsymbol{v} \triangleq -\boldsymbol{J}_w\boldsymbol{w} = \boldsymbol{r} + \boldsymbol{J}_T\delta\boldsymbol{T} \sim \mathcal{N}(0, \boldsymbol{J}_w\boldsymbol{\Sigma}\boldsymbol{J}_w^{\mathrm{T}}) \tag{4-24}$$

根据式（4-24），PESC 算法采用最大化似然函数进行外参估计（即最小化方差）：

$$\begin{aligned} \max_{\delta\boldsymbol{T}} \log p(\boldsymbol{v}; \delta\boldsymbol{T}) &= \max_{\delta\boldsymbol{T}} \log \frac{\mathrm{e}^{-\frac{1}{2}\boldsymbol{v}^{\mathrm{T}}(\boldsymbol{J}_w\boldsymbol{\Sigma}\boldsymbol{J}_w^{\mathrm{T}})^{-1}\boldsymbol{v}}}{\sqrt{(2\pi)^N \det(\boldsymbol{J}_w\boldsymbol{\Sigma}\boldsymbol{J}_w^{\mathrm{T}})}} \\ &= \min_{\delta\boldsymbol{T}} (\boldsymbol{r} + \boldsymbol{J}_T\delta\boldsymbol{T})^{\mathrm{T}}(\boldsymbol{J}_w\boldsymbol{\Sigma}\boldsymbol{J}_w^{\mathrm{T}})^{-1}(\boldsymbol{r} + \boldsymbol{J}_T\delta\boldsymbol{T}) \end{aligned} \tag{4-25}$$

其最优解为

$$\delta\boldsymbol{T}^* = -(\boldsymbol{J}_T^{\mathrm{T}}(\boldsymbol{J}_w\boldsymbol{\Sigma}\boldsymbol{J}_w^{\mathrm{T}})^{-1}\boldsymbol{J}_T)^{-1}\boldsymbol{J}_T^{\mathrm{T}}(\boldsymbol{J}_w\boldsymbol{\Sigma}\boldsymbol{J}_w^{\mathrm{T}})^{-1}\boldsymbol{r} \tag{4-26}$$

故外参矩阵的迭代公式为

$$ {}^{C}_{L}\bar{\boldsymbol{T}} \leftarrow {}^{C}_{L}\bar{\boldsymbol{T}} \boxplus_{\mathrm{SE}(3)} \delta \boldsymbol{T}^{*} \tag{4-27} $$

不断重复式（4-27）中的迭代过程，直至收敛（$\left\|\delta \boldsymbol{T}^{*}\right\|<\varepsilon$），此时得到的 ${}^{C}_{L}\bar{\boldsymbol{T}}$ 即为最终的 L-C 外参矩阵。关于标定结果不确定性的分析，这里不再展开讨论，感兴趣的读者可以参考 C. Yuan 等人发表的原文 [22] 并进行深入了解。

在标定前后，将激光点云投影到视觉图像的效果对比如图 4-14 所示。从图 4-14（a）可以看出，在标定前，将激光点云投影到图像之后会有明显的错位，特别是对于红色标记框中的扶手和墙体边缘尤为明显。在使用 PESC 算法进行外参标定之后，激光点云中的边缘特征在被投影到视觉图像后，便能够比较好地对齐到图像中的边缘特征。

(a) 标定前　　(b) 标定后

图 4-14　标定前后激光点云 - 图像投影效果对比

（注：图片来自本章参考文献 [22]）

4.4 无标定物的 L-C 动态在线标定——AOCCL 算法

美国斯坦福大学的 Levinson 和 Thrun 于 2013 年 [9] 提出了不依赖标定板的自动、在线标定算法（Automatic Online Calibration of Cameras and Lasers，AOCCL）。AOCCL 算法的基本思想如下：如果激光雷达和相机的外参标定正确无误，则激光点云中深度不连续的边缘特征在经外参投影到图像后，应对应于图像中的边缘特征。该算法既可在自车正常行驶中实时地跟踪激光雷达和摄像头的外参变化，也可在静态状态下利用多帧的点云和图像数据进行外参标定。有必要指出的是，在进行动态标定时，需要事先做好激光雷达和相机的时钟同步。同时，考虑到车辆运动对激光点云的影响，还需要采用类似 3.4.2.2 节所述的方法来去除激光点云中的运动畸变。

4.4.1 图像中的特征处理

假设获取的 n 帧图像数据为 $I^{1:n}$，点云数据为 $P^{1:n}$，基于前述 AOCCL 算法的基本思想，我们需要分别在图像和激光点云中抽取边缘特征。对于图像，AOCCL 算法采用下述两个步骤提取边缘特征处的像素点。

（1）AOCCL 算法将图像 $I^{k}(k \in 1,\cdots,n)$ 转换为灰度图 E^{k}，E^{k} 中每个像素点的值为 I^{k} 中对应像素点与其 8 个邻域点绝对偏差的最大值。

（2）AOCCL 算法对每个边缘特征图像 $E^{1:n}$ 进行逆距离变换。变换后得到的图像 D 的像素值，可由下式计算得到：

$$D_{i,j}=\alpha\cdot E_{i,j}+(1-\alpha)\cdot\max_{x,y}E_{x,y}\cdot\gamma^{\max(|x-i|,|y-i|)} \tag{4-28}$$

其中，i、j 和 x、y 表示像素点在图像坐标系下的行数、列数，α 默认取 1/3，γ 默认取 0.98。

4.4.2 点云中的特征处理

AOCCL 算法会针对每个激光束进行分析，逐线束地寻找至少比其两个邻域点中的一个距离值更小的激光点作为潜在的边缘特征点。Levinson 和 Thrun 这么做缘于视差和遮挡，与其左、右邻域点相比距离更远的激光点往往不会对应于物体边缘特征。在上述思想下，AOCCL 算法通过对点云 $\boldsymbol{P}^k$ 中的每个激光点 p 进行下述变换，得到了新的点云 $\boldsymbol{X}^k$。

$$\boldsymbol{X}_p^k=\max(\boldsymbol{P}_{p-1}^k.r-\boldsymbol{P}_p^k.r,\boldsymbol{P}_{p+1}^k.r-\boldsymbol{P}_p^k.r,0)^\gamma \tag{4-29}$$

其中，“$.r$”表示激光点对应的距离值，单位为米；取 $\gamma=0.5$。

同时，为了提升计算效率，AOCCL 算法会过滤掉与邻域深度差小于 30 厘米的所有激光点。图 4-15 展示了筛选后的激光点云和对应边缘特征图像经逆距离变换的效果图。

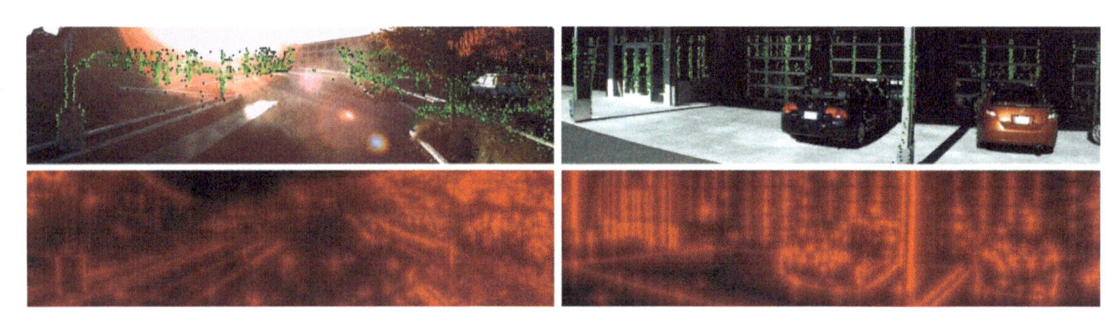

图 4-15　提取的 3D 激光特征点以及通过逆距离变换得到的图像特征效果展示

（注：图片来自参考文献 [9]）

4.4.3 外参优化求解

通过外参矩阵 ${}_L^C\boldsymbol{T}$，结合式（4-28）和式（4-29）可以将点云 $\boldsymbol{X}^k$ 投影到图像 D^k 上。然后，Levinson 和 Thrun 通过构建下述损失函数 $J_{{}_L^C\boldsymbol{T}}$，以量化投影后的点云和图像的一致性。同时，为了提高计算效率，AOCCL 算法仅考虑落在图像边缘特征上的激光点，并利用滑动窗口方法选取在线采集的 w 帧历史数据用于计算 $J_{{}_L^C\boldsymbol{T}}$。该过程具体如下式所示：

$${}_L^C\boldsymbol{T}=\operatorname{argmax}(J_{{}_L^C\boldsymbol{T}}),\quad J_{{}_L^C\boldsymbol{T}}=\sum_{f=n-w}^{n}\sum_{p=1}^{|\boldsymbol{X}^f|}\boldsymbol{X}_p^f\cdot D_{i,j}^f \tag{4-30}$$

其中，下标 f 用于遍历滑动窗口内的所有数据帧，p 用于遍历筛选后的 3D 激光点云，$\boldsymbol{X}_p^f$ 为第 f 帧点云中的 p 点被投影到像平面后的激光点坐标，$D_{i,j}^f$ 为边缘特征经逆距离变换处理后在（i,j）坐标处的像素值，坐标（i,j）对应于点 p 被投影到像平面的行、列位置。

由于上述目标函数 $J_{{}_L^C\boldsymbol{T}}$ 是非凸的，且搜索空间为 6 维，因此采用全局优化算法最大化 $J_{{}_L^C\boldsymbol{T}}$ 难以实时地搜索到全局最优解 ${}_L^C\boldsymbol{T}$，无法满足在线动态标定的需求。为此，AOCCL 算法采用网格搜索的思想，在迭代过程中以当前外参 ${}_{L}^{C}\boldsymbol{T}$ 为中心，在自变量的 6 维空间中求解 $3^6=729$ 组候选解，并选择使 $J_{{}_{L}^{C}\boldsymbol{T}}$ 值最大的候选解作为下一次迭代中的外参估计值，直至满足收敛阈值。

4.5 本章小结

在本章中，我们一起学习了 LiDAR-Camera（L-C）外参标定的分类和基本原理，并针对有标定物的静态标定、无标定物的静态标定以及无标定物的动态在线标定各选取了一个比较有代表性的算法进行深入讨论。对于基于手眼模型的标定方法，我们在第 2 章中已经做了深入介绍，故本章不再展开讨论。在将手眼模型用于 L-C 外参标定时，我们需要提供激光雷达和相机的运动轨迹，这也就对定位算法提出了更高的精度要求。而除了基于手眼模型的标定方法之外，大多数 L-C 标定方法通常需要我们在图像端和点云端提取点特征、边缘特征，并将外参求解转换为特征匹配所对应的非线性优化问题。

目前来说，LiDAR 与车体以及相机等传感器之间的外参标定仍然是一个开放研究的课题，更快、更准，对周边环境、设备要求越来越低，且能够在车辆正常行驶时运行是工业界对这类标定算法日益迫切的要求。

本章参考文献

[1] 刘超．基于线面特征的相机 - 激光雷达外参标定方法研究 [D]．浙江大学，2021.

[2] DHALL A, CHELANI K, RADHAKRISHNAN V, et al.LiDAR-Camera calibration using 3D-3D point correspondences[J]. 2017, 5(10): 130-136.

[3] WEIMIN W, KEN S, NOBUO K. Reflectance intensity assisted automatic and accurate extrinsic calibration of 3D LiDAR and panoramic camera using a printed chessboard[J].Remote Sensing, 2017, 9(8):851.

[4] ZHOU L P, LI Z M, KAESS M. Automatic extrinsic calibration of a camera and a 3D LiDAR using line and plane correspondences[C]. IEEE/RSJ Intl. Conf. on Intelligent Robots and Systems, IROS, 2018: 5562-5569.

[5] LIU L .Automatic 3D to 2D registration for the photorealistic rendering of urvan scenes[C]//IEEE International Conference on Computer Vision and Pattern Recognition, 2005: 137-143.

[6] MOGHADAM P, BOSSE M, ZLOT R. Line-based extrinsic calibration of range and image sensors[C]. IEEE International Conference on Robotics and Automation (ICRA), 2013: 3685-3691.

[7] CUI J H, NIU J W, OUYANG Z C, et al. ACSC: Automatic calibration for non-repetitive scanning solid-state LiDAR and camera systems[EB/OL]. ArXiv abs/2011.08516, 2020.

[8] TAMAS L, KATO Z. Targetless calibration of a lidar-perspective camera pair[C]. Proceedings of the IEEE International Conference on Computer Vision Work-shops, 2013: 668-675.

[9] LEVINSON J, THRUN S. Automatic online calibration of cameras and lasers[J]. In Robotics: Science and Systems, 2013, 2(1): 2-7.

[10] PANDEY G, MCBRIDE J, SAVARESE S, et al.Automatic targetless extrinsic calibration of a 3D LiDAR and camera by maximizing mutual information[J]. AAAI Press, 2012, 32(5): 696-722.

[11] ZHU Y F, LI C H, ZHANG Y B. Online camera-LiDAR calibration with sensor semantic information[C]. 2020 IEEE International Conference on Robotics and Automation (ICRA). 2020: 4970-4976.

[12] MA T, LIU Z, YAN G, et al. CRLF. Automatic calibration and refinement based on line feature for LiDAR and camera in road scenes[EB/OL]. arxiv: 1706.03498, 2021.

[13] HUANG K, STACHNISS C. Extrinsic multi-sensor calibration for mobile robots using the gauss-helmert model[C]. IEEE/RSJ International Conference on Intelligent Robots & Systems. 2017: 1490-1496.

[14] POWELL M J.An efficient method for finding the minimum of a function of several variables without calculating derivatives[J].Computer Journal, 1964, 7(7): 155-162.

[15] KNEIP L, LI H, SEO Y. UPnP: An optimal o(n) solution to the absolute pose problem with universal applicability[C]. Springer Nature, 2014: 127-142.

[16] LEVENBERG K. A method for the solution of certain non-linear problems in least squares[J]. Quarterly of Applied Mathematics, 1944, 2(3): 164-168.

[17] MARQUARDT D W. An algorithm for least-squares estimation of nonlinear parameters[J]. Journal of the society for Industrial and Applied Mathematics, 1963, 11(2): 431-441.

[18] WANG W, SAKURADA K, KAWAGUCHI N. Incremental and enhanced scanline-based segmentation method for surface reconstruction of sparse LiDAR data[J]. Remote Sensing, 2016, 8(1): 967-969.

[19] GEIGER A, MOOSMANN F, CAR O, et al. Automatic camera and range sensor calibration using a single shot[C]. Institute of Electrical and Electronics Engineers (IEEE), 2012: 3936-3943.

[20] RUFLI M, SCARAMUZZA D, SIEGWART R. Automatic detection of checkerboards on blurred and distorted images[C]. Institute of Electrical and Electronics Engineers (IEEE), 2008: 3121-3126.

[21] PANDEY G, MCBRID J R, SAVARESE S, et al. Automatic extrinsic calibration of vision and lidar by maximizing mutual information[J]. Journal of Field Robotics (JFR), 2014, 32(1): 696-722.

[22] YUAN C J, LIU Y, HONG X P, et al. Pixel-Level extrinsic self calibration of high resolution LiDAR and camera in targetless environments[J]. IEEE Robotics and Automation Letters, 2021, 6(4): 7517-7524.

[23] ZHU Y, ZHENG C, YUAN C, et al. Camvox: A low-cost and accurate lidar-assisted visual slam system[C]. ArXiv: 1706.03496, 2020.

[24] HE D, XU W, ZHANG F. Embedding manifold structures into kalman filters[EB/OL]. ArXiv: 2102.03804, 2021.

第5章 基于3D激光点云的地面分割

5.1 引言

在完成前述标定章节的学习后，我们将进入激光雷达感知算法部分的学习。在本章中，我们将具体讨论地面点云分割算法。为了方便读者快速理清地面分割的现有技术方向，本章根据算法原理的不同，将 3D 激光点云的地面分割算法大致划分为下述 5 个类别。

1. 基于高程地图的地面点云分割

这类算法通常将 3D 激光点云投影到 *XOY* 平面内，而后将该平面划分为多个网格，并在每个网格中计算点云子集的平均高度 [1]、最大 - 最小高度 [2]、最大相对高度差 [3]、高度方差 [4,5] 等指标。最后对上述指标与设定阈值进行比较，分析哪些网格中包含非地面点，哪些网格中为地面点云。这类算法对算力的需求较小，不依赖激光雷达的扫描模式，并且可以处理一定坡度的地面场景，但是当一些网格中包含悬空物体时，例如网格内的地面上空有桥梁、路牌、树枝等，基于高程地图的地面点云分割算法通常会将整个网格识别为非地面。

因此，参考文献 [6] 对常规高程地图算法做了进一步扩展，采用了分层处理的方式，改善了地面点云分割的鲁棒性。图 5-1 示例性地给出了 3 种高程地图。

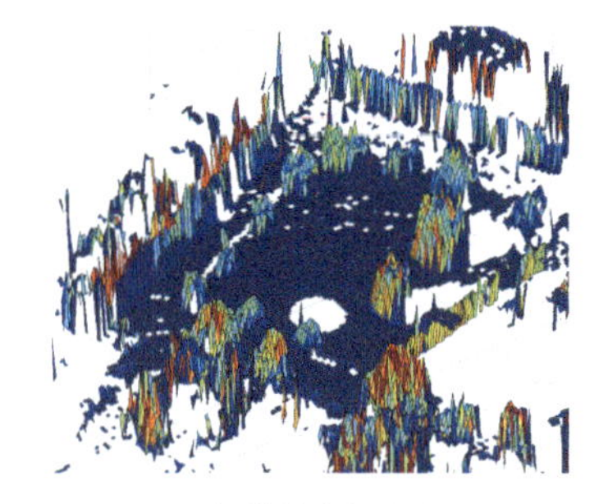

(a) 均值高程地图

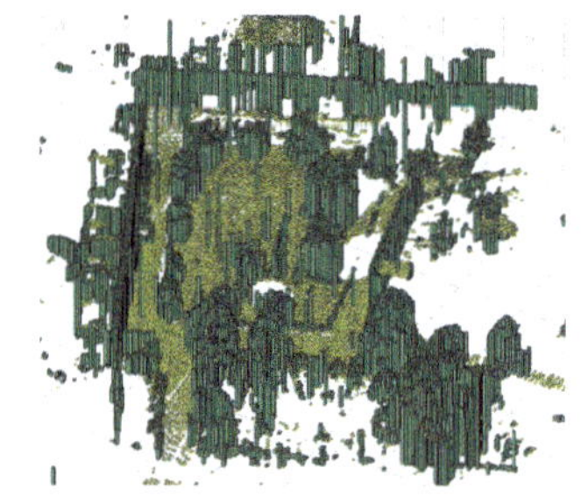

(b) 最大最小值高程地图

(c) 多层次高程地图

图 5-1 3 种高程地图

（注：图片来自参考文献 [7]）

2. 基于相邻点几何关系的地面点云分割

传统机械式激光雷达通常有固定的扫描模式，因此可以计算出不同线束在同一个方位角时激光点之间的距离、角度差，以及同一线束在不同方位角时激光点之间的距离、角度差 [8]。根据实际测量点云中相邻激光点之间的距离、角度差是否超出设定阈值，可进行地面点和非地面点的识别 [9,10]。图 5-2 给出了该类算法的原理示意图。

此外，为了进一步节省计算开销，在参考文献 [11] 和 [12] 中，Bogoslavskyi 等和 Y. Li 等均尝试结合激光雷达的扫描参数，将 3D 激光点云转换为 2.5D 的深度图（又称为 range map 或 range image），深度图中的每一行对应激光雷达的每一条线束（可用激光线束俯仰角来表示 γ），深度图中的每一列对应激光雷达的每一个扫描方位角 θ，深度图的像素值为激光点的测量距离值 r。然后通过在深度图中分析相邻元素间的几何关系，得到对应的地面点集和非地面点集。图 5-3 给出了点云深度图的基本原理。

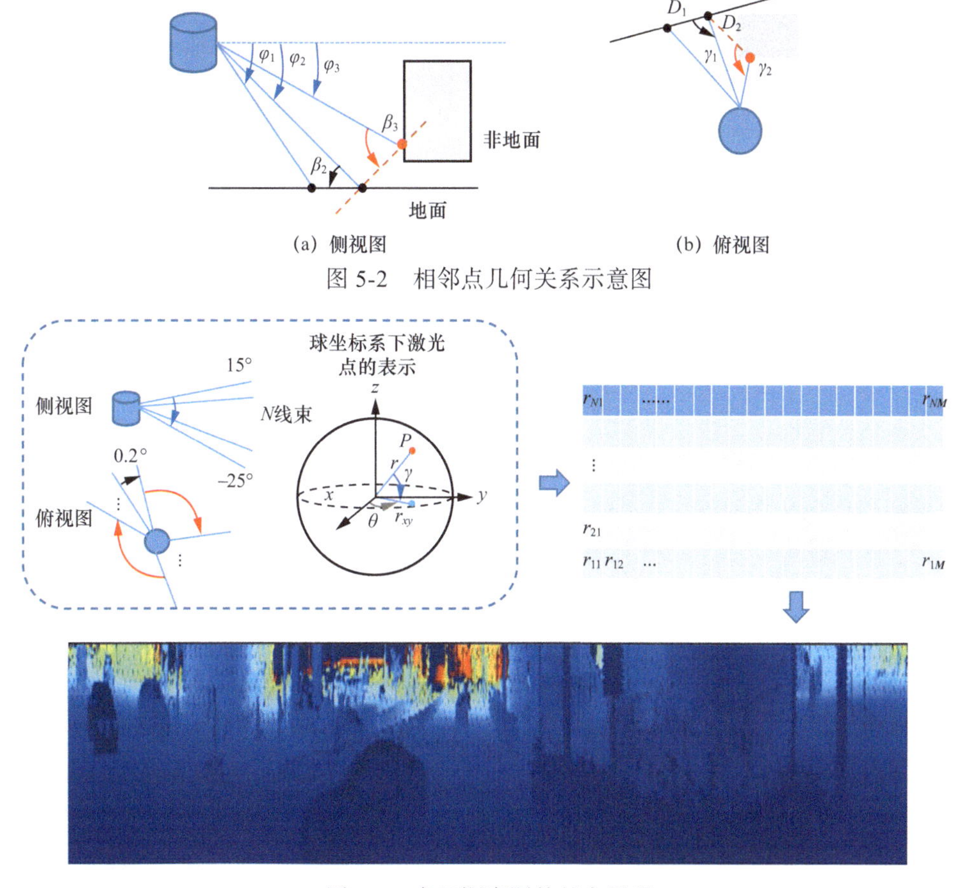

图 5-2　相邻点几何关系示意图

图 5-3　点云深度图的基本原理

3. 基于地面模型拟合的地面点云分割

当采用基于地面模型拟合的方法进行地面分割时，我们最直观的想法是假设地面为平面，并结合激光雷达安装位置，根据高度约束初步过滤一部分明显不属于地面的点云，然后采用随机采样一致性（RANSAC）算法[32]拟合出地平面，最后根据激光点到地平面的距离来判断地面点和非地面点。实际上，地平面往往不是一个水平面，而是有一定的起伏和弧度，上述算法会有较大的误差。因此，参考文献 [13-15] 提出将点云划分为多个区域，在每个区域中使用 RANSAC 算法进行地面拟合并去除离群点。

另一方面，参考文献 [16] 和 [17] 在将点云空间细分为多个扇区后，尝试将各扇区内的 3D 激光点云投影到其中心平面上，得到 2D 点集，进而在 2D 点集中提取最低点、均值点等关键点并进行 2D 直线拟合，然后结合直线的斜率以及点到直线的距离进行地面点集和非地面点集的划分。上述过程如图 5-4 所示。

上述多区域平面拟合或直线拟合的方法均可以看作对地面的线性近似表达。为了更有效地处理起伏地形，Douillard 等[18]以及 Chen 等[19,20]提出在将点云划分为多个区域后，分别采用 2D 和 1D 高斯过程回归模型对地面进行拟合，并采用增量采样一致性（INSAC）算法去除离群点，最终得到地面的近似模型和地面点集，地面拟合效果如图 5-5 所示。但是这种多区域、迭代地进行地面拟合和回归的方法通常会导致算法耗时较长，实时性较差。

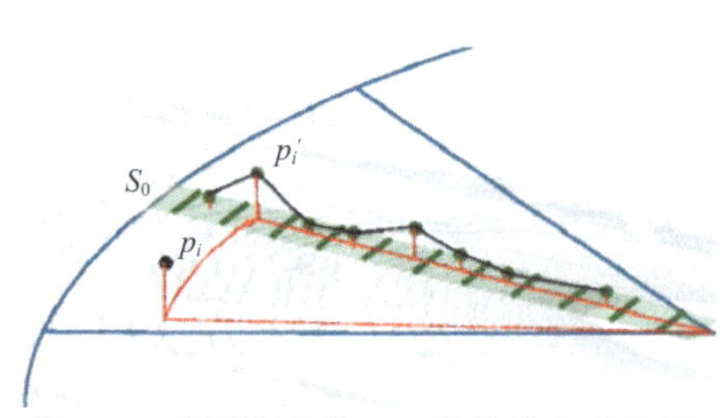

图 5-4　扇区划分及 2D 直线拟合示意图
（注：图片来自参考文献 [16]）

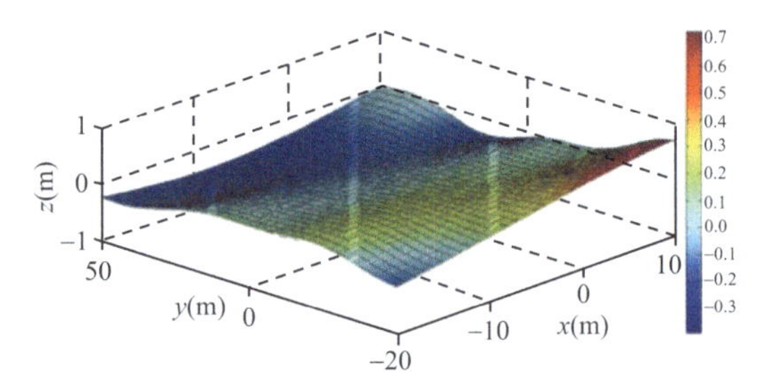

图 5-5　采用高斯过程回归模型拟合地面的效果图
（注：图片来自参考文献 [19]）

4. 基于机器学习模型的地面点云分割

得益于早期马尔可夫随机场、条件随机场等机器学习算法在图像分割中的广泛应用，一些学者尝试引入这些机器学习模型以解决 3D 激光点云的地面分割问题。参考文献 [21] 和 [22] 将 3D 激光点云划分为多个栅格区域，并分别利用栅格的梯度和均值高度等信息构建马尔可夫随机场，然后利用信念传播算法（Belief Propagation，BP）将周围环境分为多个类别，如可行驶区域、可到达区域、障碍物区域和未知区域等。

在前述文献的启发下，Zhang 等在参考文献 [23] 中提出了 GS-LBF 算法。GS-LBF 算法通过将一种基于损失函数的地面估计模型引入多标签马尔可夫随机场，并使用循环信念传播算法求解每个栅格中地面的最大置信高度，实现了对 3D 激光点云的地面分割。该算法能够在崎岖地形中取得较好的分割效果。图 5-6 给出了 GS-LBF 算法在某一帧点云中的分割结果，图中的绿色表示非地面点云，红色表示地面点云。

图 5-6　GS-LBF 算法的地面点云分割结果
（注：图片来自参考文献 [23]）

进一步地，Rummelhard 等 [24] 于 2017 年在第 4 届智能汽车研讨会上，采用时空条件随机场（Spatio-Temporal Conditional Random Field，STCRF）结合历史帧信息和车辆位姿信息实现了 3D 激光点云的地面分割，并在城市、乡村和山区道路等多种场景下验证了 GS-LBF 算法的有效性。

此类算法能够处理复杂地形，但是通常比较耗时，难以满足在线感知系统的实时性要求，并且基于 STCRF 的方法还依赖于车辆的精确位姿信息，因此业内多在离线分析或真值系统中应用此类算法。

5. 基于深度学习网络的地面点云分割

近年来，随着深度学习算法的兴起，基于卷积神经网络（Convolutional Neural Network，CNN）直接对 3D 激光点云进行语义分割（见图 5-7），获取每帧所有激光点的类别标签，例如地面、车辆、行人等，也是激光感知领域的一个研究热点 [25,34,35]。

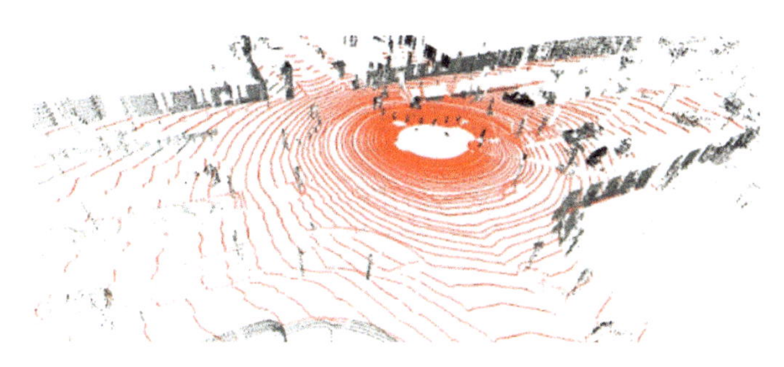

图 5-7 基于 CNN 的地面点云分割结果
（注：图片来自参考文献 [34]）

接下来，我们将具体选取几种有代表性的算法进行讨论。

5.2 级联地面分割算法

日本名古屋大学的 Patiphon 等人 [15] 结合基于相邻点几何关系分割方法和基于模型拟合分割方法的特点，于 2018 年提出了级联地面分割（Cascaded Ground Segmentation，CGS）算法。CGS 算法首先基于线束间激光点的距离初步过滤掉大部分非地面点，然后将剩余的点云划分为多个区域，并在每个区域中使用迭代 RANSAC 拟合得到地面模型，最后根据地面模型更精确地分割出地面点和非地面点。上述过程如图 5-8 所示。

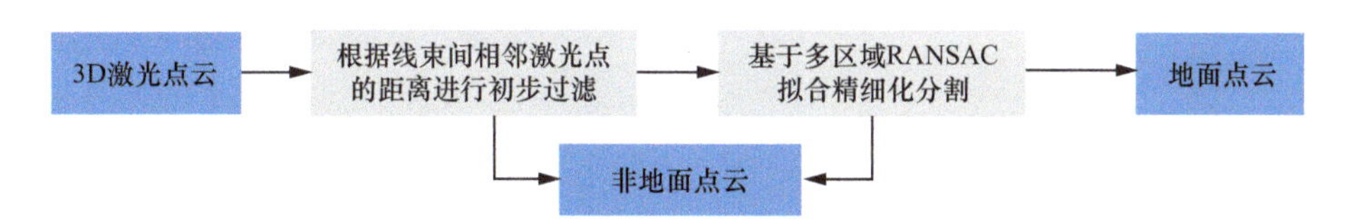

图 5-8 级联地面分割算法的流程示意图

Patiphon 给出了 CGS 算法的 Python 版源代码，读者可在 bitbucket 网站上找到；C++ 版本的开源代码可在 GitHub 上找到。读者可以结合源代码和例子，进行调试和运行以加深对 CGS 算法的理解。

5.2.1 障碍物、地面坡度对点云的影响

Patiphon 等人针对固定旋转扫描模式激光雷达（如机械式激光雷达），分析了其激光点云的特性，并指出点云中相邻地波间的距离除了受激光雷达本身参数、距离、安装高度等影响之外，还与地面坡度密切相关。例如，当地面坡度较小时，相邻线束间激光点的距离会增大，如图 5-9（a）左上方红色圆圈标记的地波线所示；而当地面坡度增大时，相邻线束间激光点的距离会减小，如图 5-9（a）中间红色圆圈标记的地波线所示。当激光雷达扫描到垂直物体时，相邻线束间同一方位角的激光点距离会进一步减小，如图 5-9（b）所示。

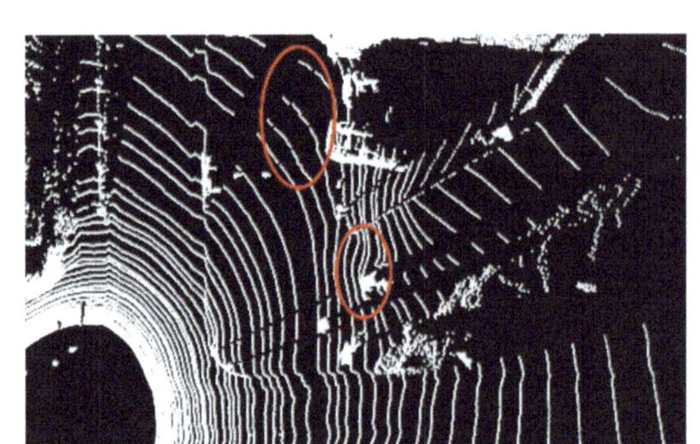

(a) 地面坡度对线束间激光点距离的影响

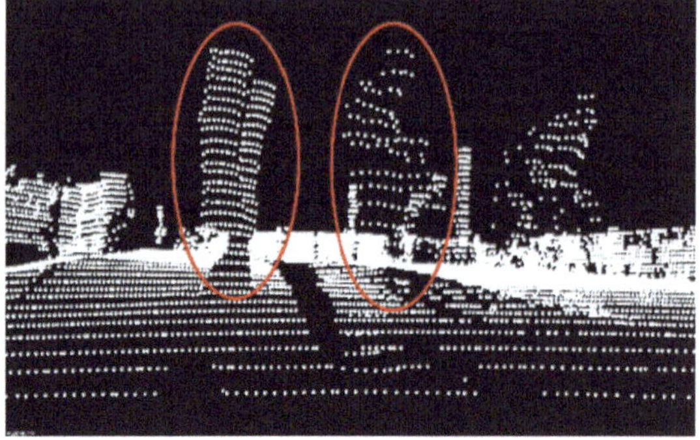

(b) 垂直物体上不同线束间的激光点距离

图 5-9　坡度及障碍物对相邻线束间激光点距离的影响

（注：图片来自参考文献 [15]）

结合固定旋转扫描模式激光雷达的基本参数，我们可以得到在垂直方向上每个激光线束对应的俯仰角，以及同一激光线束的水平角度间隔。结合图 5-10（a），如果已知激光雷达的高度 h，我们就可以计算出相同方位角下相邻激光线束照射到理想水平面时激光点之间的距离，具体如式（5-1）和式（5-2）所示。

$$r_i^{\text{flat}} = \frac{h}{\tan\theta_i} \tag{5-1}$$

$$\Delta r_i^{\text{flat}} = h\left(\frac{1}{\tan\theta_i} - \frac{1}{\tan\theta_{i+1}}\right) \tag{5-2}$$

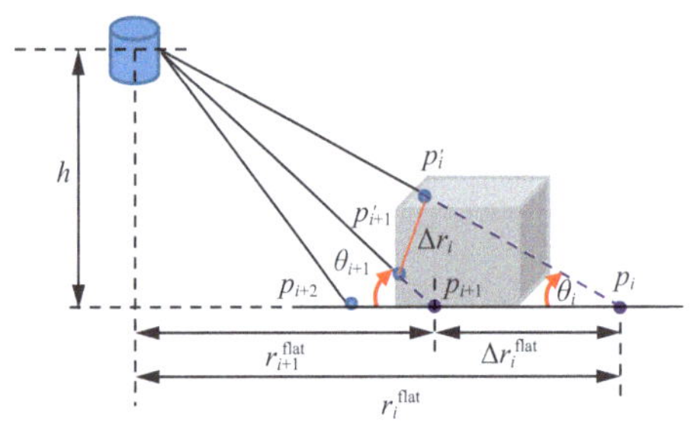

（a）平坦地面下相邻线束间激光点距离分析

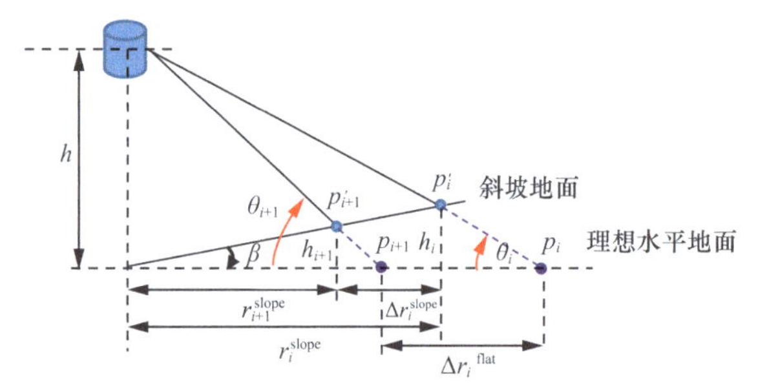

（b）坡度地面下相邻线束间激光点距离分析

图 5-10　不同场景下相邻线束间激光点距离计算示意图

结合图 5-10（b），进一步考虑到地面存在一定的坡度，于是有

$$r_i^{\text{slope}} = \frac{h - h_i}{\tan\theta_i} = \frac{h - \tan\beta \times r_i^{\text{slope}}}{\tan\theta_i} \tag{5-3}$$

$$\Delta r_i^{\text{slope}} = h\left(\frac{1}{\tan\theta_i + \tan\beta} - \frac{1}{\tan\theta_{i+1} + \tan\beta}\right) \tag{5-4}$$

其中，β 为地面坡度，h_i 为第 i 线束激光打到斜坡地面处的高度，r_i^{slope} 为斜坡地面上第 i 线束激光到激光雷达水平方向的距离。

5.2.2 基于线束间激光点距离的初步分割

基于上述思想，CGS 算法通过分析线束间激光点的距离值来进行初步的地面分割。具体步骤如下。

（1）将 3D 激光点云 P 表示为深度图 M，其中第 i 行第 j 列的像素值为激光点 $p_{i,j}$ 在球坐标系下与激光雷达原点的距离 $\rho_{i,j}$，并规定第 1 行（i=0）对应于最下方的激光线束。

（2）从深度图 M 的第 1 行开始处理，将 $p_{i,j}$ 加入候选聚类 C_{cluster} 中，并将当前激光点作为参考点 p_{ref}，同时把深度图 M 中下一行的激光点作为目标点 p_{tar}。

（3）计算两个相邻线束间激光点的实际距离 $\Delta r_i^{\text{actual}}$，并与设定的地面坡度阈值 β 所对应的 $\Delta r_i^{\text{slope}}$ 进行比较。

- 若 $\Delta r_i^{\text{actual}} < \Delta r_i^{\text{slope}}$，则认为 p_{tar} 对应于非地面物体，并将其加入候选聚类 C_{cluster} 中。
- 当 $\Delta r_i^{\text{actual}} \geqslant \Delta r_i^{\text{slope}}$ 时，若候选聚类 C_{cluster} 中点的个数大于 1，且平均高度大于设定的地面高度阈值，即 $H_{\text{cluster}} > H_{\text{thres}}$，则将候选聚类 C_{cluster} 中的点划分为非地面点，否则将候选聚类 C_{cluster} 中的点划分为地面点。

（4）将当前聚类 C_{cluster} 清空，并将 p_{tar} 加入候选聚类 C_{cluster} 中，开始进行下一线束中激光点的识别。

（5）不断重复上述步骤，直至深度图 M 中的最后一行。此时没有新的目标点，因此可以直接根据 $H_{\text{cluster}} > H_{\text{thres}}$ 和 $N_{\text{cluster}} > 1$ 是否满足，判断该行中的激光点是否为地面点。

（6）输出初步分割得到的地面点集合 G 和非地面点集合 V。

5.2.3 基于多区域地面拟合的精细分割

为了进一步提升分割的准确度，级联地面分割算法可以将我们在 5.2.2 节中初步得到的地面点集 G 划分为多个区域，并在每个区域中使用 RANSAC 拟合地面模型，用于进一步筛除 G 中的非地面点。

如图 5-11（a）所示，首先将地面点集 G 所属的空间划分为 $\{Q_{\text{front}}, Q_{\text{left}}, Q_{\text{right}}, Q_{\text{rear}}\}$ 4 个象限，然后将每个象限根据距离再划分为 n 个扇区 $\{S_1,\cdots,S_n\}$。由于近处激光点的密度通常比远处激光点的密度大，因此在划分扇区时，近处的扇区可以划分得小一点，远处的扇区可以划分得大一点。我们具体可以通过式（5-5）～式（5-7）来确定每个扇区的边界。

$$\mu = \left\lfloor \frac{L}{n} \right\rfloor \tag{5-5}$$

$$\Phi_k = (L-1) - (\mu k - 1), \quad k = 1,\cdots,n \tag{5-6}$$

$$\lambda_k = \begin{cases} h\left(\dfrac{1}{\tan\theta_{\Phi_k}}\right), & k \geqslant 1 \\ 0, & k = 0 \end{cases} \tag{5-7}$$

其中，L 为激光雷达的线数，θ_{Φ_k} 为激光线束的俯仰角。

对于三维空间中的任一激光点 p_{ij}，其在水平面上的投影点 p_{ij}^{pro} 与激光雷达的距离可表示为 $r_{ij} = \sqrt{p_{ij_x}^2 + p_{ij_y}^2}$。结合 r_{ij} 值和式（5.7）中的扇区边界，可将激光点集划分为多个扇区。然后，CSG 算法在每个扇区内利用 RANSAC 进行地面拟合，去除离群点，并得到地面拟合模型，如

图 5-11（b）所示。此外，为了分析不同扇区之间地面模型的连续性，CSG 算法需要计算相邻扇区的地平面 P_{k-1} 和 P_k 之间的高度差 Δz 和角度差 $\Delta\varphi$，并分别与设定的阈值 ε 和 γ 进行比较。若在第 k 个扇区内有 $\Delta z_k > \varepsilon$ 或 $\Delta\varphi_k > \gamma$ 成立，则表明扇区 $k-1$ 和扇区 k 之间的地面拟合模型不连续，须使用扇区 $k-1$ 中的地面模型近似替代扇区 k 中的地面模型，具体如图 5-11（c）所示。

接下来，在得到各扇区的地面拟合模型之后，CSG 算法需要进一步计算各扇区中的每个点与其地面模型的距离。若点 p 与地面的距离 Δd 大于设定阈值 δ，则该点为非地面点，否则为地面点，由此实现对整体点云的精细化地面分割。

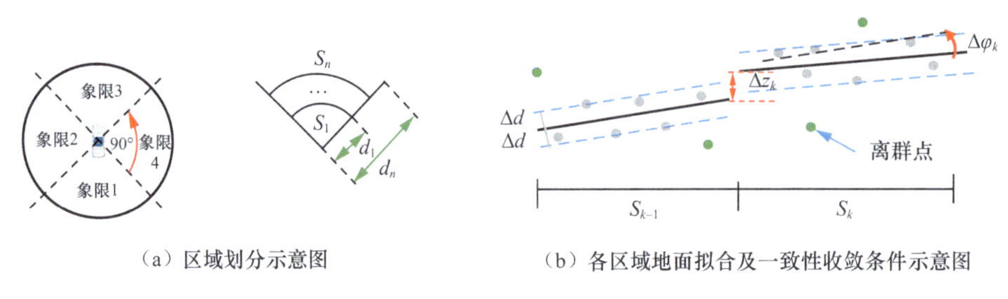

（a）区域划分示意图　　（b）各区域地面拟合及一致性收敛条件示意图

图 5-11　多区域地面拟合算法的原理示意图

5.3 基于高程地图的地面点云分割

网格地图技术在过去的 30 年里被广泛应用于机器人的导航 [26]、路径规划 [27]、障碍物识别和跟踪 [4] 等多个领域，Elfes 提出的占用栅格地图 [28]（Occupancy Grid Map）和 Bares 提出的高程地图 [29]（Elevation Map）是其中应用比较广泛的两种网格地图技术。

占用栅格地图通常将机器人或智能车周围的 3D 环境映射为规则的 2D 网格，并将周围环境分为占用、空闲、未知三种状态，同时给出每个网格被物体占用的概率值。高程地图则是一种 2.5D 的网格地图，它在使用二维网格描述周围环境的同时，保留了网格中的平均高度、最大 - 最小高度以及高度方差等信息。相比三维点云地图而言，高程地图需要较少的计算开销和存储空间。基于高程地图中高度维的信息即可实现 3D 激光点云中的地面模型估计和地面点云分割。图 5-12 给出了占用栅格地图和高程地图的对比效果。

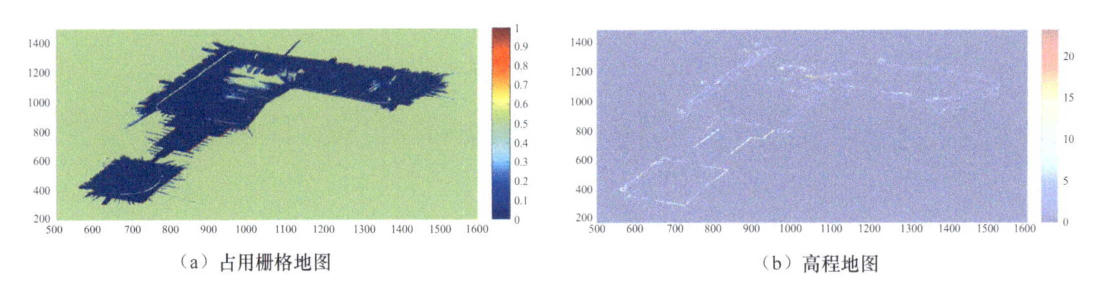

（a）占用栅格地图　　（b）高程地图

图 5-12　占用栅格地图和高程地图的对比效果

（注：图片来自参考文献 [30]）

5.3.1 均值高程地图

Douillard 等在参考文献 [7] 中，基于均值高程地图进行地面模型估计和点云划分。该算法的基本流程如下。

（1）根据预设的网格尺寸 $size_{mesh}$ 将 3D 激光点云划分为 N 个网格 $mesh_i(i=1,\cdots,N)$，并根据网格内各激光点的高度值计算出网格 i 的均值高度 H^i_{mean}。

（2）计算每个网格与其四周网格的均值高度之差，并将其中绝对值最大的那个作为该网格的梯度 G_i。

（3）根据网格的梯度值是否大于阈值 G_{th}，初步判断该网格是对应于障碍物还是地面。

（4）把联通的地面网格合并，然后传入集合 $Mesh_g$ 中。

（5）识别 $Mesh_g$ 中最大的地面联通网格，并将其作为参考地面 $ground_{ref}$。

（6）进一步地，基于参考地面 $ground_{ref}$ 和高度阈值 H_{th}，过滤掉均值高度超出阈值的网格。

（7）通过参考地面 $ground_{ref}$ 和高度阈值 H_{th}，对基于梯度识别出的非地面网格进行进一步的矫正。

（8）重复步骤（3）～（7），直至地面网格集合 $Mesh_g$ 不再变化，输出最终的地面网格集合 $Mesh_g$ 以及网格中的地面点云。

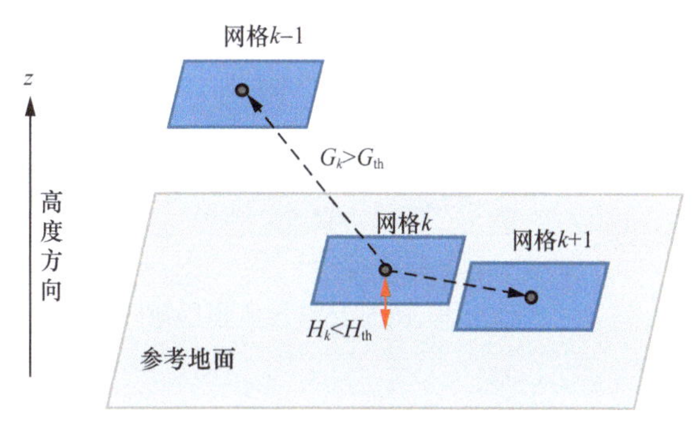

图 5-13 仅基于网格梯度误分割的示意图

其中，算法加入步骤（7）的原因是为了消除步骤（3）中初步分割的误识别情况，具体可参考图 5-13。图 5-13 示意性地给出了 3 个相邻网格，若仅基于上述算法的步骤（3）进行地面网格识别，由于 $G_k > G_{th}$，算法会将网格 k 识别为非地面网格。加入步骤（7）后，由于网格 k 和当前参考地面 $ground_{ref}$ 的高度差小于阈值 H_{th}，因此可以对上述误识别结果进行矫正。

Douillard 等人对该算法进行了测试验证，测试场景见图 5-14（a），此为 RGB 图像与激光点云融合后的效果图，基于均值高程地图提取的地面点云如图 5-14（b）所示。

（a）测试场景

（b）基于均值高程地图提取的地面点云

图 5-14 测试场景及地面点云分割结果

（注：图片来自参考文献 [7]）

5.3.2　扩展高程地图

前述均值高程地图由于仅抽取了 3D 激光点云中的少部分高度信息，因此在垂直方向有复杂结构的场景（如包含桥梁、树木、隧道等悬空物体的场景）中效果不佳。图 5-15（a）给出了一个道路上方有桥梁的场景。若采用均值高程地图，桥梁下方的路段就会被识别为非地面区域，网格内的点也会被全部划分为非地面点云。针对均值高程地图存在的上述问题，Pfaff 和 Triebel 等人提出了扩展高程地图，又称为多层表面地图 [6,31]。

扩展高程地图将包含障碍物的栅格又细分为垂向结构栅格和垂向间隙栅格，与地面栅格相比，这两类栅格内的点云通常有较大的高度方差。此外，基于原始点云数据在每个栅格内维护一组点云间隔或高度差信息，间隔或高度差小于设定阈值（如 10 厘米）的点云被认为属于同一层，由此可以判断每个网格内是否存在分层结构。当检测到网格内存在垂向间隙时，我们就可以分离出其中的底层网格作为可通行的最小高程网格。

图 5-15 给出了均值高程地图和扩展高程地图在一个桥梁场景下的地面识别效果。其中，图 5-15（c）给出了扩展高程地图的底层网格结果，与图 5-15（b）所示的均值高程地图效果图相比，可以看出，扩展高程地图能够更有效地处理有悬空物体的场景。

（a）桥梁场景原始点云

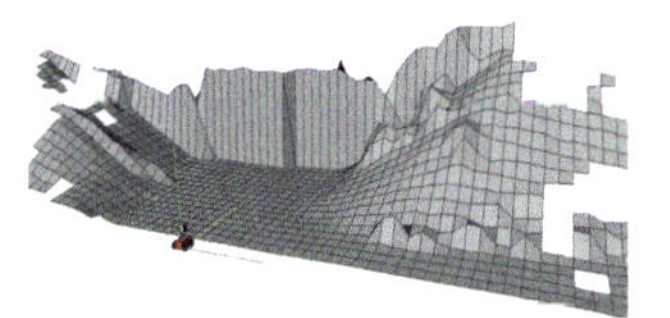
（b）均值高程地图效果图

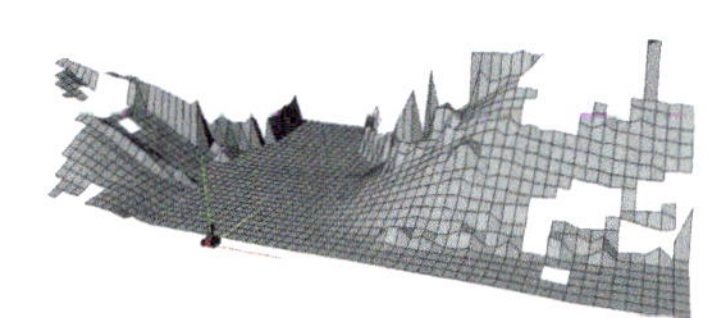
（c）扩展高程地图的底层网格结果

图 5-15　均值高程地图和扩展高程地图在桥梁场景中的效果对比

（注：图片来自参考文献 [6]）

5.4　基于马尔可夫随机场的地面点云分割

马尔可夫随机场（Markov Random Field，MRF）过去被广泛地应用于早期视觉领域，以处理边缘特征提取、立体匹配、图像分割、图像恢复等问题，并取得了丰硕的研究成果。日本丰田工业大学的 Guo 和 Sato 等人 [21] 借鉴了马尔可夫随机场在图像分割中的应用方法，将其扩展以处理 3D 激光点云数据，提出了 G2DRR（Graph-based 2D Road Representation）算法来进行路面识别，并基于 Velodyne HDL-64e 激光雷达进行测试验证。

5.4.1　马尔可夫随机场构建及信念传播

首先，G2DRR 算法将 3D 激光点云投影到水平面上，并将其划分为多个网格，同时假设每个网格的类别与其四周相邻的网格有关，而与更远处的网格无关，这样整个网格地图就可以转换为马尔可夫随机场，并采用无向图 $G=(V,E)$ 来表示。

无向图 G 中的节点 $v_i \in V$ 表示地图中的网格，边 $(v_i,v_j)\in E$ 表示相邻的节点对，并且每条边对应有非负的权重系数 $w(v_i,v_j)$，以表征节点 v_i 和 v_j 的差异性。而后即可将 3D 激光点云的地面分割问题转换为马尔可夫随机场的多标签（分类）问题。G2DRR 算法则具体将周围环境分为 4 个类别——可到达区域、可行驶区域、障碍物区域和未知区域，并采用信念传播算法[33]进行标签推断。

令 L 为标签集合，节点 v_i 的标签为 $f(v_i)$。假设标签在同一物体对应的网格区域内变化缓慢，而在包含物体分界的网格内变化较为剧烈，则标签的质量或准确度可以由下述能量损失方程来衡量：

$$E(f)=\sum_{v_i\in V}D(f(v_i))+\sum_{(v_i,v_j)\in E}W(f(v_i),f(v_j)) \tag{5-8}$$

其中，$D(f(v_i))$ 表示将标签 $f(v_i)$ 赋予节点 v_i 的损失，又称为数据损失；$W(f(v_i),f(v_j))$ 表示将标签 $f(v_i)$ 和 $f(v_j)$ 赋予相邻节点 v_i 和 v_j 的损失，又称为平滑性损失。可通过最大化后验概率来寻找使得式（5.8）中能量损失最小的标签分配。

具体到点云网格地图的分类问题上，G2DRR 算法假设每个网格的类别由其梯度值决定，因此可以设计数据损失函数如下：

$$D(f(v_i))=\lambda\min(\left\|g(v_i)\right|-f(v_i)\cdot\varDelta\right|,\tau) \tag{5-9}$$

其中，λ 为缩放因子，用以控制数据损失和平滑性损失之间的权重；$g(v_i)$ 为节点 v_i 处的梯度值；τ 为截断参数，用以避免由于梯度过大导致数据损失项异常；$\varDelta$ 为常数。

$$f(v_i)=\begin{cases}t, & \dfrac{(2t-1)}{2}\varDelta\leqslant\left|g(v_i)\right|<\dfrac{(2t+1)}{2}\varDelta \quad t=1,2,\cdots,t_n\\ 0, & |g(v_i)<\varDelta/2|\end{cases} \tag{5-10}$$

其中 t_n 为标签或类别的个数。

另外，考虑到在崎岖的路面下，不规则的激光反射线束可能导致节点间梯度异常，因此为了保证局部一致性，Guo 和 Sato 等基于节点标签而非梯度值来描述相邻节点的不一致性，并定义平滑损失项如下式所示：

$$W(f(v_i),f(v_j))=\min(\left|f(v_i)-f(v_j)\right|,\rho) \tag{5-11}$$

其中 ρ 为截断常数。

5.4.2 梯度计算

考虑到机械式激光雷达的旋转扫描模型，G2DRR 算法将 3D 激光点云投影到了 2D 极坐标系下的网格中。对于网格节点 p，其梯度依赖于极坐标系下半径 r 方向的前后两个相邻节点（记为节点 r_1 和 r_2）以及方位角 θ 方向的左右两个相邻节点（记为节点 θ_1 和 θ_2）上述栅格化过程如图 5-16 所示。

在进行栅格划分后，网格节点 p 的径向梯度和方位角梯度可基于栅格间的平均高度差，由式（5-12）和式（5-13）计算得到：

$$g_r(p)=(h(r_2)-h(r_1))/\left\|x_{r_2}-x_{r_1}\right\| \tag{5-12}$$

$$g_\theta(p)=(h(\theta_2)-h(\theta_1))/\left\|x_{\theta_2}-x_{\theta_1}\right\| \tag{5-13}$$

其中 h 表示网格节点的高度。

此外，当节点 r_1 不存在时，令 $g_r(p)=0$；当节点 r_2 不存在时，则赋予 $g_r(p)$ 一个较大的常数；而当节点 θ_1 或 θ_2 不存在时，令 $g_\theta(p)=0$。网格节点 p 的梯度值，最终可由 $g_r(p)$ 和 $g_\theta(p)$

计算得到：

$$g(p)=\begin{cases}\sqrt{g_r^2(p)+g_r^2(p)}\cdot g_r(p)/\left|g_r(p)\right|, & g_r(p)\neq 0 \\ g_\theta(p), & \text{其他}\end{cases} \tag{5-14}$$

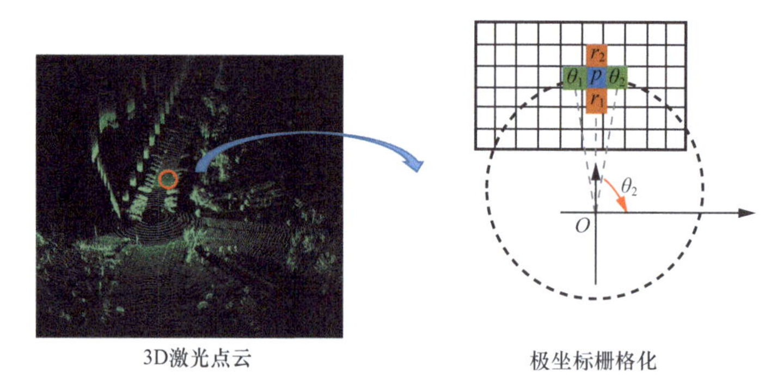

图 5-16　节点梯度计算示意图

可通过将该梯度值代入式（5-9）和式（5-10）来进行信念传播的网格标签推断。

此外，当网格内一些激光点的高度大于该网格内最低点的设定阈值时，则认为这些较高的激光点对应于悬空的物体，不参与该网格内的梯度计算，以此增强 G2DRR 算法在垂向复杂结构场景中的鲁棒性。

基于上述分类结果，我们可以进一步地给点云打上不同的标签并进行分割。图 5-17 示意性地给出了 G2DRR 算法的测试效果。

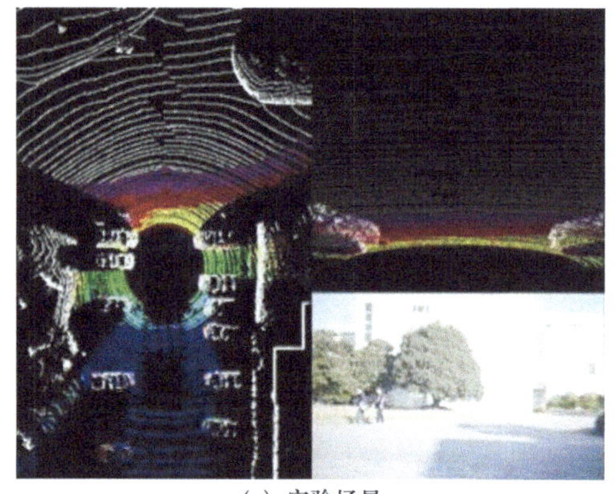

(a) 实验场景

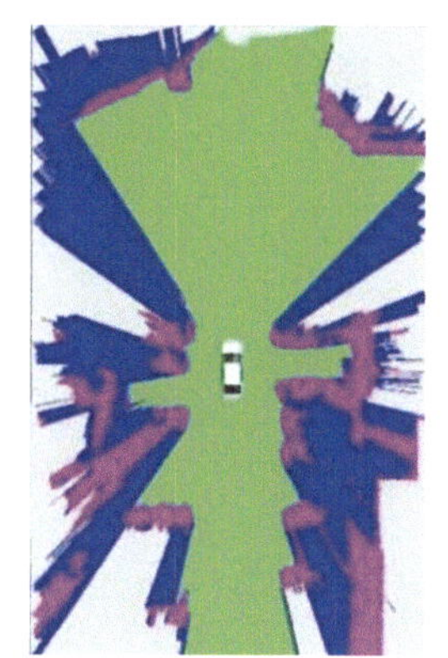

(b) 基于信念传播的分类结果

图 5-17　基于马尔可夫随机场和信念传播的 G2DRR 算法的测试效果

（注：绿色表示可到达区域、蓝色表示可行驶区域、紫红色表示障碍物区域、灰色表示未知区域，图片来自参考文献 [21]）

5.4.3　改进方法

Byun 等 [22] 在 G2DRR 算法的基础上进行了改进，使得信念传播算法在给各节点分类打标签时，不仅依赖于网格节点的梯度，而且考虑其相邻网格节点的平均高度信息。他们提出的特征函数可表示为

$$g(p)=\alpha G_m^*(p)\cdot H(p)^* \tag{5-15}$$

其中 α 为权重系数；$G_m^*(p)$ 和 $H(p)^*$ 为 $G_m(p)$ 和 $H(p)$ 标准化后的值；$G_m(p)$ 为网格节点

p 处的梯度值，已在前述推导中得出；$H(p)$ 为 p 的邻域节点的平均高度，如式（5-16）所示。

$$H(p)=\frac{1}{n}\left(\sum_{i=1}^{n}Z_i\right) \tag{5-16}$$

其中 Z_i 为 p 的邻域节点 i 处的平均高度。

Byun 等人具体在进行算法应用时，首先结合车辆运行信息去除了 3D 激光点云中的运动畸变，建立马尔可夫随机场，通过式（5-16）进行点云的特征提取，并用其代替原来 G2DRR 算法中式（5-9）和式（5-10）的梯度特征；然后采用信念传播算法进行标签分类和点云分割，进一步提升了 G2DRR 算法的鲁棒性。

5.5 本章小结

本章介绍了基于 3D 激光点云的地面分割算法，我们根据算法原理将相关的算法分成 5 个类别：（1）基于高程地图的地面点云分割，（2）基于相邻点几何关系的地面点云分割；（3）基于地面模型拟合的地面点云分割；（4）基于机器学习模型的地面点云分割；（5）基于深度学习的地面点云分割。而后，我们选取了其中 3 种较有代表性的算法，详细介绍了算法细节。

然而在实际驾驶中，我们可能遇到多种复杂地面场景，如上下坡、起伏道路、破损道路等等，单独使用上述一种算法可能不足以覆盖大多数场景，因此可以采用上述多种算法甚至结合多个传感器来进行地面点云的识别和分割。此外，地面点云分割作为感知系统的第一步，我们还需要严格限制其算力需求和耗时，以及采用并行计算等方法对算法进行提速。

在完成对地面点云分割的学习之后，我们将进入第 6 章，对非地面点云进行聚类划分。

本章参考文献

[1] SICILIANO B, KHATIB O. Springer handbook of robotics[M]. Berlin: Springer, 2008.

[2] THRUN S. Stanley: The robot that won the darpa grand challenge[J]. Journal of Field Robotics, 2006, 23(9), 661-692.

[3] LI Q, ZHANG L, MAO Q, et al. Motion field estimation for a dynamic scene using a 3D LiDAR[J]. Sensors, 2014, 14(9): 166-169.

[4] ASVADI A, PEIXOTO P, NUNES U. Detection and tracking of moving objects using 2.5D motion grids[C]. In 2015 IEEE 18th International Conference on Intelligent Transportation Systems, 2015: 788-793.

[5] LUO Z, MOHRENSCHILDT M V, HABIBI S. A probability occupancy grid based approach for real-time LiDAR ground segmentation[J]. In IEEE Transactions on Intelligent Transportation Systems, 2019, 21(3): 998-1010.

[6] PFAff P, BURGARD W. An efficient extension to elevation maps for outdoor terrain mapping and loop closing[J]. International Journal of Robotics Research (IJRR), 2007, 26(2): 270-281.

[7] DOUILLARD B. Hybrid elevation maps: 3D surface models for segmentation[C]. 2010 IEEE/RSJ International Conference on Intelligent Robots and Systems, 2010: 1532-1538.

[8] MOOSMANN F, PINK O, STILLER C. Segmentation of 3D LiDAR data in non-flat urban environments using a local convexity criterion[C]. IEEE Intelligent Vehicles Symposium, 2009: 215-220.

[9] CHU P, CHO S, SIM S, et al. A fast ground segmentation method for 3D point cloud[J].Journal of Information Processing Systems, 2017, 13(3):491-499.

[10] HASECKE F, HAHN L, KUMMERT A. Fast lidar clustering by density and connectivity[C]. ArXiv: 2003.00575, 2020.

[11] BOGOSLAVSKYI I, STACHNISS C. Efficient online segmentation for sparse 3D laser scans[J]. PFG, 2017, 5(8): 41-52.

[12] LI Y, BIHAN C L, POURTAU T, et al. Ins Clustering: Instantly clustering LiDAR range measures for autonomous vehicle[C]. 2020 IEEE 23rd International Conference on Intelligent Transportation Systems (ITSC), 2020: 1-6.

[13] ASVADI A, PREMEBIDA C, PEIXOTO P, et al. 3D LiDAR-based static and moving obstacle detection in driving environments: An approach based on voxels and multi-region ground planes[J]. Robotics and Autonomous Systems, 2016, 8(5): 299-311.

[14] ZERMAS D, IZZAT I, PAPANIKOLOPOULOS N. Fast segmentation of 3D point clouds: A paradigm on LiDAR data for autonomous vehicle applications[C]. In IEEE International Conference on Robotics and Automation (ICRA), 2017: 5067-5073.

[15] NARKSRI P, TAKEUCHI E, NINOMIYA Y, et al. A slope-robust cascaded ground segmentation in 3D point cloud for autonomous vehicles[C]. 2018 21st International Conference on Intelligent Transportation Systems, 2018: 497-504.

[16] HIMMELSBACH M, HUNDELSHAUSEN F V, WUENSCHE H J. Fast segmentation of 3D point clouds for ground vehicles[C]. In 2010 IEEE Intelligent Vehicles Symposium, 2010: 560-565.

[17] CHENG Z, REN G, ZHANG Y. A simple ground segmentation method for LiDAR 3D point clouds[C]. Environmental Science, 2018: 171-175.

[18] DOUILLARD B, UNDERWOOD J, KUNTZ N, et al. On the segmentation of 3D LiDAR point clouds[C]. In International Conference on Robotics and Automation (ICRA), 2011: 2798-2805.

[19] TONGTONG C, BIN D, DAXUE L, et al. 3D LiDAR based ground segmentation[C]. In The First Asian Conference on Pattern Recognition, 2011: 446-450.

[20] CHEN T, DAI B, WANG R, et al. Gaussian-process-based realtime ground segmentation for autonomous land vehicles[J]. Journal of Intelligent & Robotic Systems, 2014, 76(3): 563-582.

[21] GUO C, SATO W, HAN L, et al. Graph-based 2D road representation of 3D point clouds for intelligent vehicles[C]. IEEE, 2011: 715-721.

[22] BYUN J, NA K I, SEO B S, et al. Drivable road detection with 3D point clouds based on the MRF for intelligent vehicle[J]. In Field and Service Robotics. Springer, 2015, 3(1): 49-60.

[23] ZHANG M, MORRIS D D, FU R. Ground segmentation based on loopy belief propagation for sparse 3D point clouds[C]. In 2015 International Conference on 3D Vision, 2015: 615-622.

[24] RUMMELHARD L, PAIGWAR A, NGRE A, et al. Ground estimation and point cloud segmentation using spatiotemporal conditional random field[C]. In 2017 IEEE Intelligent Vehicles Symposium (IV), 2017: 1105-1110.

[25] LI J, HE X, WEN Y, et al. Panoptic-PHNet: Towards real-time and hign-precision LiDAR panoptic segmentation via clustering pseudo heatmap[C]. CVPR, 2022: 11799-11808.

[26] SOUZA A, GONÇALVES L. Occupancy-elevation grid: An alternative approach for robotic mapping and navigation[J]. Robotica, 2016, 34(11): 2592-2609.

[27] CHOI S, PARK J, LIM E, et al. Global path planning on uneven elevation maps[C]. 2012 9th International Conference on Ubiquitous Robots and Ambient Intelligence (URAI), Daejeon, 2012: 49-54.

[28] ELFES A. Sonar-based real-world mapping and navigation[J]. Journal of Robotics and Automation, 1987, 3(3):

249-265.

[29] BARES J, HEBERT M, KANADE T, et al. Ambler: Anautonomous rover for planetary exploration[J]. IEEE Computer Society Press, 1989, 22(6): 18-22.

[30] SOUZA A, MAIA R S, AROCA R V, et al. Probabilistic robotic grid mapping based on occupancy and elevation information[C]. 2013 16th International Conference on Advanced Robotics (ICAR), 2013: 1-6.

[31] TRIEBEL R, PFAff P, BURGARD W. Multi-Level surface maps for outdoor terrain mapping and loop closing[C]. 2006 IEEE/RSJ International Conference on Intelligent Robots and Systems, 2006: 2276-2282.

[32] FISCHLER M A, BOLLES R C. Random sample consensus: A paradigm for model fitting with applications to image analysis and automated cartography[J]. Commun. ACM, 1981, 24(6): 381-395.

[33] FELZENSZWALB P, HUTTENLOCHER D. Efficient belief propagation for early vision[C]. In Proceedings of CVPR, 2004: 261-268.

[34] VELAS M, SPANEL M, HRADIS M, et al. CNN for very fast ground segmentation in velodyne LiDAR data[C]. 2018 IEEE International Conference on Autonomous Robot Systems and Competitions (ICARSC), 2018: 97-103.

[35] CALTAGIRONE L, SCHEIDEGGER S, SVENSSON L, et al. Fast LiDAR-based road detection using fully convolutional neural networks[C]. 2017 IEEE Intelligent Vehicles Symposium (IV), 2017: 1019-1024.

第 6 章　基于 3D 激光点云的聚类分割

6.1 引言

在本章中，我们将进一步学习 3D 激光点云的聚类算法。聚类是机器学习中的经典任务之一，通常旨在按照某特定规则把数据划分为不同的集合或聚类簇，从而使得相似性较高的数据聚集到一起，而使不相似的数据尽量分离。3D 激光点云的聚类分割技术是早期机器人、无人车激光感知系统最为重要的模块之一，特别是在基于深度学习的目标检测和点云分割方法尚未普及时，聚类结果的精确度直接决定了后续目标检测、跟踪等模块的结果。就目前而言，聚类分割在感知系统中仍然扮演着关键角色，可以与 3D 目标检测模块形成互补，大大降低目标漏检的风险。图 6-1 给出了在某行驶场景下，3D 激光点云聚类分割的示例性效果。从中可以看出，聚类分割是一种无监督学习算法，只需要对点云进行划分，而不需要具体判断其类别，通常用于辅助系统判断周围是否有物体、前方是否可以通行等。

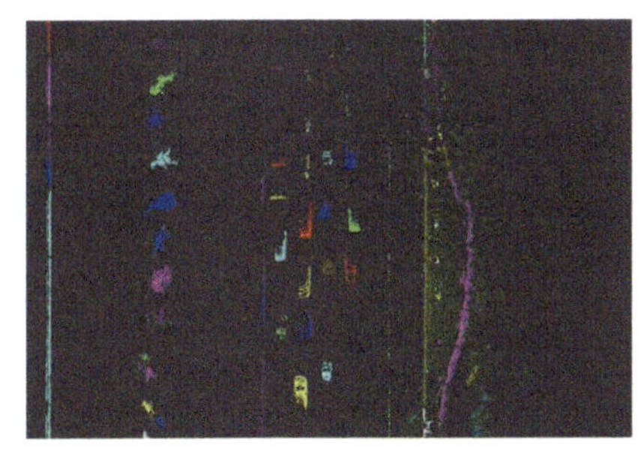
(a) 俯视图

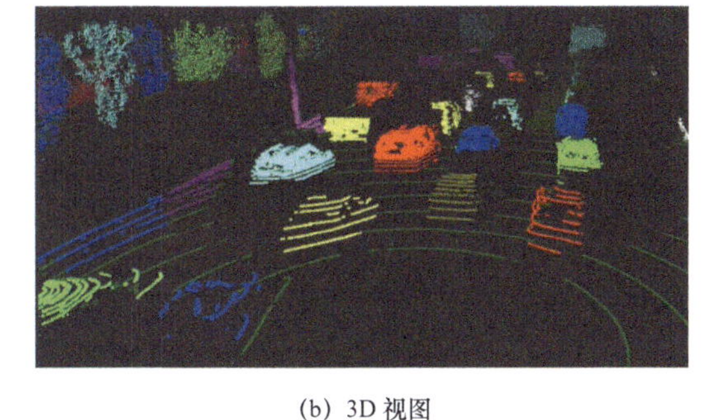
(b) 3D 视图

图 6-1 3D 激光点云聚类分割效果示例

（注：图片来自参考文献 [31]）

由于当前多线束激光雷达每帧点云通常由几万甚至几十万个激光点组成，若直接采用传统机器学习中的 DBSCAN[1]、Mean Shift[25] 等聚类算法直接处理 3D 激光点云，则通常需要较大的计算开销，且不能满足感知系统的实时性要求。为此，大多数学者在聚类过程中往往首先对 3D 激光点云进行降维或者采用体素化近似的方式来表示和存储它们，以减少点云聚类分割算法的计算耗时和空间占用。本章结合对现有技术的分析，将相关算法大致分为下述三个类别。

1. 基于网格 / 体素的点云聚类分割

在第 5 章中，我们已经介绍了如何将 3D 激光点云投影到 2D 网格中以实现地面点云和非地面点云的分割。基于网格技术的方法缘于较小的技术开销和实时性，在机器人和无人车领域的早期研究阶段得到了广泛应用。例如，在 2007 DARPA 城市挑战赛中，绝大部分的参赛团队采用了基于网格地图的方式来实现地面和障碍物的分割[2,22]。Douillard 等[3]在采用均值高程地图分离出非地面点云后，将非地面点云采用体素网格来表示，并根据体素网格的连通性进行聚类，结果如图 6-2 所示。类似地，Himmelsbach 等[4]也使用 3D 体素网格来表示非地面物体，并根据 2D 栅格地图中网格的连通性以及 3D 体素网格间的高度差是否大于阈值来实现点云的聚类，结果如图 6-3 所示。

早期这类算法通常对物体的聚类分割精度不高[5]，Park 等[6]分析了此类现有算法的缺点，

并提出了 CVC（Curved-Voxel Clustering）算法，旨在结合激光雷达在水平方向和垂直方向角分辨率不同的特性，以及相邻激光点间隔随探测距离的变化关系等因素，采用弯曲体素对 3D 激光点云进行划分，从而使得聚类分割算法在测试使用的 32 线束激光点云中能以 20Hz 的频率运行。

图 6-2　基于体素连通性的聚类结果示意图

（注：图片来自参考文献 [3]）

图 6-3　基于连通性和高度差的聚类结果示意图

（注：图片来自参考文献 [4]）

图 6-4 给出了弯曲体素示意图，图 6-5 则对基于 Velodyne VLP-16 激光点云的 CVC 算法和 DBSCAN 算法的聚类分割结果进行了对比。

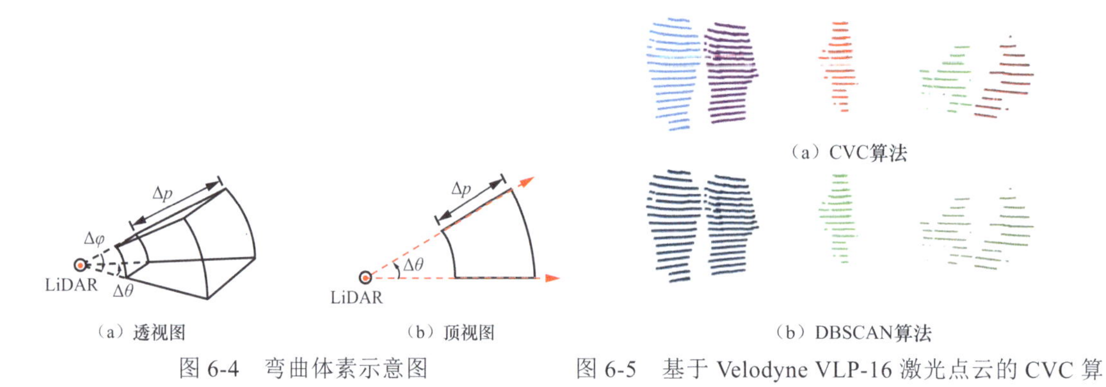

图 6-4　弯曲体素示意图

图 6-5　基于 Velodyne VLP-16 激光点云的 CVC 算法和 DBSCAN 算法聚类分割结果对比

（注：图 6-4 和图 6-5 来自参考文献 [6]）

2. 基于图模型的点云聚类

结合图论的思想实现数据的聚类划分也是聚类领域的一个重要研究方向，并且已有许多经典算法，如谱聚类（spectral clustering）[7]、受限拉普拉斯秩聚类（constrained Laplacian rank clustering）[8] 等。因此，一些学者尝试引入此类算法来解决 3D 激光点云的聚类分割问题。例如，Klasing 等人 [9] 基于有向图，进一步提出了基于 RBNN（Radially Bounded Nearest Neighbors）图的聚类算法。他们将 3D 激光点云表示为图 $G(U,E)$ ，其中 U 为节点（即激光点），E 为两节点间的边，并有 $E_{\mathrm{RBNN}}=\{\{u_i,u_j,d_{i,j}\}|d_{i,j}\leqslant r\}$，$\forall u_i,u_j\in U$，$i\neq j$，然后结合节点间距离 $d_{i,j}$ 与设定阈值 r 的关系实现点云中聚类簇的划分。

Moosmann 等 [10] 结合机械旋转激光雷达扫描模式的特点，利用无向图描述 3D 激光点云［见图 6-6（a）］。在无向图 $G(U,E)$ 中，每个激光点与 4 个邻域节点相连，这 4 个邻域节点分别是同一线束的左、右两节点和不同线束（但偏航角相同）的前、后两节点，形成的无向图如

图 6-6（b）所示。Moosmann 等人然后结合节点的法向量给出了局部凸性指标，并基于此进行 3D 激光点云的聚类划分，示例结果参见图 6-6（c）和图 6-6（d）。

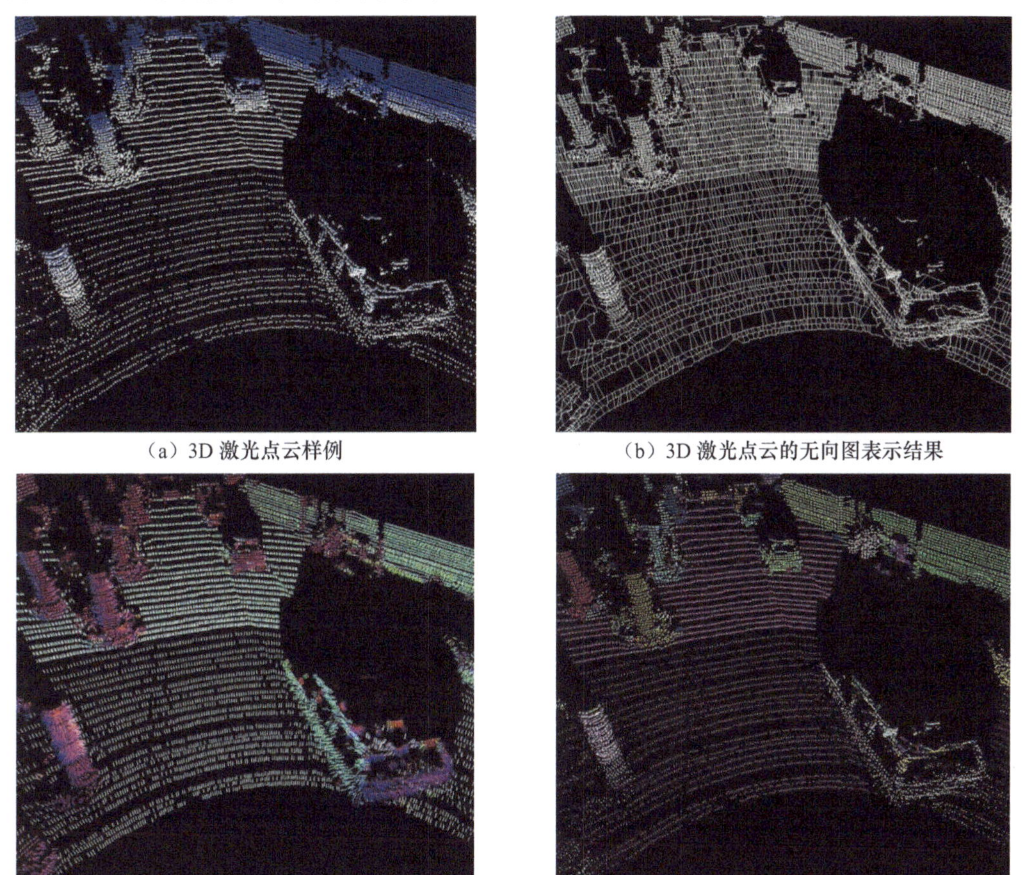

（a）3D 激光点云样例

（b）3D 激光点云的无向图表示结果

（c）无向图节点法向量

（d）基于局部凸性指标的聚类分割结果

图 6-6 基于无向图和局部凸性指标进行 3D 激光点云聚类划分的过程示例

（注：图片来自参考文献 [10]）

进一步地，Burger 等 [11] 在建立无向图描述 3D 激光点云时结合了 Velodyne HDL-64 线激光雷达内部发光器间的角度和距离偏差等硬件参数。为了均衡算法实时性和精度，他们基于节点间距离关系、角度关系等采用 4 连通区域生长算法实现了对 3D 激光点云的聚类划分。此外，为了解决激光雷达照射到某些反射率较低的物体，如玻璃或黑色车辆，部分点云缺失使得物体存在过分割的问题，Burger 等人提出结合激光雷达特性人工补偿一部分假想点。具体做法如下：当结合激光雷达分辨率参数判断出两个激光点之间有一定数量的缺失点，并且这两个激光点之间的距离满足一定的阈值时，就可以假设这两个激光点之间的假想点近似为线性关系，从而通过线性插值的方式补全点云。在测试样例中，该算法能在 15 毫秒内完成点云的聚类划分，并且具有较好的精度。

3. 基于深度图的点云聚类

在第 5 章中，我们已经具体介绍过深度图的原理和构建方式。深度图能将 3D 激光点云压缩为图像表示的形式，其构建和索引十分简单、快捷，并且深度图能够保留激光点的距离信息。因此，基于深度图的点云聚类分割方法是该领域十分重要的研究方向之一 [11]。例如，德国波恩大学的 Bogoslavskyi 和 Stachniss[12] 在将 3D 激光点云转换为深度图后，利用 BFS 算法在深度图中进行 4 邻域搜索，并根据激光点之间的角度关系是否大于阈值来进行聚类划分。国防科技大学的 Li 和 Dong[13] 在这种方法的基础上进一步增加了激光点距离和点云反射强度的约束以降低其过分割误差。

此外，Zermas 等 [14] 基于深度图，提出了 SLR（Scan Line Run）聚类方法。他们首先对深度图的每一行（即每条激光线束扫描的激光点）进行聚类划分，而后对不同线束间的聚类簇结合距离等条件进行合并，最终完成对整个 3D 激光点云的聚类分割。而 Wen 等人 [15] 和 Hasecke 等 [16] 则在深度图中结合密度以及连通性等指标实现了 3D 激光点云的实时聚类分割。

中科院的 Zhang 等人 [17] 在深度图上使用两步式聚类方法实现了 3D 激光点云的聚类。他们首先采用滑窗法（即滑动窗口法），通过欧氏距离约束实现了初步的聚类划分，然后结合 A-DBSCAN 算法得到更准确的聚类结构。中科院的 Yang 等人则进一步提出了 TLG（Two-Layer-Graph）结构，旨在结合深度图和点云的集合图实现 3D 激光点云的实时聚类分割。此外，Li 等人 [19] 提出了 InsClustering 算法，旨在结合深度图中激光点之间的距离判断其连通性并实现初步聚类，然后基于他们提出的聚类间交互距离指标实现对当前聚类簇的进一步精细化，以消除其中的欠分割和过分割。

6.2　基于激光点间角度关系的聚类

德国波恩大学的 Bogoslavskyi 和 Stachniss[12,18] 于 2016 年提出将 3D 激光点云转换为深度图，然后将激光点之间的角度关系是否大于阈值作为约束条件，并结合 BFS 算法在深度图中进行 4 邻域搜索，以实现点云的聚类分割。该算法原理清晰明了，避免了在三维空间中进行点云 *k-d* 树的构建和索引，能够以较高的实时性运行。当 Bogoslavskyi 和 Stachniss 在 I5 5200U 2.2GHz CPU 测试机上处理 32 线激光点云时，该算法能达到 74 ～ 250 Hz 的平均运行频率。该算法是基于深度图进行点云聚类这一研究方向比较成功的早期探索，并对后续的点云聚类方法产生了深远的影响。该算法的开源代码可在 GitHub 上找到。

6.2.1　Bogoslavskyi 算法的基本思想

该算法包含地面点云分割和非地面点云聚类两部分，其中的地面点云分割部分我们在第 5 章已经简单介绍过，本节选取参考文献 [18] 中的非地面点云聚类部分进行详细讨论。考虑图 6-7（a）中的场景，假设 A 和 B 为点云中的任意两个激光点，O 为激光雷达位置，则 OAB 一般情况下构成三角形。不妨设 OB 为其中的短边，OA 为长边，令 AB 连线和 OA 边之间的夹角为 β，如图 6-7（b）所示。

若结合 A、B 点的坐标，求得边 OA、OB 的长度分别为 d_1、d_2，则角度 β 可由下式求得：

$$\beta = \text{atan2}(\|\text{BH}\|, \|\text{HA}\|) = \text{atan2}(d_2 \sin\gamma, d_1 - d_2 \cos\gamma) \tag{6-1}$$

其中，γ 为 A、B 点对应激光线束之间的角度间隔。

进一步地，当 A、B 点为深度图中行方向或列方向的邻域点且属于同一物体时，边 OA 和 OB 的长度接近，因此对应的 β 角度值通常大于设定的阈值 θ_{th}，且角度 β 越小，A、B 两点离激光器的距离差越大。

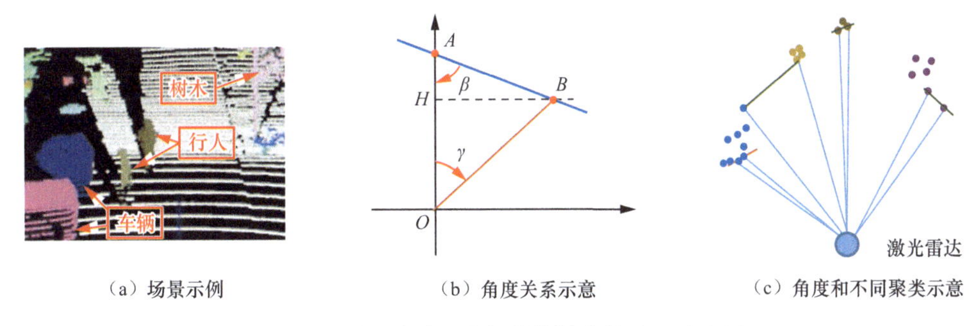

（a）场景示例　　（b）角度关系示意　　（c）角度和不同聚类示意

图 6-7　基于角度β进行聚类划分的原理示意图

6.2.2　Bogoslavskyi 算法的具体流程

在上述思想下，Bogoslavskyi 和 Stachniss 提出根据深度图中每个点与其 4 邻域N_4之间的角度值β_{N_4}是否大于阈值θ_{th}来判断其是否属于同一个聚类簇，进而扩展至整个 3D 激光点云，并基于 BFS 算法实现对深度图中每个元素的遍历。具体步骤如下。

（1）将深度图中各元素对应的类别标签初始化为 0。

（2）从深度图的左上角开始向右和向下对深度图进行遍历。若在遍历过程中遇到某个点$p_{r,c}$尚未分配类别，则利用 BFS 算法搜索深度图中与该点连通且相邻点间均满足$\beta > \theta_{th}$这一角度约束的点集，将它们一同加入队列$queue_i$中，并赋予各点相同的类别标签$Class_i$。

（3）从队列$queue_i$中删除队首元素$p_{r,c}$，并从队列$queue_i$中的剩余元素开始重复上述步骤（2）的查找过程，直至队列$queue_i$为空，由此完成深度图中与点$p_{r,c}$连通且相邻点间满足条件$\beta > \theta_{th}$的激光点查找，该算法认为该点集属于同一个聚类。

（4）通过对整个深度图由左向右、由上到下进行遍历，重复步骤（2）和步骤（3），从而完成对整个点云的聚类划分。

由上述算法流程可以看出，该算法能够保证访问深度图中的每个元素最多不超过两次，算法的整体复杂度为$O(N)$（N为激光点的个数），具有较好的实时性。但是，该算法也有一定的局限性。例如，当遇到墙体等平面障碍物且平面接近平行于激光束的方向时，计算得到的β将很小，这会使得该障碍物被过分割为多个聚类。图 6-8 给出了 Bogoslavskyi 聚类算法的分割效果示例。

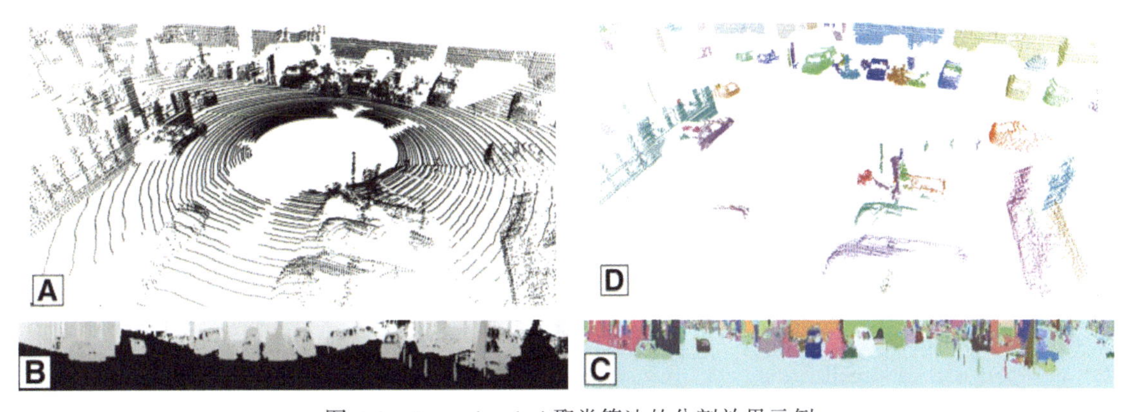

图 6-8　Bogoslavskyi 聚类算法的分割效果示例

［注：图片来自参考文献[18]。图（A）为原始点云，图（B）为深度图，图（C）为基于深度图的聚类结果，图（D）为结合图（C）得到的 3D 激光点云的聚类结果］

6.2.3　Bogoslavskyi 算法小结

Bogoslavskyi 算法是基于深度图对 3D 激光点云进行聚类的一次成功探索，它对后续激光聚类的研究产生了深远影响。该算法虽然运行速度较快，但是其仅基于固定角度 β 对点云进行聚类划分，因而容易导致过分割。一些学者对该角度指标进行了改进 [30]，还有一些学者尝试引入点云强度判别信息，这里不再深入介绍。

6.3　基于扫描线分割的 SLR 聚类算法

美国明尼苏达大学的 Zermas 和德尔福汽车公司的 Izzat 等 [14] 于 2017 年在 ICRA 会议上提出了基于扫描线分割的 3D 激光点云聚类算法——SLR（Scan Line Run）。该算法结合机械旋转式激光雷达的扫描特征，以每条扫描线的点云为研究对象，借鉴图像领域的连通区域标记方法 [20]，在深度图中逐行进行激光点云聚类的分割与合并。由于该算法的作者之前没有给出官方开源代码，我们在这里给出了 GitHub 上基于 C++ 的非官方开源版本，供读者参考，网址为 GitHub 网站上的 VincentCheungM/Run_based_segmentation。

6.3.1　SLR 算法原理

前面我们已经讲过，在构建深度图时，深度图中的每一行对应激光雷达的每一条激光线束（又称为扫描线），每一列则对应激光雷达扫描的不同方位角。Zermas 等把每个扫描线中连续、邻近的激光点集合称为 run，并认为每个 run 中的点具有共同的类别标签。从总体上看，该算法通过将每个扫描线的点云划分为多个 run，并且结合距离阈值进行不同扫描线间 run 的合并，实现了对整个激光点云的聚类划分，这也是算法名称 Scan Line Run（SLR）的由来，其伪代码如表 6-1 所示。

表 6-1　SLR 聚类算法的伪代码

输入：非地面点云 输出：非地面点云的聚类标签
1. 初始化： 2. P：输入的原始激光点云 3. $N_{\text{scanlines}}$：激光雷达线数 4. Th_{run}：属于同一 run 的点距阈值 5. Th_{merge}：相邻 run 合并的距离阈值 6. newLabel=1：类别标签 7. 主循环： 8. runsAbove=**FindRuns**（scanline_1） 9. **for** $i=1:\lvert\text{runsAbove}\rvert$ **do** 10 runsAbove_i.label =newLabel; 11. newLabel++; 12. **end** 13. **for** $i=2:N_{\text{scanlines}}$ **do**

续表

```
14.  runsCurrent=FindRuns（scanline_i）
15.  UpdateLabels（runsCurrent, runsAbove）；
16.  runsAbove =runsCurrent;
17. end
18. ExtractClusters（）；
19. UpdateLabels:
20. for i = 1:|runsCurrent| do
21.  for j = 1:|P_{runsCurrent_i}| do
22.    p_NN =FindNearestNeighbor（p_j, runsAbove）；
23.    labelsToMerge← p_NN.label;
24.  end
25.  if isEmpty（labelsToMerge）then
26.   runsCurrent_i.label=newLabel;
27.   newLabel++;
28.  else
29.   l_R = min（labelsToMerge）；
30.   runsCurrent_i.label = l_R;
31.   MergeLabels（labelsToMerge）；
32.  end
33. end
```

假设输入的原始激光点云为 P，同时假设我们已经进行了地面点云的分割和类别标记，并且使用 SLR 算法进行了非地面点云的聚类划分。我们将从深度图的首行开始进行算法迭代，结合阈值 $\mathrm{Th}_{\mathrm{run}}$ 将该行中的激光点划分为多个 run（为了保持语言通顺，本节后续采用子集或集合代替 run 进行表述），将它们添加到 runsAbove 中保存，并给每个集合赋予不同的标签。从深度图的第二行开始到最后一行为止，迭代进行下述操作：（1）结合阈值 $\mathrm{Th}_{\mathrm{run}}$ 将该行中的激光点划分为多个集合，并添加到 runsCurrent 中保存；（2）执行 UpdateLabels 函数，结合 runsAbove 和 runsCurrent 进行标签的更新。

具体在 UpdateLabels 函数中，对于任何一个 $\mathrm{runsCurrent}_i$ 中的点 p_j，在 runsAbove 集合中查找其满足距离阈值 $\mathrm{Th}_{\mathrm{merge}}$ 的邻域点 p_{NN}，并将 p_{NN} 的标签记录到 labelsToMerge 中。如果遍历完 runsCurrent 中的所有激光点后，labelsToMerge 为空，则给 runsCurrent 赋予新的标签；否则将 labelsToMerge 中值最小的标签 l_R 赋予 runsCurrent，假设 l_R 对应 $\mathrm{runsAbove}_k$，即有 runsCurrent 和 $\mathrm{runsAbove}_k$ 为同一聚类。通过上述迭代，完成对整个深度图的连通域划分，即可实现对 3D 激光点云的聚类分割。

6.3.2 SLR 算法中点云的分割与合并过程

下面我们通过一个简单的例子，更形象地解释 SLR 算法的原理。图 6-9 描述了 SLR 算法聚类的基本步骤。图 6-9 中的白色圆圈表示地面点，彩色圆圈表示非地面点，SLR 算法已经根据点距阈值 $\mathrm{Th}_{\mathrm{run}}$ 将各扫描线内的点云划分成了不同的子集并标注为不同的颜色。

接下来，SLR 算法将对各扫描线间的子集进行合并以进行聚类划分。在图 6-9（a）中，我们根据第一条（最上方）扫描线（即扫描线 1）的子集划分结果初始化了两个聚类（即聚类 1 和聚类 2）。进而对于第二条扫描线（即扫描线 2），如图 6-9（b）所示，我们已经获取了两个子集，它们分别由 8、9 号点和 10、11 号点组成。然后，结合扫描间距离阈值 Th_{scan}，判断该激光线束中的子集是否需要和前面激光线束得到的聚类合并。最终，我们将 10、11 号点的子集与扫描线 1 中的聚类 1 合并；同理，将 8、9 号点与 2、3 号点组成的聚类 2 合并。

在图 6-9（c）中，我们进一步对第三条扫描线（即扫描线 3）的激光点进行分析。由于 13、14、15 号点满足 Th_{run} 距离约束，因此它们被划分为同一个子集 S_k，17 号点则被划分为另一个子集 S_j。判断这两个子集与聚类 1 和聚类 2 是否需要合并。我们发现 15 号点与聚类 1 内最近激光点以及 13 号点与聚类 2 内最近激光点的距离均小于距离阈值 Th_{scan}。因此，我们可以将子集 S_k、聚类 1 和聚类 2 合并为一个聚类，并最终选取标号最小的值作为合并后集合的编号，得到新的聚类 1；子集 S_j 则被划分为新的聚类 2。最终的聚类划分结果如图 6-9（d）所示。

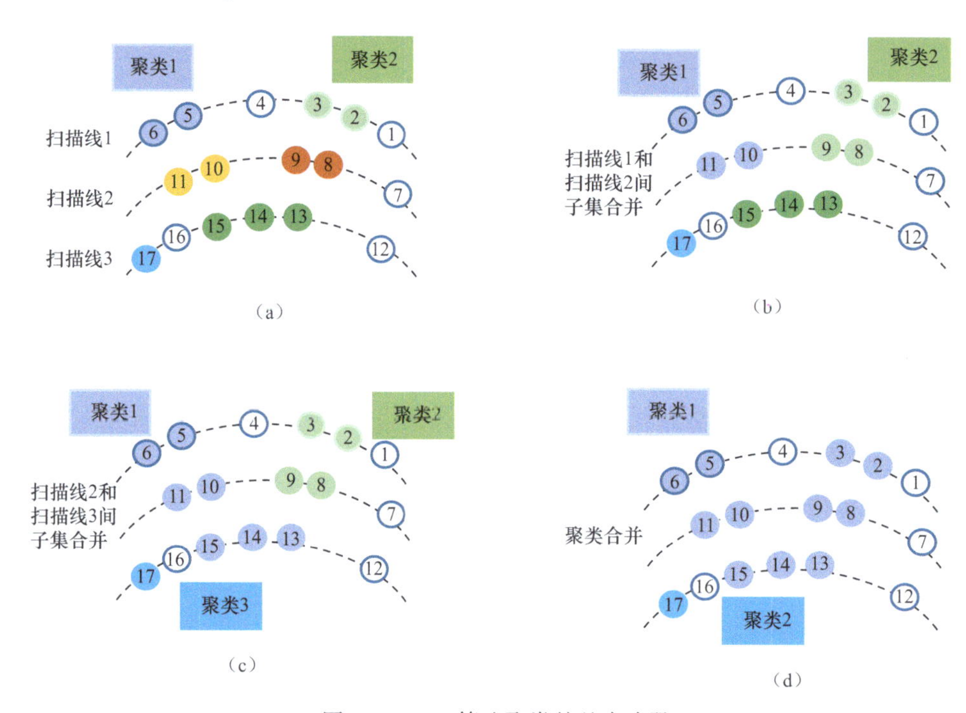

图 6-9　SLR 算法聚类的基本步骤

此外，在表 6-1 中，第 22 行的最近点查找操作对于整个 SLR 算法的计算耗时起着至关重要的作用。Zermas 等人引入了智能索引方法以进行快速的邻域点查找，这里由于篇幅受限，我们不再详细介绍，感兴趣的读者可以阅读参考文献 [14]。

Zermas 等人基于 KITTI 数据集对 SLR 聚类算法进行了测试验证。图 6-10 示例性地给出了

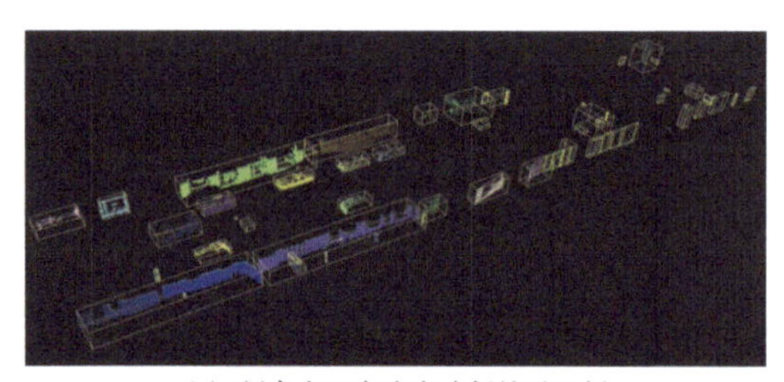

(a) 稠密点云中聚类分割结果示例

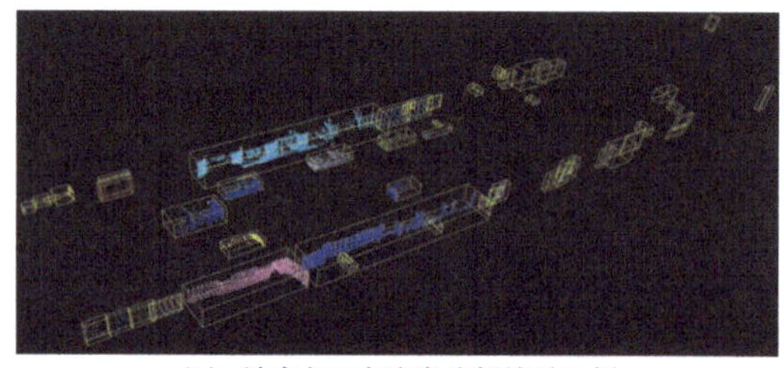

(b) 稀疏点云中聚类分割结果示例

图 6-10　SLR 算法处理不同密度点云的结果示例

（注：图片来自参考文献 [14]）

某一场景下，SLR 算法的聚类划分结果。可以看出，SLR 算法在中、近距离内能够对周围的车辆、行人进行较好的分割，而对于远处的物体有一定的过分割。此外，Zermas 等人还分析了激光点个数对算法耗时的影响，他们发现当激光点的个数在 16 000 以内时，SLR 算法的耗时能保持在 100 毫秒以内并近似线性变化。

6.3.3 SLR 算法小结

SLR 算法是逐线束进行点云聚类分割的代表性算法之一，它首先根据相邻位置关系实现每一个激光线束内聚类子集的划分，而后通过距离条件实现不同线束间聚类子集的合并。SLR 算法需要计算三维空间中激光点之间的距离信息，对于当前应用较多的高线束激光雷达而言，该算法的计算耗时相对较长，实时性不佳。

6.4 结合深度图和 DBSCAN 算法的 3D 点云聚类

韩国东国大学的 M. Wen 等人于 2018 年提出将深度图和 DBSCAN 算法[22]相结合，利用深度图将 3D 激光点云转换成 2D 表示，并结合 DBSCAN 算法在深度图中基于密度连通的思想划分出不同的聚类。经 M. Wen 等人测试统计，这比直接在 3D 空间中使用 DBSCAN 算法进行聚类划分，计算速度提升了大约 572.4 倍，相比基于 *k-d* 树的 DBSCAN 算法[23]的平均计算速度则提升了大约 16.89 倍。

6.4.1 DBSCAN 算法简述

DBSCAN（Density-Based Spatial Clustering of Applications with Noise）算法是由德国慕尼黑工业大学的 Ester 等[22]于 1996 年提出的，该算法是基于密度进行聚类划分这一领域最为经典的算法之一。基于密度的聚类算法通过对数据集进行遍历，将其中每个独立的高密度区域作为一个类别，不需要指定划分的聚类个数并且可以发现任意形状的聚类簇，能够较好地划分类似于图 6-11 中复杂形状的数据。

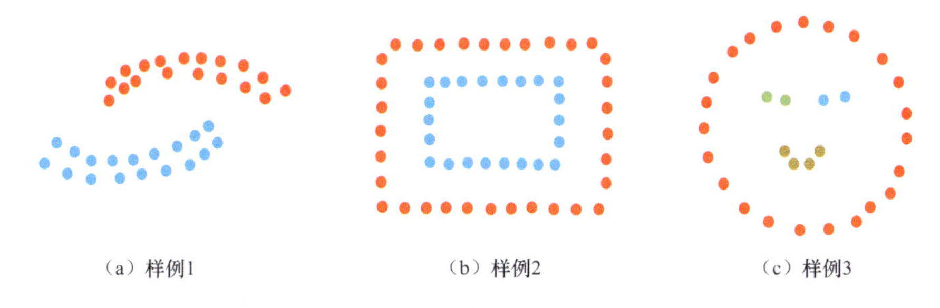

图 6-11 不同分布形式的数据样例

1. DBSCAN 算法的基本术语

在介绍 DBSCAN 算法的具体流程之前，我们先引入下面的术语，以便后续算法原理的

表述。

- **Eps 邻域**：数据集 D 中，以点 p 为中心、半径为 Eps 的区域被称为点 p 的 Eps 邻域，表示为$N_{\text{Eps}}(p)=\{q \in D \mid \text{dist}(p,q) \leqslant \text{Eps}\}$。
- **核心点（core point）**：假设在数据集 D 中，某个点 q 的 Eps 邻域内点的个数大于设定阈值 MinPts，记为$|N_{\text{Eps}}(q)| \geqslant \text{MinPts}$，则称点 q 为核心点。
- **密度直达（directly density-reachable）**：在给定距离参数 Eps 和点数阈值 MinPts 的情况下，若满足下述两个条件，则称点 p 对于点 q 是密度直达的。
  - $p \in N_{\text{Eps}}(q)$
  - $|N_{\text{Eps}}(q)| \geqslant \text{MinPts}$
- **边界点（border point）**：如果点 q 与核心点 p 是密度直达的且点 q 不是核心点，则称点 q 为边界点，即有
  - $q \in N_{\text{Eps}}(p)$，$|N_{\text{Eps}}(p)| \geqslant \text{MinPts}$
  - $|N_{\text{Eps}}(q)| < \text{MinPts}$
- **密度可达（density-reachable）**：在给定距离参数 Eps 和点数阈值 MinPts 的情况下，若存在一系列的点$p_1,p_2,\cdots,p_n$，其中$p_1=p$、$p_n=q$，且分别依次满足密度直达条件，则称点 p 和点 q 是密度可达的。
- **密度相连（density-connected）**：若数据集 D 中存在一点 o，使得点 o 到点 p 和点 q 都是密度可达的，则称点 p 和点 q 是密度相连的。

图 6-12 给出了核心点 / 边界点与密度直达 / 密度可达的示意图。

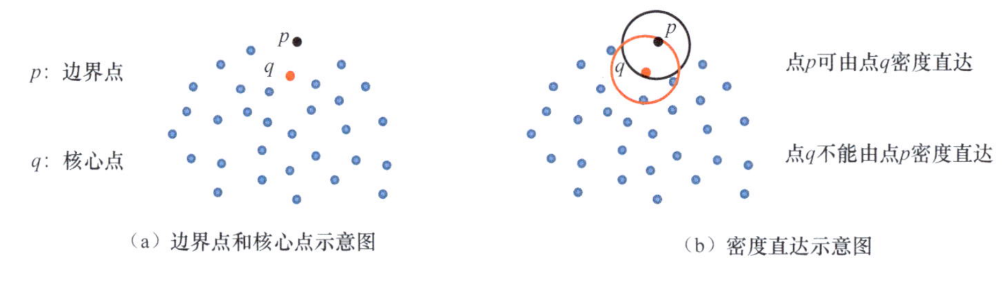

图 6-12　核心点 \ 边界点与密度直达 \ 密度可达示意图

- **聚类簇**：在数据集 D 中，给定距离参数 Eps 和点数阈值 MinPts，则聚类簇为满足下述两个条件的非空子集 C。
  - 极大性：$\forall p,q$，如果在参数 Eps 和 MinPts 下，$p \in C$，并且点 q 相对点 p 是密度可达的，则 $q \in C$。
  - 连通性：若 $\forall p,q \in C$，则有点 p 和点 q 是密度相连的。
- **噪声点**：假设数据集 D 被划分为多个聚类簇$C_1,\cdots,C_k$，不属于任何一个聚类簇的点被称为噪声点，记为$\text{noise}=\{p \in D | p \notin C_i, i=1,\cdots,k\}$。进一步地，不在任意核心点的 Eps 邻域内，且本身不满足核心点条件的点 n，被称为噪声点。
- **定理 1**：若点 p 为数据集 D 中的核心点，则 D 中与点 p 密度可达的所有点属于同一个聚类。
- **定理 2**：假设 C 为数据集 D 中的一个聚类，p 为聚类 C 中的一个核心点，且 O 为数据集 D 中与点 p 密度可达的所有点构成的集合，则有 $C=O$。

图 6-13 给出了密度可达与密度相连的示意图。

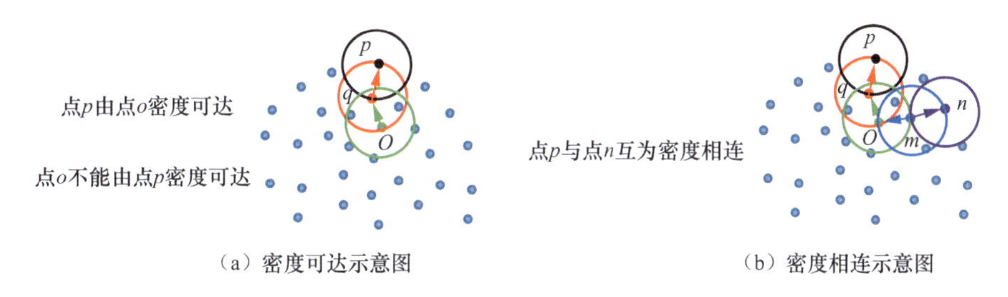

（a）密度可达示意图　　（b）密度相连示意图

图 6-13　密度可达与密度相连示意图

2. DBSCAN 算法的流程

Ester 等人给出的 DBSCAN 算法的伪代码如表 6-2 所示。

表 6-2　DBSCAN 算法的伪代码

```
输入：距离半径 Eps，点数阈值 MinPts，数据点集 Pointcloud
输出：每一个点的聚类标签
1.  ClusterId := nextId(NOISE)
2.  for i from 1 to Pointcloud.size do
3.    point := Pointcloud.get(i)
4.    if point.ClusterId = Unclassified then
5.     if ExpandCluster(Pointcloud, Point, ClusterId, Eps, MinPts) then
6.       ClusterId := nextId(ClusterId)
7.     end if
8.    end if
9.  end for
10. Boolean  ExpandCluster(Pointcloud, Point, ClusterId, Eps, MinPts)
11.   seeds := Pointcloud.regionQuery(Point, Eps);
12.   if seed.size < MinPts then
13.     Pointcloud.changeClusterId(Point, NOISE);
14.     return False;
15.   else
16.     Pointcloud. changeClusterId(seeds, ClusterId);
17.     seeds.delete(Point);
18.     while seeds != Empty do
19.         currentP := seeds.first ();
20.         result := Pointcloud.regionQuery(currentP, Eps);
21.         if result.size >= MinPts then
22.           for i from 1 to result.size do
23.             resultP := result.get(i);
24.             if resultP.ClusterId in {UNCLASSIFIED, NOISE} then
25.               if resultP.ClId = UNCLASSIFIED then
26.                 seeds.append(resultP);
27.               end if ;
28.               Pointcloud.changeClusterId(resultP, ClusterId);
29.             end if; // UNCLASSIFIED 或 NOISE
30.           end for;
31.         end if; // result.size >= MinPts seeds.delete(currentP);
32.     end while; // seeds <> Empty RETURN True;
33.   end if
```

由表 6-2 可以看出，DBSCAN 算法需要输入距离半径 Eps、点数阈值 MinPts 以及带划分聚类的数据点集 Pointcloud。在聚类过程中，DBSCAN 算法首先初始化类别标签 ClusterId，然后遍历数据集 SetOfPoints 中的每一个点。如果该点尚未分配类别标签，则进入 ExpandCluster() 函数，判断该点是否属于新的聚类。如果属于新的聚类，就调用 nextId() 函数，更新类别标签 ClusterId。

ExpandCluster() 函数将执行如下步骤：首先查找 Point 点的 Eps 邻域内的点并存储到子集

seeds 中，如果其 Eps 邻域内点的个数小于 MinPts，则为 Point 点赋予 NOISE 标签并返回 False（第 13 行）；否则 Point 点为核心点，此时子集 seeds 中存储的点均与 Point 点密度可达，为子集 seeds 中的所有点分配当前的类别标签 ClusterId（第 16 行）。然后从子集 seeds 中删除 Point 点，并进入 while 循环（第 18 行），直至子集 seeds 为空。

在 while 循环中，将 seeds.first() 作为当前点 currentP，并查询当前点的 Eps 邻域。如果 currentP 为核心点（第 21 行），则执行第 22 ～ 30 行的 for 循环，进一步分析与当前点 currentP 密度可达的点。在该 for 循环中，如果找到与当前点 currentP 密度可达且尚未分配类别标签的点（第 25 行），则为其赋予类别标签 ClusterId。

从上述步骤可以看出，DBSCAN 算法实际上基于定理 1 和定理 2，在遍历数据集 D 时，通过不断查找核心点及其密度可达区域，实现了聚类划分。

6.4.2　基于 Range Image 的改进型 DBSCAN 算法

在经典的 DBSCAN 算法流程中，regionQuery() 函数的作用是查找当前点的 Eps 邻域，这是整个算法中最为耗时的操作。当不进行任何优化时，该操作的时间复杂度为 $O(N^2)$。当采用 k-d 树等方式加速数据存储和索引时，该操作的时间复杂度为 $O(N\log N)$。因此该算法在处理高维数据和大规模数据时，速度较慢。使用标准的 DBSCAN 算法进行多线束激光雷达 3D 点云聚类分割很难达到实时性要求，而结合深度图的特点加速该邻域搜索操作，则能够大大提升该算法的实时性。M. Wen 等提出的 RI-DBSCAN 算法的伪代码如表 6-3 所示。

表 6-3　RI-DBSCAN 算法的伪代码

输入：距离半径 Eps，点数阈值 MinPts，深度图中搜索的像素范围 k，3D 激光点云 Pointcloud
输出：每一个点的聚类标签

```
1. procedure range image()
2.  label ← 1
3.  for col ← 0,⋯,W do
4.    for row ← 0,⋯,H do
5.      if P_col,row==UNCLASSIFIED then
6.        if expand(Pointcloud, col, row, label, k, MinPts, Eps)==True then
7.          label ← label+1
8.        end if
9.      end if
10.   end for
11. end for
12.procedure expand()
13. seeds ← getNeigbors(Pointcloud, col, row, label, k, Eps)
14. if seeds.size()<MinPts
15.   P_col,row ← NOISE
16.   return False
17. else
18.   P_col,row ← label
19.   while seeds != Empty do
20.     {c,r} ← seeds.front()
21.     seeds.pop()
22.     P_c,r ← label
23.     spread(c, r, seeds, Pointcloud, label, k, MinPts, Eps)
24.   end while
25.   return True
```

续表

```
26. end if
27.procedure spread()
28. spd ← getNeighbors(Pointcloud, c, r, label, k, Eps)
29. if spd.size() ⩾ MinPts
30.   while spd!=Empty do
31.       {cs, rs} ← spd.front ()
32.       spd.pop ()
33.       if P_cs,rs ==NOISE or P_cs,rs==UNCLASSIFIED
34.         if P_cs,rs ==UNCLASSIFIED
35.           seeds.push ({cs, rs})
36.         end if
37.         P_cs,rs ← label
38.       end if
39.   end while
40. end if
```

从总体上看，表 6-3 中的算法流程与表 6-2 中的算法流程是一致的。RI-DBSCAN 算法在将 3D 激光点云转换成深度图后，会逐行、逐列地对深度图中的每个点进行分析，并通过 expand() 函数判断该点是否属于新的聚类。如果该点属于新的聚类，则将 label 的值加 1。具体在 expand() 函数中，就是通过 getNeighbors() 函数在深度图中查找 $P_{col,row}$ 点周围 k 像素范围内且与 $P_{col,row}$ 总的距离小于 Eps 的邻域点，将其存储到集合 seeds 中。这里通过参数 k 限制了深度图中搜索的像素范围，因而不再需要计算激光点之间的欧氏距离，从而将查找邻域点这一操作的时间复杂度降至 $O(N)$，大大提升了整个算法的实时性。

在表 6-3 的第 12 行，算法判断集合 seeds 中点的个数是否小于 MinPts。如果小于，则表明该点不是核心点，且不在之前搜索到的任意核心点的密度可达区域内，因此暂时将 NOISE 标签赋予该点，并返回 False；否则表明该点是新的核心点，于是调用 spread() 函数，进一步在深度图中搜索与该核心点密度可达的所有点，并为这些点与核心点 $P_{col,row}$ 赋予相同的类别标签。

图 6-14 给出了 SLR 算法、Bogoslavskyi 算法和 RI-DBSCAN 算法对 NCLT（University of Michigan North Campus Long-Term Vision and LiDAR）数据集 [24] 中一帧点云的聚类分割效果。相比之下，可以看出，基于深度图的 RI-DBSCAN 算法能够较好地分割周围的车辆，而 SLR 算法和 Bogoslavskyi 算法在处理周围车辆点云时均有一定的欠分割。

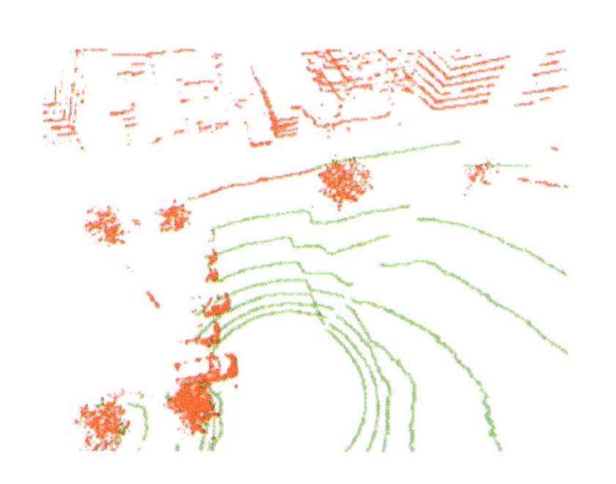

(a) 地面分离后的点云

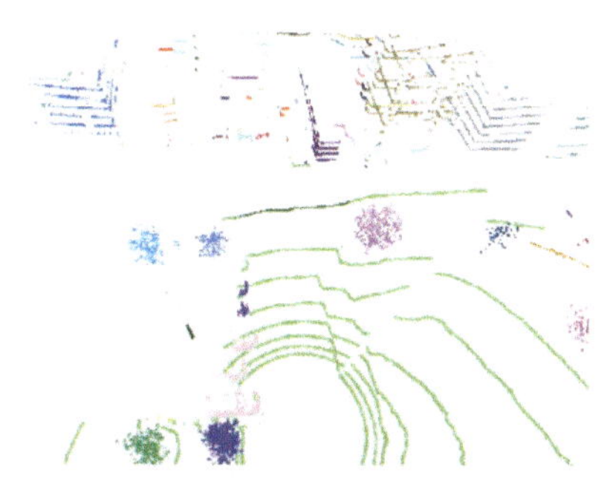

(b) SLR 算法聚类结果

图 6-14 SLR 算法、Bogoslavskyi 算法和 RI-DBSCAN 算法的 3D 激光点云聚类分割效果示例

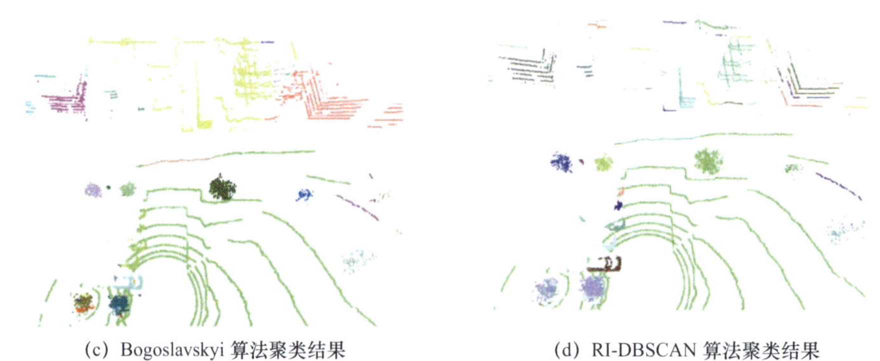

(c) Bogoslavskyi 算法聚类结果　　(d) RI-DBSCAN 算法聚类结果

图 6-14　SLR 算法、Bogoslavskyi 算法和 RI-DBSCAN 算法的 3D 激光点云聚类分割效果示例（续）

（注：图片来自参考文献 [22]）

6.4.3　算法小结

RI-DBSCAN 算法将 3D 激光点云投影为深度图，并对传统 DBSCAN 算法做了改进，其通过搜索一定像素范围内的邻域点来代替原先基于距离半径的邻域查找过程，大大降低了 DBSCAN 算法搜索的计算开销。RI-DBSCAN 算法简单明了，计算实时性较好，建议读者深入学习并掌握相应原理。

6.5　基于多视角的点云聚类分割——MVC 算法

一方面，考虑到近年来量产车型中使用较多的激光雷达（如速腾 M1、禾赛 AT128 等）均达到了 120 线束以上，每帧点云中通常包含十万甚至二十几万个激光点，实时地对这些点云进行聚类划分也就对算法的计算开销和计算复杂度提出了更高的要求。另一方面，一些聚类算法使用了固定的距离或角度阈值，这就造成它们难以兼顾近处目标和远处目标的精确划分，不能很好地利用高分辨率激光雷达的优势。例如，若阈值设置得较保守，则对近处的障碍物容易欠分割，对远处的目标则容易过分割。在使用一些算法将 3D 激光点云转换为深度图之后，深度图中目标的尺度会随着其距离而变化，越远的目标在图像中显示得越小，越近的目标在图像中显示得越大，这使得远处物体的分割难度进一步增大。在上述背景下，我们针对高线束激光雷达的 3D 点云聚类划分提出了 MVC（Multi-View Clustering）算法 [26]。

6.5.1　MVC 算法的基本思想和流程

MVC 算法采用了由粗略到精细两阶段的策略，其基本流程如图 6-15 所示。在第一阶段，MVC 算法首先把得到的非地面激光点云，经投影（降维）操作得到 BEV 平面下的二维点云；而后对二维的 BEV 平面进行栅格划分，并根据每个栅格内激光点的个数（降采样）生成极坐标栅格密度图；最后在极坐标栅格密度图中进行初步的聚类划分。在第二阶段，MVC 算法首先将前述得到的聚类点云投影到前视角以获得其深度图；而后根据深度图判断各聚类在高度方向是否可进一步分割，并对需要进一步分割的聚类簇进行精细化处理；最后进行后处理以输出最终的聚类分割结果。

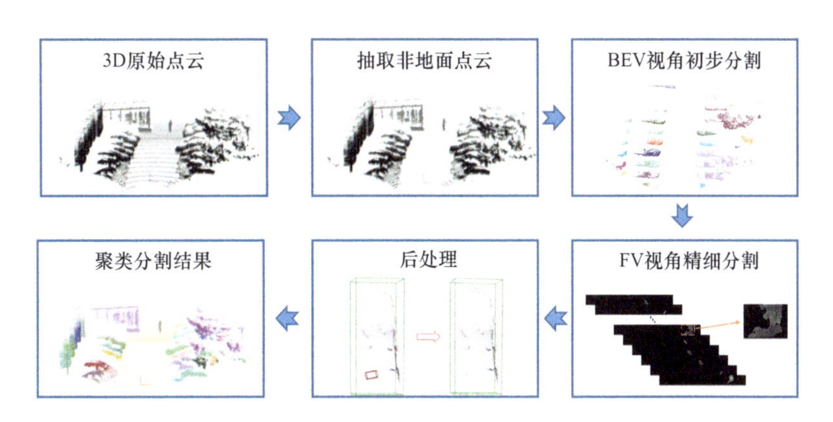

图 6-15 MVC 算法的基本流程

在第一阶段的初步聚类过程中，由于算法在鸟瞰图中能较好地解决遮挡问题，且 BEV 投影图中物体的尺寸不受距离远近的影响；因此基于 BEV 视角，我们能够快速处理驾驶场景中大部分目标的聚类分割。同时，为了让聚类阈值随着目标距离的远近自适应变化，我们将点云投影到极坐标系下，得到极坐标栅格密度图，并基于改进的 DBSCAN 或 BFS 算法来实现 BEV 视角下点云的快速、自适应划分。然而，在 BEV 视角下进行点云聚类分割的缺点是无法清晰地表达周围复杂的垂向结构。在有悬空物体、桥梁等对象的场景下，算法在第一阶段容易出现欠分割的情况，因此需要在第二阶段基于前视视角下的深度图进行精细化处理。

在经过上述两阶段、多视图的处理后，我们基本上能够获取环境物体和周围目标较准确的聚类划分。但是，我们在测试时发现，由于高线束激光雷达能够清楚地反映周围环境的细节特征，一些激光线束能够穿透汽车玻璃扫描到车内座椅或者车内物体，使得算法产生了一些过分割的情况；因此还需要进行后处理，根据物体间的 IOU 消除一些被包裹的小聚类，以进一步提升算法的聚类精度。

6.5.2 BEV 投影下的初步聚类划分

我们首先将非地面点云投影到 BEV 视角下，得到点云在极坐标系下的表达。点云在极坐标系和笛卡儿坐标系间的转换关系如式（6-2）和式（6-3）所示。而后，我们使用极坐标栅格密度图对点云进行降采样处理。在该过程中，我们使用角度间隔 θ_{th} 和距离间隔 r_{th} 对 XOY 平面进行极坐标栅格划分。BEV 投影得到的点和生成的极坐标栅格如图 6-16（a）所示。最后，我们统计每个极坐标栅格内包含的激光点个数 dv，并将其作为极坐标栅格的像素值。我们将上述过程得到的 2D 图片称作极坐标栅格密度图，具体如图 6-16（b）所示。

$$\rho = \sqrt{x^2 + y^2} \tag{6-2}$$

$$\theta = i \times \text{res}_h \tag{6-3}$$

其中（x, y）为激光点在 XOY 平面上的坐标值，ρ 为该激光点在极坐标下到原点的距离坐标，res_h 为激光雷达的水平角分辨率，i 为该激光点对应的扫描线序号。

需要指出的是，由于在极坐标栅格密度图的生成过程中，栅格间已经隐含了距离信息；因此在聚类过程中，我们可以通过搜索某一范围的栅格来代替传统聚类算法中距离计算的过程，算法计算复杂度可降至 $O(N)$。具体在 MVC 算法中，在得到极坐标栅格密度图后，我们可以使用 6.4.2 节的改进型 DBSCAN 算法或 BFS 算法进行 4 邻域或 8 邻域搜索，从而实现对激光点云的初步聚类划分。

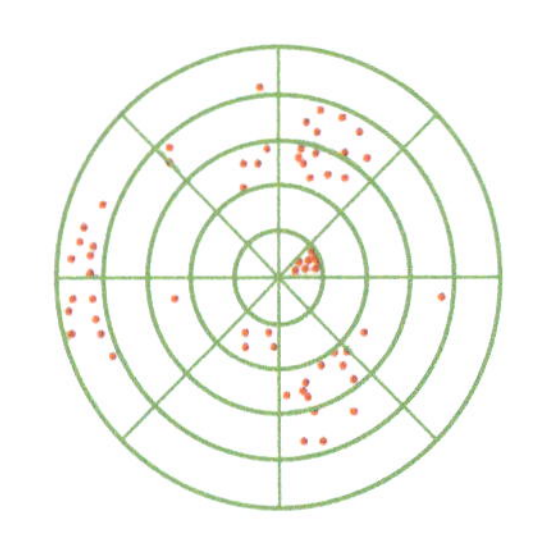

（a）BEV点云投影和极坐标栅格划分

（b）极坐标栅格密度图

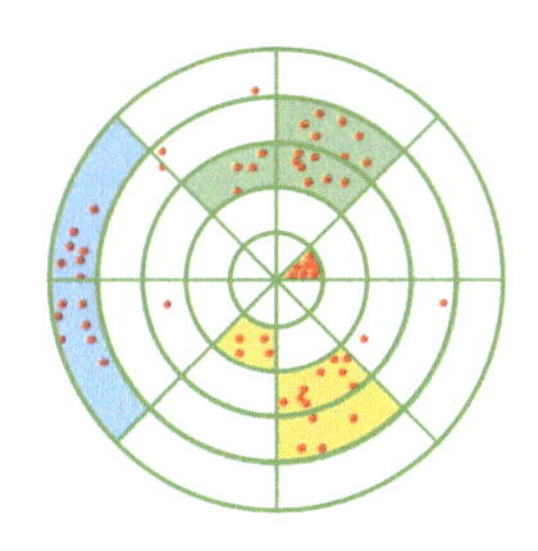

（c）基于极坐标栅格的聚类结果

图 6-16　BEV 极坐标栅格下的聚类示例

以在极坐标栅格密度图上进行 4 邻域搜索为例。首先，如果极坐标栅格密度图中某一栅格内激光点的个数小于阈值 $N_{\min}$（如 $N_{\min}=2$），则我们认为该栅格内的激光点为噪声点。而后，对于极坐标栅格密度图中的任意栅格 g_i，对其上、下、左、右 4 个相邻栅格进行分析判断。如果其相邻栅格内有点云且激光点为非噪声点，则认为其与栅格 g_i 属于同一类别。不断重复上述过程，直至完成对极坐标栅格密度图中每一栅格的遍历，从而实现对激光点云的初步聚类划分，最终效果如图 6-16（c）所示。

可以看出，在 BEV 视角下，在极坐标栅格密度图的生成过程中，我们不仅将 3D 激光点云转换成了 2D 图片，还对 3D 激光点云进行了降采样处理，这就为降低算法的计算开销打下了基础。同时，极坐标栅格的引入还能使得栅格的横向尺寸随着距离自适应变化，从而打破了算法对固定阈值的依赖。

6.5.3　深度图下的精细划分

在经过 BEV 视角下的初步聚类划分后，算法便能够对驾驶场景中遇到的大多数目标进行较准确的分割。但是对于具有复杂垂向结构的场景，如广告牌、限速杆、桥梁下的车辆、行人等，则会产生欠分割的情况。我们观察到，在前视视角的深度图中，算法能够较好地处理上述场景。因此，在 MVC 算法中，我们进一步计算 BEV 视角下得到的每个聚类中最高点和最低点的高度差 ΔH。当 $\Delta H > 2$（米）时，我们考虑该聚类可能存在高度方向欠分割的情况，可以将其投影为前视视角下的深度图并进行精细化处理。上述过程如图 6-17 所示。

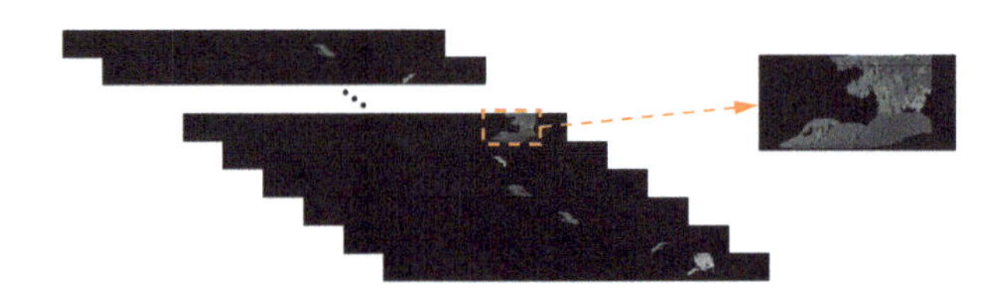

图 6-17　前视视角下深度图的精细化处理示例

对于深度图中的点云聚类分割，我们可以使用多种成熟的算法，如 Bogoslavskyi 算法、基于深度图的 DBSCAN 算法或 BFS 算法等。在这里，我们以使用 BFS 算法进行 4 邻域搜索为例，简述深度图聚类的过程。对于某一聚类点云投影得到的深度图，假设 $p_{i,j}$ 为其中第 i 行第 j 列的像素点，如图 6-18（a）所示。若 $p_{i,j} \neq 0$，则首先沿着该像素点上、下、左、右 4 个方向搜索与 $p_{i,j}$ 相邻的非零像素点，假设我们得到了如图 6-18（c）中所示的 4 个像素点（$p_{i-2,j}, p_{i+4,j}, p_{i,j-3}, p_{i,j+1}$）。而后，根据这些邻域像素点和 $p_{i,j}$ 之间纵向的高度差 Δh 或水平方向的距离差 Δr 是否大于设定阈值 γ，来判断 $p_{i,j}$ 与其邻域点是否属于同一聚类。不断重复上述过程，直至完成对整个深度图中所有像素的遍历，便可实现基于深度图的聚类划分。

其中，两点 p_1、p_2 之间的高度差可通过下式计算得出：

$$h_k = r_k \times \tan(\alpha_k),\ k = 1,2,\ \Delta h = |h_1 - h_2| \tag{6-4}$$

其中 r_k 为激光点 $p_k (k=1,2)$ 到激光雷达的距离，α_k 为激光点 p_k 对应激光线束的俯仰角，Δh 为两个激光点之间的高度差。

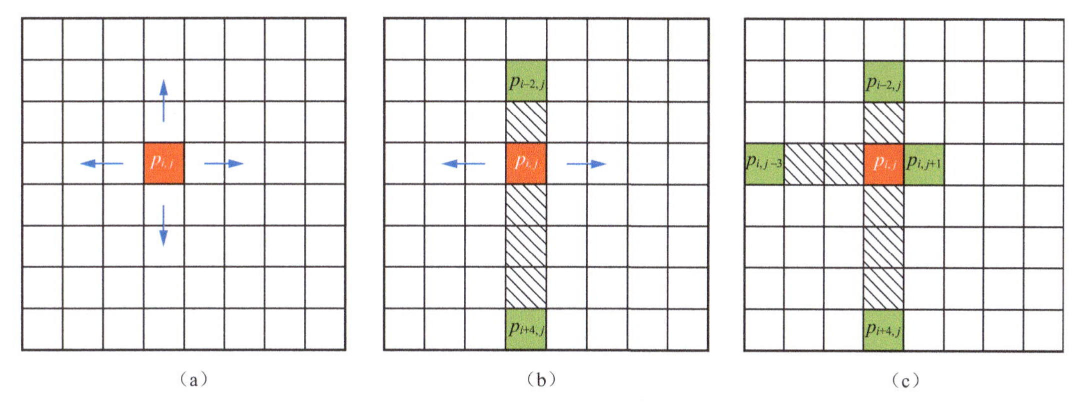

图 6-18 深度图中的 4 邻域搜索过程示例

（注：红色栅格表示当前搜索到的像素点 $p_{i,j}$，绿色栅格表示搜索到的像素点 $p_{i,j}$ 的非零邻域点，纹理栅格表示像素值为 0 的像素点）

需要指出的是，由于第二阶段仅需要对少量存在欠分割可能的聚类进行深度图处理，因此计算开销相对较小。

6.5.4 算法测试

接下来，我们基于 SemanticKITTI 数据集和东软睿驰自采集的 128 线束激光数据集（NRS）对 MVC 算法进行测试，并且与多种聚类算法进行性能对比。在测试时，我们使用的计算机配置为 Intel Xeon（R）CPU E3-1231v3@3.40GHz×8，32GB RAM。

1. SemanticKITTI 数据集中的测试验证

表 6-4 给出了我们在 SemanticKITTI 数据集中对各算法进行测试时设置的参数和统计的结果指标。在这里，我们采用该数据集中的 Panoptic Quality（PQ）指标对各算法进行性能量化。从表 6-4 可以看出，MVC 算法具有最高的 PQ 值。

2. NRS 数据集中的测试验证

SemanticKITTI 数据集使用的是 64 线束的激光雷达，而目前大多数量产车型中搭载的激光雷达为 128 线束。考虑到目前业界尚缺少配备 128 线束激光数据的智能驾驶公开数据集，故我们使用搭载速腾 Ruby 128 线束机械式激光雷达的采集车，在东软园区和沈阳城市道路上进行了数据采集，构建了 NRS 数据集。

表 6-4　基于 SemanticKITTI 数据集的各算法性能对比

算法	参数设置	PQ 值
Euclidean Cluster[27]	$d_{\text{th}} = 0.5\text{m}$	56.9
Supervoxel Cluster[28]	$(w_c, w_s, w_n) = (0.0, 1.0, 0.0)$	52.8
Supervoxel Cluster	$(w_c, w_s, w_n) = (0.0, 1.0, 0.5)$	52.7
Bogoslavskyi Cluster	$\theta_{\text{th}} = 10$	55.2
SLR	$(\text{th}_{\text{run}}, \text{th}_{\text{merge}}) = (0.5, 1.0)$	57.2
MVC	$(\theta_{\text{th}}, r_{\text{th}}, \gamma) = (2, 0.5, 0.6)$	58.8

我们将 NRS 数据集中的场景按照目标个数、场景构成等条件分成了简单、中等和困难三种，如图 6-19 所示。其中，简单场景有少量的道路参与者（车辆、行人等），且没有复杂垂向结构的物体（如树木或标志牌下有车辆、行人）；中等场景通常有较多的道路参与者，且没有复杂垂向结构的物体；困难场景则通常为拥堵场景或包含复杂垂向结构的物体。

（a）简单场景　　（b）中等难度场景　　（c）困难场景

图 6-19　NRS 数据集中的三种场景

在选取评价指标时，我们查阅了参考文献 [19] 和 [29]，使用了欠分割率（USR）、过分割率（OSR）和精度（Precision）来描述聚类算法的性能。这些指标的定义如下：

$$\text{OSR} = 1 - \frac{\text{TP}}{\text{TP} + \text{OS}} \tag{6-5}$$

$$\text{USR} = 1 - \frac{\text{TP}}{\text{TP} + \text{US}} \tag{6-6}$$

$$\text{Precision} = \frac{\text{TP}}{\text{TP} + \text{OS} + \text{US}} \tag{6-7}$$

其中，TP 表示被正确聚类分割的物体个数，OS 表示被过分割（Over-Segmentation）的物体个数，US 表示被欠分割（Under-Segmentation）的物体个数。

考虑到与 SemanticKITTI 数据集相比，NRS 数据集中激光点云的密度较大，故我们在进行对比测试时使用了表 6-5 中的算法参数设置。我们首先使用了统一的地面点云滤除算法，而后统计了各算法的聚类性能指标，同时分析了各算法对非地面点云聚类的耗时，总体结果如表 6-6 所示。

从表 6-6 可以看出，MVC 算法在三种场景下均取得最高的聚类分割精度，并且运行频率在简单、中等难度和困难场景下分别达到 110 FPS、100 FPS 和 98 FPS，完全满足智能驾驶感知系统的实时性要求。

表 6-5 基于 NRS 数据集的各算法参数设置

算法	参数设置
Euclidean Cluster	$d_{\text{th}} = 0.5\text{m}$
Supervoxel Cluster	$(w_c, w_s, w_n) = (0.0, 1.0, 0.0)$
Bogoslavskyi Cluster	$\theta_{\text{th}} = 5$
SLR	$(\text{th}_{\text{run}}, \text{th}_{\text{merge}}) = (0.3, 0.5)$
MVC	$(\theta_{\text{th}}, r_{\text{th}}, \gamma) = (1, 0.2, 0.5)$

表 6-6 基于 NRS 数据集的各算法测试结果统计表

场景	算法	OS	US	TP	OSR	USR	精度	FPS
简单场景	MVC	34	44	1088	0.030	0.039	**0.933**	**110**
	Euclidean Cluster	15	108	965	0.015	0.100	0.887	73
	Supervoxel Cluster	18	143	927	0.019	0.134	0.852	24
	Bogoslavskyi Cluster	109	31	948	0.103	0.032	0.871	70
	SLR	75	35	978	0.071	0.035	0.899	54
中等难度场景	MVC	104	217	2908	0.035	0.069	**0.900**	**100**
	Euclidean Cluster	85	322	2822	0.029	0.102	0.874	67
	Supervoxel Cluster	73	419	2737	0.026	0.133	0.848	16
	Bogoslavskyi Cluster	346	90	2793	0.110	0.031	0.865	63
	SLR	114	263	2852	0.084	0.038	0.883	54
困难场景	MVC	190	407	2922	0.061	0.122	**0.830**	**98**
	Euclidean Cluster	242	811	2276	0.096	0.0263	0.684	63
	Supervoxel Cluster	105	1126	2098	0.048	0.349	0.630	12
	Bogoslavskyi Cluster	597	485	2248	0.210	0.177	0.675	60
	SLR	383	391	2555	0.130	0.133	0.767	54

3. 消融实验

为了进一步测试 MVC 算法各阶段的性能，我们基于 NRS 数据集对其进行了消融实验。我们统计了仅基于 BEV 视角下极坐标栅格的改进型 DBSCAN 聚类、BEV 视角下极坐标栅格的初步聚类 +FV 视角下的深度图精细化聚类、点云 BEV 投影 + 传统 DBSCAN，以及 FV 视角下的深度图聚类 4 种方式，结果如表 6-7 所示。从中可以看出，第二阶段的基于深度图的精细化处理使得 MVC 算法的精度从第一阶段的 0.655 提升到了 0.900。此外，我们在测试时发现，若将原始点云直接投影为 BEV 视角下的图片，并使用传统 DBSCAN 进行聚类，则算法的运行频率仅为 2 FPS。这进一步表明了 MVC 算法对点云进行降采样处理，并基于极坐标栅格密度图进行聚类的有效性。

图 6-20 进一步示例性地给出了某困难场景中 MVC 算法的两个阶段分别输出的聚类结果。可以看出，当仅基于 BEV 视角时，路边的树木与其下方的多个车辆会被欠分割为一个聚类，而在经过第二阶段深度图的精细化处理后，就可以较好地区分树木和下方的车辆，使得算法具有较好的聚类性能。

表 6-7　MVC 算法各模块的消融实验结果统计表

实验方式	OS	US	TP	OSR	USR	精度	FPS
BEV（PG-DBSCAN）+ FV	104	217	2908	0.035	0.069	**0.900**	100
BEV（PG-DBSCAN）	63	1052	2014	0.028	0.332	0.655	250
BEV（DBSCAN）+ FV	97	236	2886	0.032	0.075	0.897	2
FV	328	81	2820	0.104	0.028	0.873	18

（a）BEV视角下第一阶段的聚类结果

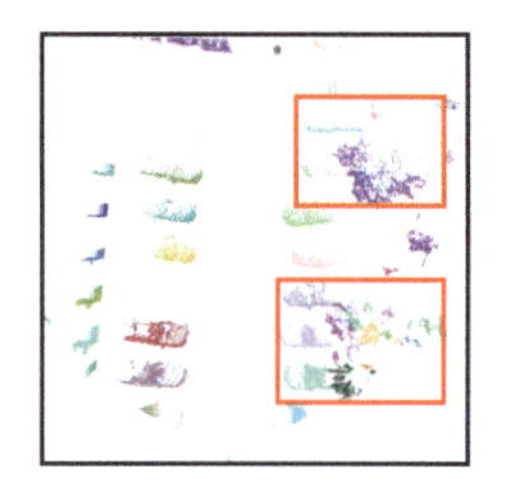

（b）MVC算法的输出结果

图 6-20　MVC 两阶段算法的消融实验效果示例

6.5.5　MVC 算法小结

MVC 算法结合 BEV 和 FV 两个视角的优点实现了对高线束激光点云的快速聚类分割。从总体上看，该算法采用了由粗略到精细两步走的架构，首先在 BEV 视角下生成极坐标栅格密度图并基于此实现对点云的初步聚类，而后对存在欠分割可能的少部分聚类进行基于深度图的精细化处理。经测试，MVC 算法具有较好的精度和实时性能，能够满足一般智能驾驶场景下的使用需求。读者可以根据具体需求基于 MVC 算法进一步加以改进，比如在 FV 阶段引入动态阈值或者在水平、垂直方向结合激光雷达分辨率设置不同的阈值，以进一步提升 MVC 算法的聚类精度。

6.6　本章小结

本章介绍了 3D 激光点云聚类的多种算法，根据具体技术路线的不同，我们将现有技术大致划分为三个类别：基于网格 / 体素的点云聚类分割、基于图模型的点云聚类分割以及基于深度图的点云聚类分割。虽然实现方式不同，但各聚类算法的实质，基本均是通过某种表示方式对三维空间中的点云进行降维表示，以加速激光点的查找、索引，并基于连通性、角度关系或密度关系等约束条件实现不同聚类的划分。

而后，我们具体介绍了几个比较有代表性的聚类算法，希望读者能够深入理解它们，并结合自己所使用激光雷达的特点以及具体场景的特点，进一步对聚类算法加以改进提升，取得更优秀的研究成果。

本章参考文献

[1] ESTER M, KRIEGEL H P, SANDER J, et al. A density-based algorithm for discovering clusters in large spatial databases with noise[C]. Proc 2nd Int Conf Knowl Discov Data Min, 1996: 226-231.

[2] MONTEMERLO M. Junior: The stanford entry in the urban challenge[J]. Field Robotics, 2008, 56(3): 91-123.

[3] DOUILLARD B, UNDERWOOD J, MELKUMYAN N, et al. Hybrid elevation maps: 3D surface models for segmentation[C]. 2010 IEEE/RSJ International Conference on Intelligent Robots and Systems, 2010: 1532-1538.

[4] HIMMELSBACH M, HUNDELSHAUSEN F, WUENSCHE H J. Fast segmentation of 3D point clouds for ground vehicles[C]. In: IEEE intelligent vehicles symposium (IV), 2010: 560-565.

[5] CHEN T. Gaussian-process-based real-time ground segmentation for autonomous land vehicles[J]. Journal of Intelligent & Robotic Systems, 2014, 76(3): 563-582.

[6] PARK S, WANG S, LIM H, et al. Curved-voxel clustering for accurate segmentation of 3D LiDAR point clouds with real-time performance[C]. IEEE/RSJ International Conference on Intelligent Robots and Systems (IROS), 2019: 6459-6464.

[7] SPIELMAN D. Spectral graph theory[J]. Betascript Publishing, 2010, 5(36): 16-18.

[8] NIE F, WANG X, JORDAN M I, et al. The constrained laplacian rank algorithm for graph-based clustering[C]. AAAI, 2016: 101-106.

[9] KLASING K, WOLLHERR D, BUSS M. A clustering method for efficient segmentation of 3D laser data[C]. In 2008 IEEE International Conference on Robotics and Automation, 2008: 4043-4048.

[10] MOOSMANN F. Segmentation of 3D LiDAR data in non-flat urban environments using a local convexity criterion[C]. InProc. IEEE Intelligent Vehicles Symp. (IV), 2009: 215-220.

[11] BURGER P, WUENSCHE H. Fast multi-pass 3D point segmentation based on a structured mesh graph for ground vehicles[C]. 2018 IEEE Intelligent Vehicles Symposium (IV), 2018: 2150-2156.

[12] BOGOSLAVSKYI I, STACHNISS C. Fast range image-based segmentation of sparse 3D laser scans for online operation[C]. InProc. IEEE/RSJ Int. Conf. Intelligent Robots and Syst. (IROS), 2016: 163-169.

[13] LI M, YIN D. A fast segmentation method of sparse point clouds[C]. 2017 29th Chinese Control and Decision Conference (CCDC), 2017: 3561-3565.

[14] ZERMAS D. Fast segmentation of 3D point clouds: A paradigm on LiDAR data for autonomous vehicle applications[C]. In IEEE International Conference on Robotics and Automation (ICRA), 2017: 5067-5073.

[15] WEN M. Range image-based density-based spatial clustering of application with noise clustering method of three-dimensional point clouds[J]. International Journal ofAdvanced Rubotic Systems, 2018, 15(2): 106-109.

[16] HASECKE F, HAHN L, KUMMERT A. Fast LiDAR clustering by density and connectivity[EB/OL]. ArXiv: 2003.00575, 2020.

[17] ZHANG C, WANG S, YU B, et al. A two-stage adaptive clustering approach for 3d point clouds[C]. 2019 4th Asia-Pacific Conference on Intelligent Robot Systems (ACIRS), 2019: 11-16.

[18] BOGOSLAVSKYI I, STACHNISS C. Fast range image-based segmentation of sparse 3D laser scans for online operation[C]. international conference on intelligent robots and systems (IROS), 2016: 163-169.

[19] LI C, BIHAN L, POURTAU T, et al. Insclustering: instantly clustering LiDAR range measures for autonomous vehicle[C]. 2020 IEEE 23rd International Conference on Intelligent Transportation Systems, 2020: 1-6.

[20] HE L, CHAO Y, SUZUKI K. A run-based two-scan labeling algorithm[J]. IEEE Transactions on Image Processing, 2008, 17(5): 749-756.

[21] RUSU R B. Semantic 3D object maps for everyday manipulation in human living environments[J]. Computer Science dEpsartment, 2009, 21(1): 345-348.

[22] URMSON C. Autonomous driving in urban environments: boss and the urban challenge[J]. Field Robotics, 2008, 56(1): 1-59.

[23] HAN X F, JIN J S, WANG M J. Guided 3D point cloud filtering[J]. Multimed Tools Appl, 2017, 6(3): 1-5.

[24] CARLEVARIS B N, USHANI A K, EUSTICE R M. University of michigan north campus long-term vision and LiDAR dataset[J]. Robotics Res, 2010, 35(9): 1-16.

[25] CHENG Y Z. Mode seeking and clustering[J]. IEEE transactions on pattern analysis and machine intelligence, 1995, 17(8): 790-799.

[26] JIE H X. Multi-view based clustering of 3D LiDAR point clouds for intelligent vehicles[C]. AJCAI, 2022: 57-70.

[27] RUSU R B, COUSINS S. 3D is here: point cloud library (pcl)[C]. In 2011 IEEE International Conference on Robotics and Automation, 2011: 1-4.

[28] PAPON J, ABRAMOV A, SCHOELER M, et al. Voxel cloud connectivity segmentation supervoxels for point clouds[C]. In Proceedings of the IEEE Conference on Computer Vision and Pattern Recognition, 2013: 2027-2034.

[29] SHIN M O, Real-time and accurate segmentation of 3D point clouds based on gaussian process regression[J]. IEEE Transactions on Intelligent Transportation Systems, 2017, 18(1): 3363-3377.

[30] LI M J, DONG Y. A fast segmentation method of sparse point clouds[C]. 2017 29th Chinese Control and Decision Conference (CCDC), 2017: 3561-3565.

第 7 章 深度学习基础

由于在后续目标检测、路沿检测和多目标跟踪等章节中，我们需要利用深度学习来解决相应的问题；因此我们在本章中简单介绍一下深度学习相关的知识，以方便读者理解后续将要讨论的算法。考虑到本书的侧重点以及市面上已经有大量神经网络、深度学习相关的优秀图书，本章不再过多地延伸这方面的内容。

7.1 人工神经网络基础

随着近代神经生理学的发展，人们对大脑的运行机制有了进一步的认知。一些学者尝试模拟大脑中神经元的工作原理，构建了神经元的基本数学模型，并通过多个神经元模型的连接搭建出人工神经网络（Artificial Neural Network，ANN）。人工神经网络历经了多次热潮和低谷，特别是经过近几年的再次兴起，其已经被广泛应用于智能驾驶、安防、医疗、自然语言处理等多个领域。本节将简单介绍人工神经网络的基本构成和计算流程，已有相关基础的读者可以跳过这部分，直接进入后续章节的学习。

7.1.1 神经元模型

1943年，McCulloch和Pitts[1]提出了首个神经元模型，其基本结构被沿用至今，并被称为“M-P”神经元模型。“M-P”神经元模型的基本结构如图7-1所示。

在图7-1中，$\{x_1,x_2,\cdots,x_n\}$为“M-P”神经元模型的输入节点，$\{w_1,w_2,\cdots,w_n\}$为各节点对应的权重值，y为输出节点。通过对神经元各输入值和权重值相乘后的累加值与神经元阈值进行比较，可得到神经元的输出值。上述过程可通过下式来具体表示：

$$y=\text{sign}\left(\sum_{i=1,\cdots,n} x_i w_i-\text{th}\right) \tag{7-1}$$

“M-P”神经元的输出形式如图7-2所示。可以看出，“M-P”神经元通过接收多个输入，实现了基本的逻辑判断。式（7-1）中的sign函数又称为激活函数，其具体表达如式（7-2）所示，用于形象地描述“M-P”神经元模型在受到输入信息的“刺激”后，是被“抑制”还是被“激活”。

$$\text{sign}(x)=\begin{cases}1, & x\geqslant 0\\ 0, & x<0\end{cases} \tag{7-2}$$

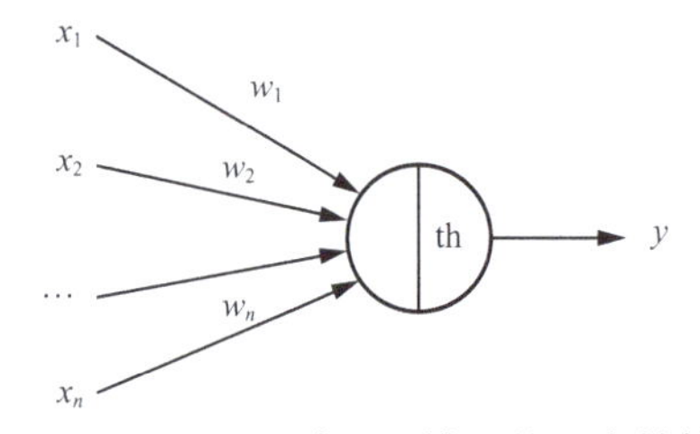

图7-1 “M-P”神经元模型的基本结构

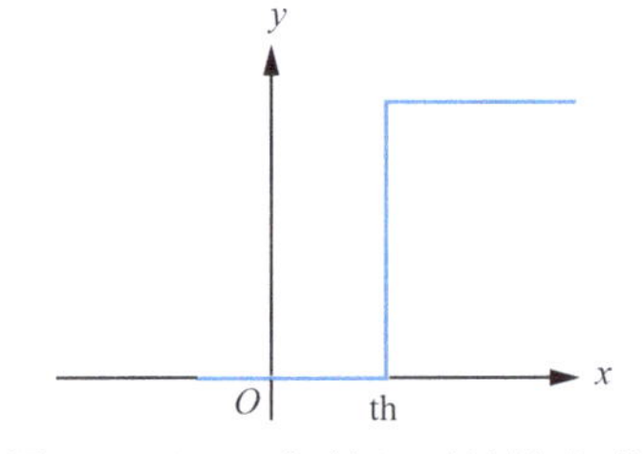

图7-2 “M-P”神经元的输出形式

上述“M-P”神经元模型中的sign激活函数为阶跃函数，它使得神经元的输出具有不连续性。为了使神经元模型能够更好地处理非线性问题，并使得其输出光滑连续，一些学者将sign激活函数替换成了sigmoid函数、ReLU函数、反正切函数等非线性激活函数。图7-3展示了sigmoid神经元模型[2]的基本结构，其中b_a是对神经元输入信息的偏置，该神经元的输出值可由式（7-3）计算得出。sigmoid神经元的输出形式如图7-4所示。

$$y = f\left(\sum_{i=1,\cdots,n} x_i w_i + b_a\right) \tag{7-3}$$

其中，激活函数为

$$f(x) = \text{sigmoid}(x) = \frac{1}{1+\mathrm{e}^{-x}} \tag{7-4}$$

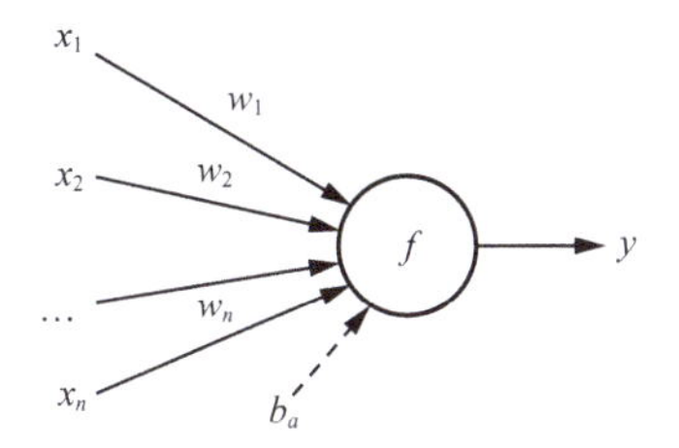

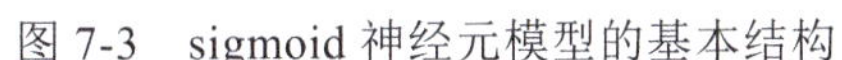
图 7-3　sigmoid 神经元模型的基本结构

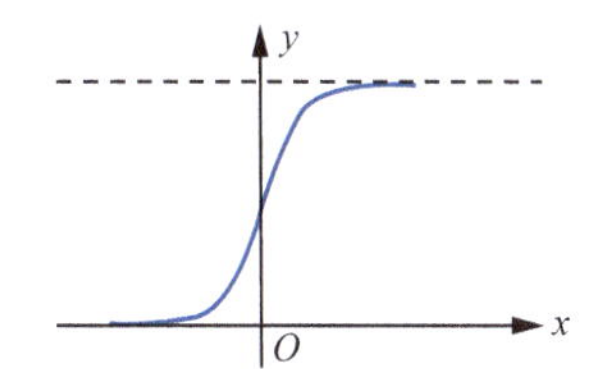

图 7-4　sigmoid 神经元的输出形式

7.1.2　感知机和多层感知机

1958 年，F. Rosenblatt[3] 基于“M-P”神经元首次提出了感知机（Perception）的概念，并搭建了多层感知机（Multi-Layer Perception，MLP）模型。如图 7-5 所示，感知机由两层组成，其中输入层主要接收外界信号，输出层则采用 7.1.1 节介绍的基本神经元结构。

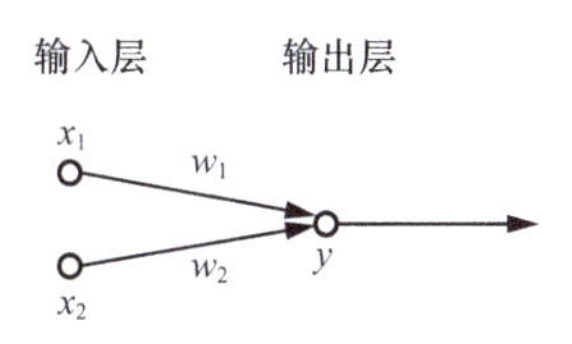

图 7-5　感知机的结构

上述感知机在原理上等效于神经元模型，但是感知机中“层”的概念十分便于搭建复杂的网络结构。我们进一步考虑多个感知机堆叠成网络的情景。如图 7-6 所示，网络模型由输入层、隐藏层和输出层三部分组成。输入层主要用于接收输入信息。隐藏层又叫中间层或变换层，用于结合权重和激活函数来提取输入信息的特征。输出层则根据隐藏层提取的特征信息计算最终的网络输出结果。通过上述方式，我们便得到了多层感知机模型，又称为前馈神经网络或正向传播网络。根据隐藏层个数的不同，图 7-6（a）和图 7-6（b）中的多层感知机模型又常被称为单隐层前馈神经网络和双隐层前馈神经网络。这种多层感知机模型便是人工神经网络的基本形式，它深刻影响了后续神经网络技术的发展。

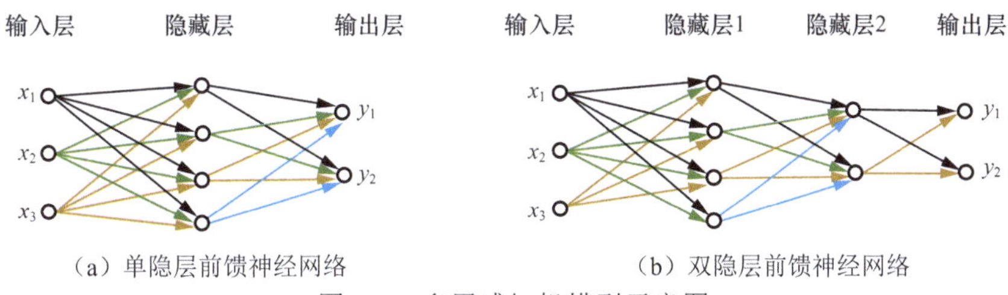

（a）单隐层前馈神经网络　　（b）双隐层前馈神经网络

图 7-6　多层感知机模型示意图

此外，在多层感知机的隐藏层中，同一层的神经元节点共享同一个激活函数和偏置，并且在处理二分类问题时，神经网络的输出层通常使用 sigmoid 函数作为激活函数；而在处理多分类问题时，神经网络的输出层通常使用 softmax 函数作为激活函数，如式（7-5）所示。

$$f(y_i) = \text{softmax}(y_i) = \frac{\exp(y_i)}{\sum_i \exp(y_i)} \tag{7-5}$$

7.1.3　正向传导和误差反向传播机制

下面我们首先以图 7-7 所示的简单例子学习人工神经网络是如何由输入信息得到最终输出的，即神经网络的正向传导过程。假设各层神经元的编号均从上到下、从 1 开始递增，输入层的第 p 个神经元和隐藏层的第 q 个神经元之间的权重为 w_{pq}^{1}，隐藏层的第 q 个神经元和输出层的第 n 个神经元之间的权重为 w_{qn}^{2}（在该例中，n=1）。为了不失一般性，我们假设隐藏层和输出层的激活函数为 sigmoid 函数，并且忽略各层偏置以简化推导过程。

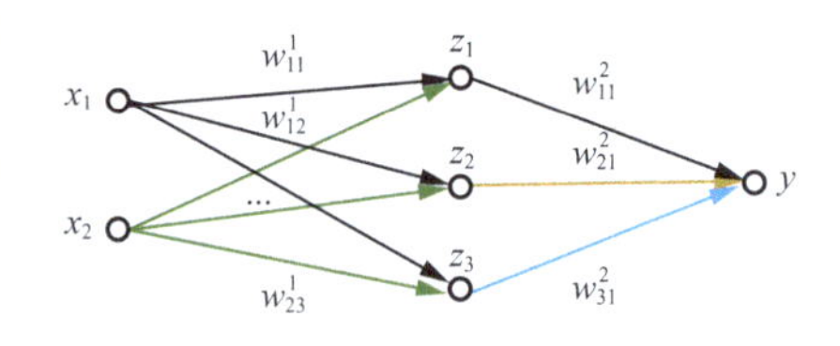

图 7-7　神经网络的正向传导过程

隐藏层中各神经元的输出值为

$$z_1 = \text{sigmoid}(u_1^1) = \text{sigmoid}(w_{11}^1 * x_1 + w_{21}^1 * x_2) \tag{7-6}$$

$$z_2 = \text{sigmoid}(u_2^1) = \text{sigmoid}(w_{12}^1 * x_1 + w_{22}^1 * x_2) \tag{7-7}$$

$$z_3 = \text{sigmoid}(u_3^1) = \text{sigmoid}(w_{13}^1 * x_1 + w_{23}^1 * x_2) \tag{7-8}$$

其中 u_q^1 为隐藏层的第 q 个神经元接收的各输入值权重和。

输出层的神经元输出值为

$$y = \text{sigmoid}(u_1^2) = \text{sigmoid}(w_{11}^2 * z_1 + w_{21}^2 * z_2 + w_{31}^2 * z_3) \tag{7-9}$$

其中 $u_1^2 = w_{11}^2 * z_1 + w_{21}^2 * z_2 + w_{31}^2 * z_3$ 为输出层神经元接收的各输入值权重和。

通过上述过程，我们根据神经网络的基本结构和各层权重参数 w 求得了神经网络的最终输出。那么，我们该如何确定神经网络中的各个参数呢？针对此问题，Remelhart 等人 [4] 于 1986 年提出了著名的误差反向传播机制。图 7-8 展示了基于误差反向传播机制进行网络模型训练的基本过程。

如图 7-8 所示，对于训练集 T 中的输入数据 $[x_1^i, x_2^i]$，误差反向传播机制通过计算损失函数的值来表征网络输出 y_i 与其对应训练集中真值 gt_i 之间的误差，并把误差信号逐层向前传递以得到各层、各神经元对应的误差值，最后结合优化算法对误差进行最小化，得到各层、各神经元对应的权重和偏置。为了方便对模型误差进行优化，我们通常希望网络模型具有连续性。因此，我们在网络中通常使用 sigmoid 函数、ReLU 函数等连续性函数作为激活函数，并使用基于梯度的优化算法对误差进行最小化。

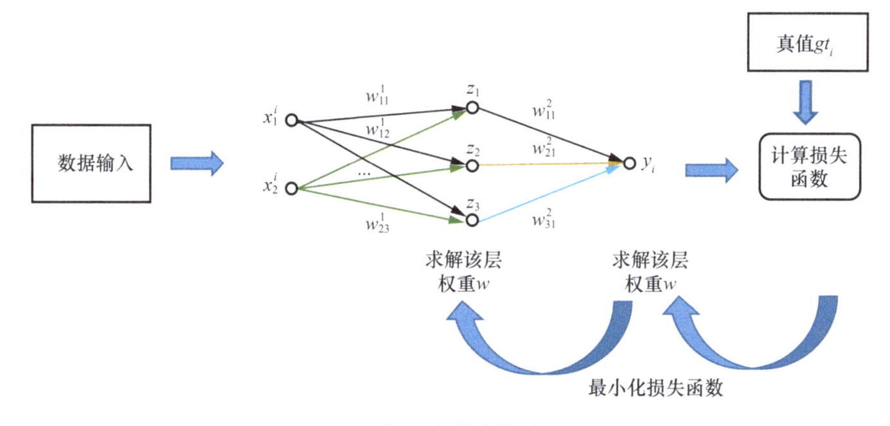

图 7-8　误差反向传播机制示意图

此外，损失函数的选择通常与网络模型所处理的问题密切相关。在求解二分类问题时，通常使用的损失函数为

$$L=\frac{1}{N}\sum_{i}-[gt_i\cdot\ln(y_i)+(1-gt_i)\cdot\ln(1-y_i)] \tag{7-10}$$

其中，N为训练集中的样本个数。

在求解多分类问题时，通常使用的损失函数为交叉熵损失函数：

$$L=\frac{1}{N}\sum_{i}\sum_{c=1}^{M}gt_{ic}\ln(y_{ic}) \tag{7-11}$$

其中，M为类别个数。

而在求解回归问题时，通常使用的损失函数有L1损失函数、L2损失函数等。

$$\text{L1}=\frac{1}{N}\sum_{i}|y_i-gt_i| \tag{7-12}$$

$$\text{L2}=\frac{1}{N}\sum_{i}(y_i-gt_i)^2 \tag{7-13}$$

让我们回到图7-8中的例子。假设我们在网络中使用了sigmoid激活函数和L2损失函数，则神经网络输出和真值之间的误差 E 为

$$E=\frac{1}{N}\sum_{i}(y_i-gt_i)^2 \tag{7-14}$$

在基于梯度进行误差的最小化时，根据求导的链式法则，可以得到误差 E 相对隐藏层和输出层间各权重 $w_{q1}^2(q=1,2,3)$ 的梯度为

$$\frac{\partial E}{\partial w_{q1}^2}=\frac{\partial E}{\partial y}\frac{\partial y}{\partial u_1^2}\frac{\partial u_1^2}{\partial w_{q1}^2} \tag{7-15}$$

在式（7-15）中，由误差计算公式［见式（7-14）］和输出值计算公式［见式（7-9）］，可得各偏导的计算公式如下：

$$\frac{\partial E}{\partial y}=\frac{2}{N}\sum_{i}(y_i-gt_i) \tag{7-16}$$

$$\frac{\partial y}{\partial u_1^2}=\text{sigmoid}'(u_1^2)=y(1-y) \tag{7-17}$$

$$\frac{\partial u_1^2}{\partial w_{q1}^2}=z_q \tag{7-18}$$

结合式（7-16）～式（7-18），我们可以得到 $\frac{\partial E}{\partial w_{q1}^2}$ 的计算表达式为

$$\frac{\partial E}{\partial w_{q1}^2}=\frac{2}{N}\sum_{i}(y_i-gt_i)y_i(1-y_i)(z_q) \tag{7-19}$$

而后，根据负梯度方向和学习率 γ（在优化领域，γ又称为迭代步长），可得权重 w_{q1}^2 的迭代公式如下：

$$w_{q1}^2\leftarrow w_{q1}^2-\gamma\frac{\partial E}{\partial w_{q1}^2} \tag{7-20}$$

接下来，我们进一步分析输入层和隐藏层间各权重 w_{pq}^1 的求解过程。同样结合链式求导公式，可得误差 E 相对 w_{pq}^1 的梯度为

$$\frac{\partial E}{\partial w_{pq}^1}=\frac{\partial E}{\partial y}\frac{\partial y}{\partial u_1^2}\frac{\partial u_1^2}{\partial z_q}\frac{\partial z_q}{\partial w_{pq}^1} \tag{7-21}$$

根据式（7-6）～式（7-9）可得：

$$\frac{\partial u_1^2}{\partial z_q}=w_{q1}^2 \tag{7-22}$$

$$\frac{\partial z_q}{\partial w_{pq}^1}=\frac{\partial z_q}{\partial u_q^1}\frac{\partial u_q^1}{\partial w_{pq}^1}=z_q(1-z_q)\cdot x_p^i \tag{7-23}$$

再结合式（7-16）、式（7-17）、式（7-22）和式（7-23），可得 $\frac{\partial E}{\partial w_{pq}^1}$ 的具体计算公式为

$$\frac{\partial E}{\partial w_{pq}^1}=\frac{2}{N}\sum_i (y_i-gt_i)\cdot y_i(1-y_i)\cdot w_{q1}^2\cdot z_q(1-z_q)\cdot x_p^i \tag{7-24}$$

同样根据负梯度方向和学习率 γ，可得权重 w_{pq}^1 的迭代公式如下：

$$w_{pq}^1 \leftarrow w_{pq}^1-\gamma\frac{\partial E}{\partial w_{pq}^1} \tag{7-25}$$

由此，我们便通过图 7-9 中的简单例子描述了基于训练集进行网络模型参数训练和正向推导的基本过程。

我们通常将上述使用误差反向传播机制的前馈神经网络称为“BP”神经网络。可以看出，“BP”神经网络是一种全连接网络，即每一个神经元都与其上一层的所有神经元通过不同的权重而相互连接。在处理高维、非线性问题时，“BP”神经网络所需的层数较多，这就使得模型参数量较大、训练困难且模型精度难以提升。此外，“BP”神经网络在处理图像问题时，通常需要将二维张量或三维张量（多通道）表示的图片拉伸成一维向量，送入全连接网络。这种处理方式忽略了图像的局部不变性，破坏了像素间的联系。“BP”神经网络的上述缺陷极大限制了其应用和推广，学者们对神经网络的研究也由此陷入多年的低谷。

7.2 卷积神经网络基础

卷积神经网络（Convolutional Neural Network，CNN）最初是针对计算机视觉任务而设计的一种深层神经网络，旨在通过卷积操作实现神经元之间的局部连接，模拟大脑视觉皮层中神经元的“感受野”机制，并结合权重共享策略来降低网络模型的参数量。同时，卷积神经网络对输入数据的处理在一定程度上保持了图像的结构特征，高效利用了图像的局部不变性。

卷积神经网络从提出到兴起经历了 40 多年的时间。1980 年，福岛邦彦[5]借鉴了 David H. Hubel 和 Torsten Wiesel 对大脑视觉皮层研究得到的神经元“感受野”机制[6]，提出了带有卷积和降采样操作的新知机网络。1989 年，LeCun[7]将误差反向传播机制引入卷积神经网络，初步确立了卷积神经网络的基本结构和训练过程。1998 年，LeCun 进一步提出了 LeNet 网络[8]以解决文字识别问题，这使得深度学习开始进入人们的视野。但是，由于当时硬件技术能力不足、样本数量有限，加之 SVM 等机器学习算法的兴起，人们并没有过多地关注这类卷积神经网络算法。随着 GPU 并行计算技术的发展，Alex 和 Hinton 等[9]在 2012 年基于 CUDA GPU 实现了 AlexNet 网络，并在当年的 ImageNet 比赛中以超出亚军约 12% 的准确率夺得冠军。至此，学术界再次掀起神经网络的研究热潮，并且随着网络模型的不断加深，业界真正开启深度学习的序幕。近年来，随着卷积神经网络在计算机视觉领域取得巨大成果，它也逐步被扩展至音频处理、文本识别、视频理解等多个领域。

7.2.1 卷积操作的引入及其特点

神经生物学中的“感受野”主要指大脑中的神经元通常只接收其所支配的特定区域的信号，而非对所有信息都做出“反馈”。图 7-9 给出了“BP”神经网络在处理图片时神经元与每个像素输入通过权重连接的示意过程。可以看出，“BP”神经网络处理图像的过程与大脑的视觉感知有较大的差别。那么如何模拟大脑神经元的这种“感受野”机制，并且降低模型的参数量呢？在图像领域，有一种经典的滤波处理操作。以对单通道图片 $\boldsymbol{F} \in \boldsymbol{R}^{M \times N}$ 进行滤波为例，将图片作为二维数值矩阵，把远小于图像尺寸的矩阵 $\boldsymbol{W} \in \boldsymbol{R}^{m \times n}$ 作为滤波器，通过将滤波器和图片对应位置的像素值相乘后取和，作为新图像的像素值 y，即可实现对原始图片的滤波。业界常用的滤波器有拉普拉斯算子、sobel 算子、高斯滤波器等。上述过程在数学表达上为二维离散卷积过程，具体如式（7-26）所示，故该滤波器又称为卷积核。

$$y_{ij} = \sum_{u=1}^{m} \sum_{v=1}^{n} \boldsymbol{W}_{uv} \cdot \boldsymbol{F}_{i-u+1, j-v+1} \tag{7-26}$$

学者们尝试将上述过程引入神经网络，把卷积核作为待学习的权值参数，由此隐藏层的神经元仅与卷积核对应的输入数据相连接。这种将卷积操作和神经网络相结合的方式模拟了大脑视觉中的“感受野”机制，同时也可以大大降低模型的参数量，这正是卷积神经网络名称的由来。图 7-10 示意性地给出了卷积操作的原理。

1. 局部连接

对比图 7-9 和图 7-10 可以看出，CNN 的神经元仅与卷积核对应的部分输入图像数据相连，大大降低了权重参数量。假设图片尺寸为 1024×1080，卷积核尺寸为 2×2。在全连接网络中，第一个隐藏层中的每一个神经元都需要 1 105 920 个权重参数来与输入图片连接；而在卷积神经网络中，对应隐藏层的每一个神经元仅需要 4 个权重参数。

注，文中描述的图片尺寸的大小只是为了用以算法的演示，所以省略了单位，下同。

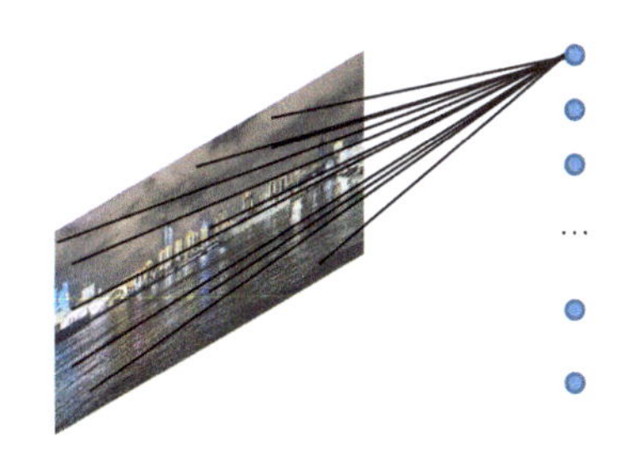

图 7-9 全连接网络

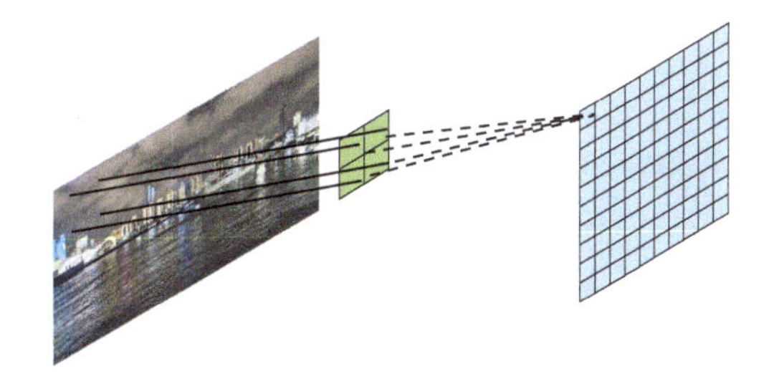

图 7-10 基于卷积的局部连接网络

2. 权值共享

卷积神经网络还引入了“权值共享”机制。在卷积过程中，卷积核在图片上是通过不断滑动来计算乘积之和的，该过程如图 7-11 所示。在图 7-11 中，蓝色矩阵表示图像，绿色矩阵表示卷积核，黄色矩阵为进行卷积操作后得到的特征图。可以看出，当卷积核对图片的不同位置进行运算时，其权重值（又称权值）是不会变化的，这进一步降低了网络训练的难度。

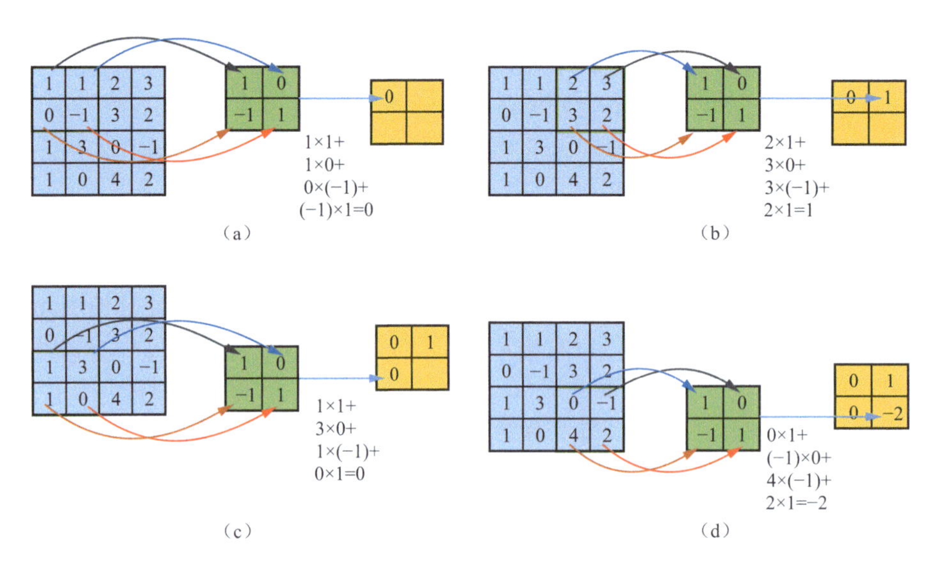

图 7-11　图片卷积计算过程示意图

3. 局部不变性

在图片卷积计算过程中，卷积操作没有改变图片的数据结构，并且不用像“BP”神经网络那样将图片拉伸成一维向量，这就使得 CNN 可以学习到周围像素间的结构关系。

7.2.2　卷积神经网络的基本结构

我们参考 LeNet 网络给出了卷积神经网络的基本结构，如图 7-12 所示。从中可以看出，卷积神经网络通常由输入层、卷积层、池化层、全连接层和输出层组成。

1. 卷积层

顾名思义，卷积层即使用卷积操作对输入数据进行处理的神经网络层。然而，单独的卷积操作实际上是对输入图像数据进行线性权重求和，为了提升神经网络的非线性，还需要在执行卷积操作后引入 sigmoid 函数或 ReLU 函数等激活函数以进行非线性化。

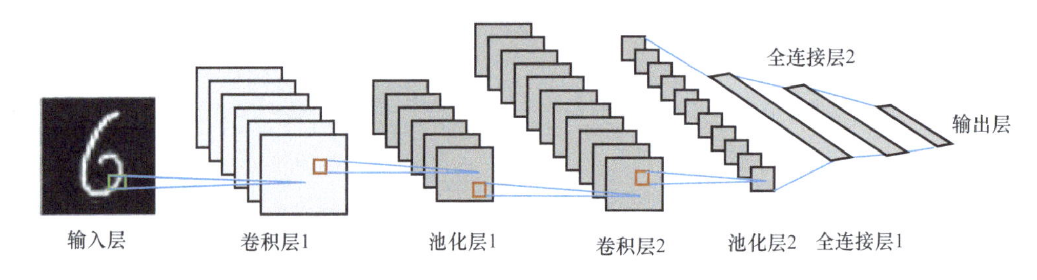

图 7-12　卷积神经网络的基本结构

我们前面介绍过在对图像执行卷积操作时，通常是将卷积核在图像上滑动。那么，如何控制滑动的方式以及所输出特征图的大小呢？这里我们需要介绍滑动步长（stride）的概念。以图 7-13（a）为例，此时 stride=1。当进行卷积运算时，我们首先从尺寸为 4×4 的图片的左上方开始，对卷积核与图片绿色方框区域内的像素值进行点积求和计算，得到输出值为 0 并填入右侧特征图的绿色区域。而后，将卷积核在图像上向右移动一个像素，对应原始图像的米黄色方框区域，再次进行对应元素的点积求和计算，并将输出值 5 填入右侧特征图的米黄色区域。通过在水平或垂直方向上将卷积核每次移动一个像素，即可最终得到 3×3 的特征图。在图 7-13（b）中，此时 stride=2。因此，在水平或垂直方向上，我们每次需要将卷积核移动两个像素，故最终得到 2×2 的特征图。

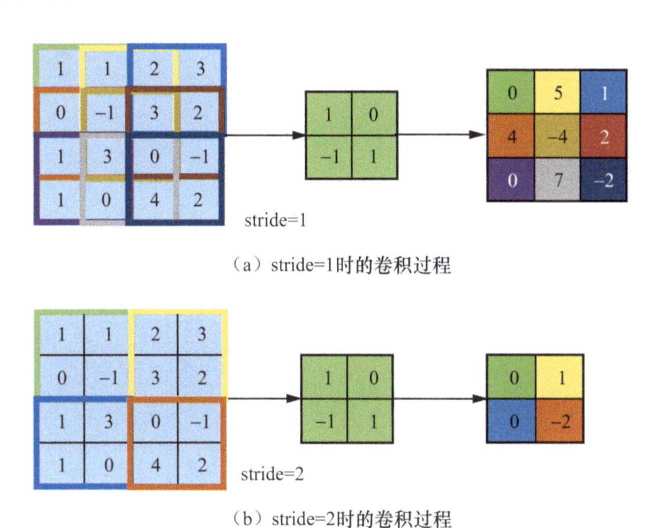

（a）stride=1时的卷积过程

（b）stride=2时的卷积过程

图 7-13　不同步长的卷积过程示例

另外，我们还可以通过在卷积过程中增加零填充（padding）操作来控制所输出特征图的尺寸。零填充的方式有多种，既可以在四周分别增加一行或多行的 0 元素，也可以指定在某一侧增加一行或多行的 0 元素。图 7-14 展示了在四周分别补 0 元素后对卷积的影响。

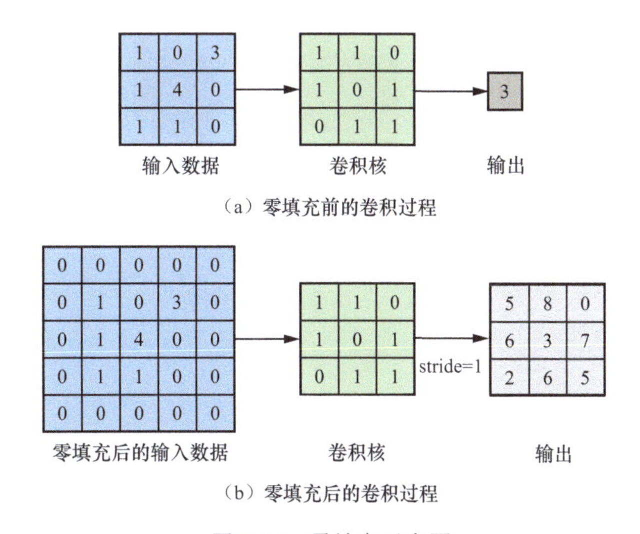

（a）零填充前的卷积过程

（b）零填充后的卷积过程

图 7-14　零填充示意图

通常我们认为，一个卷积核只能抽取图片的一种特征，因此我们在 CNN 中需要引入多个卷积核，以得到多通道的特征图，进而抽取原始图片中的轮廓、色彩、纹理等不同类型的特征。该过程如图 7-15 所示。

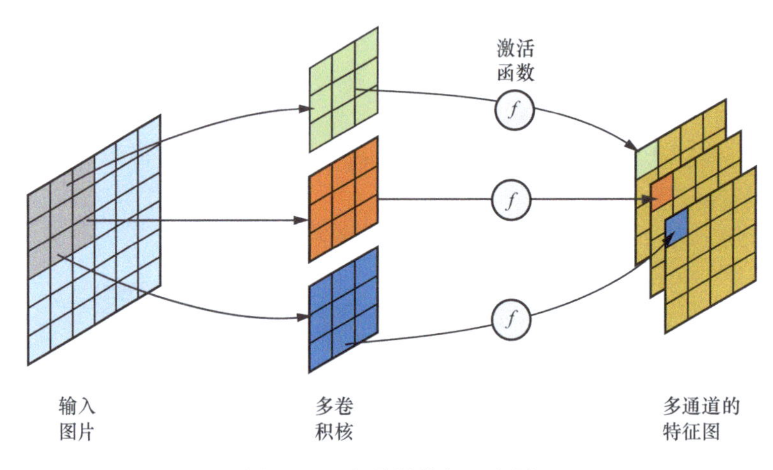

图 7-15　多通道卷积示意图

我们通常把一个神经元根据卷积核对应覆盖的数据范围称作该神经元的“感受野”。在卷积神经网络中，通常需要堆叠多个卷积层，其目的是通过浅层的神经元获取图像局部信息，从而使得深层的神经元获取更大的“感受野”，以抽取图像中的全局信息和语义信息。同时，卷积层堆叠的操作还能够使得网络模型在较小的计算开销下，获取相对较大的“感受野”。图 7-16 描述了两个卷积层堆叠的场景。其中，我们通过两个尺寸为 3×3 的卷积核，对输入图像进行两次卷积操作，使得深层的神经元具有尺寸为 5×5 的“感受野”，该过程所需的权值参数个数为 2×3×3=18。而当我们直接使用一次卷积使得神经元获取同样的“感受野”时，则需要使用尺寸为 5×5 的卷积核，所需的权值参数个数为 25。

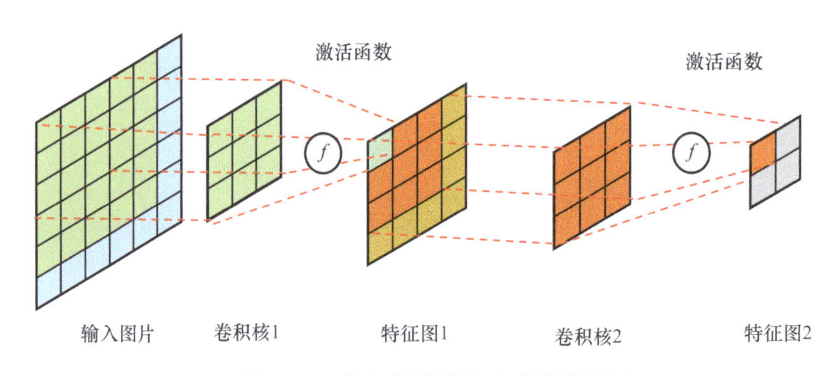

图 7-16　卷积层堆叠扩大感受野示例

2. 池化层

池化（pooling）层的作用是对卷积层获取的特征图进行降采样，进一步缩减特征图的尺寸。该过程不需要引入额外的权值参数，通常是通过对一定范围内的像素值取最大值、平均值等，来达到最大池化（max pooling）、平均池化（average pooling）的目的。池化操作在一定程度上可以使神经网络对输入数据的位置变化具有更强的鲁棒性。

假设池化层的输入特征图的尺寸为 $H \times W \times C$（宽、高、通道数），卷积核的尺寸为 $K \times K$，步长 stride=S，则输出特征图的尺寸为

$$H' = \frac{H-K}{S} + 1 \tag{7-27}$$

$$W' = \frac{W - K}{S} + 1 \tag{7-28}$$

$$C' = C \tag{7-29}$$

在图 7-17 中，我们以尺寸为 4×4 的特征图为例，执行了 kernel=2、stride=2 的最大池化操作，得到池化后尺寸为 2×2 的特征图。由该例可以看出，池化操作在对特征图进行缩减的过程中，保留了其中的关键信息。

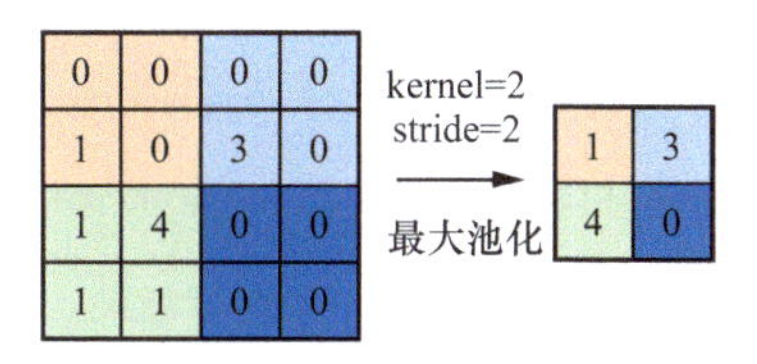

图 7-17　最大池化计算过程示例

3. 全连接层

卷积神经网络通常也包含多个全连接层，用于将卷积、池化后得到的矩阵特征图映射到样本的标注空间中，实现最终的逻辑判断。全连接层通常处在卷积神经网络的末端，此时我们已经通过多个卷积层和池化层，将特征图缩减至较小的尺寸，故我们可以通过简单的摊平（Flatten）操作、池化操作或使用多核卷积等多种方式将多通道的二维特征图转换为一维向量，由此便可接入全连接层进行运算。图 7-18 和图 7-19 分别展示了在由多通道的二维特征图转换为一维向量时，两种常见操作的基本原理。

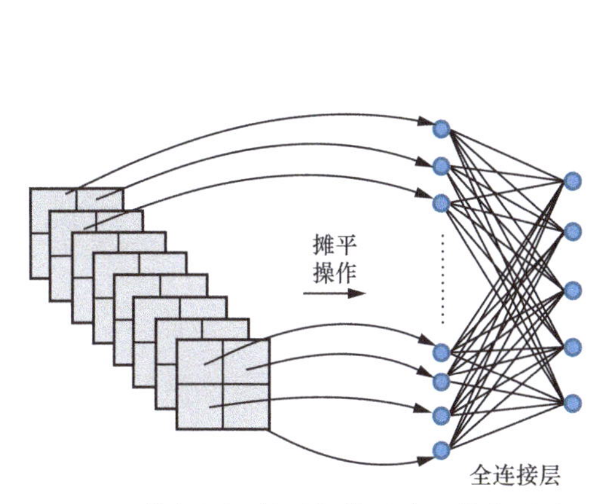

图 7-18　特征图经摊平操作展成一维向量后接入全连接层示例

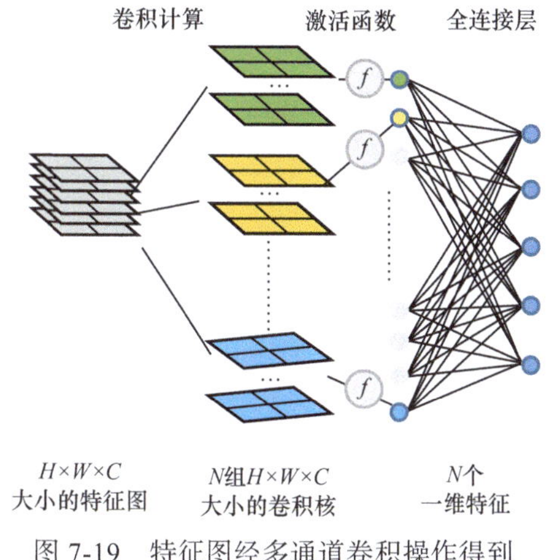

图 7-19　特征图经多通道卷积操作得到一维向量后接入全连接层示例

此外，为了防止神经网络过拟合并提高其泛化性能，我们通常会在全连接层中引入 dropout 策略 [10]，并在训练过程中随机抛弃部分网络节点（令这些网络节点失效）。该过程如图 7-20 所示。

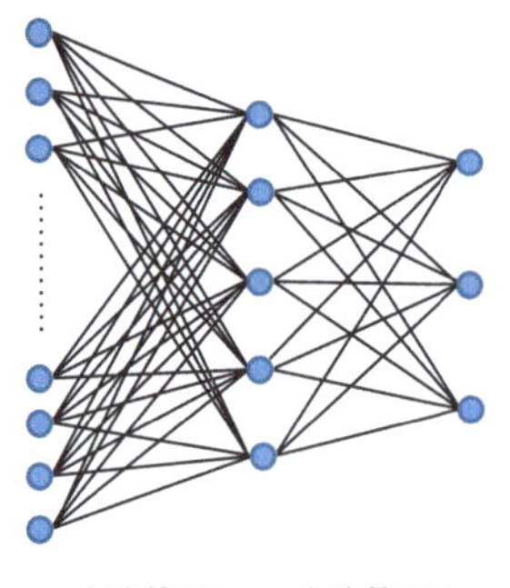

（a）标准的全连接神经网络

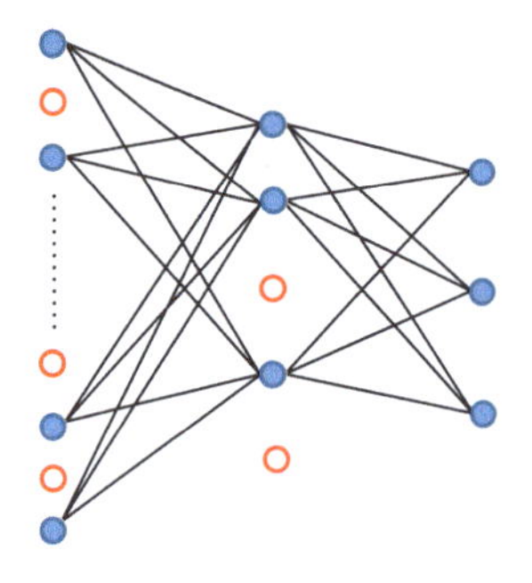

（b）使用dropout策略的神经网络

图 7-20　dropout 策略示意图

7.2.3　经典的图像卷积神经网络

在进行相关神经网络的学习之前，我们首先通过图 7-21 简单描述一下计算机视觉中最为常见的三个研究方向——图像分类、图像目标检测以及图像分割任务之间的区别。可以看出，图像分类任务主要是识别图像的类别，例如图像中是车辆、孩子还是自行车等；图像检测任务主要是识别图像中目标的位置、类别等，并且通常利用边界框（Bounding Box，BBox）对其尺寸信息进行描述；而图像分割任务则是根据语义、属性等将图像划分为多个区域。

（a）图像分类任务

（b）图像目标检测任务

（c）图像分割任务

图 7-21　图像分类、图像目标检测和图像分割任务的区别示意图

下面我们简单介绍图像领域几个经典的网络结构，以方便大家对卷积神经网络有系统性的理解。

1. AlexNet

严格地说，AlexNet[9] 是第一个现代深度卷积神经网络，它采用 GPU 并行计算的方式进行模型的训练，使用了卷积网络、ReLU 激活函数、dropout 策略、数据增强操作等现代神经网络技术，这使得其在 2012 年的 ImageNet ILSVRC 竞赛中以分类误差仅为 16.4% 的成绩摘得桂冠。由于当时显卡算力有限，AlexNet 把训练过程中的特征图平分为两部分，使用了两个 GTX 580 GPU（3GB）进行并行运算。图 7-22 展示了 AlexNet 网络的基本架构。

总体而言，AlexNet 网络接收尺寸为 224×224×3 的图片作为数据输入，通过 5 个卷积层、3 个最大池化层、两个全连接层和一个输出层实现了对图片的分类，最终得到输入图片在 1000 个类别中的概率得分（该比赛中的图片共有 1000 个类别）。表 7-1 具体给出了 AlexNet

网络每一层的具体结构、参数个数等细节信息。其中，在最大池化层 1 和最大池化层 2 之后，AlexNet 网络分别进行了一次局部响应规范化（Local Response Normalization）操作[22]，以进一步提升网络在训练中的稳定性。

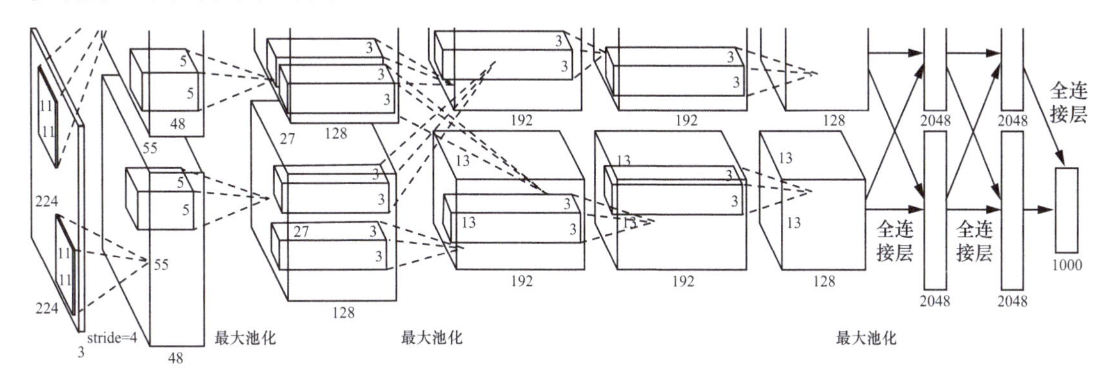

图 7-22 AlexNet 网络的基本架构

（注：图片来自参考文献 [9]）

表 7-1 AlexNet 网络每一层的参数配置表

输入尺寸	层的名称	kernel 尺寸	kernel 个数	stride	pad	输出尺寸	参数个数
227×227×3	卷积层 1	11×11×3	96	4	0	55×55×96	(11×11×3)×96 = 34 848
55×55×96	最大池化层 1	3×3	—	2	0	27×27×96	—
27×27×96	批规范化层 1	—	—	—	—	27×27×96	—
27×27×96	卷积层 2	5×5×96	256	1	2	27×27×256	(5×5×96)×256 = 614 400
27×27×256	最大池化层 2	3×3	—	2	0	12×12×256	—
13×13×256	批规范化层 2	—	—	—	—	13×13×256	—
13×13×256	卷积层 3	3×3×256	384	1	1	13×13×384	(3×3×256)×384 = 884 736
13×13×384	卷积层 4	3×3×384	384	1	1	13×13×384	(3×3×384)×384 = 1 327 104
13×13×384	卷积层 5	3×3×384	256	1	1	13×13×256	(3×3×384)×256 = 884 736
13×13×256	最大池化层 3	3×3	—	2	0	—	—
6×6×256	全连接层 6	—	—	—	—	4096×1	(6×6×256)×4096 = 37 748 736
4096	全连接层 7	—	—	—	—	4096	4096×4096 = 16 777 216
4096	全连接层 8	—	—	—	—	1000	4096×1000 = 4 096 000

2. VGGNet

2014 年，牛津大学视觉几何课题组（Visual Geometry Group，VGG）对卷积网络进行了改进，通过探索模型深度和性能之间的关系，提出了 VGGNet 网络[11]。VGGNet 网络通过使用更小的卷积核、更深层的网络结构来提升整体模型的性能。常见的 VGGNet 网络有 VGG16 和 VGG19 两种结构，如图 7-23 所示。

在 VGGNet 网络中，Simonyan 和 Zisserman 尝试通过叠加多个尺寸为 3×3 的卷积层，来使神经元获取更大的“感受野”，并尽可能减少网络所需的参数。同时，多个卷积层的引入进一步提升了网络的非线性特性。

3. ResNet

从 LeNet、AlexNet、VGGNet 等网络结构可以看出，学者们在对卷积神经网络进行改进时

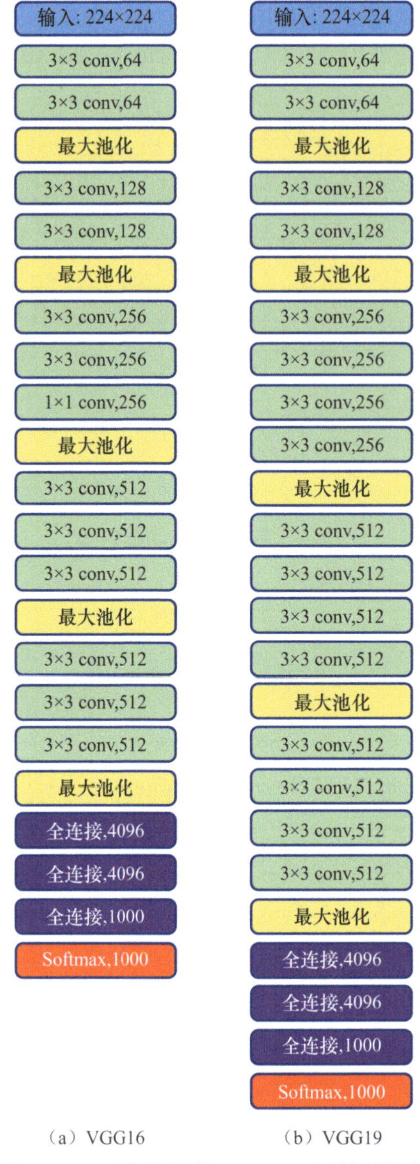

（a）VGG16　　（b）VGG19

图 7-23　两种常见的 VGGNet 网络的架构

不断加深了网络的层数。那么，是否越深层的网络就具有越好的图片处理能力呢？何恺明等基于 CIFAR-10 数据进行了简单的实验分析，对比了 20 层的卷积神经网络和 56 层的卷积神经网络的误差，测试结果如图 7-24 所示。他们通过分析发现，标准卷积神经网络随着网络不断加深，在训练时的误差反向回传过程中，浅层网络对应的误差变得越来越小，出现“梯度消失”现象，深层网络的性能反而下降。

为了高效地解决卷积神经网络出现的“梯度消失”现象，何恺明等在 2015 年提出了残差模块 [12]，该模块的结构如图 7-25（b）所示。残差模块通过将输入特征和卷积后的特征叠加，使得网络模块的输出由 $H=G(F)$ 变为 $H=G(F)+F$。由此，我们在求解 $\frac{\partial H}{\partial F}$ 时便可巧妙地避开“梯度消失”现象。

何恺明等基于残差模块设计了模型深度达到 152 层的 ResNet 网络，并以分类误差仅为

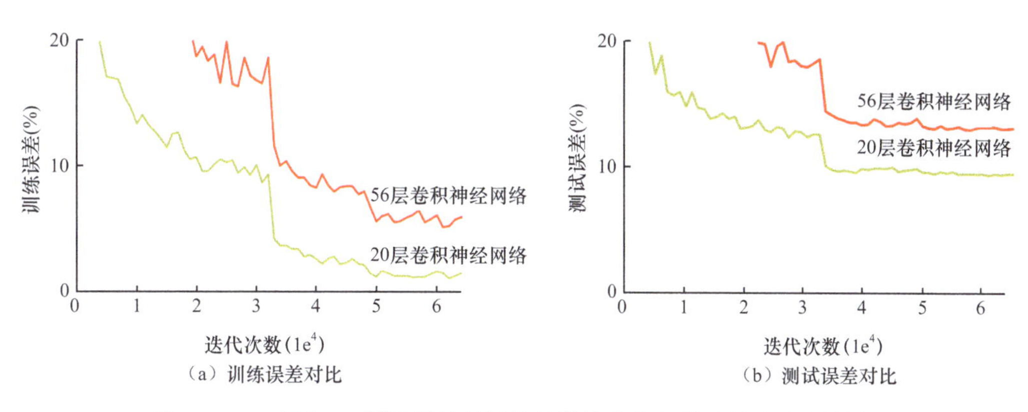

图 7-24　20 层和 56 层卷积神经网络的训练误差和测试误差对比效果图

（注：图片来自参考文献 [12]）

3.6% 的性能夺得 2015 年 ImageNet ILSVRC 竞赛的冠军，使得神经网络真正地走向“深度学习”。由于篇幅有限，图 7-26 仅给出了 34 层 ResNet 网络的缩略图作为示意。

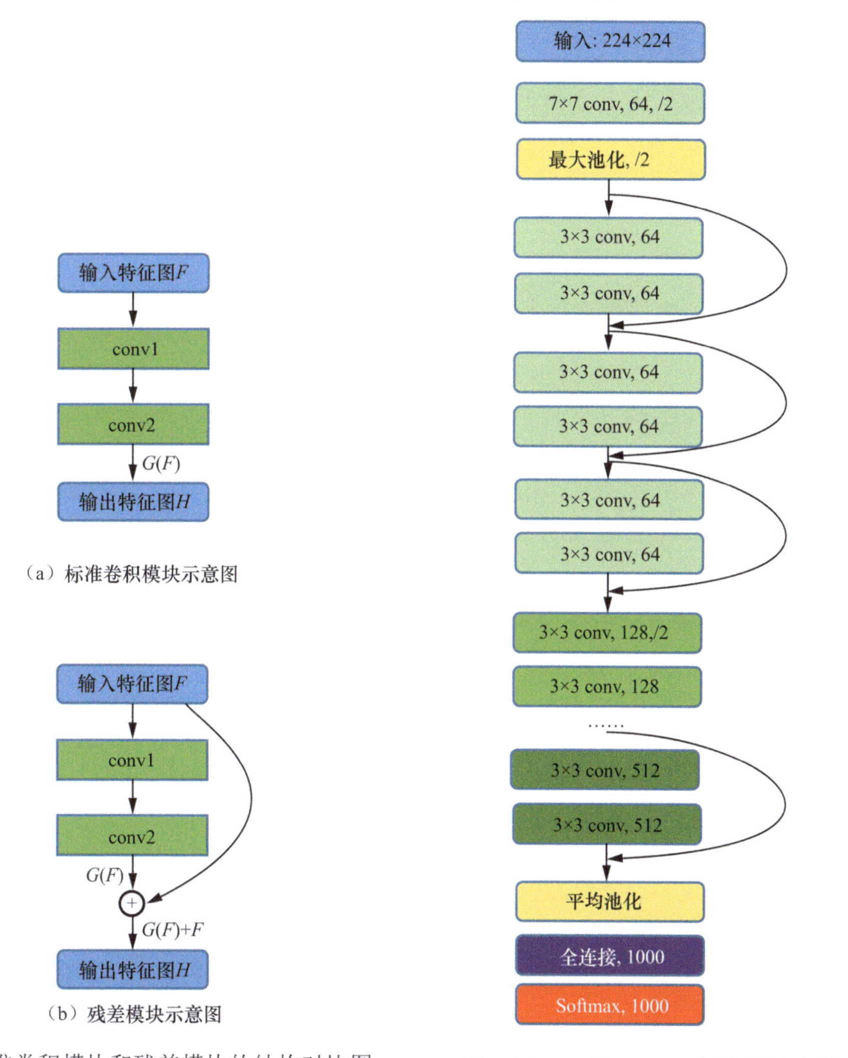

图 7-25　标准卷积模块和残差模块的结构对比图

图 7-26　34 层 ResNet 网络的缩略图

7.3 ViT 基础

我们在观察周围环境或者欣赏一幅图画时往往会关注自己所感兴趣的局部区域。学者们通过尝试模拟人类大脑的这种注意力机制，提出了“attention”操作，并成功将其应用至图像的识别、分类等任务[13,14]。2014 年，“谷歌大脑”的研究人员[15]进一步对“attention”操作做了改进，将其嵌入循环神经网络（Recurrent Neural Network，RNN）中进行图像分类，并取得较好的效果，从而使得这种“attention”操作得到了学者们的关注。2015 年，Bahdanau 等人[16]首次尝试将“attention”操作应用于自然语言处理（Natural Language Processing，NLP）领域，他们结合“Seq2Seq”架构[17]进一步提升了机器翻译的准确性。2017 年，谷歌团队发表了著名的学术论文“Attention is all you need”。在该论文中，Vaswani 等人[18]完全摒弃现有的 CNN、RNN 等网络架构，仅基于“attention”模块提出了全新的 Transformer 模型来处理机器翻译问题。缘于其优异的性能，Transformer 模型迅速代替 RNN 和长短期记忆（Long Short Term Memory，LSTM）网络，在 NLP 领域占据统治地位。在 Transformer 模型于 NLP 领域取得巨大成功的背景下，谷歌的 Dosovitskiy 等人[19]尝试将 Transformer 模型应用到计算机视觉领域，于 2020 年提出了 Vision Transformer（ViT）模型。ViT 模型的提出进一步扩展了学者们处理计算机视觉问题的思路，业界开始对 ViT 模型进行多种改进和优化，并在 2021 年引爆了关于 MLP 架构、CNN 架构和 Transformer 架构的学术流派之争。下面我们简单介绍 Transformer 相关的基础知识，以方便读者理解后续章节中的相关算法。

7.3.1 经典的 Transformer 结构

1．Transformer 的总体架构

这里我们不再过多引申自然语言处理领域的知识，而是直接给出 Vaswani 等人[18]在“Attention is all you need”一文中提出的 Transformer 的总体架构，如图 7-27 所示。

由图 7-27 可以看出，Transformer 在总体上由多头 attention 模块和前向全连接网络堆叠而成，并且使用了残差连接网络和层规范化操作（LayerNorm，LN）以增强网络的鲁棒性。在图 7-27 中，左侧红色虚线框内为编码部分，右侧蓝色虚线框内为解码部分，且默认编码、解码模块各重叠 N=6 次。具体而言，输入文字序列中的某一单词经过编码网络，对其进行输入特征编码，将该单词经过编码后的位置信息（即该单词在文字序列中处在什么位置）与输入特征执行相加操作，得到输入特征 $\boldsymbol{X}$，将其输入编码模块。在编码过程中，对于输入特征 $\boldsymbol{X}$，Transformer 将通过全连接网络学习对应的权重矩阵 $\boldsymbol{W}^Q$、$\boldsymbol{W}^K$、$\boldsymbol{W}^V$，并将输入特征分别映射到 d^Q、d^K、d^V 空间，得到查询矩阵（$\boldsymbol{Q}$）、键矩阵（$\boldsymbol{K}$）和值矩阵（$\boldsymbol{V}$），用于后续 attention 操作：

$$\begin{cases} \boldsymbol{Q} = \boldsymbol{X}\boldsymbol{W}^Q \\ \boldsymbol{K} = \boldsymbol{X}\boldsymbol{W}^K \\ \boldsymbol{V} = \boldsymbol{X}\boldsymbol{W}^V \end{cases} \tag{7-30}$$

在多个编码模块的堆叠过程中，后一层编码模块的输入为前一层编码模块的输出特征。在经过 6 个编码层后，输出特征将被传入解码模块，用以计算键矩阵（$\boldsymbol{K}$）和值矩阵（$\boldsymbol{V}$）。由于在编码过程中，文字序列中的各单词不相互依赖，因此编码过程可以并行进行。

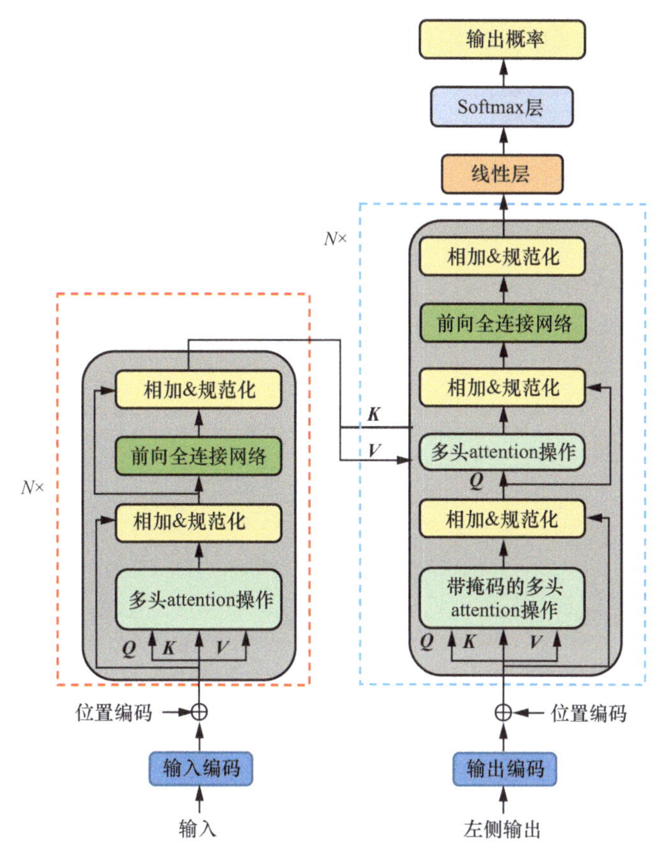

图 7-27 Transformer 的总体架构

而在解码过程中，某一单词的翻译解码往往依赖其前述文字的翻译结果。因此在解码过程中，单词左侧的翻译输出结果用于生成查询矩阵（$\boldsymbol{Q}$），并与编码模块传入的键矩阵（$\boldsymbol{K}$）和值矩阵（$\boldsymbol{V}$）进行多头 attention 计算。具体地说，该单词左侧的翻译输出结果首先经过全连接层进行输出特征编码，而后在输出特征上同样需要加上位置编码特征作为解码器的输入信息 $\boldsymbol{F}$。输入信息 $\boldsymbol{F}$ 同样会基于式（7-30）计算查询矩阵（$\boldsymbol{Q}$）、键矩阵（$\boldsymbol{K}$）和值矩阵（$\boldsymbol{V}$），而后经过带掩码的多头 attention 操作以计算新的查询矩阵 $\boldsymbol{Q}$。对新的查询矩阵 $\boldsymbol{Q}$ 和编码模块传入的键矩阵（$\boldsymbol{K}$）、值矩阵（$\boldsymbol{V}$）进行 attention 计算，即可得到解码模块的输出特征。解码模块同样会重复 6 层，并通过连接线性层和 Softmax 层输出最终结果。

2．attention 操作

attention 操作是 Transformer 模型中的核心过程，图 7-28 展示了规范化的点乘 attention 操作和多头 attention 操作的流程。其中，规范化的点乘 attention 操作可由式（7-31）描述。

$$\text{attention}(\boldsymbol{Q},\boldsymbol{K},\boldsymbol{V})=\text{softmax}\left(\frac{\boldsymbol{Q}\boldsymbol{K}^{\mathrm{T}}}{\sqrt{d^{\boldsymbol{K}}}}\right)\boldsymbol{V} \tag{7-31}$$

在 attention 操作中，我们可以通过点乘近似获取查询矩阵 $\boldsymbol{Q}$ 和键矩阵 $\boldsymbol{K}$ 的相似度，并与值矩阵 $\boldsymbol{V}$ 相乘以获取最终的特征矩阵。同时，我们可以通过除以 $\sqrt{d^{\boldsymbol{K}}}$，来防止矩阵 $\boldsymbol{Q}$ 和 $\boldsymbol{K}$ 点乘后的元素值过大。由于这里 attention 计算所需的 $\boldsymbol{Q}$、$\boldsymbol{K}$、$\boldsymbol{V}$ 矩阵均由同一个输入特征 $\boldsymbol{X}$ 计算得到，因此又称为 self-attention（自注意力）。此外，attention 模块还可通过掩码操作使得特征

图中某些区域的值为 $-\infty$，以抑制某些输出特征。

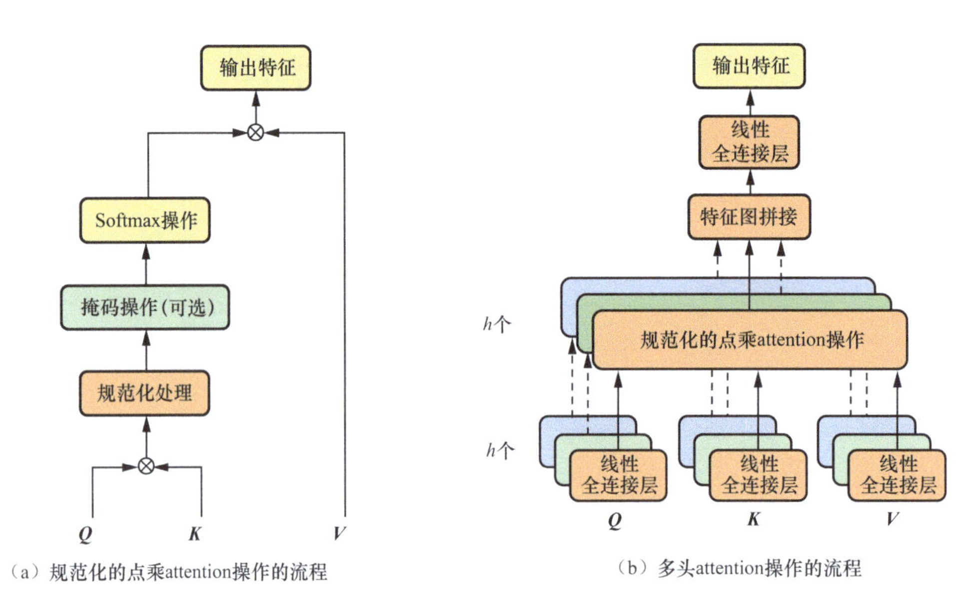

图 7-28　attention 操作原理示意图

进一步地，使 $\boldsymbol{Q}$、$\boldsymbol{K}$、$\boldsymbol{V}$ 矩阵经过不同的全连接层，得到多个矩阵 $\{\boldsymbol{Q}_1,\cdots,\boldsymbol{Q}_h\}$ 、$\{\boldsymbol{K}_1,\cdots,\boldsymbol{K}_h\}$ 、$\{\boldsymbol{V}_1,\cdots,\boldsymbol{V}_h\}$，而后并行地进行 h 个基本 attention 操作（即规范化的点乘 attention 操作），最后将各输出特征经过 concatenate 操作拼接到一起，即可得到图 7-28（b）所示的多头 attention 模块。

3. 位置编码

因为 Transformer 中的 attention 操作是位置无关的，所以我们需要引入额外的位置编码（Position Embedding，PE）操作以表征文字序列中各单词的位置。位置编码生成的特征图与输入特征图的尺寸、维度（d_{model}）是一致的，以便和输入数据的特征图相加。位置编码操作可通过网络学习或给定规则计算得到。具体在标准的 Transformer 中，Vaswani 等人使用式（7-32）和式（7-33）计算各位置特征。

$$\text{PE}_{(\text{pos},2i)}=\sin\left(\frac{\text{pos}}{10000^{2i/d_{\text{model}}}}\right) \tag{7-32}$$

$$\text{PE}_{(\text{pos},2i+1)}=\cos\left(\frac{\text{pos}}{10000^{2i/d_{\text{model}}}}\right) \tag{7-33}$$

其中，pos 表示特征图中元素的位置，$2i$ 表示偶数层的位置特征图，$2i+1$ 表示奇数层的位置特征图。

7.3.2　ViT 的基本结构

为了将 Transformer 应用于图像任务，Dosovitskiy 等[19]分析了 NLP 问题的特点。他们尝试把图像划分为 16×16 个子块（Patch），并将它们转换成序列化的特征输入，而后使用 Transformer 的编码器部分对图像特征进行进一步编码，最后将输出特征图接入 MLP 层和

Softmax 层以实现对图像的分类。该网络模型被称为 Vision Transformer，简记为 ViT。ViT 模型在 ImageNet、CIFAR-100、VTAB 等数据集中取得了较好的效果，一经推出便引起学术界的关注。

图 7-29（a）展示了 ViT 的基本架构，假设输入图像 X 的尺寸为 $H \times W \times C$，划分的图像子块分辨率为 P，则我们可以得到 $N = HW / P$ 个图像子块，每个图像子块 X_p^i 的尺寸为 $P \times P \times C$。这 N 个图像子块可看作 N 个单词，将它们摊平为图像序列。对于每个图像子块，将其展成一维特征，并使用线性层转换为 D 维的矢量特征 $X_p^i W_p$，其中 $W_p \in \mathbb{R}^{(P^2 C) \times D}$。再将每个图像子块得到的矢量特征拼接到一起，并在首列添加类别 Token，而后与位置编码特征相加，即可得到图像的序列化特征图。上述过程可由式（7-34）表示。

$$F_0 = [X_{\text{class}}; X_p^1 W_p; X_p^2 W_p, \cdots, X_p^N W_p] + F_{\text{PE}} \tag{7-34}$$

其中，位置编码特征 $F_{\text{PE}} \in \mathbb{R}^{(N+1) \times D}$。

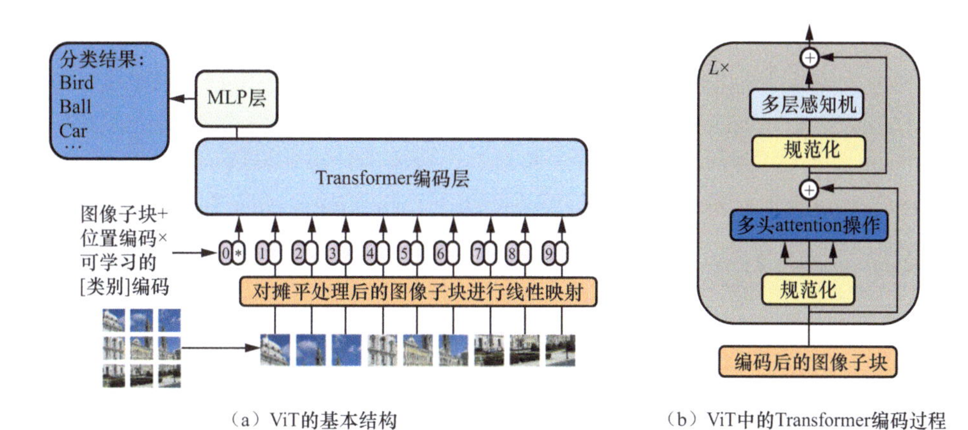

（a）ViT的基本结构　　（b）ViT中的Transformer编码过程

图 7-29　标准 ViT 原理图

（注：图片来自参考文献 [19]）

ViT 使用 L 个 Transformer 编码模块和 MLP 模块堆叠以抽取图像特征。如图 7-29(b) 所示，每个 Transformer 模块都由多头 Self-Attention（MSA）和 MLP 层构成，并且会在每层前使用 LN 层规范化操作以稳定网络输入。为了提升网络的鲁棒性，ViT 同样在 Transformer 的内部引入了残差网络结构。假设每个 Transformer 中 MSA 操作输出的特征为 $F_l'(l = 1, \cdots, L)$，MLP 模块的特征输出为 F_l，整个编码过程的输出特征为 y，则上述 Transformer 编码过程可由式（7-35）～式（7-37）表示。

$$F_l' = \text{MSA}(\text{LN}(F_{l-1})) + F_{l-1}, \quad l = 1, \cdots, L \tag{7-35}$$

$$F_l = \text{MLP}(\text{LN}(F_l')) + F_l', \quad l = 1, \cdots, L \tag{7-36}$$

$$y = \text{LN}(F_L) \tag{7-37}$$

7.3.3　几种经典的 ViT 改进结构

虽然标准 ViT 模型在多个图像分类数据集中均取得了较好的分类结果，但是在将其普遍推广并应用到图像领域以执行分类或检测任务时，我们仍会遇到下述两个挑战。

（1）在一些图像任务中，不同图像目标之间尺寸差异较大，而标准 ViT 模型使用固定大小的子块对图像进行划分，这导致 ViT 模型在同时处理不同尺寸的图像目标时性能不稳定。

（2）图像的分辨率较高，基于矩阵点乘的 Self-Attention 操作在图像任务中所需的计算开销较大。

因此，针对标准 ViT 模型存在的上述问题，2020 年以来，业界出现了许多有针对性的 ViT 改进模型。下面我们示意性地介绍两种经典的 ViT 改进模型。

1. Swin Transformer

微软亚洲研究院的Z. Liu等[20]于2021年在ViT模型的基础上提出了Swin Transformer模型，旨在使用滑窗的方式将 attention 操作限制在尺寸为 $M \times M$ 个 Patch 的滑窗之内，以降低 Self-Attention 的算力；并且为了适应不同尺寸的图像目标，他们通过执行 Patch Merge 操作逐渐扩大了 Patch 的尺寸，使得 Transformer 模型能够获取不同尺寸的特征图。

图 7-30（a）给出了 Swin Transformer 的总体架构。可以看出，Swin Transformer 由 4 个阶段组成，每个阶段包含多个 Swin Transformer Block，用于对图像进行编码和特征提取。具体地说，对于尺寸为 $H \times W \times 3$ 的输入图像，Swin Transformer 首先使用 4×4 的 Patch 对图像进行划分，得到 $H/4 \times W/4$ 个 Patch，每个 Patch 的尺寸为 $4 \times 4 \times 3$。在阶段 1，我们首先使用全连接网络将每个 Patch 图像特征映射为 48 维的矢量信息，原始图片可转换成 $H/4 \times W/4 \times 48$ 的特征并经过全连接网络被映射到 C 维。而后使用堆叠的两个 Swin Transformer Block 对该特征图进行处

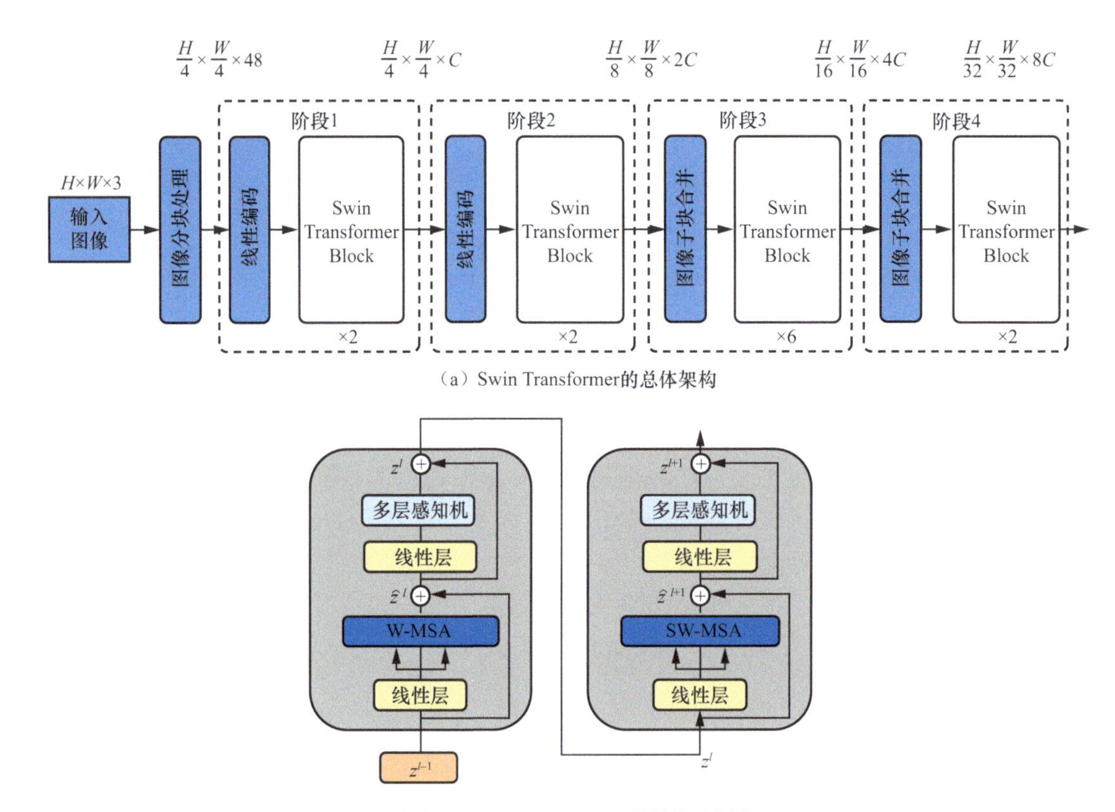

图 7-30　Swin Transformer 的总体架构以及 Swin Transformer Block 的结构示意图

（注：图片来自参考文献 [20]）

行处理，得到 $H/4\times W/4\times C$ 尺寸的特征图并传入阶段 2 的网络中。在阶段 2，Swin Transformer 首先执行 Patch Merge 操作，将相邻的 2×2 个图像子块的特征图经 concatenate 操作拼接到一起，并使用全连接网络将其特征映射到 $2C$ 维。而后，使用多个 Swin Transformer Block 对该特征图进行处理，输出至后续阶段。类似地，在经过阶段 3 和阶段 4 的处理后，最终可以得到尺寸为 $H/32\times W/32\times 8C$ 的特征图，供图像分类、图像分割或图像目标检测任务使用。

Swin Transformer Block 的结构如图 7-30（b）所示。每个 Swin Transformer Block 具体又包含两个不同的 Transformer 编码过程。其中，W-MSA 为窗口内的多头 Self-Attention 操作，旨在将 Self-Attention 过程限制在当前滑动窗口内；SW-MSA 为基于滑动窗口的多头 Self-Attention 操作，目的是提取跨窗口的特征信息。

2. CSwin Transformer

中国科技大学的 X. Dong 和微软的 J. Bao 等[21]对 Swin Transformer 做了进一步改进以降低 Transformer 模型的计算开销，并于 2021 年提出了 CSwin Transformer 模型。CSwin Transformer 的总体架构如图 7-31（a）所示。从中可以看出，在编码过程中，X. Dong 等人使用了 4 个编码阶段，并在每两个编码阶段之间通过卷积网络对特征图进行降采样处理，最终输出尺寸为 $H/32\times W/32\times 8C$ 的特征图。每个编码阶段包含了多个 CSwin Transformer Block，CSwin Transformer Block 的结构如图 7-31（b）所示。

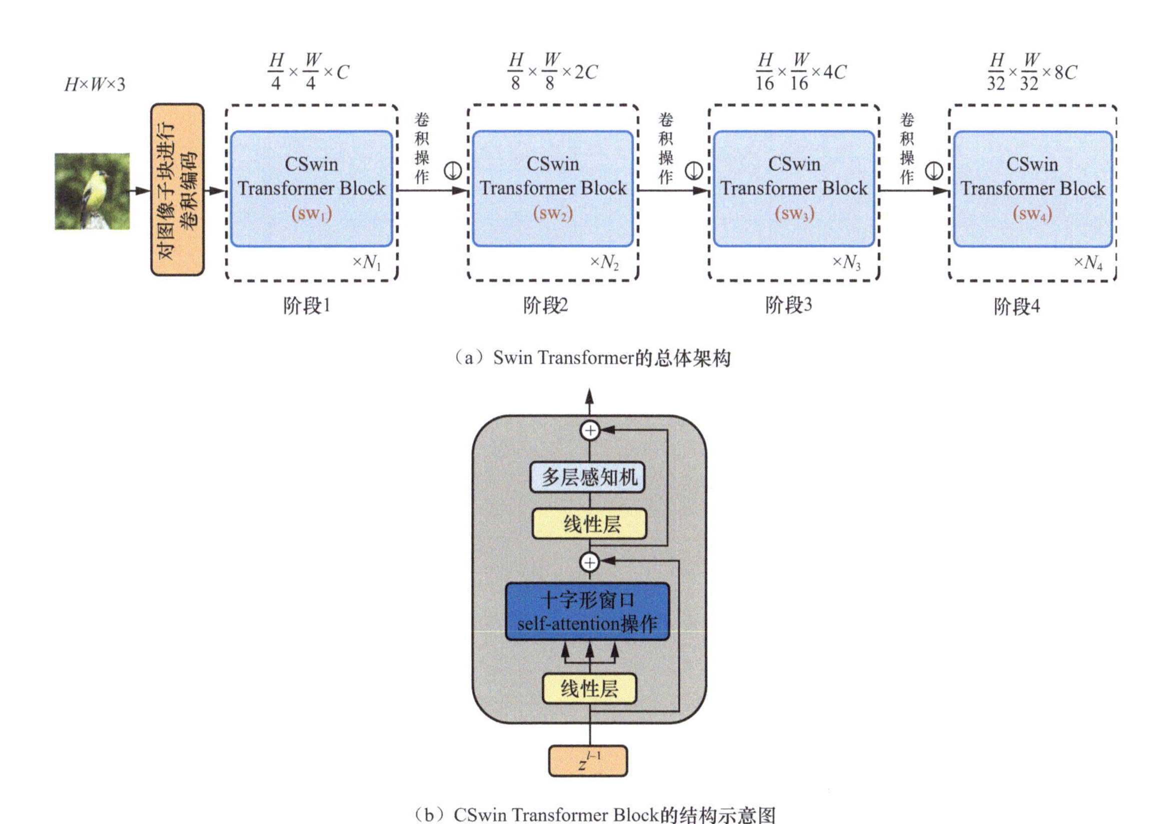

图 7-31 CSwin Transformer 的总体架构以及 Swin Transformer Block 的结构示意图
（注：图片来自参考文献 [21]）

与 Swin Transformer 类似，CSwin Transformer 同样使用尺寸为 4×4 的 Patch 对尺寸为 $H\times W\times C$

的输入图像进行划分，得到 $H/4 \times W/4$ 个 Patch，每个 Patch 的信息维度为 $4 \times 4 \times 3$。而后，CSwin Transformer 使用卷积网络对每个 Patch 进行特征编码，得到尺寸为 $H/4 \times W/4 \times C$ 的特征图并将其送入后续的 Transformer 编码模块。该过程如图 7-32 所示。

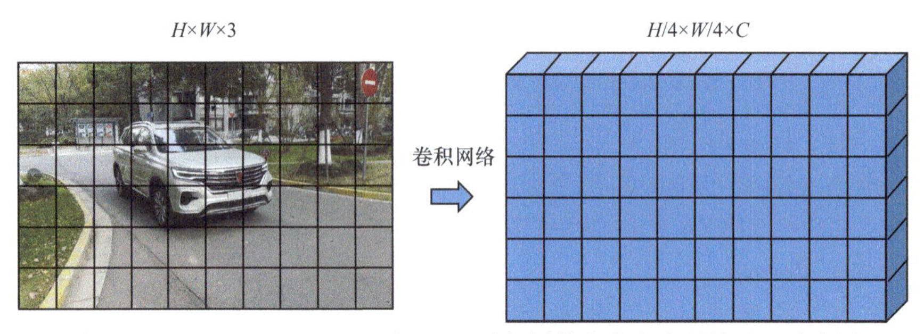

图 7-32　CSwin Transformer 对 Patch 进行划分和卷积编码的过程示意图

具体在 CSwin Transformer Block 中，X. Dong 等引入了十字形窗口 self-attention 操作，如图 7-33 所示。

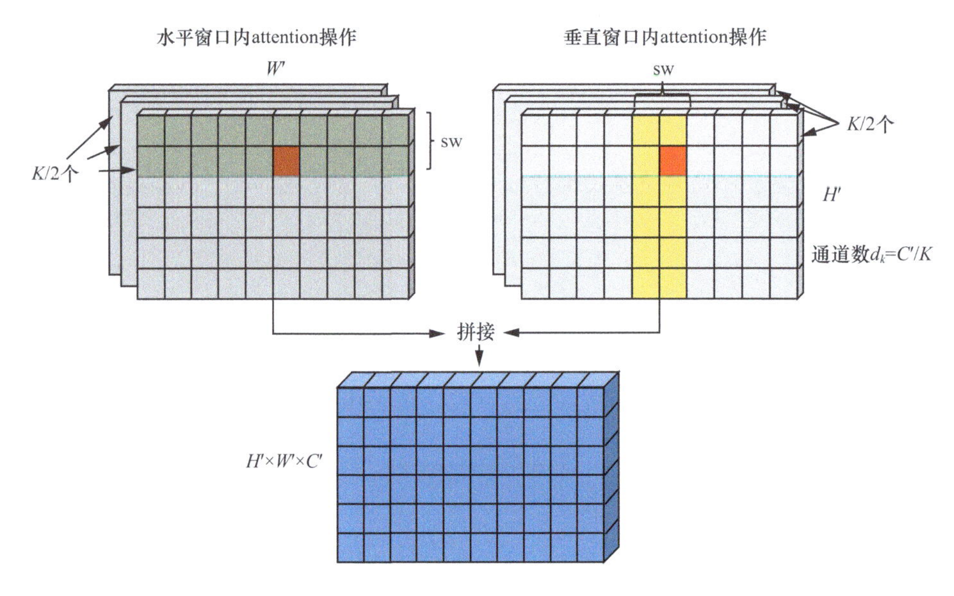

图 7-33　十字形窗口 self-attention 操作的过程示意图

假设当前 CSwin Transformer Block 的输入特征图的尺寸为 $H' \times W' \times C'$，并且假设我们使用了 K 头 self-attention 操作，则在前 $K/2$ 个 attention 头中，可以将特征图在高度方向等分 M 份，每个窗口的尺寸为 $\mathrm{sw} \times W'$，其中 $\mathrm{sw} = H'/M$。同理，在后 $K/2$ 个 attention 头中，则可以将特征图按宽度 sw 纵向划分为多个窗口。对于图 7-34 中的红色 Patch，只需要在其所对应的水平、垂直窗口内进行局部 attention 计算，而后将所有的特征图经 concatenate 操作拼接成 $H' \times W' \times C'$ 大小的特征并传入后续模块即可。CSwin Transformer 通过这种方式，大大降低了 attention 操作的计算量，在 ImageNet-1K 数据集中达到 87.5% 的精度，并在 ADE20K 数据集中达到 55.7 MIoU 的分割精度。

7.4 本章小结

在本章中，我们从简单的神经元开始，逐步介绍了多层感知机、卷积神经网络和 Vision Transformer（ViT）模型等深度学习基本知识。为了加深读者对神经网络理论的理解，我们还简单推导了神经网络前向传递和误差反向传播的过程。通过本章的学习，相信读者对深度学习和神经网络模型已经有了一定的了解。接下来，我们将学习如何利用深度学习网络进行车辆、行人、路沿的检测以及多目标跟踪。

本章参考文献

[1] MCCULLOCH W S, PITTS W. A logical calculus of the ideas immanent in nervous activity[J]. Bulletin of Mathematical Biophysics, 1943, 5(3): 115-133.

[2] RUMELHART D E, MCCLELLAND J L. Parallel distributed processing[M]. Cambridge: MIT Press, 1986.

[3] ROSENBLATT F. The perceptron: a probabilistic model for information storage and organization in the brain[J]. Psychological Review, 1958, 65(6): 386-408.

[4] MNIH V, HEESS N, GRAVES A, et al. Recurrent models of visual attention. ArXiv abs/1406.6247, 2014.

[5] RUMELHART D E, HINTON G E, WILLIAMS R J. Learning internal representations by error propagation[M]. Cambridge: MIT Press, 1986.

[6] FUKUSHIMA K, MIYAKE S. Neocognitron: A new algorithm for pattern recognition tolerant of deformations and shifts in position[J]. Pattern Recognition, 1982, 15(6): 455-469.

[7] HUBEL D H, WIESEL T N. Receptive fields, binocular interaction and functional architecture in the cat's visual cortex[J]. Journal of Physiology, 1962, 160(1): 106-154.

[8] LECUN Y, BOSER B E, DENKER J S, et al. Backpropagation applied to handwritten zip code recognition[J]. Neural Computation, 1989, 1(4): 541-551.

[9] LECUN Y, BOTTOU L, BENGIO Y, et al. Gradient-based learning applied to document recognition[J]. Proceeding of the IEEE, 1998, 86(11): 2278-2324.

[10] KRIZHEVSKY A, SUTSKEVER I, HINTON G E. Imagenet classification with deep convolutional neural networks[J]. Advances in Neural Information Processing Systems (NIPS), 2012, 60(6): 84-90.

[11] SRIVASTAVA N, HINTON G E, KRIZHEVSKY A, et al. Dropout: A simple way to prevent neural networks from overfitting[J]. Journal of Machine Learning Research, 2014, 15(1): 1929-1958.

[12] SIMONYAN K, ANDREW Z. Very deep convolutional networks for large-scale image recognition[EB/OL]. ICLR, 2015.

[13] HE K, ZHANG X, REN S, et al. Deep residual learning for image recognition[C]. IEEE Conference on Computer Vision and Pattern Recognition (CVPR), 2016: 770-778.

[14] ITTI L, KOCH C, NIEBUR E. A model of saliency-based visual attention for rapid scene analysis[J]. IEEE Transactions on Pattern Analysis and Machine Intelligence, 1998, 20(11):1254-1259.

[15] PALETTA L, FRITZ G, SEIFERT C. Q-llearning of sequential attention for visual object recognition from informative local descriptors[C]. In CVPR, 2005: 649-656.

[16] MNIH V, HEESS N, GRAVES A, et al. Recurrent models of visual attention advances in neural information processing systems[C]. NIPS, 2014: 2204-2212.

[17] BAHDANAU D, CHO K, BENGIO Y. Neural machine translation by jointly learning to align and translate[EB/OL]. CoRR abs/1409.0473, 2015.

[18] QUOC V L. Sequence to sequence learning with neural networks advances in neural information processing systems[C]. NIPS, 2014: 3104-3112.

[19] VASWANI A, SHAZEER N, PARMAR N, et al.Attention is all you need advances in neural information processing systems[C]. NIPS, 2017: 6000-6010.

[20] DOSOVITSKIY A, BEYER L, KOLESNIKOV A, et al. An image is worth 16×16 words: transformers for image recognition at Scale[EB/OL]. ArXiv abs/2010. 11929, 2021.

[21] LIU Z, LIN Y T, CAO Y, et al. Swin transformer:hierarchical vision transformer using shifted windows[C]. IEEE/CVF International Conference on Computer Vision (ICCV), 2021: 9992-10002.

[22] DONG X Y, BAO J M, CHEN D D, et al. CSWin transformer: a general vision transformer backbone with cross-shaped windows[C]. ArXiv abs/2107.00652, 2021.

[23] JARRETT K, KAVUKCUOGLU K, RANZATO M A, et al. What is the best multi-stage architecture for object recognition?[C]. In International Conference on Computer Vision, 2009: 2146-2153.

第 8 章　基于 3D 激光点云的目标检测

8.1 引言

在本章中，我们将学习 3D 激光感知系统中最为重要的一个方向——3D 目标检测。随着深度学习在图像目标检测任务中取得巨大成功，激光雷达硬件技术的不断发展，以及点云信息能够越来越好地描述周围环境特征，将深度学习应用到 3D 激光点云进行目标检测成为近年来智能驾驶领域的研究热点。激光点云的 3D 目标检测通常是指在点云中识别车辆、行人等目标，并给出其尺寸、位置和朝向等信息。图 8-1 示意性地给出了针对单车辆目标的检测结果。在图 8-1 中，我们可以通过绿色的 BBox 边框来形象地描述车辆的尺寸、位姿等信息，并将边框内对应车辆目标的点云用红色渲染显示。

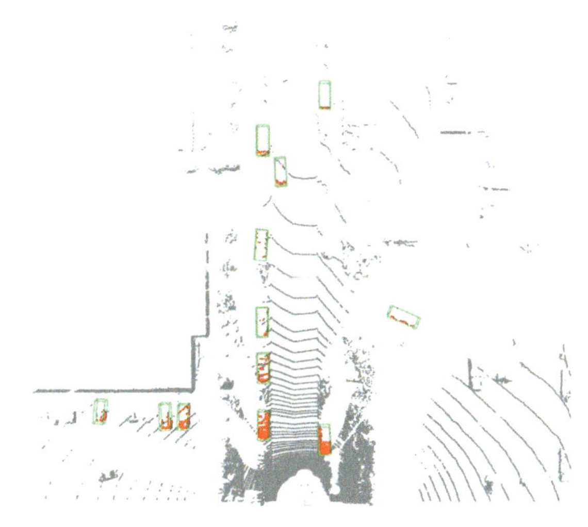

图 8-1　激光点云的 3D 目标检测结果样例

结合对近年来相关技术文献的分析，本章将 3D 激光点云的目标检测按照不同的分类方式进行划分，具体如图 8-2 所示。

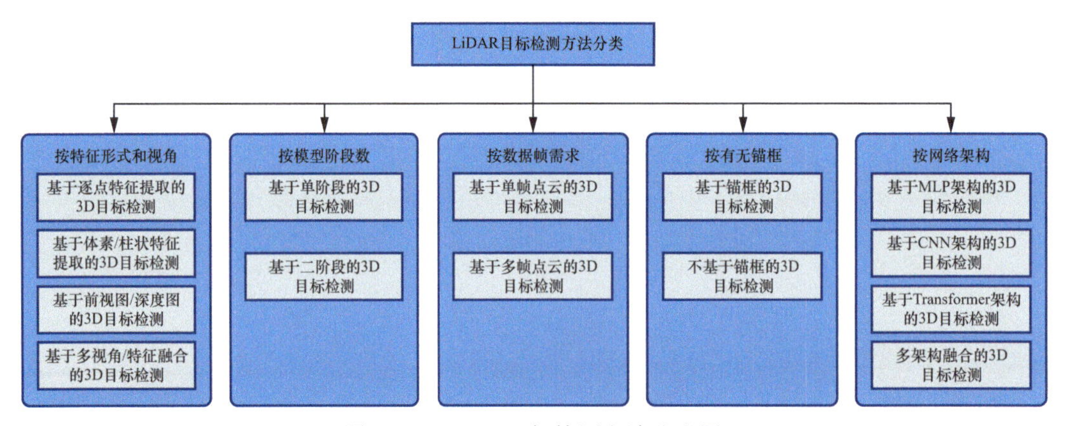

图 8-2　LiDAR 目标检测方法分类图

1. 基于原始点云的 3D 目标检测

在 3D 目标检测的早期研究阶段，学者们尝试直接从原始点云出发抽取每个激光点附近邻域的特征，并结合整个点云的全局特征来实现对目标物体的检测。其中，PointRCNN[3] 算法首先利用 PointNet++[2] 网络抽取逐点的特征矢量，得到初步的前景点和背景点分割结果，而后每个前景点生成预测框，最后利用二阶段网络对该预测框进行精细化。类似的 STD 模型[26] 也采取 PointNet++ 网络从原始点云中提取特征，并且利用了二阶段检测架构。在细节方面，STD 模型选用了球形锚框来对目标进行预测，并且采用了 PointsPool 操作以获取预测框内激光点更紧致的特征表示，此外还在第二阶段的预测框的精细化过程中，通过引入一个并行交并（Intersection over Union，IoU）分支来提高定位精度。但是，一帧激光点云中激光点的个数从几十万到上百万不等，上述基于逐点特征提取和预测的方法在内存占用和实时性上均难以满足工程需求。为了改善基于点特征的 3D 目标检测方法的实用性，3DSSD 算法[27] 采用了一阶段检测架构，对逐点特征抽取网络 PointNet++ 中的最远点采样（Farthest Point Sampling，FPS）进行改进，提出了融合特征采样策略，并提出了 CGlayer 网络以更好地获取下采样后点云集的特征。CGlayer 网络能够在 KITTI 数据集中实现 25+PFS 的推理速度，并获得较好的检测结果。

2. 基于体素 / 柱状特征划分的 3D 目标检测

对连续问题进行离散化近似是降低问题求解难度和时间复杂度的经典方式之一，在第 5 章和第 6 章，我们介绍了多个算法，旨在通过对连续的 2D 和 3D 空间分别进行栅格化或体素化以解决地面分割和点云聚类问题。苹果公司于 2017 年提出 VoxelNet 网络[6]，旨在对三维空间在长、宽、高三个方向进行离散化，得到多个体素栅格，并利用轻量化的 PointNet 网络进行体素内特征抽取，进而得到点云特征的 4D 张量表达，然后利用 3D 卷积操作和 reshape 操作将 4D 张量转换为 2D 卷积所能够处理的 3D 张量，最后结合 RPN 网络实现对目标的检测。海康威视也尝试将 VoxelNet 网络中体素划分的方式与特征金字塔架构结合并提出了 Voxel-FPN[30] 算法。为了进一步提升模型训练和推理速度，SECOND 网络[8] 在 VoxelNet 网络的基础上引入了 3D 稀疏卷积。而 PointPillars 网络[9] 则进一步在 SECOND 网络的基础上进行了改进，仅在长和宽两个维度对 3D 空间进行离散化，得到柱状体素特征，并得到点云在鸟瞰图（BEV）视角下的 3D 特征张量，然后通过 2D 目标检测的方法完成了 3D 激光点云的目标检测工作。该算法巧妙地避开了烦琐的 3D 卷积操作，算法实时性较好，因此得到许多学者的深入研究并有多种改进算法[28,29]。由于该类算法最终会将点云特征转换为 BEV 视角下的特征图，因此一些学者也将该类算法称为基于 BEV 视角的 3D 目标检测方法。

3. 基于深度图的 3D 目标检测

对高维问题进行降维处理也是我们经常使用的问题简化方式之一。参考深度图在激光点云聚类等方向的成熟应用，许多学者尝试将原始的 3D 激光点云投影至 2.5D 的深度图以进行物体检测。百度深度学习研究院率先进行了该研究方向的尝试：通过将 3D 激光点云投影为图像，使用 2D 全卷积神经网络进行目标检测[31]。类似的 Uber 在深度图、强度图、激光点占据图的基础上，采用的 anchor-free 架构，提出了 LaserNet 网络[34]。然而，经研究发现，大多数单纯基于深度图的 3D 目标检测算法的检测精度往往低于基于体素和逐点方式的 3D 目标检测算法。图森未来在 RangeDet[11] 算法中详细分析了产生该现象的原因，指出在 2.5D 深度图上进行特征提取与在 3D 空间中进行预测框回归存在一定的信息不匹配，同时 2D 卷积更适合处理传统图像，但 2D 卷积在处理深度图时存在距离维度的信息缺失。此外，物体距离的变化会导致目标在深度图中表现为尺度的变化。因此，RangeDet 算法有针对性地提出了更适合深度图的卷

积核并且引入了距离条件金字塔架构，大大提升了算法基于深度图进行 3D 目标检测的性能。

4. 基于多特征 / 多视角融合的 3D 目标检测

由于前述几种 3D 目标检测方式有不同的优缺点，是否能够结合上述多种检测方式的优势进行 3D 目标检测自然也就是一个值得研究的方向。早在 2016 年，清华大学和百度就尝试将激光点云的鸟瞰图、深度图和前视图相结合，使用 2D 卷积网络进行目标检测，并提出了 MV3D[15] 算法。Waymo 和谷歌尝试将鸟瞰图视角下立方体体素抽取的特征和前视图视角下视锥体素抽取的特征相结合，最终与逐点提取的特征拼接到一起用于 3D 目标的检测，并提出了 MVF 算法[20]，这种特征融合的思路同样也被应用于他们在 CVPR 2021 会议上提出的 RSN[32] 算法中。

5. 基于二阶段的 3D 目标检测

二阶段的 3D 目标检测方法在流程上借鉴了图像二阶段网络的基本思想，其第一阶段主要用于提取潜在的预测框，在第二阶段再进行精细化处理。除前述提到的 PointRCNN 算法和 STD 模型外，香港中文大学的史少帅等人基于二阶段网络的思想，尝试将多尺度体素划分得到的特征信息和基于点特征获得的精细局部信息相结合，进一步提出了 PV-RCNN 算法[21]，大大提高了算法的检测精度。图森未来在 CVPR 2021 会议上提出了 LiDAR-RCNN 算法[36]，尝试在不改变已有 3D 目标检测算法的基础上，通过在二阶段引入的精细化的迷你网络，提升预测框的精度，并取得较好的效果。

6. 基于多帧点云的 3D 目标检测

前述方法大多仅基于当前帧的点云信息进行目标检测，这样的方式没能够利用历史的点云和检测结果，为此，Waymo 的 Charles 等人基于多帧点云序列提出了 Offboard3DOD 算法[42]，并将其应用于点云的离线自动标注任务。进一步地，香港中文大学、Waymo 和谷歌联合提出了 Cross-Attention 模块，尝试用它处理多帧激光点云来提高 3D 目标检测算法的性能，并在 CVPR 2021 会议上发表了 3D-MAN 算法[24]。基于多帧点云信息的检测算法通常在检测精度上相比基于单帧点云的检测算法有一定提升，但是前者的计算开销更大，并且在实时性上有待进一步改善。

7. 不基于锚框的 3D 目标检测

与图像领域的 YOLO 算法[38]、CenterNet 算法[39] 类似，在 3D 目标检测领域，一些算法也尝试不使用预先设定的锚框进行目标检测。例如，CenterPoint[37] 算法通过中心点热力图描述各目标，并通过多任务融合的方式端到端地解决 3D 目标检测和多目标跟踪任务，取得较好的效果。地平线感知算法团队同样基于 anchor-free 架构提出了 AFDet 算法[40] 和 AFDetV2 算法[41]，并夺得 2021 年 Waymo 数据集挑战赛 3D 目标检测项目的冠军。

8. 基于注意力机制 /Transformer 机制的 3D 目标检测

此外，随着注意力机制 /Transformer 机制[25] 近年来在图像和自然语言处理等领域取得重大突破，在 3D 激光雷达目标检查任务中引入上述机制也是当前的研究热点之一。其中，华中科技大学和中国科学院自动化研究所联合提出了 TANet 算法[33]，旨在将注意力机制应用于逐点特征、逐通道特征和逐体素特征，并采用由粗略到精细进行 BBox 回归的架构，提升了算法在行人等小目标上的检测精度以及对点云噪声的稳定性。加拿大滑铁卢大学在 ICCV 2021 会议上提出了 SA-Det3D 算法[34]，尝试将 self-attention 模块引入 3D 目标检测，以期望更好地捕捉环境背景信息，此外还将该算法与 2D 可变型卷积相结合[35]，进一步提出了 deformable self-attention 模块，然后将这两种 attention 模块嵌入 PointPillars、SECOND、PointRCNN、PVRCNN 等算法，提升了这些算法的检测性能。中国科学院自动化研究所、清华大学和图森未来等 5 家机构联合在 CVPR 2022 会议上提出了 SST 算法，尝试去除传统的 CNN 架构，而仅通过 Sparse Transformer 架构实现高效的 3D 目标检测。

当然，随着目前 3D 目标检测得到学者们的广泛关注，算法的改进方向和研究的切入点已不能通过上述分类方式完全覆盖。希望读者在工作和研究中，实时跟踪顶会（顶级会议的简称，世界三大顶级的计算机视觉会议分别是 CVPR、ICCV 和 ECCV）信息，把握最新研究动态。下面我们将简单介绍神经网络和深度学习的基础知识，而后结合几个有代表性的算法，详细分析 3D 目标检测的基本原理和流程。

8.2 MLP 架构的 PointNet 网络

PointNet 网络[1]是由斯坦福大学的 Charles R. Qi 等人在 2017 年的 CVPR 会议上提出的经典模型，该模型主要通过 MLP（Multi-Layer Perceptron）对 3D 点云提取局部和全局特征，并实现目标分类、零件分割、语义分割等任务，开源代码可在 GitHub 上找到。虽然 PointNet 网络不是针对 3D 点云的目标检测任务提出的，但是其基于原始 3D 点云提取特征的方法得到了许多学者的认可，常被改进并嵌入后续多个 3D 目标检测算法中。下面我们简单介绍一下 PointNet 网络的原理和模型架构。

8.2.1 PointNet 网络模型的架构

Charles R. Qi 等人首先分析了 3D 点云并认为其具有下述特征。

（1）无序性：3D 点云对点的排列顺序不敏感。

（2）点之间具有关联性：集合中的点之间并不是完全孤立的，相邻的多个激光点可以体现物体的表面几何特征。

（3）齐次变换无关性：一个几何物体对应的点云，在经过平移或旋转变换后，不会改变点云所属的类别或分割结果。

3D 点云的上述特征，要求网络模型对点云数据输入的不同排列顺序、位置姿态保持不变性，同时要求网络模型能够从邻域点集中抽取局部特征，并且可结合多组局部特征获取全局的聚合信息。在此背景下，Charles R. Qi 等设计出了 PointNet 网络模型，如图 8-3 所示。

由图 8-3 可以看出，针对分类任务和分割任务，PointNet 网络具有不同的网络结构。以分类任务为例，假设分类类别为 k 类，原始 3D 点云可表示为 $[n\times3]$ 的特征向量。首先，3D 点云经由 3×3 的 T-Net 网络进行输入变换，得到 $[n\times3]$ 的特征向量，而后经过两个权值共享的 MLP 层，使得特征维度扩展至 64 维。接着，将得到的 $[n\times64]$ 的特征向量与 64×64 的 T-Net 网络相乘以进行特征变换，而后再分别经由权值共享的 64 维、128 维和 1024 维的 MLP 层，将抽取的特征由低维向高维进行转换，最终得到 $[n\times1024]$ 的特征向量。随后，经由最大池化层对 $[n\times1024]$ 的特征向量进行池化，得到 3D 点云的全局特征。$[1\times1024]$ 的全局特征向量再经过 3 个 MLP 层，依次得到 $[1\times512]$ 维、$[1\times256]$ 维和 $[1\times k]$ 维的特征向量，初步获取 k 个类别的得分，再经由 softmax 函数便可进一步得到分类结果。

对于分割任务而言，假设标签为 m 个，则需要对 3D 点云中的每个点计算其所属标签。Charles R. Qi 结合了 $[n\times64]$ 的局部特征矩阵和 $[1\times1024]$ 的全局特征向量，组合成 $[n\times1088]$

的特征矩阵。由此，每个点的特征向量既包含该点附近抽取的局部特征，又包含整个点云中抽取的全局特征。再依次经过 512 维、256 维、128 维的权值共享 MLP 层，得到 [$n\times128$] 的特征矩阵；并再次结合 128 维、m 维的权值共享 MLP 层，得到 [$n\times m$] 维的输出。有了每个点对于各个标签的得分，再经由 softmax 函数便可进一步得到分割结果。

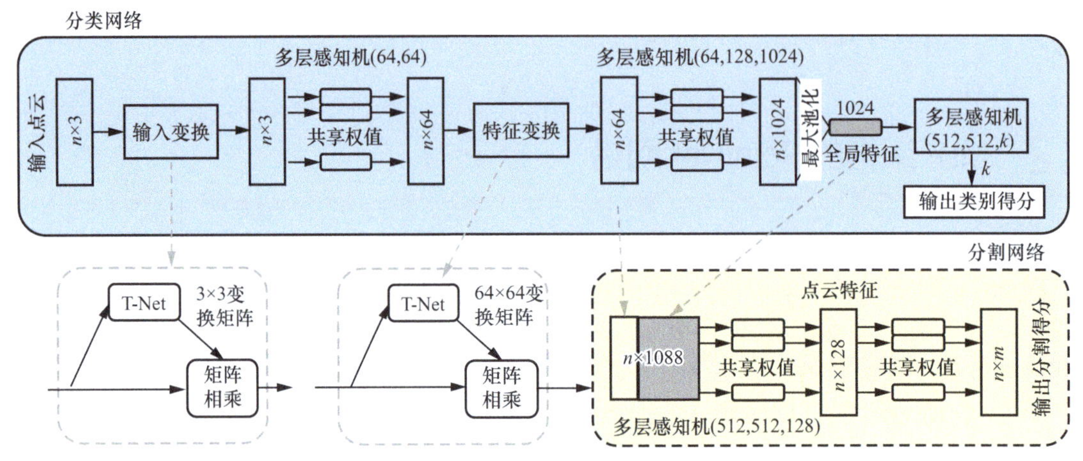

图 8-3　PointNet 网络模型的架构示意图

（注：图片来自参考文献 [1]）

8.2.2　PointNet 网络的特点

1. 针对无序点云输入的对称函数设计

为了使得 PointNet 网络模型能够处理无序的输入点云，Charles R. Qi 指出构建的 PointNet 网络模型应近似等效于对称函数，以消除点云顺序不同对特征抽取造成的影响。因此，PointNet 网络模型可近似表示为

$$f(\{x_1,\cdots,x_n\})\approx g(h(x_1),\cdots,h(x_n)) \tag{8-1}$$

其中，$f:2^{\mathbb{R}^N}\to\mathbb{R}$、$h:\mathbb{R}^N\to\mathbb{R}^K$、$g:\underbrace{\mathbb{R}^K\times\cdots\times\mathbb{R}^K}_{n}\to\mathbb{R}$为对称函数。

在具体的实现过程中，可通过多层感知机网络近似函数 h，并通过单变量函数和最大池化函数的组合近似得到对称函数 g。因此，可初步设计出 PointNet 网络模型由多个 MLP 模块和最大池化模块构成。

2. 局部和全局信息聚合

对于分类问题，在获取到输入点云的全局特征向量 $[f_1,\cdots,f_k]$ 后，我们可以结合 SVM 或多层感知机分类器得到分类识别的结果，但是点云分割任务需要结合激光点的局部和全局信息。

Charles R. Qi 采取了特征聚合的方式，使得每个激光点的特征向量同时包含该点周围的局部信息以及由整个点云抽取的全局信息。如图 8-3 所示，点云的全局信息为 [1×1024] 的矢量，由最大池化操作获取得到。对整个点云抽取得到的局部信息为 [$n\times64$] 维的矩阵，其中每个激光点的局部特征矢量为 [1×64] 维，将前述 [1×1024] 的矢量与 [1×64] 维的特征聚合，得到每个点的特征矢量为 [1×1088] 维。由此，在结合了局部和全局特征信息后，PointNet 网络模型在进行点云分割时，性能就会有明显的提升。

3. 空间变换网络

为了使分类和分割的结果具备旋转不变性，PointNet 网络模型引入了迷你网络 T-Net，用以学习空间变换矩阵。具体如下：在点云输入阶段，input transform 模块通过 3×3 的 T-Net 网络与原始点云相乘，对点云进行旋转变换和对齐矫正。进一步地，在点云被映射到高维特征空间后，对 $[n\times64]$ 维的矩阵利用 64×64 的 T-Net 网络进行特征对齐，进而获取旋转无关的特征信息。

由于特征空间中的变换矩阵是 64×64 维的，因此极大增加了优化求解的难度。Charles 在 softmax 训练中增加了一个正则化项，用以约束 T-Net 网络学习到的矩阵接近正交矩阵，由此加速求解并提高模型训练的稳定性。该正则化项具体为

$$L_{\text{reg}} = \|\boldsymbol{I} - \boldsymbol{A}\boldsymbol{A}^{\text{T}}\|_F^2 \tag{8-2}$$

其中，矩阵 $\boldsymbol{A}$ 为 T-Net 网络学习得到的特征对齐矩阵。

至此，我们初步介绍了 PointNet 网络的结构和特点。可以看出，PointNet 网络模型通过组合 MLP 和最大池化实现了对点云特征的抽取，并执行分类和分割任务。但是由于 PointNet 网络模型中缺乏类似卷积层的操作，使得其捕获每个激光点周围局部特征的能力不足，因此 Charles R. Qi 等对 PointNet 网络进一步改进并提出了 PointNet++ 网络。

8.3 PointNet 网络改进之 PointNet++ 网络

PointNet 网络无法较好地获取每个激光点邻域的局部特征，这限制了其在复杂场景中的应用。为此，Charles R. Qi 等人于 2017 年在 NIPS 会议上进一步提出了 PointNet++[2] 网络，引入了层级式点集特征学习模块。该模块基于 3D 点云模拟了 2D 图像中感受野传递的方式，首先将整个点集所在空间划分为多个重叠的局部区域，从中抽取激光点邻域的局部特征，通过层级式点集特征模块的堆叠，将当前层获取到的局部特征输入下一层点集特征学习模块，以获取更高一级的特征。然后，不断重复上述过程，直至获取整个点云的全局特征。相比 PointNet 网络，PointNet++ 网络能够更有效地获取点云的局部和全局特征，并且具备更好的鲁棒性，其开源代码可在 GitHub 上找到。

8.3.1 PointNet++ 网络模型的架构

图 8-4 是 PointNet++ 网络模型的架构示意图，从中可以看出，PointNet++ 网络从总体上可以分为 3 部分：层级式点集特征学习模块、用于分割的子网络以及用于分类的子网络。其中，层级式点集特征学习模块由多个集合特征抽取层构成，其输入是由 N 个点构成的原始点集，输出为抽取到的点集的（$N_2, d+C_2$）维的特征信息。类似于 CNN 中的卷积层，该模块结合多个集合特征抽取层的堆叠，使得网络的感受野不断增大，获取的特征也逐渐由局部、低维度向全局、高维度变化。在获取到点集特征后，根据所处理的是分类任务还是分割任务，对应进入不同的分支。对于分割任务，将获取的点集特征通过插值的方式进行上采样，并结合 unit PointNet 网络，使得点集特征恢复到（N，k）维，得到每个点对应 k 个语义标签的得分。对于分类任务，得到的（$N_2, d+C_2$）维的特征信息经由 PointNet 网络转为（1，C_4）维的特征矢量，

再经由多个全连接层转为（1，k）维的矢量，对应分类任务中 k 个类别的得分。

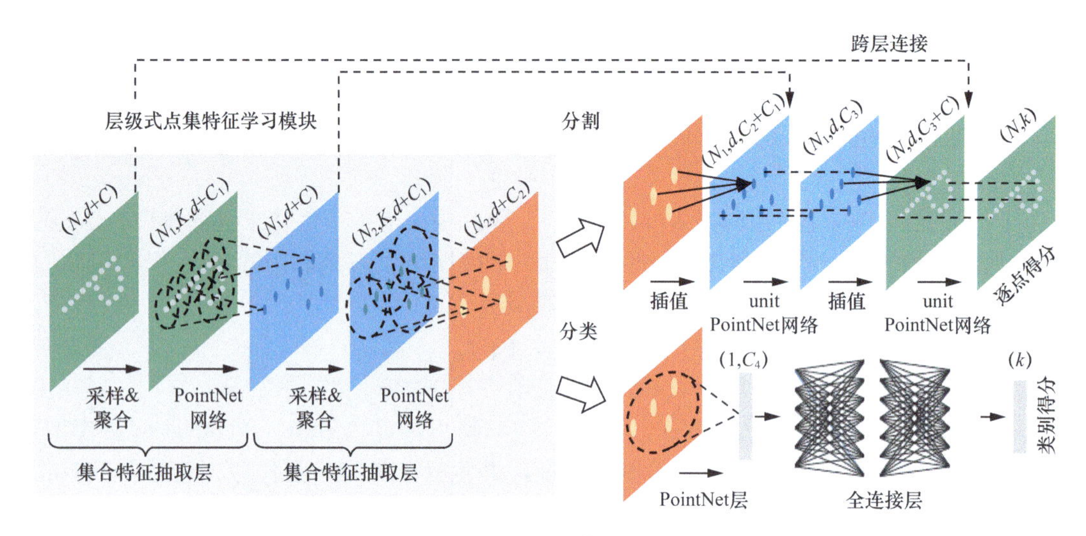

图 8-4　PointNet++ 网络模型的架构示意图

（注：图片来自参考文献 [2]）

8.3.2　层级式点集特征学习模块

如前所述，层级式点集特征学习模块由多个集合特征抽取层组合而成。集合特征抽取层用于对当前特征进行降采样。首先通过采样从输入点集中抽取一部分点，作为局部区域的形心；然后在形心附近搜索其邻域点并构建局部区域；最后通过 PointNet 网络对局部区域进行编码并得到特征矢量。

集合特征抽取层的输入为 $[N, d+C]$ 维的矩阵，其中 N 为当前点集中点的个数，d 维的向量为点的坐标信息，C 维的矢量为点的额外特征信息；输出为 $[N',d+C']$ 维的矩阵，其中 N' 表示当前点集下采样后点的个数，C' 维的矢量为经过信息抽取后的局部特征信息。

1. 采样

假设当前点集为 $\mathrm{PC}=\{x_1,x_2,\cdots,x_n\}$，考虑到整个点集中点的个数较多，例如一帧 128 线激光雷达点云包含约 23 万个激光点，为了降低模型计算开销，我们需要从中选择一部分子集进行特征提取。PointNet++ 网络采用迭代最远点采样（FPS）策略进行下采样，得到由 N' 个采样点构成的子集 $\mathrm{SPC}=\{x_{i_1},x_{i_2},\cdots,x_{i_{N'}}\}$。FPS 是比较经典的采样方法之一，被广泛应用于实验设计、全局优化等多个领域。FPS 方法相比随机采样方法而言，优点是可以生成分布更均匀的采样点序列，并且能够更好地表征采样空间，缺点是计算相对耗时。

FPS 的基本过程如下 [3]：假设在当前阶段需要从点集PC中获取 N' 个采样点，并且假设已经得到的采样点子集为$\{x_{i_1},x_{i_2},\cdots,x_{i_{j-1}}\}$，则我们可以通过不断地重复式（8-3）所示的计算过程，获取新的采样点x_{i_j}，直至$i_j=N'$。

$$x_{i_j}=\operatorname{argmax}_{k\in\{1,2,\cdots,n\}}\|\delta_k\|，\quad \delta_k=\min_{t\in\{i_1,i_2,\cdots,i_{j-1}\}}\|x_k-x_t\| \tag{8-3}$$

其中的第一个采样点 x_{i_1} 可通过随机采样的方式获取。

2. 聚合

聚合的作用是在点集 PC 中搜索以采样点集 SPC 为形心的局部空间中的邻域点，用于后续的 PointNet 网络进行特征提取。输入为点集 PC 的 $[N, d+C]$ 维的特征矩阵以及采样获取的采样点集 SPC 的 $[N',d]$ 维的位置信息，输出为 $[N', K, d+C]$ 维的特征矩阵。参数 K 为每个形心周围邻域点的个数，对于不同的局部区域，K 的值可以不同。在后续进行特征提取时，我们可以由 PointNet 网络得到维度一致的特征矢量。

在进行邻域点搜索的过程中，PointNet++ 网络引入了 ball quary 操作，其实质是以形心为中心，以给定的搜索距离 r 为半径，在局部球状空间中搜索形心的邻域点。若 ball quary 操作获取的邻域点的个数大于 K，则可通过距离对邻域点进行排序，并选取前 K 个点作为形心的邻域；若 ball quary 操作得到的邻域点的个数小于 K，则可以对其中的某些点进行重采样或零填充，凑齐 K 个邻域点，供后续局部特征抽取使用。

3. PointNet 网络

经过上述聚合操作，并通过对点集 PC 进行处理，我们将整个区域划分成了由形心及其邻域表征的 N' 个局部区域，每个局部区域内有 K 个点，点的特征为 $d+C$ 维的矢量。通过对每个局部区域内的 $[K,d+C]$ 维特征进行编码，可以得到 $[1, d+C']$ 维的特征矢量，因而最终输出 $[N', d+C']$ 维的特征矩阵。

此外，在进行特征抽取之前，各激光点 $x_i^{(j)}$ 都需要转换到对应形心 $\hat{x}_i^{(j)}$ 所处局部区域的坐标系下进行表示，于是有

$$x_i^{(j)} = x_i^{(j)} - \hat{x}_i^{(j)}，\ i=1, 2,\cdots, K，\ j=1, 2, \cdots, d \tag{8-4}$$

8.3.3 非均匀采样密度下的特征学习

在实践中，整个点集通常在不同的区域有不同的密度，这种非均匀性给点云特征提取带来较大的挑战。例如，在密度大的局部区域表现较好的特征提取网络在稀疏性明显的局部区域不一定有好的效果。为此，Charles R. Qi 等在 PointNet++ 网络中引入了密度自适应的特征抽取方式。他们对集合特征抽取层中的聚合操作进行了改进，并通过结合不同尺度的特征，使得 PointNet++ 网络能够处理密度变化的点云。Charles R. Qi 等人尝试了两种改进方式，分别是多尺度聚合（Multi-Scale Grouping，MSG）和多分辨率聚合（Multi-Resolution Grouping，MRG），如图 8-5 所示。

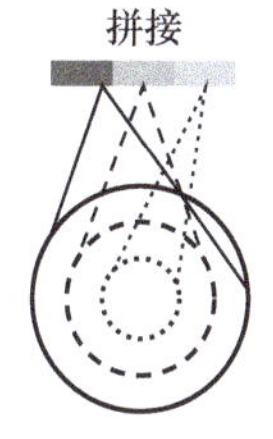

（a）MSG示意图

（b）MRG示意图

图 8-5 MSG 和 MRG 示意图
（注：图片来自参考文献 [2]）

1. 多尺度聚合

当希望获取多尺度的特征矢量时，一种简单直接的方式是在聚合操作中设置不同的距离参数 r，使得每个抽取特征所在局部区域的尺度不同，而后将获取的多尺度特征拼接到一起，如图 8-5（a）所示。

当基于 MSG 策略进行 PointNet++ 网络的训练时，为了提高网络的鲁棒性，可以对输入点云采用 dropout 策略，根据随机生成的概率 $\theta \in [0, p]$，确定是否丢弃该点。但是，经过 Charles R. Qi 等人的测试，发现 MSG 策略的计算开销较大，这是因为低层网络中采样得到的形心较多，对每个形心进行多尺度的特征抽取非常耗时。

2. 多分辨率聚合

多分辨率聚合（MRG）策略的具体过程如图 8-5（b）所示，第 L_i 层获取的特征矢量由两部分拼接而成，左侧的特征矢量是通过对第 L_{i-1} 层的局部区域进行特征提取得到的，右侧的特征矢量则是直接采用 PointNet 网络在局部区域中对原始点云进行特征抽取得到的。

当点云密度较小时，左侧特征矢量的可靠性较低，这是因为经过采样后的点更加稀疏，因此右侧特征矢量的权重应更大。反之，当点云密度较大时，左侧的特征矢量则能够表征点云更细微的特征。与 MSG 策略相比，MRG 策略由于避免了低层网络中大尺度的邻域特征抽取，因此计算耗时相对较短。

8.3.4 点云分割中的特征传播

观察图 8-4，在分割分支中，PointNet++ 网络采用了基于距离插值的层级传播策略和跨层跳跃连接的方式，由特征矩阵计算出所有原始点所对应的语义标签。层级传播模块由多个特征传播层和 unit PointNet 网络组成，跨层跳跃连接则可以将抽取的局部特征和上采样过程中的特征矢量进一步融合。

假设在第 1 个特征传播层中，输入端点的个数为 N_l，记为 P_1，输出端点的个数为 N_{l-1}，记为 P_2，且有 $N_{l-1} > N_l$，则该特征传播层的功能为由输入端特征矩阵 $[N_l, d+C]$ 计算输出端 N_{l-1} 个点的特征。对于 P_2 中的每个点 x，在 P_1 中搜索与其距离最近的 k 个邻域点，并结合 p 点和邻域点之间的距离进行插值，结合邻域点的特征矢量 $[\boldsymbol{f}_1, \cdots, \boldsymbol{f}_k]$ 和权重 ω，求得点 x 的特征矢量 $\boldsymbol{f}$，具体参见式（8-5），参数的默认值为 p=2、k=3。

$$\boldsymbol{f}^{(j)}(x) = \frac{\sum_{i=1}^{k} \omega_i(x) \boldsymbol{f}_i^{(j)}}{\sum_{i=1}^{k} \omega_i(x)} \tag{8-5}$$

其中
$$\omega_i(x) = \frac{1}{d(x, x_i)^p}, \quad j = 1, \cdots, C$$

在经过特征传播层获取插值后的点集和初步的特征矢量后，PointNet++ 网络使用 unit PointNet 网络对特征做了进一步更新，然后不断重复上述过程，直至上采样到原始点云的维度，并输出对应的特征矢量，用于计算每个点的类别标签。

8.3.5 算法小结

经过 8.2 节和 8.3 节的介绍，我们对 PointNet 网络和 PointNet++ 网络的原理有了基本的了解，虽然这两个网络模型提出的时间较早，但是其基于原始点云进行特征提取的方式对后续研究产生了深远的影响，并被多种 3D 目标检测算法采用，SECOND[8]、PointRCNN[4]、PointPillars[9] 以及 LiDAR-RCNN[36] 等多个网络模型的特征提取阶段均包含了简单的 PointNet 网络或 PointNet++ 网络。

8.4 二阶段检测器——PointRCNN 网络

PointRCNN 网络 [4] 是香港中文大学的史少帅等将原始点云特征提取和二阶段检测架构

相结合的成功探索，并在 2018 年年底位居 KITTI 数据集激光雷达 3D 目标检测任务榜首。PointRCNN 网络发表于 2019 年的 CVPR 会议，其开源代码可在 GitHub 上找到。

8.4.1 PointRCNN 网络模型的架构

PointRCNN 网络模型的架构如图 8-6 所示，从整体上可以分为两个阶段。第一阶段的子网络将 3D 点云分割成前景点和背景点，并采用自下而上的方式生成少量的高质量候选区域。对候选区域中的 3D 点云进行 ROI 池化，便可进入第二阶段的子网络。第二阶段的子网络将池化后的 3D 点云转换到规定的坐标系下，进一步抽取局部特征，并与第一阶段获取的全局语义特征相结合，用于高精度 bounding box 估计和置信度预测。

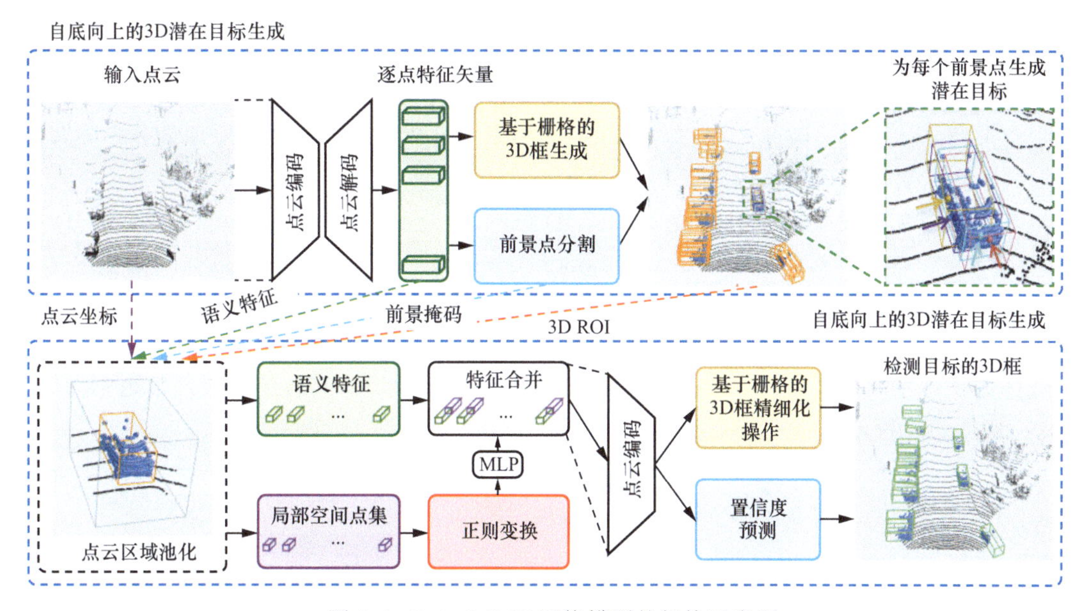

图 8-6　PointRCNN 网络模型的架构示意图

（注：图片来自参考文献 [4]）

8.4.2 模型细节特征

1. 生成 3D 候选区域

PointRCNN 网络将 PointNet++ 网络作为骨架网络，对原始 3D 点云进行编码和解码，从而获取每个点的特征矢量。而后第一阶段的子网络变成两个分支，一个分支基于特征进行 3D bounding box 的初步预测，另一个分支用于分割 3D 点云中的前景点和背景点。

因为在智能驾驶 3D 目标任务中，目标物体一般属于前景点，所以为了便于后续直接从 3D 点云中生成预测 bounding box，PointRCNN 网络选择基于分割头过滤多余的背景点云。同时，考虑到智能驾驶常常发生在室外场景，其前景点通常远少于背景点，因此在分割训练时选择 focal loss[5] 用于处理这种类别不均衡问题，如式（8-6）所示。

$$L_{\text{focal}}(p_t) = -\alpha_t(1-p_t)^{\gamma}\log(p_t) \tag{8-6}$$

其中$p_t=\begin{cases} p & \text{，前景点} \\ 1-p & \text{，背景点} \end{cases}$，默认值为$\alpha_t=0.25$、$\gamma=2$。

另外，由于在经过骨架网络的特征提取之后，每个点的特征矢量都包含了全局和局部信息，因此 PointRCNN 网络选择了 anchor-free 架构，直接基于每个前景点估计对应 3D 框的初步位置。3D 框可通过向量（x, y, z, h, w, l, θ）来表示，其中（x, y, z）为 3D 框的中心点位置，（h, w, l）为 3D 框的高度、宽度和长度，θ 为检测目标在鸟瞰图视角下的偏航角。

为了由 3D 点云估计目标的 3D 框，史少帅等人提出了栅格化回归方法。假设激光雷达坐标系被定义为 Z 轴向前、X 轴向右，在估计 3D 框的中心点在 X 轴和 Z 轴上的位置时，可以首先将每个前景点的附近区域沿着 X 轴和 Z 轴方向划分为离散的栅格，而后将目标中心点的位置估计问题分解为"分类 + 回归"问题。如图 8-7 所示，在由紫色前景点估计车辆的中心位置时，PointRCNN 网络以当前点为原点，将 X 轴和 Z 轴方向搜索范围为 S 的空间分别均匀地划分多个栅格，栅格分辨率为 δ。对于每个栅格，首先判断物体的中心点是否在该栅格内，即首先需要经过一个分类过程。若判断物体中心点在绿色标记对应的栅格内，则通过回归过程求解物体中心点的具体位置。因此，中心点位置估计的损失函数由两项组成，一项为分类问题的交叉熵损失函数，另一项为栅格内的回归损失函数。

其次，考虑到一般车辆的 Y 轴位置以及 3D 框的尺寸变化相对较小，可以在进行 3D 框的（y, w, h, l）等参数的回归训练时采用 L1 smooth 损失函数。最后，在估计目标的偏航角 θ 时，PointRCNN 网络也采用了"分类 + 回归"两个步骤，先将 360° 划分为 n 个扇区，通过分类求得偏航角属于哪个扇区，再通过回归进一步求得具体的偏航角，航向角训练时的损失函数与中心点坐标估计对应的损失函数一致。因此，3D 框各参数估计训练对应的损失函数可整理如下。

- 中心点坐标（x, z）以及偏航角 θ 对应的损失函数：

$$L_{\text{bin}}^{(p)}=\sum_{\mu\in\{x,z,\theta\}}\left(F_{\text{cls}}\left(\widehat{\text{bin}}_u^{(p)},\text{bin}_u^{(p)}\right)+F_{\text{reg}}\left(\widehat{\text{res}}_u^{(p)},\text{res}_u^{(p)}\right)\right) \tag{8-7}$$

其中：

$$\text{bin}_x^{(p)}=\left\lfloor\frac{x^p-x^{(p)}+S}{\delta}\right\rfloor,\quad \text{bin}_z^{(p)}=\left\lfloor\frac{z^p-z^{(p)}+S}{\delta}\right\rfloor \tag{8-8}$$

$$\text{res}_u^{(p)}=\frac{1}{C}\left(u^p-u^{(p)}+S-\left(\text{bin}_u^{(p)}\cdot\delta+\frac{\delta}{2}\right)\right),\quad u\in\{x,z\}$$

$$\text{res}_y^{(p)}=y^p-y^{(p)}$$

（$x^{(p)},y^{(p)},z^{(p)}$）为前景点的坐标，（x^p,y^p,z^p）为对应物体中心点的坐标，$\text{bin}_x^{(p)}$ 和 $\text{bin}_z^{(p)}$ 为中心点真值在 X 轴和 Z 轴方向对应的栅格号，$\text{res}_x^{(p)}$ 和 $\text{res}_z^{(p)}$ 为中心点真值在所属栅格内的残差值，$\widehat{\text{bin}}_u^{(p)}$ 和 $\widehat{\text{res}}_u^{(p)}$（$u\in\{x,z\}$）为对应的估计值。$C$ 为用于归一化的栅格长度参数，F_{cls} 为交叉熵分类损失函数，F_{reg} 为 L1 smooth 损失函数。

- 3D 框中心点垂向位置 y 以及几何尺寸（w,h,l）对应的损失函数：

$$L_{\text{res}}^{(p)}=\sum_{v\in\{y,h,w,l\}}F_{\text{reg}}\left(\widehat{\text{res}}_v^{(p)},\text{res}_v^{(p)}\right) \tag{8-9}$$

- 总的损失函数：

$$L_{\text{reg}}=\frac{1}{N_{\text{pos}}}\sum_{p\in\text{pos}}\left(L_{\text{bin}}^{(p)}+L_{\text{res}}^{p}\right) \tag{8-10}$$

其中，pos 为前景点的集合，N_{pos} 为前景点的个数。

在经过前述操作后，对于每一个前景点即可获取到一个预测的 3D 框，如图 8-7 的右上角所示，4 个示例前景点分别用红色、浅蓝、紫色和黄色表示，并分别得到了对应颜色的预测框。因此，整个阶段将产生大量的冗余预测框，PointRCNN 网络通过执行非最大值抑制（Non-Maximum Suppression，NMS）操作，筛选出了其中质量较高的 3D 预测框并输入到后续阶段。

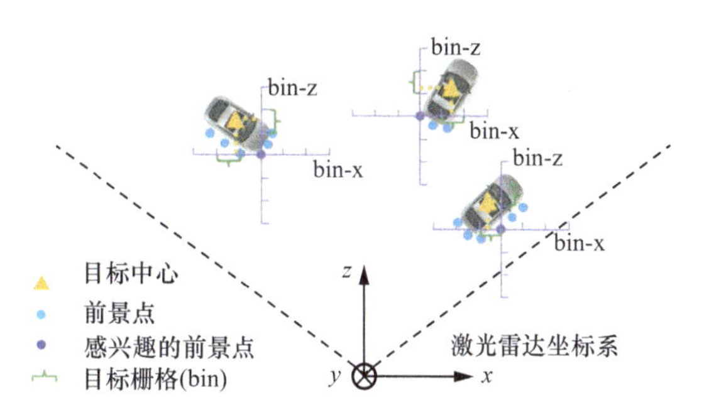

图 8-7 基于栅格的目标位置估计示意图

（注：图片来自参考文献 [4]）

2. 点云区域池化

在通过第一阶段的子网络获取到初步的 3D 框后，PointRCNN 网络引入了点云区域池化模块，目的是在每个 3D 框的附近进一步提取局部信息，以便后续第二阶段的子网络对 3D 框进行进一步的精细化。具体来说，对于每个 3D 框 $b_i=(x_i,y_i,z_i,h_i,w_i,l_i,\theta_i)$，通过在三个尺寸方向上对其稍微进行扩展，得到新的 3D 框 $b_i^e=(x_i,y_i,z_i,h_i+\eta,w_i+\eta,l_i+\eta,\theta_i)$，从而在编码时可以额外地抽取 3D 框周围环境的信息。对每个激光点 $p=(x^{(p)},y^{(p)},z^{(p)})$ 进行内 / 外点测试，即判断其是否属于扩展后的 3D 框 b_i^e，如果属于该 3D 框，则该点及其特征将被用于后续该 3D 框的精细化处理。每个点的特征都包含其坐标 $x^{(p)},y^{(p)},z^{(p)}\in R^3$、该点的反射强度 $r^{(p)}\in R$、第一阶段预测得到的该点的分割掩码 $m^{(p)}\in\{0,1\}$，以及第一阶段提取的该点处的特征矢量 $\boldsymbol{f}^{(p)}\in R^3$。而后，对每个扩展 3D 框 b_i^e 内的点进行特征池化，并且消除不包含内点的 3D 预测框。

3. 3D 框精细化

在第二阶段的子网络中，PointRCNN 网络利用前述池化后的点及其特征对 3D 框进行精细化，得到最终的目标检测框位置和类别得分。为了让输入统一，便于后续批量处理和特征抽取，PointRCNN 网络还引入了规范化坐标转换模块，旨在将所有的 3D 预测框和池化后的点转换到对应的规范化坐标系下。

（1）特征学习。

为了对 3D 框进行优化，我们需要将规范化坐标变换后的局部空间特征 $\tilde{p}$ 与第一阶段获取的全局语义特征 $\boldsymbol{f}^{(p)}$ 结合起来。考虑到激光雷达的稀疏性和扫描特点，越远处物体对应的激光点个数越少，而上述规范化坐标变换后的局部空间特征缺少了深度信息。因此，史少帅等人提出将激光点距离信息 $d^{(p)}=\sqrt{(x^{(p)})^2+(y^{(p)})^2+(z^{(p)})^2}$ 融入点的局部特征中。具体来说，PointRCNN 网络会对每个 3D 预测框所对应点的局部信息和额外特征 $[r^{(p)},m^{(p)},d^{(p)}]$ 进行拼接，然后经由几个全连接层，变为与全局特征 $\boldsymbol{f}^{(p)}$ 维度一致的特征矢量，最后将二者拼接到一起。

（2）预测框优化的损失函数。

在第二阶段的子网络中，PointRCNN 网络会选择与 3D 真值框的 IoU 值大于 0.55 的 3D 预测框进行精细化处理。3D 预测框和真值框都会被转换到前述提及的规范化局部坐标系下，假设 3D 预测框和真值框分别为 $b_i=(x_i,y_i,z_i,h_i,w_i,l_i,\theta_i)$ 和 $b_i^{gt}=(x_i^{gt},y_i^{gt},z_i^{gt},h_i^{gt},w_i^{gt},l_i^{gt},\theta_i^{gt})$，则转换到局部坐标系后可以得到：

$$\tilde{b}_i=(0,0,0,h_i,w_i,l_i,0) \tag{8-11}$$

$$\tilde{b}_i^{gt} = (x_i^{gt} - x_i, y_i^{gt} - y_i, z_i^{gt} - z_i, h_i^{gt}, w_i^{gt}, l_i^{gt}, \theta_i^{gt} - \theta_i)$$

第二阶段同样采用了栅格回归损失函数，并且设置了较小的搜索范围 S 用于 3D 预测框的微调，得到第 i 个 3D 预测框的中心点并表示为（$\text{bin}_x^i, \text{bin}_z^i, \text{res}_{\Delta x}^i, \text{res}_{\Delta z}^i, \text{res}_{\Delta y}^i$）。此外，由于点云的稀疏性使得点云通常不能提供较准确的 3D 尺寸信息，因此 PointRCNN 网络使用训练集中每个类别目标的平均尺寸作为默认值，用于计算 3D 框的尺寸残差（$\text{res}_{\Delta h}^i, \text{res}_{\Delta w}^i, \text{res}_{\Delta l}^i$）。

在对 3D 预测框的偏航角进行精细化时，考虑到 3D 预测框与真值框的 IoU 值大于或等于 0.55，我们认为二者的偏航角之差在角度范围 $\left[-\frac{\pi}{4}, \frac{\pi}{4}\right]$ 内。然后类似于第一阶段，也采用栅格化回归的方式，将 $\left[-\frac{\pi}{4}, \frac{\pi}{4}\right]$ 角度范围划分为多个扇区，每个扇区对应的角度为 ω。因此，3D 框的偏航角预测结果可表示为

$$\text{bin}_{\Delta\theta}^i = \left\lfloor \frac{\theta_i^{gt} - \theta_i + \frac{\pi}{4}}{\omega} \right\rfloor \tag{8-12}$$

$$\text{res}_{\Delta\theta}^i = \frac{2}{\omega}\left(\theta_i^{gt} - \theta_i + \frac{\pi}{4} - \left(\text{bin}_{\Delta\theta}^i \cdot \omega + \frac{\omega}{2}\right)\right)$$

结合中心点位置、尺寸和偏航角的损失函数，可以得到第二阶段总的损失函数为

$$L_{\text{refine}} = \frac{1}{\|\mathcal{B}\|}\sum_{i \in \mathcal{B}} F_{\text{cls}}(\text{prob}_i, \text{label}_i) + \frac{1}{\|\mathcal{B}_{\text{pos}}\|}\sum_{i \in \mathcal{B}_{\text{pos}}}\left(\tilde{L}_{\text{bin}}^{(i)} + \tilde{L}_{\text{res}}^{(i)}\right) \tag{8-13}$$

其中，$\mathcal{B}$ 为第一阶段 3D 预测框的集合，$\mathcal{B}_{\text{pos}}$ 为阳性预测的集合，prob_i 和 label_i 分别为 3D 预测框 $\tilde{b}_i$ 的置信度得分和类别，F_{cls} 为交叉熵损失函数，$\tilde{L}_{\text{bin}}^{(i)}$ 和 $\tilde{L}_{\text{res}}^{(i)}$ 的含义则与第一阶段的 $L_{\text{bin}}^{(p)}$ 和 $L_{\text{res}}^{(p)}$ 类似，可以由 $\tilde{b}_i$ 和 $\tilde{b}_i^{gt}$ 计算得到。

最后，PointRCNN 网络再次执行 NMS 操作，在鸟瞰图中设置 IoU 阈值为 0.01，移除重叠的 bounding box 并输出最终的检测结果。

8.4.3　算法小结

PointRCNN 网络是将基于原始点云进行特征提取的方式嵌入二阶段检测架构的一次成功尝试，且该网络模型背后的将车辆位置和朝向问题等效为“分类 + 回归”问题的思想也被后续许多算法借鉴。但是该网络模型的流程相对比较复杂，在 KITTI 数据集中，该网络模型对每帧点云进行推理的耗时为 0.1 秒左右，较难达到实时性要求。

8.5　基于体素的 VoxelNet 网络

苹果公司的 Zhou Yin 和 Oncel Tuzel 于 2017 年提出了 VoxelNet 网络[6]，该网络模型通过对三维空间进行体素划分和特征编码，并结合 RPN（Region Proposal Network，区域生成网络）[7]，实现了端到端的 3D 目标检测，算法性能达到当时的领先水平，并引出了基于体素 / 柱状特征

进行 3D 目标检测这一研究方向。该网络模型有多个版本的非官方开源代码，如 TensorFlow 版本和 PyTorch 版本（可在 GitHub 上找到源代码），同时 OpenPCDet 框架和 MMDetection3D 框架中也都有 VoxelNet 网络模型的实现代码。

8.5.1 VoxelNet 网络模型的架构

图 8-8 是 VoxelNet 网络模型的架构示意图，可以看出，VoxelNet 网络模型在整体上由特征学习网络、卷积中间层和候选区域生成网络三部分组成。在 VoxelNet 网络模型中，Zhou 等人首先将三维空间按照长、高、宽划分成多个体素，并设计了一种新颖的体素特征编码（Voxel Feature Encoding，VFE）层，用于提取每个体素内激光点云的局部特征，通过堆叠的 VFE，可得到表征物体 3D 形状的复杂特征，这些特征被表示为四维张量格式；而后使各体素对应的四维张量特征经过多个 3D 卷积层，以抽取高纬度的特征信息；最后，将获取的特征 reshape 成三维张量并送入 RPN 以生成目标检测结果。

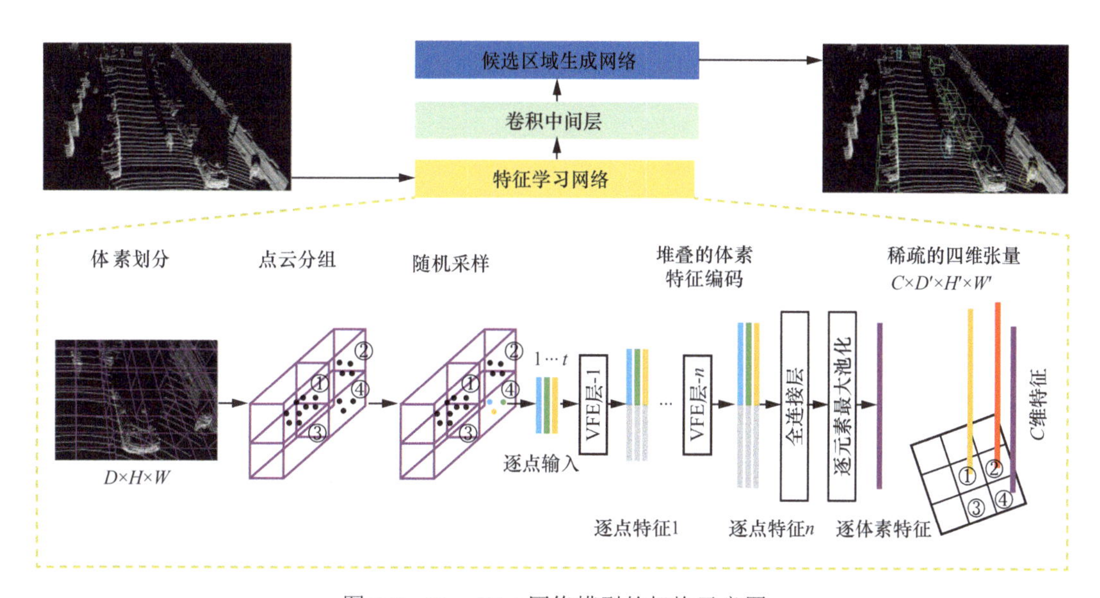

图 8-8　VoxelNet 网络模型的架构示意图

（注：图片来自参考文献 [6]）

8.5.2 VoxelNet 网络细节分析

1. 特征学习网络

特征学习网络具体又分为 4 部分，即体素划分、点云分组、随机采样和堆叠的体素特征编码。假设原始点云所在三维空间的长、宽、高分别为 D、W、H，特征学习网络首先将该三维空间划分为多个尺寸为 $[v_D, v_H, v_W]$ 的体素，各尺寸方向上体素的个数为 $D' = D / v_D$、$H' = H / v_H$ 和 $W' = D / v_W$。根据体素划分的结果，对原始点云进行分组，得到每个体素中的点云。如图 8-8 中的点云分组部分所示，在进行完体素划分和点云分组后，体素①中的点云密度高于体素②和体素③，体素④中没有点云。考虑到智能驾驶中的激光雷达每一帧都会产生数十万甚至上百万的激光点，以及不同区域点云密度的不均匀性，特征学习网络通过在每个体素内进行随机采样，选取 T 个激光点用于后续特征编码，来减少计算开销并避免体素间点的不平衡性。

在得到每个体素内的随机采样点后，Zhou 等人使用堆叠的 VFE 层对它们进行特征提取，图 8-9 给出了堆叠的 VFE 层的整体结构。下面我们以体素④对应的第一层 VFE 为例，具体学习 VFE 的原理，并结合图 8-9 进行分析。假设体素④可表示为 $\boldsymbol{V}=\{\boldsymbol{p}_i=[x_i,y_i,z_i,r_i]^{\mathrm{T}}\in R^4\}_{i=1,\cdots,t}$，其中激光点 $\boldsymbol{p}_i$ 的个数为 t，$t\leqslant T$，$[x_i,y_i,z_i]$ 为激光点 $\boldsymbol{p}_i$ 的三维坐标值，r_i 为反射强度值。首先，对体素内各激光点的坐标求均值，得到质心并表示为 $\boldsymbol{v}=[v_x,v_y,v_z]^{\mathrm{T}}$。而后，将每个点与质心的偏移量作为额外特征，与点的坐标和强度拼接起来，得到输入特征 $\boldsymbol{V}_{\mathrm{in}}=\{\hat{\boldsymbol{p}}_i=[x_i,y_i,z_i,r_i,x_i-v_x,y_i-v_y,z_i-v_z]^{\mathrm{T}}\in R^7\}_{i=1,\cdots,t}$。紧接着，使每个点的特征矢量经过全连接网络（FCN），得到更高维度空间中的特征表示 $\boldsymbol{f}_i\in R^m$。每个 FCN 由一个线性层、一个 BN（Batch Normalization）层和一个 ReLU 层构成。在经由 FCN 获取到每个点的特征矢量后，Zhou 等对 $\boldsymbol{f}_i$ 进行了逐元素最大池化，得到体素④内的泛化特征 $\tilde{\boldsymbol{f}}\in R^m$，并与 $\boldsymbol{f}_i$ 拼接到一起，最终得到体素④内每个点的级联特征 $\boldsymbol{f}_i^{\mathrm{out}}=[\boldsymbol{f}_i,\tilde{\boldsymbol{f}}_i]^{\mathrm{T}}\in R^{2m}$。可以看出，VFE 的过程与 PointNet 网络有一定的相似度，它们都采用全连接层来对原始点云进行特征提取，并对池化操作得到的泛化特征与全连接层获取的逐点特征进行拼接。

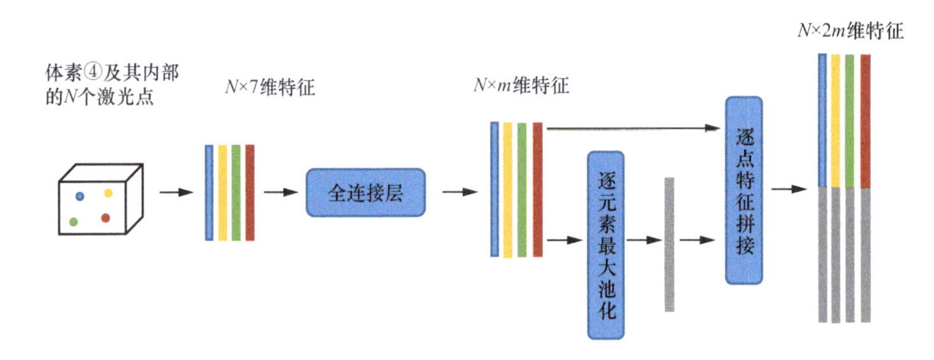

图 8-9　堆叠的 VFE 层的整体结构

通过堆叠多层 VFE，并不断地结合逐点特征和体素内泛化特征，特征学习网络可以获取每个体素内复杂 3D 物体的形状特征 $\boldsymbol{f}_i\in R^C$，最终得到整个点云对应的体素特征，并可表示尺寸为 [C, D', H', W'] 维的四维张量。

2. 卷积中间层

由于在特征学习网络中，我们获取的特征是四维张量，因此在卷积中间层，VoxelNet 网络模型引入了 3D 卷积，通过 3D 卷积的堆叠不断扩大感受野，并引入周围环境特征以获取更高维度的特征。图 8-10 以单卷积核为例展示了单通道 3D 卷积的基本过程，通过将 3D 卷积核在长、宽、高三个维度上滑动，并在每一个位置执行一次卷积操作，从而实现了 3D 卷积。

具体来说，Zhang 等人在算法中设置的点云范围是 Z 轴方向 [−3m,1m]、Y 轴方向 [−40m, 40m] 和 X 轴方向 [0,70.4m]，且 $v_D=0.4\mathrm{m}$、$v_H=0.2\mathrm{m}$、$v_W=0.2\mathrm{m}$，VFE 层 -1 的输出尺寸为 [7,32]，VFE 层 -2 的输出尺寸为 [32,128]，因此整个特征学习网络默认输出的是尺寸为 [128,10,400,352] 的四维张量。3D 卷积层的尺寸分别为 Cov3D(128,64,3,(2,1,1))、Cov3D(64,64,3,(1,1,1),(0,1,1)) 和 Cov3D(64,64,3,(2,1,1),(1,1,1))，并得到尺寸为 [64,2,400,352] 的四维特征。然后对该四维特征进行 reshape 操作，最终得到尺寸为 [128,400,352] 的三维特征矩阵，该

三维特征矩阵可看作对应于通道、高度和宽度三个维度，因此可进一步通过图像二维卷积中的一些方法来加以处理。

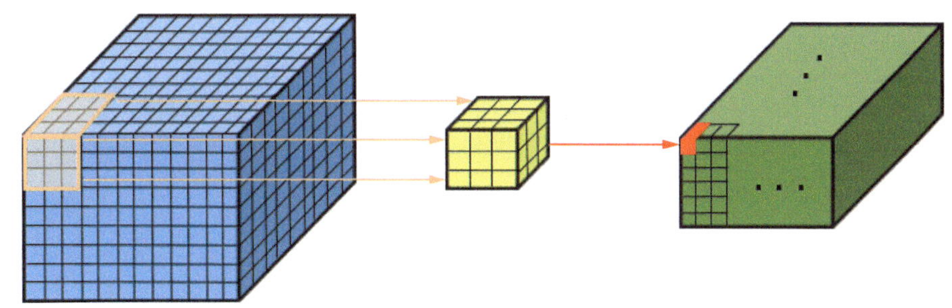

图 8-10 3D 卷积示意图

3. 候选区域生成网络

RPN 是 Faster RCNN 网络 [7] 的重要模块之一，并在视觉领域得到了广泛应用。Zhang 等人在传统 RPN 的基础上做了改进，图 8-11 给出了 VoxelNet 网络模型中的 RPN 结构示意图，假设 RPN 的输入是尺寸为 [128,H',W'] 的三维特征矩阵，其编码部分包含三个全卷积模块，每个全卷积模块由两个 stride 分别为 2 和 1 的 2D 卷积层组成，用于进行特征下采样和特征混合。同时，每个卷积层的后面连接有 BN 和 ReLU 操作。然后，通过三个逆卷积操作解码得到高分辨率的特征图，并将它们拼接到一起，得到尺寸为 [768,H'/2,W'/2] 的特征矩阵。最后，通过 Cov2D(768,2,1,1,0) 和 Cov2D(768,14,1,1,0) 操作，分别得到概率得分图和回归图。在卷积层符号 Cov$M$D(C_{in} , C_{out} ,k,s,p) 中，M 表示卷积维度，C_{in} 和 C_{out} 分别表示输入和输出特征维度，k 表示卷积核大小，s 表示 stride 值，p 表示零填充尺寸。

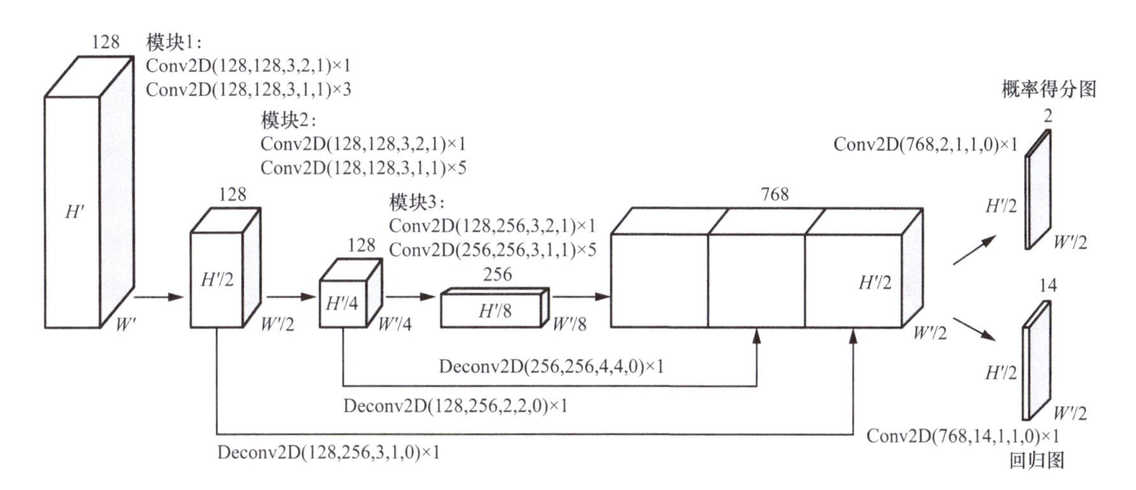

图 8-11 VoxelNet 网络模型中的 RPN 结构示意图

（注：图片来自参考文献 [6]）

4. 损失函数

令 $\{a_i^{\text{pos}}\}_{i=1,\cdots,N_{\text{pos}}}$ 是由 N_{pos} 个阳性锚框组成的集合，并令 $\{a_i^{\text{neg}}\}_{i=1,\cdots,N_{\text{neg}}}$ 是由 N_{neg} 个阴性锚框组成的集合。假设 3D 真值框可参数化并表示为 $(x_c^g, y_c^g, z_c^g, l^g, w^g, h^g, \theta^g)$，其中 (x_c^g, y_c^g, z_c^g) 为 3D 真值框的中心点坐标，(l^g, w^g, h^g) 为 3D 真值框的长、宽、高，θ^g 为 3D 真值框的偏航角。与该 3D 真值框匹配的阳性锚框为 $(x_c^a, y_c^a, z_c^a, l^a, w^a, h^a, \theta^a)$，并定义残差矢量

$\boldsymbol{u}^* = (\Delta x_c^g, \Delta y_c^g, \Delta z_c^g, \Delta l^g, \Delta w^g, \Delta h^g, \Delta\theta^g) \in R^7$ 表示阳性锚框和与之匹配的 3D 真值框的中心点位置偏差、尺寸偏差和角度偏差，且有式（8-14）中的计算关系。

$$\Delta x = \frac{x_c^g - x_c^a}{d^a}, \quad \Delta y = \frac{y_c^g - y_c^a}{d^a}, \quad \Delta z = \frac{z_c^g - z_c^a}{d^a} \tag{8-14}$$
$$\Delta l = \log\left(\frac{l^g}{l^a}\right), \quad \Delta w = \log\left(\frac{w^g}{w^a}\right), \quad \Delta h = \log\left(\frac{h^g}{h^a}\right)$$
$$\Delta\theta = \theta^g - \theta^a$$

其中$d^a = \sqrt{(l^a)^2 + (w^a)^2}$为锚框的对角线长度。

Zhou 等人给出了 VoxelRCNN 网络模型的训练损失函数：

$$L = \alpha \frac{1}{N_{\text{pos}}} \sum_i L_{\text{cls}}(p_i^{\text{pos}}, 1) + \beta \frac{1}{N_{\text{neg}}} \sum_j L_{\text{cls}}(p_j^{\text{neg}}, 0) + \frac{1}{N_{\text{pos}}} \sum_i L_{\text{reg}}(\boldsymbol{u}_i, \boldsymbol{u}_i^*) \tag{8-15}$$

其中，p_i^{pos} 和 p_j^{neg} 分别表示阳性锚框 a_i^{pos} 和阴性锚框 a_i^{neg} 对应 softmax 操作的输出结果，$\boldsymbol{u}_i$ 和 $\boldsymbol{u}_i^*$ 分别表示阳性锚框 a_i^{pos} 的回归输出结果和真值框对应的回归输出结果。损失函数的前两项表示对于正样本输出和负样本输出的正则化分类损失，其中 L_{cls} 表示分类交叉熵，$\alpha = 1.5$ 和 $\beta = 1$ 是两个常数，它们作为权重用来平衡正负样本损失对最后的损失函数的影响。L_{reg} 表示回归损失，这里采用的是 L1 smooth 损失函数 [7,8]。

8.5.3 算法小结

通过分析 VoxelNet 网络模型的基本流程，可以看出其网络结构清晰，且检测性能也有较大提升。然而，由于其引入了 3D 卷积，VoxelNet 网络模型的推理速度较慢，很难满足智能驾驶感知模块的实时性要求。但是，其创新性的体素特征编码方式得到了许多研究学者的认可，后续业界基于它衍生了多个优秀的改进算法。

8.6 实时性突破——PointPillars 网络

在 8.5 节中我们曾提到，VoxelNet 网络引入了 3D 卷积，这使得算法的推理速度很难达到实时性要求，重庆大学的 Yan Yan 于 2018 年尝试在 VoxelNet 架构的基础上引入 3D 稀疏卷积并提出了 SECOND[8] 模型，但 3D 稀疏卷积上板困难，仍难以满足工业界的实际需求。在此背景下，NuTonomy 公司的 Alex H. Lang 等人提出了 PointPillars 网络 [9]。PointPillars 网络模型通过对 VFE 进行改进，引入了柱状特征网络（PFN），旨在对原始点云进行柱状体素划分，并提取出用三维张量表示的特征矩阵，由此便可直接采用 2D 卷积网络进行后续处理。PointPillars 网络巧妙地摒弃了 VoxelNet 网络中的 3D 卷积和 SECOND 模型中的 3D 稀疏卷积，极大提升了模型的训练和推理速度，在 KITTI 数据集中的运行频率可以达到 62Hz，能够很好地满足智能驾驶感知模块的实时性要求并且具有较好的检测性能，因此迅速地在工业界得到推广。该网络模型的开源代码可在 GitHub 上找到，同时 OpenPCDet 框架和 MMDetection3D 框架中也都有 PointPillars 网络模型的实现代码。

8.6.1 PointPillars 网络模型的架构

图 8-12 是 PointPillars 网络模型的架构示意图，从中可以看出，PointPillars 网络模型同样由三部分组成，即柱状特征网络（PFN）、骨架网络（2D CNN）以及目标检测头（SSD）。首先，PFN 仅在 X 轴和 Y 轴方向上对三维空间进行离散化以得到多个柱状体素，这相比 VFE 的离散划分方式少了一个维度，因此柱状体素内的点云经由逐点特征提取后，得到的整个特征图为三维张量。然后，将获取到的三维特征图通过 2D CNN 模块作为骨架网络进行高维特征抽取和不同维度特征混合，得到拼接后的特征图。最后，将骨架网络输出的特征图送入 SSD[10] 模块便可得到检测结果。

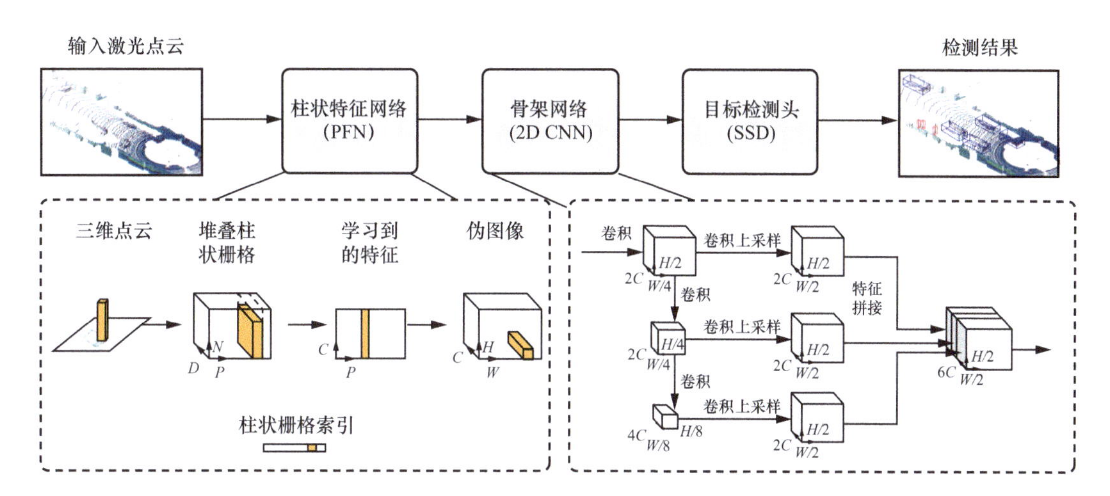

图 8-12　PointPillars 网络模型的架构示意图

（注：图片来自参考文献 [9]）

8.6.2 PointPillars 网络细节分析

1. 柱状特征网络

假设对原始点云所在的三维空间进行 X 轴和 Y 轴方向的离散划分，并且假设分别可以划分为 H 份和 W 份，得到的柱状体素集合为 $B=\{P_i\}$。将第 k 个非空柱状体素中的点云表示为 $\text{PC}=\{\boldsymbol{l}=[\boldsymbol{x}_l,\boldsymbol{y}_l,\boldsymbol{z}_l,\boldsymbol{r}_l]\}$，其中 $[\boldsymbol{x}_l,\boldsymbol{y}_l,\boldsymbol{z}_l]$ 为激光点 $\boldsymbol{l}$ 的坐标，r_l 为反射强度。根据柱状体素中各激光点的坐标，可求得其质心坐标 $[\boldsymbol{x}_c,\boldsymbol{y}_c,\boldsymbol{z}_c]$，同时计算出柱状体素中心点在 X 轴和 Y 轴方向的坐标，记为 $[\boldsymbol{x}_p,\boldsymbol{y}_p]$。将质心坐标和柱状体素中心坐标与激光点坐标拼接到一起，得到各激光点的特征矢量 $\hat{\boldsymbol{l}}=[\boldsymbol{x}_l,\boldsymbol{y}_l,\boldsymbol{z}_l,\boldsymbol{r}_l,\boldsymbol{x}_c,\boldsymbol{y}_c,\boldsymbol{z}_c,\boldsymbol{x}_p,\boldsymbol{y}_p]$，维度 D=9。

由于智能驾驶中激光点云的稀疏性，大部分柱状体素中不包含激光点云，且非空柱状体素中的点云也具有明显的密度非均匀性。PFN 抽取了 P 个柱状体素，并在每个柱状体素中采样 N 个激光点以减小计算开销并保持各柱状体素间的平衡，如果某个柱状体素中激光点的个数小于 N，则使用零填充的方式补齐。由此一共得到 $P\times N$ 个激光点的 D 维特征矢量，可表示为

$[D,P,N]$ 形式的三维张量。

进一步地，PFN 采用简化版的 PointNet 网络对各柱状体素进行逐点特征提取。该 PointNet 网络由多个线性层、BN 层和 ReLU 层组成，并输出尺寸为 $[C,P,N]$ 的特征张量。而后在 N 对应的维度上对该特征张量进行最大池化操作，最终获取到尺寸为 $[C,P]$ 的二维特征张量。接下来，根据抽取的 P 个柱状体素对应的索引值，进一步将该二维特征张量重整成尺寸为 $[C,H,W]$ 的三维特征张量。至此，我们由 3D 点云通过 PFN 顺利地获取到类似于图像目标检测任务中的特征图，后续即可采用二维图像目标检测中的方法进行特征更新、bounding box 回归等操作。

2. 骨架网络

与 VoxelNet 网络模型类似，PointPillars 网络模型的骨架网络同样由两个子网络组成。如图 8-12 中的“骨架网络（2D CNN）”部分所示，首先，PointPillars 网络模型通过 2D 卷积层不断提取更高维度的特征，并实现跨柱状体素的信息抽取，以学习物体表面的复杂形状信息。然后，通过逆卷积层可以将前述卷积操作得到的不同维度特征上采样到统一尺寸，将它们拼接到一起，即可得到融合了不同维度信息的综合特征。

3. 损失函数

在训练模型时，PointPillars 网络模型采用了 SECOND 模型中的损失函数，3D 真值框和锚框之间的定位回归残差可表示为式（8-14）。

总的定位损失为

$$L_{\mathrm{loc}} = \sum_{b\in(x,y,z,w,l,h,\theta)} \mathrm{SmoothL1}(\Delta b) \tag{8-16}$$

由于上述角度的定位回归损失无法有效地区分朝向相反的锚框，因此在对角度空间进行离散化时，可结合分类损失函数 L_{dir} 来判断其所属的角度区间，详情与 PointRCNN 网络模型中的处理方式类似。

目标的分类损失函数则采用了 focal loss：

$$L_{\mathrm{cls}} = -\alpha_a (1-p^a)^\gamma \lg(p^a) \tag{8-17}$$

其中 p^a 为锚框的分类得分，默认取 $\alpha_a = 0.75$、$\gamma = 2$。

结合式（8-16）和式（8-17），可以得到总的损失函数为

$$L = \frac{1}{N_{\mathrm{pos}}}(\beta_{\mathrm{loc}} L_{\mathrm{loc}} + \beta_{\mathrm{cls}} L_{\mathrm{cls}} + \beta_{\mathrm{dir}} L_{\mathrm{dir}}) \tag{8-18}$$

其中 N_{pos} 为阳性锚框的个数，默认取 $\beta_{\mathrm{loc}} = 2$、$\beta_{\mathrm{cls}} = 1$、$\beta_{\mathrm{dir}} = 0.2$。

8.6.3　算法小结

PointPillars 网络模型从整体上遵循了 VoxelNet 网络模型和 SECOND 模型的架构，并通过 PFN 巧妙地对激光点云进行柱状划分，得到可用 2D 卷积处理的三维特征张量，由此规避了 3D 卷积和 3D 稀疏卷积，使得模型的训练和推理速度得到极大提升。由于具有较强的实时性和相对较好的检测性能，PointPillars 网络模型得到工业界的认可，并被许多学者研究和改进，建议读者结合其开源代码了解详情。

8.7 基于深度图的 RangeDet 网络

一些学者经测试发现，单独依赖深度图进行激光目标检测的算法的性能通常低于基于体素特征的目标检测算法。中国科学院的 Fan Lue 等和图森未来的王乃岩团队详细分析了造成这种现象的原因，指出已有的基于深度图的目标检测算法通常忽略了两点：（1）激光点云的稀疏性，使得在深度图中近处物体和远处物体的尺度变化较大，通常近处物体在深度图中尺寸较大，远处物体在深度图中尺寸较小；（2）特征提取是在二维的 range image 中进行的，但输出的是三维笛卡儿坐标系下检测框的位姿，特征在两个坐标系之间传递时会有损失。针对上述两点，Fan Lue 等提出了对应的解决方案，并在 ICCV 2021 会议上提出了 RangeDet 网络 [11]。

8.7.1 RangeDet 网络模型的架构

图 8-13 是 RangeDet 网络模型的架构示意图。输入深度图的 8 个通道分别包含了激光点的距离、反射强度、伸长率 [12]、x、y、z、方位角和垂向倾角信息。在获取到输入的深度图数据后，整个网络模型由三部分组成，分别为骨架网络、基于距离的金字塔特征分配层和目标检测头。首先，RangeDet 网络模型为了解决传统 2D 卷积无法有效地在深度图中提取距离信息的问题而采用了一种元卷积核。而后在骨架网络部分，RangeDet 网络模型采用了特征金字塔网络（Feature Pyramid Network，FPN）[13] 中的结构形式，以处理深度图中目标尺度变化的问题。接下来，RangeDet 网络模型根据距离条件将金字塔不同层的特征分配给不同距离范围的目标。最后，将获取的特征传递给目标检测头，用于生成笛卡儿坐标系下目标类别以及目标 bounding box 的位置和姿态。

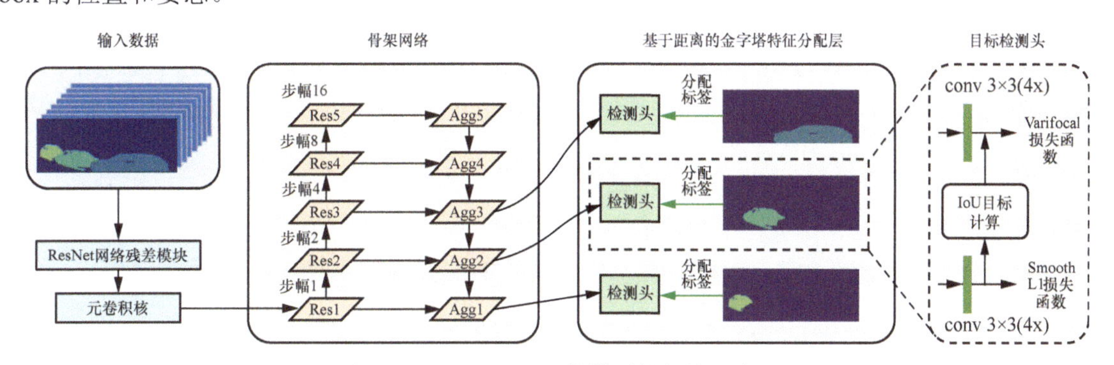

图 8-13　RangeDet 网络模型的架构示意图

（注：图片来自参考文献 [11]）

8.7.2 RangeDet 网络细节分析

1. 距离条件金字塔

在 2D 目标检测中，为解决图像中目标尺度变化较大的问题，目前已经有许多成熟的方法，如图像金字塔（Image Pyramid，IP）[14]、特征金字塔网络（FPN）[13] 以及 TridentNet[15] 等。在 RangeDet 网络模型中，Fan Lue 等采用了类似特征金字塔网络的结构作为骨架网络进行特征提取，他们具体以 ResNet[16] 为基本单元进行下采样并抽取细节特征，然后通过上采样得到每层对应的语义信息，最后通过横向连接将高语义特征和细节特征结合起来。

传统 FPN 会将不同大小的物体分配到不同的金字塔特征层级，以进行后续目标检测。由于图像通常缺乏深度信息，因此会出现分配不太合理的情况，比如一辆近处的乘用车和一辆远处的卡车可能因为投影面积相似，而被分配到同一个特征层级进行检测。然而在激光目标检测中，我们能够获取目标的距离信息，因此 Fan Lue 等人提出结合各目标的距离进行特征层的分配。具体而言，就是将 0～80m 的距离范围分为[0, 15m)、[15m, 30m)、[30m, 80m] 三个区间，每个区间中的物体由一个特征层级负责处理。Fan Lue 等将该分配过程与骨架网络合称为距离条件金字塔（Range Conditioned Pyramid，RCP）。

2. meta-kernel 卷积

标准的 2D 卷积运算过程是针对二维图像设计的，可以分为下述 4 个步骤：采样操作、权值获取、乘法操作、累加操作。

（1）采样操作。采样操作通常是在输入特征图中获取待卷积的区域，并以栅格化的方式进行描述。以 3×3 的卷积操作为例，假设在输入特征图 $\boldsymbol{F}$ 中的 $\boldsymbol{p}_0$ 位置进行采样，并获取其邻域 $\boldsymbol{F}(\boldsymbol{p}_0+\boldsymbol{p}_n)$，其中 $\boldsymbol{p}_n \in G$ 。

$$G=\{(-1,-1),(-1,0),\cdots,(1,0),(1,1)\} \tag{8-19}$$

（2）权值获取。在标准 2D 卷积中，对于每个采样位置 $\boldsymbol{p}_0+\boldsymbol{p}_n$，其权值矩阵 $\boldsymbol{W}(\boldsymbol{p}_n)\in \mathbb{R}^{C_{\text{out}} * C_{\text{in}}}$ 依赖于 $\boldsymbol{p}_n$ 的值，并且由于权值共享机制，在给定的特征图中，权值是固定的。

（3）乘法操作。Fan Lue 等将标准卷积中的矩阵乘法拆分成了两个步骤。首先对元素进行相乘，对于每个采样点 $\boldsymbol{p}_0+\boldsymbol{p}_n$，有

$$\boldsymbol{o}_{\boldsymbol{p}_0}(\boldsymbol{p}_n)=\boldsymbol{W}(\boldsymbol{p}_n)\cdot \boldsymbol{F}(\boldsymbol{p}_0+\boldsymbol{p}_n) \tag{8-20}$$

（4）累加操作。在进行完元素相乘后，经过累加操作即可得到单通道的卷积输出，即有

$$\boldsymbol{z}(\boldsymbol{p}_0)=\sum_{\boldsymbol{p}_n \in G} \boldsymbol{o}_{\boldsymbol{p}_0}(\boldsymbol{p}_n) \tag{8-21}$$

但是深度图与普通图像不同，前者表征了点云的 2.5D 信息，并且与笛卡儿坐标系中的 3D 点云有着直接的联系。Fan Lue 等指出，使用传统卷积并不能从深度图中有效地抽取几何信息。如图 8-14 所示，可以使用传统 2D 卷积操作对深度图中的三个局部区域进行特征提取，它们分别示例性地对应于多物体间边界特征、车辆与背景的边界特征以及车辆表面特征，但是经过 2D 卷积操作不断下采样后，边界特征会被不断地模糊化。若能够引入笛卡儿坐标系下的三维信息，则能够更明显地表征物体的几何边界特征，这有利于提升模型在目标检测任务中的精度。

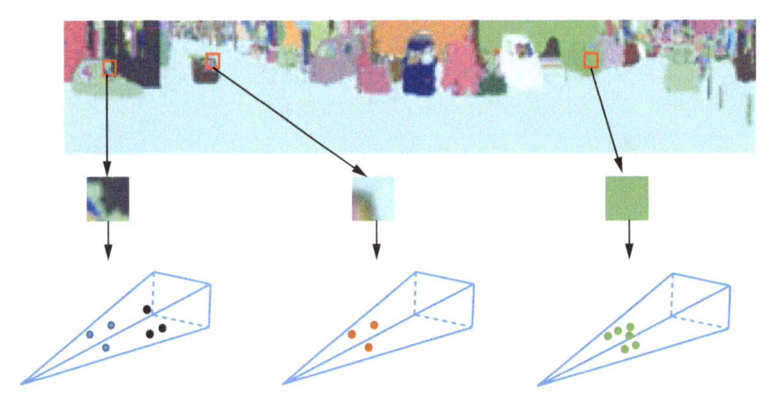

图 8-14　基于 2D 卷积进行深度图特征提取的示意图

因此，Fan Lue 等提出了一种新的卷积操作，名为 meta-kernel 卷积，它与传统卷积最大的区别在于能够结合笛卡儿坐标系下采样点的位置，对卷积核的权值进行动态获取，以学习局部 3D 结构信息。图 8-15 以 3×3 的 meta-kernel 卷积操作展示了其基本流程。

（1）权值获取。在深度图中获取采样区域后，计算矢量 $\boldsymbol{h}(\boldsymbol{p}_0+\boldsymbol{p}_n)$，该矢量由 $\boldsymbol{p}_0+\boldsymbol{p}_n$ 和 $\boldsymbol{p}_0$ 之间的笛卡儿坐标值之差、距离差等信息组成；然后通过两个全连接的 MLP 训练得到权值矩阵。该过程如式（8-22）所示。

$$\boldsymbol{W}_{p_0}(\boldsymbol{p}_n)=\text{MLP}(\boldsymbol{h}(\boldsymbol{p}_0+\boldsymbol{p}_n)) \tag{8-22}$$

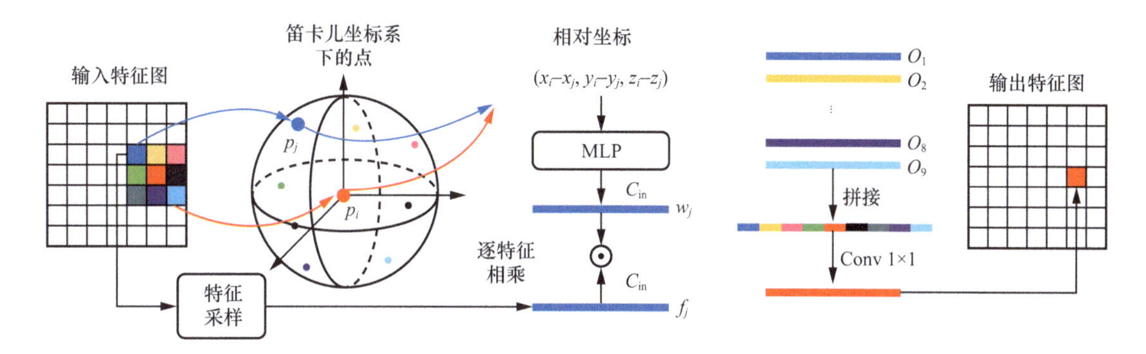

图 8-15 meta-kernel 卷积操作的基本流程

（注：图片来自参考文献 [11]）

（2）乘法操作。为了节省计算开销，meta-kernel 卷积没有进行标准卷积过程中的矩阵乘法操作，而是进行矩阵元素间的点乘操作，如式（8-23）所示。

$$\boldsymbol{o}_{p_0}(\boldsymbol{p}_n)=\boldsymbol{W}(\boldsymbol{p}_n)\odot\boldsymbol{F}(\boldsymbol{p}_0+\boldsymbol{p}_n) \tag{8-23}$$

（3）累加操作。不同于标准卷积中直接累加的方式，meta-kernel 卷积将权值矩阵和采样特征相乘后得到的 9 个矢量拼接到了一起，而后经由 Conv 1×1 模块进行多通道、多位置的特征混洗，得到最终的卷积输出结果：

$$\mathbf{z}(\boldsymbol{p}_0)=\boldsymbol{A}(\boldsymbol{W}(\boldsymbol{p}_n)\odot\boldsymbol{F}(\boldsymbol{p}_0+\boldsymbol{p}_n)),\ \ \boldsymbol{p}_n\in G \tag{8-24}$$

3. 加权非最大值抑制

如何将紧致的深度图特征恢复到 3D 笛卡儿坐标系下，得到精确的 bounding box 是提升此类算法检测性能的关键。Fan Lue 等人尝试引入加权非最大值抑制（Weight Non-Maximum Suppression，WNMS）[17] 来降低预测框的偏差。具体做法如下：首先滤除预测得分小于 0.5 的边框，而后对所有候选框，按照得分高低进行排序。将得分最高的候选框记为 $\boldsymbol{b}_0$，并找出与其 IoU 重合度大于阈值 0.5 的候选框，最终经由式（8-25）计算最终的预测框。

$$\hat{\boldsymbol{b}}_0=\frac{\sum_k \mathbb{I}(\text{IoU}(\boldsymbol{b}_0,\boldsymbol{b}_k)>t)s_k\boldsymbol{b}_k}{\sum_k \mathbb{I}(\text{IoU}(\boldsymbol{b}_0,\boldsymbol{b}_k)>t)s_k} \tag{8-25}$$

其中，$\boldsymbol{b}_k$ 和 s_k 表示过滤后得到的候选框及其得分；t 为阈值，默认为 0.5；$\mathbb{I}(\cdot)$ 为索引函数。

4. 检测头

模型的检测头由分类分支和回归分支组成。在分类分支中，Fan Lue 等采用 4 个 Conv 3×3 模块进行特征提取，而后通过 varifocal loss[18] 计算预测框和真值框之间的 IoU 值，并有分类损失函数如下：

$$L_{\text{cls}} = \frac{1}{M}\sum_{i}\text{VFL}_i \tag{8-26}$$

其中，M 为有效点的个数，i 为点的索引，VFL_i 为第 i 个点的 varifocal loss，且有

$$\text{VFL}(p,q) = \begin{cases} -q(q\log(p)) + (1-q)\log(1-p) & ,q > 0 \\ -\alpha p^{\gamma}\log(1-p) & ,q = 0 \end{cases} \tag{8-27}$$

其中，p 为预测类别的概率得分；q 为预测框与真值框之间的 IoU 值；α 和 p^{γ} 则与 focal loss[19] 中的含义一致，分别是用于调节正负样本和难易样本不均衡性的超参数。

在回归分支中，Fan Lue 等人同样采用 4 个 Conv 3×3 模块进行特征提取。在进行回归损失函数的计算时，RangeDet 使用了 L1 损失函数，并借鉴了 LaserNet 网络 [22] 的改进方式：通过将分类损失函数和回归损失函数相加，得到总的损失函数并用于模型训练。

8.7.3 算法小结

将激光点云投影为深度图是激光感知算法中十分经典的一种降维处理方式，并且在与深度学习结合后，在 3D 语义分割任务中取得较为成功的研究和应用。但在 3D 目标检测任务中，现有的基于深度图的检测算法和其他主流的检测算法相比，性能差距较大。RangeDet 网络模型的提出者深入分析了其中的原因，并从深度图的原理和特点出发，设计出新的卷积操作以及距离条件金字塔模型，同时引入了图像检测中的 WNMS 和 varifocal loss 等操作，使得单独依赖深度图的特征学习网络在车辆检测中更接近业界的 SOTA 方法，并且在行人检测中优于其他算法。

8.8 多视角特征融合的 MVF 网络

我们在前面的章节中已经介绍过多种基于体素划分方式和投影方式的 3D 目标检测算法，此类算法通过对点云进行柱状体素划分和特征提取并转换为 BEV 投影，最终实现了对目标的检测。这些算法保留了各物体的物理尺寸并且该视角下的大多数物体是自然分离的，但是这种视角下的点云特征比较稀疏并且远近物体的点密度相差较大，因此该类算法通常对于小目标、远处目标的检测效果不佳。另外，虽然基于透视图视角或深度图的检测算法能够获取比较精致的特征图，但在处理被遮挡目标时有一定的难度且目标尺度会随距离发生变化。因此，结合多种视角或投影图的优势，提升检测算法的性能，也是近年来的一个研究热点。Waymo 的 Zhou Yin 等人和谷歌大脑的 Ngiam Jiquan 等人尝试将透视深度图中提取的紧致特征，与点云体素划分后投影到 BEV 视图中并提取的特征相结合，在 CoRL 2020 会议上提出了 MVF 网络 [20]。

8.8.1 MVF 网络模型的架构

Zhou Yin 等在论文中给出了 MVF 网络在进行逐点特征融合时的基本流程，如图 8-16 所示。原始激光点云经由一个全连接网络，被转换至高维（128 维）特征空间中，而后算法分别在笛卡儿坐标系和球坐标系下对其进行体素划分和特征提取。同时，MVF 网络在进行体素化时提出了动态体素划分（Dynamic Voxelization，DV）的概念，旨在高效利用所有激光点的信息。最后，根据激光点在球坐标系和笛卡儿坐标系下的对应关系，将对应的多个视角下的逐点信息拼接到一起，再将多视角特征送入骨架网络并基于检测头，最终实现对各个感兴趣目标的检测。

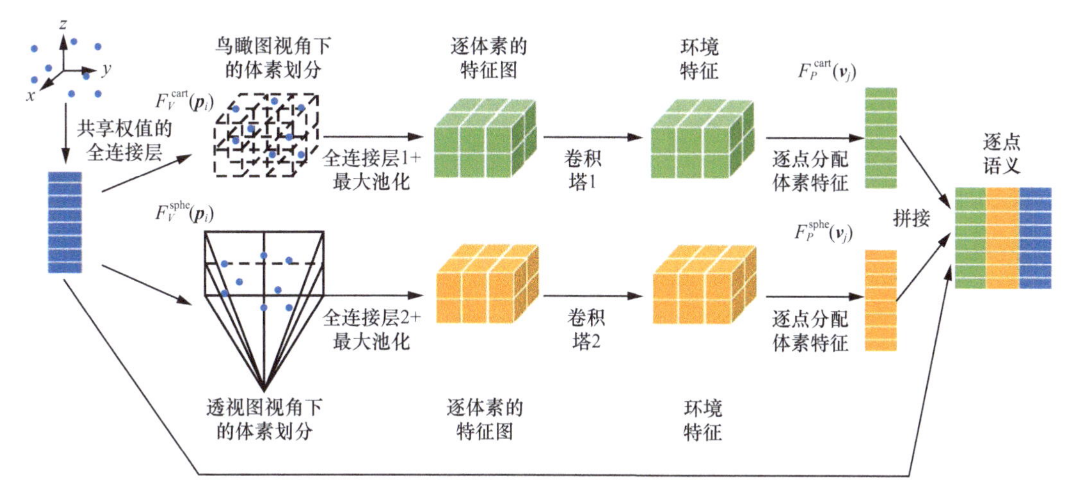

图 8-16 MVF 网络在进行逐点特征融合时的基本流程

（注：图片来自参考文献 [20]）

8.8.2 MVF 网络细节分析

1. 动态体素划分

以往基于体素特征的检测算法在进行体素划分后，需要执行点云分组和采样两个步骤。假设现有的原始点云为 $\boldsymbol{P}=\{\boldsymbol{p}_1,\cdots,\boldsymbol{p}_N\}$，在经过上述两个步骤后，模型将分配尺寸为 $K\times T\times F$ 的缓存用于存储特征矩阵，其中 K 为体素栅格的最大个数，T 为每个体素栅格内点的最大个数，F 为特征维度。假设在分组过程中，点集 $\{\boldsymbol{p}_i\}$ 被分配于体素 $\boldsymbol{v}_j$，若点集 $\{\boldsymbol{p}_j\}$ 中点的个数大于阈值 T，则对点集进行随机采样；若小于阈值 T，则缓存中的剩余部分将默认进行零填充。Zhou Yin 等人将该过程称为硬体素化（Hard Voxelization，HV），如式（8-28）和式（8-29）所示。

$$F_V(\boldsymbol{p}_i)=\begin{cases}\phi,\text{如果}\boldsymbol{p}_i\text{或}\boldsymbol{v}_j\text{被摒弃}\\ \boldsymbol{v}_j,\text{其他}\end{cases}\tag{8-28}$$

$$F_P(\boldsymbol{v}_i)=\begin{cases}\phi,\text{如果}\boldsymbol{v}_j\text{被摒弃}\\ \{\boldsymbol{p}_i|\forall\boldsymbol{p}_i\in\boldsymbol{v}_j\},\text{其他}\end{cases}\tag{8-29}$$

其中，$F_V(\boldsymbol{p}_i)$ 和 $F_P(\boldsymbol{v}_i)$ 表示点 $\boldsymbol{p}_i$ 和体素栅格 $\boldsymbol{v}_i$ 之间的相互映射关系。

以上硬体素化过程有如下三个缺点：（1）分配缓存的最大体素栅格数和体素内最大点数的限制可能会造成有效信息的丢失；（2）激光点、体素栅格的随机丢弃也会带来体素化的不确定性，最终导致检测结果的不稳定性；（3）当体素内点的个数小于阈值 T 时，硬体素化采用的零填充操作也会带来后续不必要的计算开销。

因此，Zhou Yin 等针对 HV 的上述缺点提出了动态体素化过程。动态体素化保留了硬体素化中的分组过程，取消了后续的采样过程，即维持了所有激光点与体素栅格的映射关系。由此，可以从每个体素栅格中抽取的特征矢量的个数将依赖于点的个数，因此是动态的，且没有点云信息丢失。动态体素化过程如式（8-30）和式（8-31）所示。

$$F_V(\boldsymbol{p}_i)=\boldsymbol{v}_j,\ \forall i \tag{8-30}$$

$$F_P(\boldsymbol{v}_j)=\{\boldsymbol{p}_i \mid \forall \boldsymbol{p}_i \in \boldsymbol{v}_j\},\ \forall j \tag{8-31}$$

图 8-17 展示了以上两种体素划分的区别。假设在硬体素化过程中设置最大体素个数 K=5、体素内最大点数 T=4，并假设抽取特征维度为 D。为满足硬体素缓存尺寸的要求，体素 V4 需要随机抛弃一个点，体素 V3 则被随机抛弃。另外，由于其余体素中激光点的个数小于阈值 T，因此使用 0 进行填充补齐，最终效果如图 8-17 右上角所示。若需要获取各个体素的完整信息，则基于硬体素化编码需要尺寸为 $6\times5\times D$ 的数据缓存。如果采取动态体素化的方式，则只需要尺寸为 $18\times D$ 的缓存即可，如图 8-17 右下角所示。

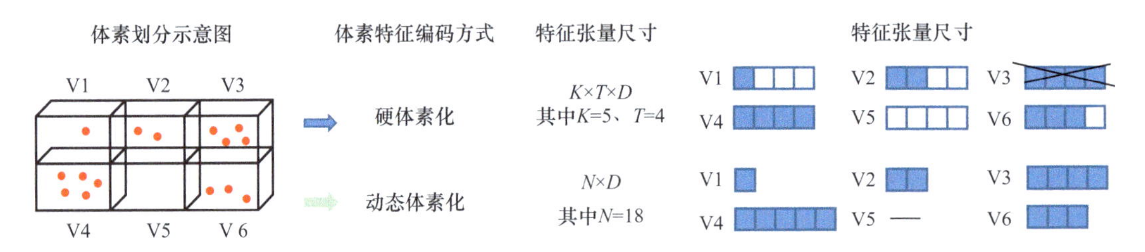

图 8-17　硬体素划分和动态体素划分对比示意图

2. 多视角点云表达和融合方式

前面已经提及，在笛卡儿坐标系下对点云进行体素划分并投影到 BEV 视角，能够维持目标的物理尺度，BEV 视角下的大多数目标是自然分离的，而我们在透视图视角下获取的特征图更加精致，有利于小目标的检测，因此 MVF 网络模型结合了这两种视角下抽取的特征。在鸟瞰图视角下，点云的表示是在笛卡儿坐标系下进行的，$\boldsymbol{P}=\{x_i,y_i,z_i,\text{intensity}\}_{i=1,\cdots,N}$；而在透视图视角下，点云可通过原点在激光雷达处的球坐标系进行表示。

$$\{(\varphi_i,\theta_i,d_i) \mid =\varphi_i=\arctan\left(\frac{y_i}{x_i}\right),\ \theta_i=\arccos\left(\frac{z_i}{d_i}\right)$$
$$d_i=\sqrt{x^2+y^2+z^2},\ i=1,\cdots,N\}_{\text{sphe}} \tag{8-32}$$

多视角融合的具体过程可结合图 8-18 来分析，在点云经由 FC 层获取 128 维的特征 F_{FC} 后，MVF 网络模型同时在笛卡儿坐标系和球坐标系下对点云进行动态体素划分，分别得到立方体体素和视锥体素，点和体素的双映射关系可表征为

$$(F_V^*(\boldsymbol{p}_i),F_P^*(\boldsymbol{v}_j)),\ *\in\{\text{cart},\text{sphe}\} \tag{8-33}$$

在每个视角下，分别采用 FC 层将每个特征矢量的维度降至 64 维，并使用最大池化操作获取体素级的特征信息。然后对特征图执行 reshape 操作，使其尺寸变为 $H\times W\times64$。以上过程原始论文并没有给出，笔者认为 H 和 W 的取值与体素划分方式有关。举个例子，若采用 PointPillars 网络模型中的划分方式，即仅在长、宽方向将点云动态体素划分为 k_1 和 k_2 份，则有 H=k_1、W=k_2。

在获取到三维特征张量后，MVF 网络模型使用 2D 卷积塔进一步对体素级特征图进行处理，该卷积塔采用了类似 FPN 的架构，具体如图 8-18 所示。首先利用一个 ResNet 卷积层对输入的体素级特征图 F 进行特征变换，得到特征图 F_1，卷积核的尺寸为 3×3，stride 的值为

1，特征图的尺寸维持不变。然后利用两个 ResNet 卷积层进行下采样，卷积核的尺寸为 3×3，stride 的值为 2。特征图 F_2 和 F_3 的尺寸将变为（$H/2,W/2,2C$）和（$H/4,W/4,4C$），分别对它们进行逆卷积，恢复到原始尺寸并得到包含语义信息的特征图 F2_Deconv 和 F3_Deconv。最后，将特征图 F_1、F2_Deconv 和 F3_Deconv 拼接到一起，经由一个 2D 卷积层，使最终特征图 F_Out 的尺寸恢复到（H,W,C）并输出。

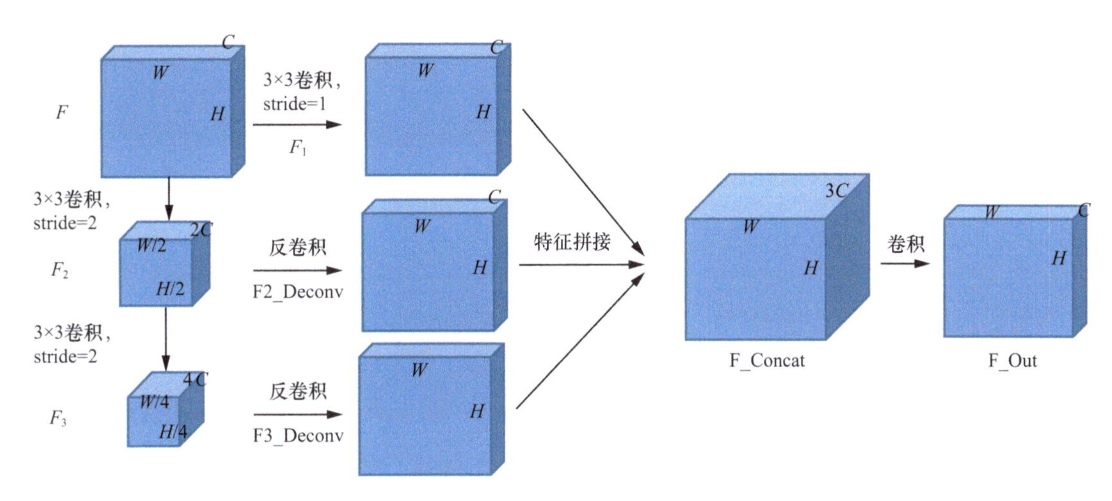

图 8-18　2D 卷积塔的结构示意图

经过上述过程，我们可获取鸟瞰图视角下基于立方体体素和透视图视角下基于视锥体素的两种特征图 F_{BEV} 和 F_{PERS}。紧接着，MVF 网络模型利用点和体素之间的映射关系 $F_P^*(\boldsymbol{v}_j)$，得到特征图中的每一个位置对应的激光点 $\boldsymbol{p}_i$。依据这种对应关系，将 F_{FC}、F_{BEV} 和 F_{PERS} 中对应位置的特征矢量拼接到一起，最终得到逐点特征矢量 $\{F_{\text{FC}}^{\boldsymbol{p}_i}, F_{\text{BEV}}^{\boldsymbol{p}_i}, F_{\text{PERS}}^{\boldsymbol{p}_i}\}$，$\boldsymbol{p}_i \in \boldsymbol{P}$。将这个融合了多视角信息的逐点特征矢量接入骨架网络和检测头，即可进行目标的检测工作。

8.8.3 算法小结

结合多个视角或多种投影图进行激光雷达目标检测也是近年来的一个研究热点。MVF 网络模型采用的动态体素化方法以及多视图特征融合的方式值得我们学习和借鉴。此外，PointNet 网络模型的提出者 Charles R Qi 在加入 Waymo 后，进一步提出了多帧 MVF++ 网络模型，感兴趣的读者可以查阅参考文献 [23] 的附录部分来了解详情。

8.9 本章小结

在本章中，我们初步介绍了基于 3D 激光点云的目标检测算法的几个研究方向，并选取了部分较有代表性的算法进行具体分析，希望能够对读者快速入门起到一定的帮助作用。由于 3D 目标检测是一项十分复杂的任务，并且该领域近几年也在快速发展，每年都会出现许多优秀的研究成果。希望读者能够持续学习，跟踪业界前沿动态，并将业界的最新成果应用到自己

的研究或工作中。

本章参考文献

[1] CHARLES R Q, SU H, MO K C, et al. PointNet: Deep learning on point sets for 3D classification and segmentation[C]. Proc. Computer Vision and Pattern Recognition (CVPR), 2017: 300-310.

[2] CHARLES R Q, YI L, SU H, et al. PointNet++: Deep hierarchical feature learning on point sets in a metric space[C]. In Advances in Neural Information Processing Systems, 2017: 5099-5108.

[3] JIE H X, WU Y Z, DING J W. An adaptive metamodel-based global optimization algorithm for black-box type problems[J]. Engineering Optimization. 2015, 47(11): 1-22.

[4] SHI S S, WANG X G, LI H S. PointRCNN: 3D object proposal generation and detection from point cloud[C]. In CVPR, 2019: 770-779.

[5] LIN T Y, GOYAL P, GIRSHICK R, et al. Focal loss for dense object detection[C]. IEEE transactions on pattern analysis and machine intelligence, 2018: 290-300.

[6] ZHOU Y, TUZEL O. VoxelNet: End-to-end learning for point cloud based 3D object detection[C]. CoRR, 2017: 490-497.

[7] REN S, HE K, GIRSHICK R, et al. Faster R-CNN: Towards real-time object detection with region proposal networks[J]. In Advances in Neural Information Processing Systems, 2015, 39(6): 1137-1149.

[8] YAN Y, MAO Y, LI B. Second: Sparsely embedded convolutional detection[J]. Sensors, 2018, 18(10): 3337.

[9] LANG A H, VORA S, CAESAR H, et al. PointPillars: Fast encoders for object detection from point clouds[C]. CVPR, 2019: 12689-12697.

[10] LIU W, ANGUELOV D, ERHAN D, et al. SSD: Single shot multibox detector[C]. In ECCV, 2018: 21-27.

[11] FAN L, XIONG X, WANG F, et al. RangeDet: In defense of range view for LiDAR-based 3D object detevtion[C]. In ICCV 2021: 2898-2907.

[12] SUN P, KRETZSCHMAR H, DOTIWALLA X, et al. Scalability in perception for autonomous driving: waymo open dataset[C]. In CVPR, 2020: 2446-2454.

[13] LIN T Y, DOLLAR P, GIRSHICK R, et al. Feature pyramid networks for object detection[C]. In CVPR, 2017: 2117-2125.

[14] ADELSON E H, ANDERSON C H, BERGEN J R, et al. Pyramid methods in image processing[J]. Journal of Information Systems and Communication, 2012, 3(1): 269-273.

[15] LI Y H, CHEN Y T, WANG N Y, et al. Scale-Aware trident networks for object detection[C]. In ICCV, 2019: 6053-6062.

[16] HE K M, ZHANG X Y, REN S Q, et al. Deep residual learning for image recognition[C]. In CVPR, 2016: 770-778.

[17] GIDARIS S, KOMODAKIS N. Object detection via a multi-region semantic segmentation-aware CNN model[C]. In ICCV, 2015: 1134-1142.

[18] ZHANG H Y, WANG Y, DAYOUB F, et al. VarifocalNet: An iou-aware dense object detector[C]. ArXiv:2008. 13367, 2020.

[19] LIN T Y, GOYAL P, GIRSHICK R, et al. Focal loss for dense object detection[C]. In ICCV, 2017: 2980-2988.

[20] ZHOU Y, SUN P, ZHANG Y, et al. End-to-end multi-view fusion for 3D object detection in LiDAR point clouds[C]. In CoRL, 2020: 923-932.

[21] SHI S S, GUO C X, JIANG L, et al. PV-RCNN: Point-voxel feature set abstraction for 3D object detection[C]. In CVPR, 2020: 10529-10538.

[22] MEYER G P, LADDHA A, KEE E, et al. LaserNet: An efficient probabilistic 3D object detector for autonomous driving[C]. In CVPR, 2019: 12677-12686.

[23] QI C R, ZHOU Y, NAJIBI M, et al. Offboard 3D object detection from point cloud sequences[C]. In CVPR, 2021: 6130-6140.

[24] YANG Z T, ZHOU Y, CHEN Z F, et al. 3D-MAN: 3D multi-frame attention network for object detection[C]. Proceedings of the IEEE/CVF Conference on Computer Vision and Pattern Recognition (CVPR), 2021: 1863-1872.

[25] VASWANI A, SHAZEER N, PARMAR N, et al. Attention is all you need[C]. In Advances in Neural Information Processing Systems (NeurIPS), 2017: 5998-6008.

[26] YANG Z, SUN Y, LIU S, et al. STD: Sparse-to-dense 3D object detector for point cloud[C]. In Proceedings of the IEEE International Conference on Computer Vision, 2019: 1951-1960.

[27] YANG Z, SUN Y, LIU S, et al. 3DSSD: Point-based 3D single stage object detector[C]. In Proceedings of the IEEE/CVF Conference on Computer Vision and Pattern Recognition, 2020: 11040-11048.

[28] WANG Y, FATHI A, KUNDU A, et al. Pillar-based object detection for autonomous driving[C]. In ECCV, 2020: 18-34.

[29] DUFFHAUSS F, BAUR S A. PillarFlowNet: A real-time deep multitask network for LiDAR-based 3D object detection and scene flow estimation[C]. In IEEE/RSJ International Conference on Intelligent Robots and Systems (IROS), 2020: 10734-10741.

[30] WANG B, AN J, CAO J .Voxel-FPN: multi-scale voxel feature aggregation in 3D object detection from point clouds[J]. 2019, 20(3): 700-710.

[31] LI B, ZHANG T, XIA T. Vehicle detection from 3D LiDAR using fully convolutional network[C]. In Proceedings of Robotics:Science and Systems (RSS), 2016: 310-316.

[32] SUN P, WANG W Y, CHAI Y N, et al. RSN: Range sparse net for efficient, accurate LiDAR 3D object detection[C]. In CVPR, 2021: 5721-5730.

[33] LIU Z, ZHAO X, HUANG T T, et al. TANet: Robust 3D object detection from point clouds with triple attention[C]. In AAAI, 2020: 1167-1169.

[34] BHATTACHARYYA P, HUANG C J, CZARNECKI K. SA-Det3D: Self-attention based context-aware 3d object detection[C]. In ICCV, 2021: 3022-3031.

[35] DAI J. Deformable convolutional networks[C]. in 2017 IEEE International Conference on Computer Vision (ICCV), 2017: 764-773.

[36] LI Z C, WANG F, WANG N Y. LiDAR R-CNN: An efficient and universal 3D object detector[C]. In CVPR, 2021: 7542-7551.

[37] REDMON J, DIVVALA S, GIRSHICK R, et al. You only look once: Unified, real-time object detection[C]. Computer Vision & Pattern Recognition, 2016: 779-788

[38] ZHOU X Y, WANG D Q, KRÄHENBÜHL P. Objects as points[EB/OL]. ArXiv abs/1904.07850, 2019.

[39] YIN T W, ZHOU X Y, KRÄHENBÜHL P. Center-based 3D object detection and tracking[C]. In CVPR, 2021: 11779-11788.

[40] GE R Z, DING Z Z, HU Y H, et al. AFDet: Anchor free one stage 3D object detection[EB/OL]. ArXiv abs/2008. 12671, 2020.

[41] HU Y H, DING Z Z, GE R Z, et al. AFDetV2: Rethinking the necessity of the second stage for object detection from point clouds[C]. CVPR, 2021: 969-979.

[42] QI C R, ZHOU Y, NAJIBI M, et al.Offboard 3D object detection from point cloud sequences[J]. Sensors, 2021, 5(6): 840-846.

第 9 章 基于 3D 激光点云的路沿检测

9.1 引言

在本章中，我们将学习基于 3D 激光点云的路沿检测，该功能模块对后续道路结构分析、可行驶区域计算、路径规划、车辆定位等都是十分重要的。业界对路沿检测的研究大体可分为基于人工规则和基于深度学习网络两种技术路线。

1. 基于人工规则的路沿检测

在激光感知的早期研究阶段，使用激光雷达进行路沿检测均采用了基于人工规则的技术路线，其主要流程可分为路沿特征点提取、左右特征点分类、噪声点过滤、路沿拟合 4 部分 [23]。有些算法为了使得到的路沿更加稳定，减少两帧之间拟合路沿的抖动，会采用多帧点云累加的方式 [24,34] 以及增加对拟合曲线参数的滤波跟踪过程 [25]。

这类算法通常依赖于人工制定的几何规则以提取路沿特征点，例如 S. Peng 等 [26] 和 K. Hu[27] 通过分析每线束内相邻激光点间的高度差、坡度等信息提取潜在的路沿特征点。A. Y. Hat 等 [28] 则通过分析相邻两线束间、同一方向角下激光点间的距离和角度，来判断其是否为潜在的路沿特征点。Y. Zhang 等 [2] 进一步结合激光雷达参数，使用同一线束间相邻激光点的水平距离作为路沿特征点的提取条件之一。此外，参考文献 [1] 和 [14] 尝试将激光里程计和建图算法 LOAM[14] 中进行线特征识别的广义曲率引入路沿特征点提取。

在获取到路沿特征点后，如何进行左、右路沿点的分类对于后续路沿曲线的拟合精度至关重要。D. Zai 等 [29] 在基于超体素进行路沿特征点提取后，通过离线地结合车辆行驶轨迹实现了对路沿特征点的左、右划分。S. Xu[30] 则提出了 least-cost path 模型以区分左、右路沿特征点，但是该模型需要手动给出参考点，不太适应于实时感知系统。参考文献 [31] 和 [32] 尝试通过聚类的方式进行左、右特征点的划分，但是通常需要进行多次迭代，计算开销较大。Y. Zhang 等 [2,3] 提出了双层波束模型，旨在通过识别道路方向和路口，进行左、右路沿特征点的分类，这种方法已被 G. Wang 等进一步改进并应用于参考文献 [1] 中。

在经过前述特征点提取和分类步骤后，我们希望获取到路沿曲线的显式数学表达形式，最简单直接的方式是分别对左、右两侧的路沿特征点进行二次或三次多项式拟合，但是多项式拟合通常对噪声点敏感，因此需要对得到的特征点基于横向距离指标或 RANSAC 算法进一步滤除噪声点 [1]，并使用 Kalman 滤波或粒子滤波对拟合曲线的参数进行平滑处理 [32,33]。

另外，高斯过程回归由于在实现曲线拟合回归的同时具有较强的抗噪声能力，因此被参考文献 [1] 和 [7] 尝试用于得到最终的路沿曲线。

2. 基于深度学习网络的路沿检测

基于人工规则的路沿检测通常受限于给定的特征点提取规则和参数阈值，并且由于真实驾驶环境的复杂性以及路沿形式的多样性，人工给定的路沿特征点规则往往无法满足感知系统日益提升的需求。再加上传统路沿检测方法的整体过程较为复杂，需要 4 个甚至更多个步骤才能完成，因此对算法的整体实时性提出了较大的挑战。随着深度学习在视觉和激光领域不断发展，许多学者尝试采用深度学习方法，基于 3D 激光点云实现端到端的路沿检测 [22]。

Uber 的 J. Lian 等 [35] 于 2019 年在 CVPR 会议上提出了卷积递归网络，基于高精度地图中的点云和图像信息实现了路沿的自动化检测。英国牛津大学的 Tarlan Suleymannov 等 [36] 结合视觉里程计提供的车辆位置变化数据，对多帧激光点云进行累积，而后投影为 BEV 图像并使用经典的 U-Net 分割网络提取出路沿特征点，同时通过增加 intra-layer convolutions[37] 操作扩大感受野以推理被遮挡区域的路沿。韩国首尔大学的 Y. Jung 等人在参考文献 [37] 的基础上进一步改进，引入了条件神经过程，实现了对被遮挡区域的路沿推理，并量化了整个路沿检测的不确定性 [9]。

下面我们分别针对基于人工规则和基于深度学习网络两种技术路线，选取两个较有代表性的路沿检测算法进行介绍。

9.2 基于人工规则的 SAT-LRBD 算法

吉林大学的 G. Wang 等在结合多种路沿特征点提取规则、噪声点过滤技术的基础上，提出了 SAT-LRBD（Speed and Accuracy Trade-off for LiDAR data based Road Boundary Detection）算法 [1]。该算法在基于人工规则的一众路沿检测方法中具有相对较好的检测精度，且在基于 KITTI 数据集进行测试时，该算法处理每帧激光点云的平均耗时为 70.5 毫秒，其官方开源代码可在 GitHub 上找到。

9.2.1 算法流程

SAT-LRBD 算法会对 3D 激光点云进行粗略的点云分割，将整体点云划分为地面点集（on-ground）和非地面点集（off-ground）。在 SAT-LRBD 算法中，路沿的候选特征点将从地面点集中抽取，非地面点集则主要用来辅助道路结构的分析，如十字路口、路段的识别等。具体的路沿检测过程则分为下述 3 个阶段：首先，在地面点集中结合人工设定的几何特征指标抽取路沿的候选特征点；然后，基于道路分割线方法通过非地面点集实现对道路结构的理解，并辅助实现左、右路沿候选特征点的划分；最后，利用距离滤波、RANSAC 算法和迭代高斯过程回归（Iterative Gaussian Process Regression，IGPR）过滤掉候选特征点集合中的噪声点，并实现对路沿特征点的识别和路沿曲线拟合。图 9-1 比较清晰地给出了 SAT-LRBD 算法的基本流程。

图 9-1　SAT-LRBD 算法的基本流程

（注：图片根据参考文献 [1] 制作而成）

9.2.2 候选特征点提取

SAT-LRBD 算法在进行地面点和非地面点的分割时，设置了较大的高度阈值（默认为 28 厘米），并采用多区域分片 RANSAC 平面拟合的方式得到理想地平面。而后，从地面点云中基于下述设定指标提取路沿候选特征点。

1. 高度差指标

令车辆前进方向为点云坐标系的 X 轴，高度方向为 Z 轴，记 $Z_{\max}$ 和 $Z_{\min}$ 分别为激光点 p_{li} 邻域内高度 z 的最大值和最小值，则激光点 p_{li} 为路沿候选特征点的高度差筛选条件为

$$T_{\text{height1}} \leqslant Z_{\max} - Z_{\min} \leqslant T_{\text{height2}} \tag{9-1}$$

$$\sqrt{\frac{\sum(z_{li}-\mu)^2}{n_{\text{height}}}} \geqslant T_{\text{height3}} \tag{9-2}$$

其中 $\mu = \sum z_{li} / n_{\text{height}}$，$n_{\text{height}}$ 为激光点 p_{li} 邻域内点的个数，z_{li} 是每个邻域点的高度值，l 为激光线束号，T_{height1}、T_{height2}、T_{height3} 分别为不同的高度阈值。

2. 平滑性指标

SAT-LRBD 算法引入了 LOAM 算法 [14] 中的广义曲率来描述每个激光点周围的平滑性。对于激光点 p_{li}，记 S 为其邻域点集，则路沿候选特征点的平滑性筛选条件为

$$s \geqslant T_{\text{smoothness}}, \quad s = \frac{1}{|S| * \|P_{li}\|} * \left\| \sum_{P_{lj} \in S, j \neq i} (P_{li} - P_{lj}) \right\| \tag{9-3}$$

其中 s 为激光点 p_{li} 处的平滑度值，$T_{\text{smoothness}}$ 为设定的平滑度阈值。

3. 水平距离指标

SAT-LRBD 算法还借鉴了参考文献 [2] 中的水平距离筛选条件，通过分析同一线束中相邻激光点间的水平距离是否小于阈值 $\delta_{xy,l}$ 来判断该点是否为路沿候选特征点。阈值 $\delta_{xy,l}$ 的计算方式如下：

$$\delta_{xy,l} = H_s * \cot\theta_l * \frac{\pi\theta_\alpha}{180} \tag{9-4}$$

其中，H_s 是激光点 P_{li} 高度的绝对值，θ_l 是激光线束 l 的俯仰角，θ_α 是激光雷达的水平角度分辨率。

9.2.3 候选特征点分类

在抽取到路沿的候选特征点后，我们需要将它们划分为左、右两类，以供后续的两侧路沿拟合。SAT-LRBD 算法在滑动光束分割（SBS-CD）路沿检测方法 [2] 的基础上采用了基于道路分割线（Road-Segmentation-Line，RSL）的特征点分类方法。RSL 方法的基本流程如下：首先基于非地面点集构建光束模型；而后采用改进的峰值查找算法识别出光束模型中几个局部最大的光束，将它们作为道路分割线以表明道路的朝向；最后基于道路分割线将特征点分为左侧路沿特征点和右侧路沿特征点。

1. 光束模型

光束模型是由谷歌无人汽车之父塞巴斯蒂安·特龙在《概率机器人》一书中提出的 [4]。在 RSL 方法中，G. Wang 将光束模型中的角度分辨率 θ_{model} 设置为 1°，并将光束带进一步扩展为下述形式：

$$Z_k = \{(x,y) \mid (k-1) < \arctan\left(\frac{y-y_b}{x-x_b}\right) \leqslant k\} \tag{9-5}$$

其中 (x_b, y_b) 为激光发射点坐标，在这里为激光雷达原点；(x,y) 为 off-ground 集合中激光点的坐标。由于 $\theta_{\text{model}} = 1°$，因此对于 360° 扫描式激光雷达，有 $k \in \{1,2,\cdots,360\}$。同时，

RSL 方法假设激光雷达扫描方向为顺时针，并且方位角 0° 对应于 X 轴正方向。

光束长度由光束带中距离激光雷达原点最近的激光点决定，具体为

$$d(k)=\min_i\sqrt{(x_b-x_i)^2+(y_b-y_i)^2} \tag{9-6}$$

其中 $(x_i,y_i)\in(Z_k\cap P_{\text{off}})$。

进一步地，对每个光束带距离值进行归一化处理，得到距离函数 $\delta(k)$：

$$\delta(k)=\frac{d(k)}{\max_{x,y\in Z_k}\sqrt{(x_b-x_i)^2+(y_b-y_i)^2}} \tag{9-7}$$

当第 k 个光束带中没有激光点时，令 $\delta(k)=1$，此时通常表示光束带接近于道路的延伸方向。图 9-2 示例性地给出了光束模型和道路分割线的效果图。

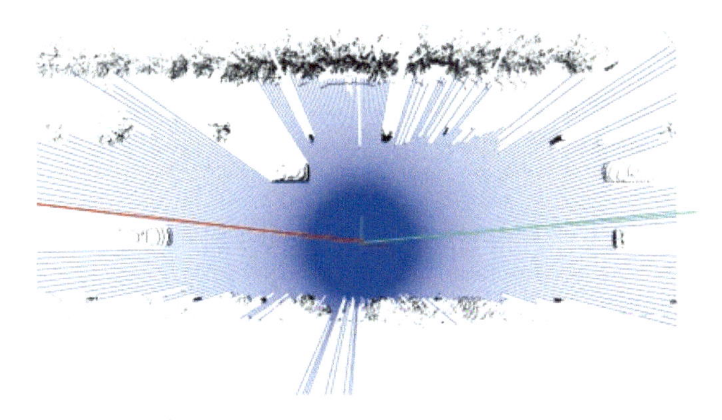

图 9-2　光束模型和道路分割线的效果图

（注：蓝色线段为激光光束，绿色线段为车辆前方道路分割线，红色线段为车辆后方道路分割线）

2. 改进的峰值查找算法

峰值查找算法早期用于从航拍图像中进行道路结构分析和道路交叉口查找[5]，同济大学的 Y. Zhang 等人[2,3]率先尝试将其扩展用于 3D 激光雷达路沿检测中路口的识别。在 RSL 方法中，G. Wang 对峰值查找算法做了进一步改进，使得它在处理稀疏点云以及部分激光点缺失的情况下具有更好的鲁棒性。该算法主要包含两个步骤：（1）采用中值滤波对距离函数 $\delta(k)$ 进行平滑处理；（2）对滤波后的光束距离进行极值分析。

（1）中值滤波处理。

中值滤波[6]是图像和信号处理领域常用的一种非线性平滑技术，其基本原理是把数字图像或数字序列中一点的值用该点的一个邻域内各点值的中值代替，从而消除孤立的噪声点。通过对前述光束距离结果进行中值滤波，我们可以得到光束距离曲线，如图 9-3 所示。

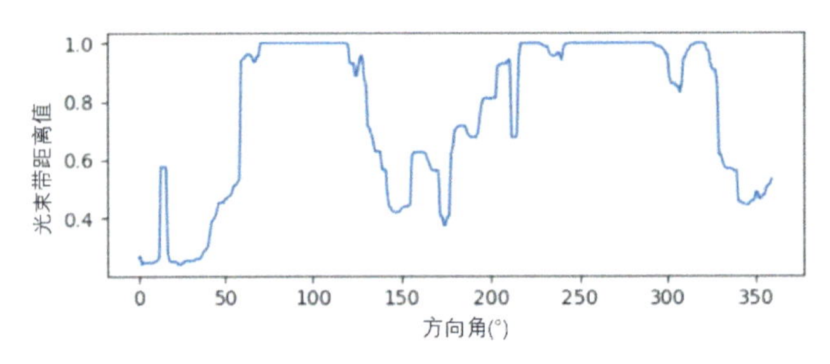

图 9-3　平滑后的光束距离曲线

（2）识别主要极值区间。

接下来，RSL 方法通过对光束距离曲线进行极值分析，并通过极值区间宽度识别主要极值区间，来确定道路分割线。极值区间宽度 w 被定义为

$$w=(w_r+w_l) \tag{9-8}$$

$$w_l=|k_l-k|\,w_r=|k_r-k| \tag{9-9}$$

其中，k_l 是在光束带 k 左侧、离其最近且距离值小于 $\delta(k)$ 的光束带标号；对应的 k_r 是在光束带 k 右侧、离其最近且距离值小于 $\delta(k)$ 的光束带标号。

主要极值区间的估计流程如下。

① 移除宽度 w 小于设定阈值 T_w 对应的极值区间。

② 合并相距过近的极值区间。对于两个极值 $\delta(k_i)$ 和 $\delta(k_j)$，若 $|k_i-k_j|<T_{\text{distance}}$ 且 $|k_i-k_j+360|<T_{\text{distance}}$，则选择极值区间宽度较大的作为主要极值区间；若极值区间宽度相同，则选择 $|w_l-w_r|$ 较小的作为主要极值区间。

根据上述流程，RSL 方法将分别从两个区间（$\{0\leqslant k\leqslant 90\cup 270\leqslant k<360\}$）和后方（$\{90\leqslant k\leqslant 270\}$）获取主要极值区间，并将主要极值区间中间光束带的中线作为道路分割线，效果见图 9-2 中的红色和绿色分割线。而后，基于道路分割线便可将路沿特征点分为左、右两个类别。

9.2.4 噪声点过滤和路沿特征点提取

在获取到初步的路沿候选特征点集合后，该集合中仍然包含了许多噪声点，如车辆、行人对应的激光点等。SAT-LRBD 算法使用距离滤波和 RANSAC 滤波两种方式来去除噪声点。

1. 距离滤波

距离滤波用于清除从道路范围以外障碍物上提取的特征点。SAT-LRBD 算法认为一般情况（非拥堵场景）下，路沿通常是距离自车最近的障碍物。因此，通过在左、右特征点集合中查找距离自车最近的点，便可得到路沿特征点集合。该过程具体可表示为

$$S_i=\left\{(x,y)\,|\,(i-1)\leqslant\frac{x}{w_s}<i\right\},\ i\in\mathbf{Z} \tag{9-10}$$

$$f_{\text{dist}}(S_i)=\arg\min_{S_i}|y_{i,j}| \tag{9-11}$$

其中，S_i 为第 i 个光束带对应的点集，$y_{i,j}$ 是 S_i 内第 j 个特征点对应的 y 坐标值，w_s 是 S_i 的宽度，$f_{\text{dist}}(S_i)$ 是 S_i 内的索引值。在每个光束带中，SAT-LRBD 算法仅保留距离值最小的特征点。

2. RANSAC 滤波

为了提高路沿特征点集合的准确度，我们需要进一步去除道路范围内障碍物对应的噪声点。SAT-LRBD 算法假设路沿为二次多项式曲线，可进一步使用 RANSAC 算法初步拟合路沿模型，并将所有离拟合模型小于阈值的点作为路沿特征点保留，效果如图 9-1 的步骤 4 所示。

在获取到路沿特征点集合后，考虑到城市环境中道路形状的多样性，以及路沿特征点集合中仍有噪声点，SAT-LRBD 算法借鉴了参考文献 [7] 中引入的改进型 IGPR 方法来构建路沿模型。由于篇幅受限，这里不再展开介绍 IGPR 方法的具体原理，感兴趣的读者可以查阅参考文献 [1] 和 [7]。

G. Wang 基于 KITTI 数据集对 SAT-LRBD 算法进行了测试，图 9-4 展示了直线、弯道、复

杂路口、道路拥堵等场景下的算法检测效果。可以看出，在车辆较少的直线、弯道场景下，SAT-LRBD 算法能够较好地检测出路沿特征点；但是在复杂路口和道路拥堵场景下，算法的精度明显降低，出现较多漏检、误检情况。这也表明了基于人工规则进行路沿检测具有一定的局限性，对复杂场景欠缺一定的推理能力。

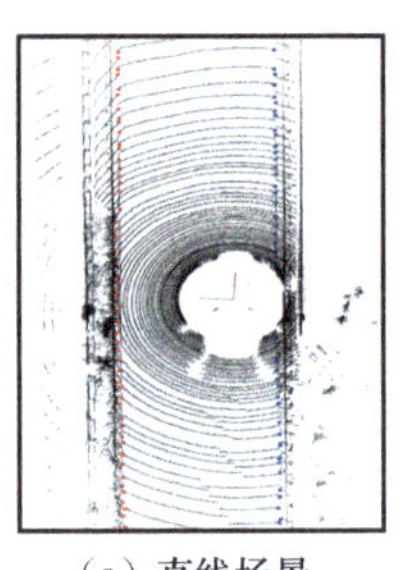

（a）直线场景

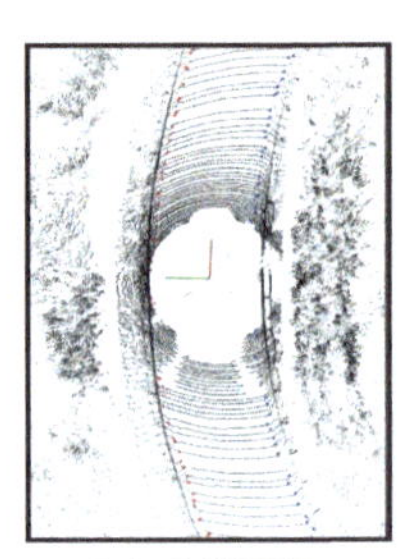

（b）弯道场景

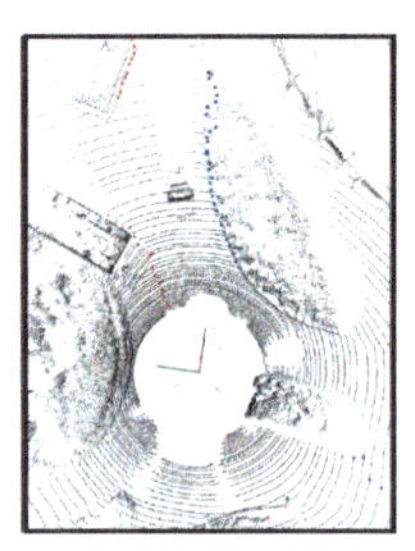

（c）复杂路口场景

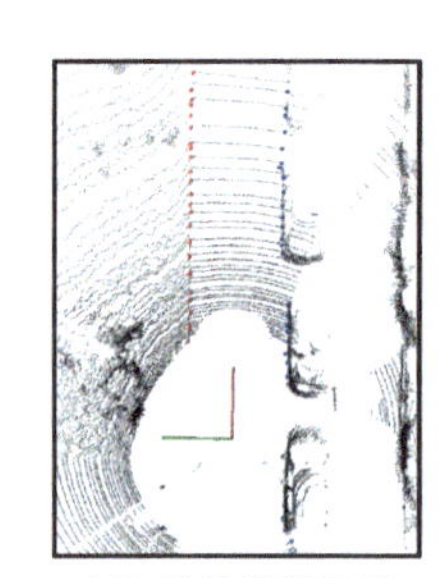

（d）道路拥堵场景

图 9-4　基于 KITTI 数据集的多场景测试效果示例

（注：图片来自参考文献 [1]）

9.2.5　算法小结

我们学习了基于几何特征进行路沿检测这一方向比较有代表性的 SAT-LRBD 算法，该算法首先基于每线束间激光点的高度差、平滑度、水平距离等几何特征进行路沿候选特征点的初步提取，并引入了 RSL 方法来进行特征点的分类，而后采用了滤波和 IGPR 方法来滤除噪声点以得到路沿模型。在 SAT-LRBD 算法中，IGPR 方法的引入虽然提高了算法的检测能力和精度，但也增加了算法的复杂度和耗时。此外，基于这种人工规则的路沿检测方式难以处理复杂路口、道路拥堵等工况，有一定的应用局限性。因此，我们将进一步介绍基于深度学习网络的路沿检测算法。

9.3　基于深度学习网络的 U-AFCD 算法

韩国首尔大学的 Y. Jung 等在 ICRA 2021 会议上提出了 Uncertainty-Aware Fast Curb Detection（U-AFCD）算法 [9]，该算法基于神经网络模型实现路沿的检测及其不确定性量化。同时，Jung 给出了其制作的路沿数据集，开源地址为 GitHub 网站上的 YounghwaJung/curb_detection_DNN。该数据集是在城区环境下基于 Velodyne VLP-32C 激光雷达和 OXTS RT3002 定位系统采集而得，总共包含 5224 帧点云，并且给出了鸟瞰图视角下路沿的分割真值标签。

9.3.1　算法整体框架

图 9-5 给出了 U-AFCD 算法的整体流程，可以看出，该算法从整体上分为两个阶段。其中，阶段 1 为基于编码 - 解码的分割网络，主要用于分割出可见的路沿点云；阶段 2 为条件神经过程（Conditional Neural Process，CNP）[10]，旨在进一步完成对被遮挡的不可见区域路沿的推测，并给出整个路沿检测的不确定性。

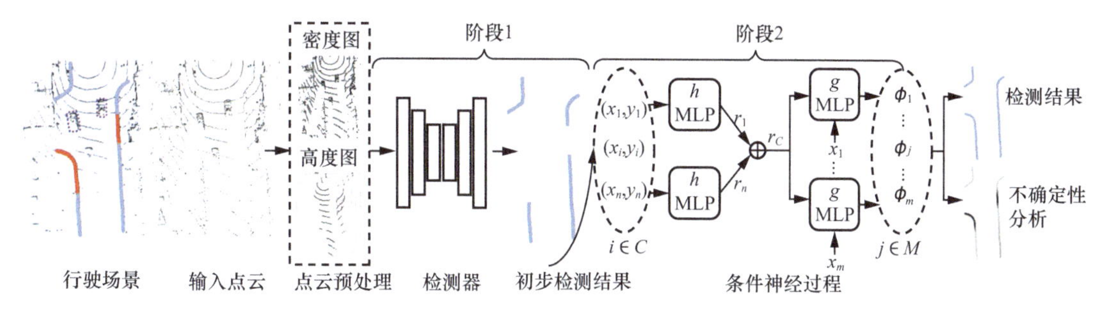

图 9-5 U-AFCD 算法的整体流程

（注：图片来自参考文献 [9]）

在进入阶段 1 的神经网络的特征提取步骤之前，U-AFCD 算法会将原始 3D 点云经 BEV 投影转换为二维的密度图和高度图。具体转换过程如下：首先将 3D 点云经 BEV 投影到二维的栅格地图中，栅格尺寸为 0.1 米，栅格地图在长度和宽度方向的栅格个数分别为 H 和 W；而后将每个栅格中点的个数作为像素值，即得到密度图，将每个栅格中激光点高度的最大值作为像素值，即得到高度图。

9.3.2 基于 U-Net 的路沿特征点分割

在 U-AFCD 算法的阶段 1，Y. Jung 等采用了经典的 U-Net 架构用于进行可见路沿特征点的分割。传统 U-Net[11,21] 的架构如图 9-6 所示，可通过进行编码 - 解码（降采样 - 上采样）以及

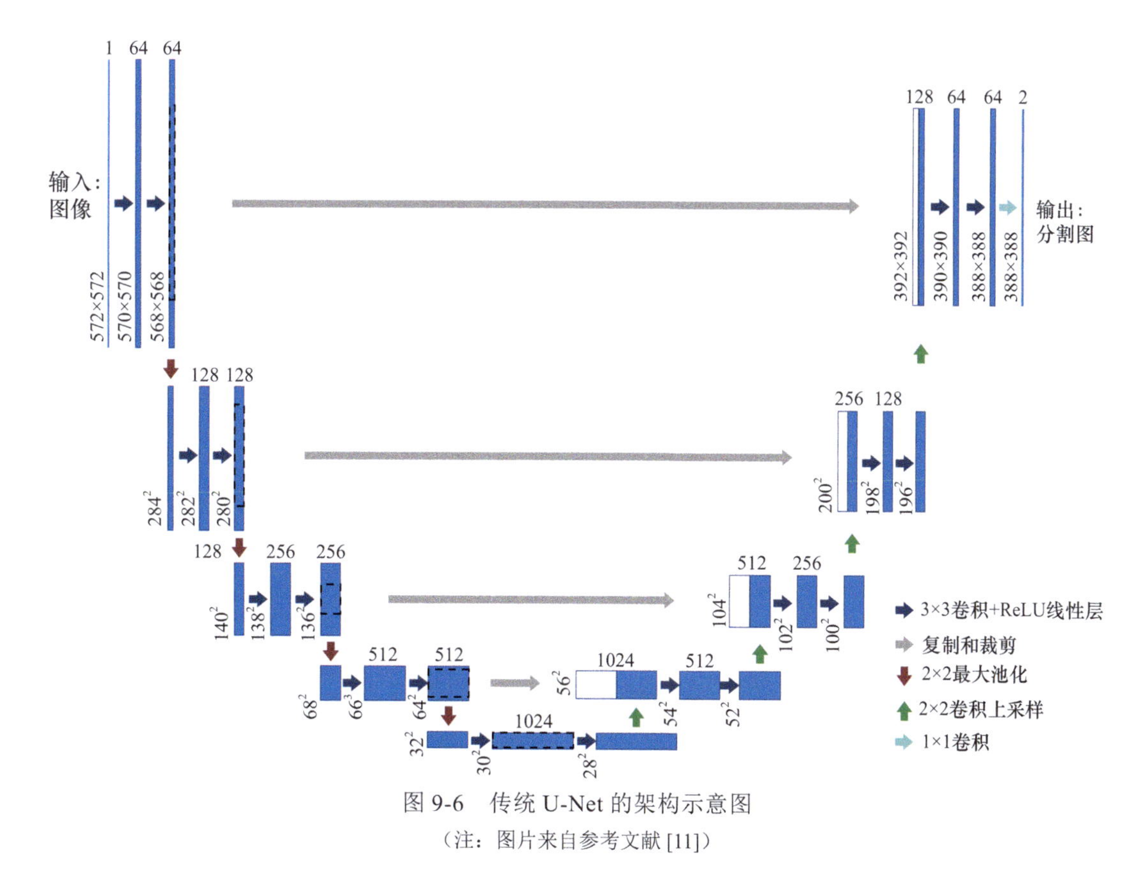

图 9-6 传统 U-Net 的架构示意图

（注：图片来自参考文献 [11]）

跨越连接的方式，使得网络能够较好地兼顾高维特征和局部特征。在 U-AFCD 算法中，密度图和高度图作为 U-Net 网络的输入，尺寸为 $M_I \in R^{H\times W\times(1+K)}$，输出为每个像素所属的类别 $M_C \in R^{H\times W\times 1}$。在具体基于 U-Net 网络进行降采样的过程中，U-AFCD 算法使用了 4 个卷积模块，每个卷积模块由两个卷积层组成，并结合最大池化层，使特征图尺寸减半。同时，Y. Jung 等人在每个卷积层之后设置了一个 ReLU 线性层。进一步地，在上采样过程中，U-AFCD 算法使用了 4 个逆卷积模块以得到与输入特征在长、宽尺寸上一致的特征图。每个逆卷积模块都包含一个逆卷积层，并通过跨越连接的方式将对应降采样操作中的特征与上采样得到的特征拼接到一起。

在训练模型时，U-AFCD 算法采用了逐点交叉熵损失函数[12]，以计算各像素的损失之和，具体如下式所示：

$$L = -\frac{1}{W\times H}\sum_{i,j}^{H,W} y_{\text{label}}^{i,j}\log(y_{\text{pred}}^{i,j}) + (1-y_{\text{label}}^{i,j})\log(1-y_{\text{pred}}^{i,j}) \tag{9-12}$$

其中 $y_{\text{label}}^{i,j}$ 为标注标签，$y_{\text{pred}}^{i,j}$ 为网络预测类别。

9.3.3 非可见路沿推理及结果不确定性分析

在获取到部分路沿特征点后，传统路沿检测方法通常选择多项式拟合[13]或高斯过程回归[7]的方式得到完整路沿的显式数学表达。基于多项式拟合的方式通常鲁棒性较差，受噪声点影响明显；而基于高斯过程回归的方式虽然具有较强的抗噪声性，但其计算耗时不稳定。U-AFCD 算法通过引入条件神经过程（Conditional Neural Process，CNP）[10] 和注意力神经过程（Attentive Neural Process，ANP）[38] 得到路沿曲线，并推理出被遮挡区域中的不可见路沿，同时量化最终路沿检测结果的不确定性。

1. 条件神经过程

CNP 是由 DeepMind 实验室的 Marta Garnelo 等在 ICML 2018 会议上提出的，旨在结合神经网络和高斯过程两方面的优点来解决回归、拟合等问题。同时，类似于高斯过程回归及其变体，如 Kriging[15,16]、RBF[17] 等，CNP 也可以给出拟合模型在未观测点处的不确定性。下面我们简单介绍该过程的原理。

令 X、Y 分别为两组随机变量，二者之间具有未知的函数关系 $f: X\to Y$，则 $\{Y, X\}$ 为一个随机过程。给定有限观测数据集 $O=\{(x_i, y_i)\}_{i=0}^{n-1} \subset X\times Y$，以及一组未观测的目标数据集 $T=\{x_i\}_{i=n}^{n+m} \subset X$，对于 n 个输入输出数据，则有 $y_i = f(x_i)$。进一步地，假设 P 为函数 f 的概率分布：$f \sim P$，则 P 定义了随机变量 $\{x_i\}_{i=0}^{n+m+1}$ 上的联合分布和条件分布 $P(f(T)|O,T)$。条件神经过程的目的就是在给定的有限观测数据集 O 下，预测目标数据集中任意 $x\in T$ 对应的输出值 $f(x)$，即求解 $P(f(T)|O,T)$。可将条件神经过程记为 Q_θ，其中 θ 为定义该过程的参数。

传统高斯过程假设任意随机变量的线性组合都服从正态分布，每个有限观测数据集中的随机变量都服从联合正态分布，这既限制了高斯过程的应用场景，也增加了其计算耗时。传统高斯过程的平均计算复杂度为 $O((n+m)^3)$，它对于一些样本较多的问题难以满足实时性要求。条件神经过程则不在先验过程中施加任何一致性假设，而是通过神经网络学习该随机过程在给定观测数据下的条件分布。

CNP 和监督学习的基本原理如图 9-7 所示，首先基于有限观测数据集 O 中的每组观测数据对 x_i 和 y_i 进行编码，而后对每组编码结果进行对称聚合并再次编码至给定维度，最后在目标数据集下进行解码，从而得到每个 $x_i\in T$ 对应的输出。该过程可通过式（9-13）～式（9-15）

来表示。

$$r_i = h_\theta(x_i, y_i) \quad \forall (x_i, y_i) \in O \tag{9-13}$$

$$r = r_1 \oplus r_2 \oplus \cdots \oplus r_{n-1} \oplus r_n \tag{9-14}$$

$$\phi_i = g_i(x_i, r) \quad \forall (x_i) \in T \tag{9-15}$$

其中 $h_\theta : X \times Y \to \mathbb{R}^d$ 和 $g_i : X \times \mathbb{R}^d \to \mathbb{R}^e$ 分别表示编码和解码所对应的神经网络；$\oplus$ 表示满足交换性的聚合操作，通常可用均值操作代替；ϕ_i 则是描述随机过程的参数，例如在回归任务中，ϕ_i 通常用来参数化描述高斯分布的均值和方差，即 $\phi_i = (\mu_i, \sigma_i^2)$，$\forall (x_i) \in T$。在该架构下，CNP 的平均计算复杂度为 $O(n+m)$。

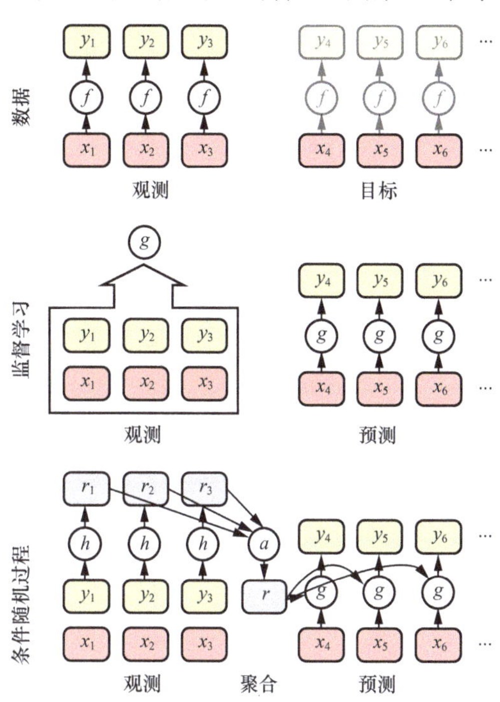

图 9-7 CNP 和监督学习的基本原理

（注：图片来自参考文献 [10]）

在训练 CNP 模型时，Garnelo 等从有限观测数据集 O 中随机采样部分子集进行参数的求解。令 $N \sim \text{uniform}[0, \cdots, n-1]$，采样的训练数据集可表示为 $O_N = \{(x_i, y_i)\}_{i=0}^{N} \subset O$，而后通过最小化下述损失函数，得到随机过程的参数 θ。

$$L(\theta) = -\mathbb{E}_{f \sim P}[\mathbb{E}_N[\log Q_\theta(\{y_i\}_{i=0}^{n-1} \mid O_N, \{x_i\}_{i=0}^{n-1})]]$$

2. 神经过程

Garnelo 等进一步提出了条件神经过程的一般化形式，并称之为神经过程（Neural Process，NP）[18]。图 9-8 对比了条件神经过程和神经过程的结构，神经过程的计算过程如图 9-9 所示。相比 CNP，NP 增加了隐变量 z，以描述随机过程 f 的全局不确定性，即 $f(x) = g(x, z)$，g 为神经网络解码器经学习得到函数。

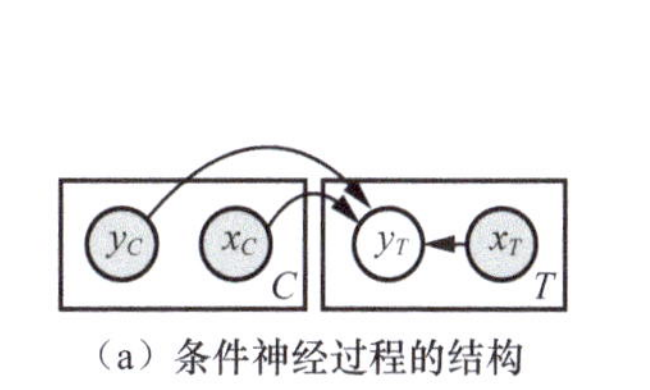

（a）条件神经过程的结构　（b）神经过程的结构

图 9-8 CNP 和 NP 的结构对比

（注：图片来自参考文献 [18]）

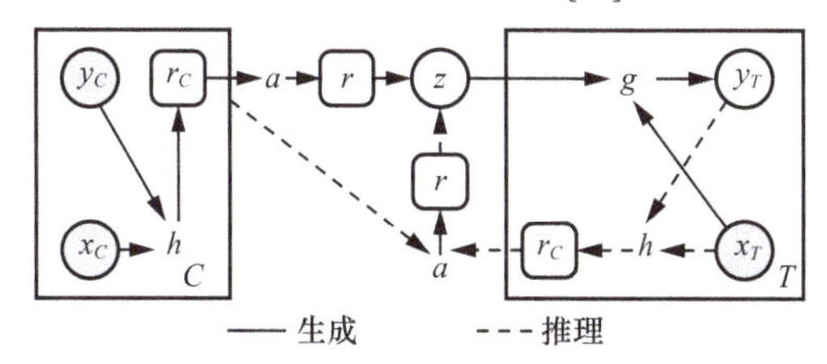

图 9-9 NP 的计算过程

（注：图片来自参考文献 [18]）

在图 9-9 中，n 组现有观测数据被称为背景数据，即 $C=\{(x_i,y_i)\}_{i=1}^{n}\subset X\times Y$，目标数据被记为 $T=\{x_i\}_{i=n+1}^{n+m+1}\subset X$。$h$ 和 g 分别是用神经网络参数化的编码和解码过程，并有 $r_i=h((x,y)_i)$。a 为编码聚合操作，通常可用均值操作表示。我们可以使用一个顺序无关的 r 来参数化隐变量 $z=N(\mu(r),\ I*\sigma(r))$，例如，$r$ 可简单地表示为 $r=a(r_i)=\dfrac{1}{n}\sum_{i=1}^{n}r_i$。在目标数据 $x_t\in T$ 上，结合隐变量 z 和解码器 g，我们可以推理计算出对应的输出 $y_t=f(x_t)$。

3. 注意力神经过程

NP 模型通常采用均值操作来对各观测数据编码得到的信息进行聚合，没有考虑权重的差异性，DeepMind 实验室和牛津大学的 Hyunjik Kim、Andriy Mnih 等进一步将深度学习中的自注意力机制 [19] 引入 NP 中，于 2019 年提出注意力神经过程（ANP），图 9-10 对注意力神经过程和神经过程的计算过程做了对比。

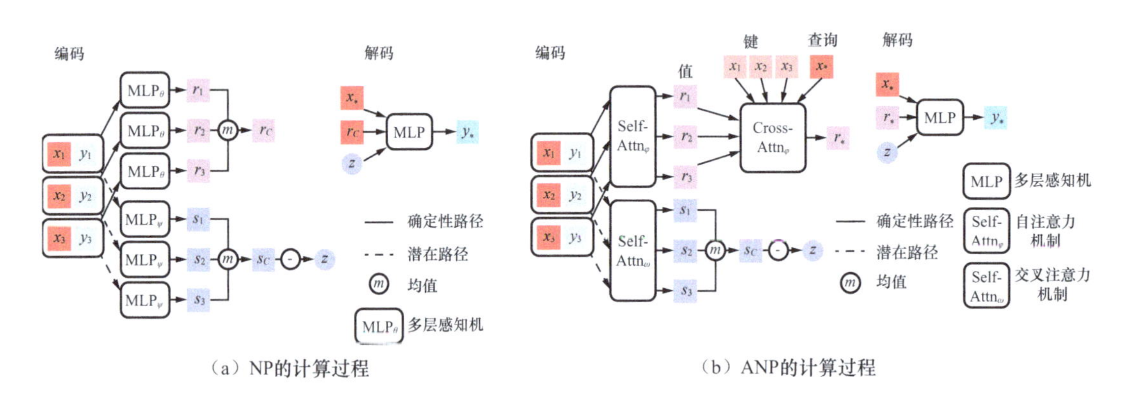

（a）NP的计算过程　　（b）ANP的计算过程

图 9-10　对比 NP 和 ANP 的计算过程

（注：图片来自参考文献 [38]）

在 ANP 模型的编码阶段，Kim 等使用 self-attention 模块代替了 NP 模型中的 MLP 模块，以帮助模型从背景数据中提取更丰富的相关性特征信息。进一步地，在执行 r_i 的聚合操作时，ANP 采用 cross-attention 操作来替代 NP 中的均值操作，并将背景数据 $\{x_1,\cdots,x_n\}$ 作为 cross-attention 操作中的键值，目标数据 x_* 则作为查询值，该操作将使得距离查询点 x_* 越近的背景数据具有的权重越大。

4. 基于 ANP 的路沿推理

在经由 U-Net 网络后，我们得到了逐像素的分割结果图 M_c，每个像素值为 0 或 1，分别代表对应栅格地图 M 中的非路沿区域和路沿区域。以 M_c 为初步观测数据，U-AFCD 算法使用 ANP 模型估计 M 中其余所有位置是否为路沿，并计算其不确定概率。具体来说，U-AFCD 算法将像素坐标 $x_i\in\mathbb{R}^{H\times W}$ 归一化为 $[0,1]^2$，像素值 $y_i\in\{0,1\}$，并定义背景数据集 $C=\{i\,|\,(x_i,y_i)\in M_c,\ y_i=l\}$，目标数据集 $T=\{i\,|\,(x_i,y_i)\in M\setminus M_c\}$，然后通过最小化下述损失函数进行 ANP 模型的训练。

$$\mathcal{L}=-\mathbb{E}_{|C|}\left[\sum_{k=0}^{|T|}\log Q_\theta(y_k\,|\,x_k)\right],\quad k\in T \tag{9-16}$$

图 9-11 给出了 U-AFCD 算法在几个测试场景中的可视化效果，包括最终路沿检测结果和对应的不确定性，这也表明了 U-AFCD 算法在处理多种道路结构问题时的有效性。

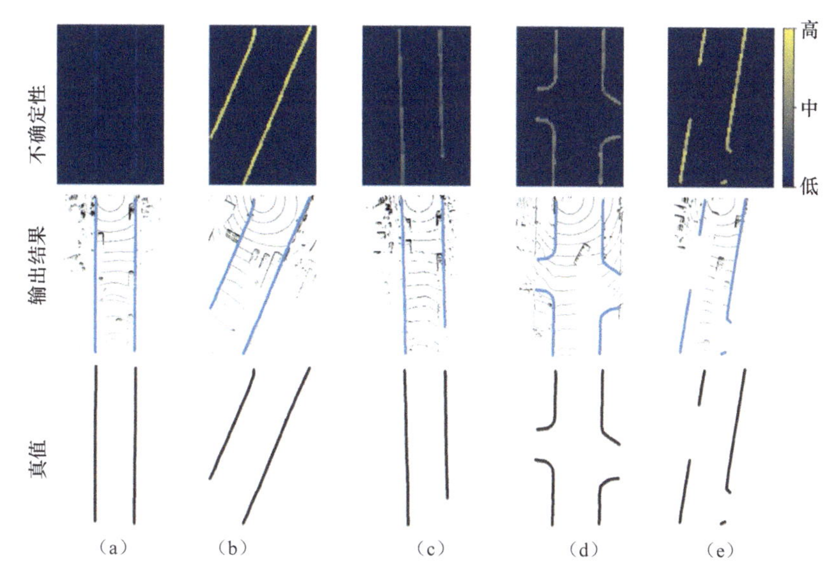

图 9-11 U-AFCD 算法在几个测试场景中的可视化效果

（注：图片来自参考文献 [9]）

9.3.4 算法小结

我们学习了基于神经网络进行路沿分割和推断的 U-AFCD 算法，该算法使用 U-Net 网络进行点云分割，初步提取可见路沿对应的点云，并进一步基于 CNP、ANP 等模型进行被遮挡、不可见路沿的推断，给出整体检测结果的不确定性。该算法虽然在实时性等方面仍须进一步改进，但其尝试用 CNP、ANP 等模型替代高斯过程回归或多项式拟合来处理路沿问题的思路，给我们带来了一些启发，值得进一步研究。

关于 CNP、NP、ANP 等模型的详细推导和证明，我们并未具体列出，感兴趣的读者可以参考原始论文加以学习。

9.4 本章小结

在本章中，我们系统地分析了路沿检测的现有技术路线，并将它们划分为基于人工规则的路沿检测和基于深度学习网络的路沿检测两大类别。而后，我们分别选取其中较有代表性的算法做了详细介绍。

在早期激光感知的研究中，基于人工规则的路沿检测方法占主导地位，但是此类方法需要进行大量的调参和适配工作，并且人工制定的规则无法适用于多种复杂的驾驶场景。而基于 3D 激光点云，利用深度学习的方式进行路沿检测，近年来逐渐得到学者的重视。但是由于目前业界尚缺少点云级的路沿标注数据集，这也就使得该方向的研究有一定困难。现有的几种算法通常将 3D 激光点云转换为 BEV 投影，并使用图像领域的分割或车道线检测算法来实现。总的来说，基于 3D 激光点云进行路沿检测仍然是一个开放的研究课题，有待工业界和学术界进一步研究和突破。

本章参考文献

[1] WANG G, WU J, HE R, et al. Speed and accuracy tradeoff for LiDAR data based road boundary detection[J]. In IEEE/CAA Journal of Automatica Sinica, 2021, 8(6): 1210-1220.

[2] ZHANG Y, WANG J, WANG X, et al. Road-segmentation-based curb detection method for self-driving via a 3D-LiDAR sensor[J]. IEEE Trans. Intelligent Transportation System, 2018, 19(2): 3981-3991.

[3] ZHANG Y, WANG J, WANG X, et al. 3D LiDAR-based intersection recognition and road boundary detection method for unmanned ground vehicle[C]. 2015 IEEE 18th International Conference on Intelligent Transportation Systems, 2015: 499-504.

[4] THRUN S, BURGARD W, FOX D. Robot perception. in probabilistic robotics[M]. Cambridge: MIT press, 2005.

[5] HU J, RAZDAN A, FEMIANI J, et al. Road network extraction and intersection detection from aerial images by tracking road footprints[J]. IEEE Trans. Geoscience and Remote Sensing, 2007, 45(12): 4144-4157.

[6] Median filter. The Free Encyclopedia[EB/OL]. Wikipedia, 2019.

[7] CHEN T, DAI B, LIU D, et al. Velodyne-based curb detection up to 50 meters away[C]. IEEE Conf. Intelligent Vehicles Symp. 2015: 241-248.

[8] SUN P, ZHAO X, XU Z, et al. A 3D LiDAR databased dedicated road boundary detection algorithm for autonomous vehicles[J]. IEEE Access, 2019, 5(6): 296-300.

[9] JUNG Y, JEON M, KIM C, et al. Uncertainty-aware fast curb detection using convolutional networks in point clouds[C]. In 2021 IEEE International Conference on Robotics and Automation (ICRA), 2021: 12882-12888.

[10] GARNELO M, ROSENBAUM D, MADDISON C, et al.Conditional neural processes[C]. In International Conference on Machine Learning, 2018: 1690-1699.

[11] RONNEBERGER O, FISCHER P, BROX T. U-Net: Convolutional networks for biomedical image segmentation[C]. In International Conference on Medical Image Computing and Computer-Assisted Intervention, 2015: 234-241.

[12] LONG J, SHELHAMER E, DARRELL T. Fully convolutional networks for semantic segmentation[C]. In Proceedings of the IEEE Conference on Computer Vision and Pattern Recognition, 2015: 3431-3440.

[13] SUN P, ZHAO X, XU Z, et al. A 3D LiDAR data based dedicated road boundary detection algorithm for autonomous vehicles[J]. IEEE Access, 2019, 7(1): 29623-29638.

[14] ZHANG J, SINGH S. Loam: LiDAR odometry and mapping in realtime[C]. In Robotics: Science and Systems Conference, 2014: 1-8.

[15] 李耀辉. 基于 Kriging 模型的全局近似与仿真优化方法 [D]. 华中科技大学，2015.

[16] ANKENMAN B, NELSON B, STAUM J. Stochastic kriging for simulation metamodeling[J]. Operations Research, 2010, 2(6): 37-38.

[17] GUTMANN H. A radial basis function method for global optimization[J]. Journal of Global Optimization, 2001, 3(1): 201-227.

[18] GARNELO M, SCHWARZ J, ROSENBAUM D, et al. Neural processes[C]. In ICML Workshop on Theoretical Foundations and Applications of Deep Generative Models, 2018: 160-169.

[19] VASWANI A, SHAZEER N, PARMAR N, et al. Attention is all you need[C]. In NIPS, 2017: 600-610.

[20] FRITSCH J, KUEHNL T, GEIGER A. A new performance measure and evaluation benchmark for road detection algorithms[C]. In 16th International IEEE Conference on Intelligent Transportation Systems (ITSC 2013), 2013: 1693-1700.

[21] LONG J, SHELHAMER E, DARRELL T. Fully convolutional networks for semantic segmentation[C]. In Proceedings of the IEEE Conference on Computer Vision And Pattern Recognition, 2015: 3431-3440.

[22] CALTAGIRONE L, SCHEIDEGGER S, SVENSSON L, et al. Fast LiDAR-based road detection using fully convolutional neural networks[C]. In 2017 IEEE Intelligent Vehicles Symposium (IV), 2017: 1019-1024.

[23] ZHANG W. LiDAR-based road and road-edge detection[C]. In 2010 IEEE Intelligent Vehicles Symposium, 2010: 845-848.

[24] ONIGA F, NEDEVSCHI S. Curb detection for driving assistance systems: A cubic spline-based approach[C]. In Intelligent Vehicles Symposium, 2011: 945-950.

[25] KANG Y, ROH C, SUH S, et al. A LiDAR-based decision making method for road boundary detection using multiple kalman filters[J]. In IEEE Transactions on Industrial Electronics, 2012, 59(11): 43-46.

[26] PENG S. A robust detection algorithm for urban road boundaries based on 3D LiDAR[J]. Zhejiang Univ, 2018, 3(5): 50-56.

[27] HU K. Real-time extraction method of road boundary based on three dimensional LiDAR[J]. Phys. Conf. Series, 2018, 10(1): 40-46.

[28] HATA A Y, O'SORIO F S, WOLF D F. Robust curb detection and vehicle localization in urban environments[C]. In 2014 IEEE Intelligent Vehicles Symposium Proceedings, 2014: 1257-1262.

[29] ZAI D, LI J, GUO Y, et al. 3D road boundary extraction from mobile laser scanning data via supervoxels and graph cuts[J]. IEEE Trans. Intelligent Transportation Systems, 2018, 3(19): 802-813.

[30] XU S, WANG R, ZHENG H. Road curb extraction from mobile LiDAR point clouds[J]. IEEE Trans. Geoscience and Remote Sensing, 2017, 2(55): 996-1009.

[31] WU M, LIU Z, REN Z. Algorithm of real-time road boundary detection based on 3D LiDAR[J]. Zhejiang Univ, 2011, 2(39): 351-354.

[32] WANG G, WU J, HE R, et al. A point cloud-based robust road curb detection and tracking method[J]. IEEE Access, 2019, 7(6): 260-266.

[33] ZHAO G Q, YUAN J S. Curb detection and tracking using 3D LiDAR scanner[C]. In 2012 19th IEEE International Conference on Image Processing, 2012: 437-440.

[34] RATO D, SANTOS V. LiDAR based detection of road boundaries using the density of accumulated point clouds and their gradients[J]. Robotics and Autonomous Systems. 2021, 1(6): 36-39.

[35] LIANG J, HOMAYOUNFAR N, MA W C. Convolutional recurrent network for road boundary extraction[C]. In Proceedings of the IEEE Conference on Computer Vision and Pattern Recognition, 2019: 9512-9521.

[36] SULEYMANOV T, KUNZE L, NEWMAN P. Online inference and detection of curbs in partially occluded scenes with sparse lidar[C]. ArXiv: 1907.05375, 2019.

[37] PAN X, SHI J, LUO P, et al. Spatial as deep: Spatial cnn for traffic scene understanding[C]. ArXiv: 1712.06080,2017.

[38] KIM H, MNIH A, SCHWARZ J, et al .Attentive neural processes[EB/OL]. ArXiv: 1901.05761, 2019.

第 10 章 基于 3D 激光点云的多目标跟踪

10.1 引言

在实现对车辆、行人等目标的检测后，智能驾驶感知系统通常还需要对目标进行跟踪，以便对前、后帧目标检测结果进行匹配，实现对目标的连续感知、ID 管理和运动状态的估计。按照算法原理和流程的不同，本章将 3D 激光点云的多目标跟踪（MOT，Multi-Object Tracking）问题大体上划分为下述 3 个类别。

1. 基于检测的多目标跟踪方法（tracking-by-detection）

这类方法通常单纯地依赖当前帧目标检测的结果与之前的目标检测结果进行匹配，算法通常由数据关联部分和滤波器部分组成。其中，数据关联部分主要解决不同时间戳下同一个目标的关联匹配问题，滤波器部分则主要用于解决目标的运动状态估计和轨迹更新问题[1]。常用的数据关联方法有多假设跟踪（Multiple Hypothesis Tracking，MHT）[2]、匈牙利匹配（Hungarian matching）[3]、联合概率数据关联（Joint Probabilistic Data Association，JPDA）[4]、全局最近关联（Global Nearest Neighbor，GNN）[5] 等。业界常用的滤波器则有卡尔曼滤波器[6,17]、粒子滤波器[7] 等。AB3DMOT 算法[8] 尝试结合匈牙利匹配和卡尔曼滤波器来解决 3D MOT 问题，在实时性上较之前的算法取得了较大的突破，并被工业界广泛使用。然而，AB3DMOT 算法在进行匈牙利匹配时是基于两帧目标间矩形框的 3D IoU 重合度进行的，在一些场景中可能会出现同一目标在前后两帧没有重合部分的情况。为此，斯坦福大学和丰田技术研究院在 2020 年提出了 P3DMOT 算法[9]，旨在基于马氏距离和匈牙利匹配进一步提升跟踪算法的性能。此外，一些学者进一步尝试在匹配阶段引入更多的特征信息以提升匹配的准确度。例如，H. Wu 等人[10] 在进行目标匹配时进一步考虑了目标的几何尺寸、朝向、外形等信息。

2. 基于轨迹片段的多目标跟踪方法（tracklet-based MOT）

一些学者指出，上述基于检测的多目标跟踪算法过度依赖目标检测模块的结果，未能够利用好目标的历史信息，他们尝试基于多帧点云序列或轨迹片段，通过深度学习网络来提取目标更多的一致性特征，从而端到端地解决多目标跟踪问题[11,12]。例如，H. Wu 等人[13] 在 IJCAI 2021 会议上提出了基于轨迹片段的 PC-TCNN 算法，该算法首先基于点云序列生成粗略的候选轨迹片段，而后对轨迹进行精细化，并通过将精细化后的轨迹与之前的轨迹片段关联来实现对目标的匹配跟踪。这类算法较基于检测的 3D MOT 算法而言，通常能够获取更高的跟踪精度，但它们在实时性上目前仍须进一步提升。

3. 检测和跟踪联合的方法（tracking-with-detection）

一些学者认为上述方法将目标检测任务和目标跟踪任务人为地割裂开了，并尝试在同一个网络中同时解决检测和跟踪问题。例如，CenterPoint 算法[14] 基于中心点热力图实现了目标检测和跟踪的耦合；轻舟智航在 ICCV 2021 会议上提出的 SimTrack 算法[15] 基于混合时间中心图也端到端地实现了目标的检测和跟踪；博世的 Felicia Ruppel 等[26] 于 2022 年进一步提出了 TransMOT 算法，旨在结合 CNN 和 Transformer 架构协同实现对 3D 目标的检测和跟踪。

下面我们将选取 tracking-by-detection 和 tracking-with-detection 两个方向较有代表性的算法加以具体分析，以加深读者对 3D 多目标跟踪的理解。

10.2 AB3DMOT 算法

卡内基·梅隆大学的 X. Weng 等在 2D 图像经典目标跟踪算法 SORT[16] 的基础上进行扩展，针对 3D 激光点云的多目标跟踪问题在 IROS 2020 会议上提出了 AB3DMOT 算法 [8]。该算法基于目标检测的结果，使用匈牙利匹配策略 [3] 进行当前帧和历史帧目标之间的数据关联，并通过卡尔曼滤波 [6] 在 3D 空间中进行目标运动状态的最终估计。AB3DMOT 算法具有较好的实时性，经统计，该算法在 KITTI 数据集中的平均运行速度达到 207.4 FPS，并在当时取得 KITTI 和 NuScense 数据集中最优的 3D 多目标跟踪精度（MOTA）。X. Weng 等人给出了该算法开源代码的下载网址（GitHub 网站上的 xinshuoweng/AB3D-MOT），感兴趣的读者可以通过详细阅读代码并逐行调试，来加深对该算法的理解。

10.2.1　算法整体架构

AB3DMOT 算法的整体架构如图 10-1 所示，算法的输入为 3D 目标检测结果以及目标的历史轨迹信息。整个算法大体分为 5 个步骤：（A）目标检测提供当前帧（t 时刻）目标的位置、大小和姿态信息 D_t；（B）历史帧（t−1 时刻）各目标的运动信息 T_{t-1} 经卡尔曼滤波的预测过程，得到其在 t 时刻的预测状态 T_{est}；（C）数据关联模块对当前帧检测结果 D_t 和卡尔曼滤波预测得到的目标状态 T_{est} 进行关联；（D）对于关联匹配上的目标，使用卡尔曼滤波的更新步骤得到其最终的运动状态估计 T_t，并将运动信息更新到目标的历史轨迹信息中；（E）对于没有关联匹配上的当前帧目标和历史帧目标，则通过生命周期管理模块判断是否需要新增目标轨迹或者删除历史目标轨迹。

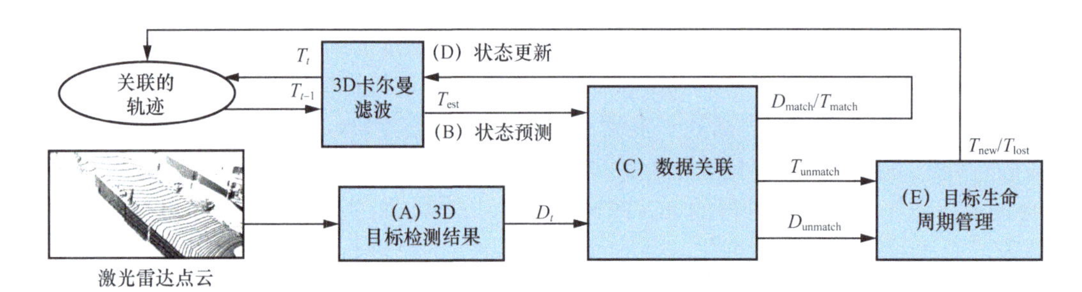

图 10-1　AB3DMOT 算法的整体架构

（注：图片来自参考文献 [8]）

10.2.2　算法各模块分析

下面我们将针对 AB3DMOT 算法的主要模块进行详细展开，分析其具体原理。

基于卡尔曼滤波的状态预测：该步骤需要基于历史帧各目标的轨迹信息来预测其在当前帧的状态。AB3DMOT 算法根据自车运动（ego-motion）信息和目标的运动信息，结合匀速运动模型，得到卡尔曼滤波框架下预测步骤的计算方程。其中，系统的状态预测与估计源于现代控制理论，感兴趣的读者可以查阅参考文献 [25] 以了解状态方程的推导方法以及系统状态估计的详细过程。

AB3DMOT 算法将目标的状态用 11 维向量来表示，即 $\boldsymbol{T}=\{x,y,z,\theta,l,w,h,s,v_x,v_y,v_z\}$，其中 (x,y,z) 为目标框中心点的位置坐标，(θ,l,w,h) 分别为检测框的朝向、长、宽、高，s 为目标检测的置信度得分，(v_x,v_y,v_z) 为目标在 x、y、z 三个方向上的速度。从均衡计算复杂度和性能的角度考虑，该算法并没有在状态矢量中引入角速度 v_θ。

我们将待关联轨迹数据中上一帧目标的状态集合描述为 $\boldsymbol{T}_{t-1}=\{\boldsymbol{T}_{t-1}^1,\boldsymbol{T}_{t-1}^2,\cdots,\boldsymbol{T}_{t-1}^{m_{t-1}}\}$，其中 m_{t-1} 为 $t-1$ 帧点云中目标的个数。基于匀速运动模型可预测 $t-1$ 帧点云中各目标在 t 时刻的状态 $\check{\boldsymbol{T}}_t=\{\check{\boldsymbol{T}}_t^i \mid i\in(1,2,\cdots,m_{t-1})\}$，并有

$$
\begin{gathered}
\check{x}_t=x_{t-1}+v_{xt-1}+q_{x_{t-1}},\ \check{y}_t=y_{t-1}+v_{yt-1}+q_{y_{t-1}} \\
\check{z}_t=z_{t-1}+v_{zt-1}+q_{z_{t-1}},\ \check{\theta}_t=\theta_{t-1},\ \check{l}_t=l_{t-1},\ \check{w}_t=w_{t-1} \\
\check{h}_t=h_{t-1},\ \check{v}_{xt}=v_{xt-1}+q_{v\_x_{t-1}},\ \check{v}_{yt}=v_{yt-1}+q_{v\_y_{t-1}} \\
\check{v}_{zt}=v_{zt-1}+q_{v\_z_{t-1}}
\end{gathered}
\tag{10-1}
$$

其中 $(q_{x_{t-1}},q_{y_{t-1}},q_{z_{t-1}})$ 和 $(q_{v_{xt-1}},q_{v_{yt-1}},q_{v_{zt-1}})$ 为模拟的高斯噪声 $\boldsymbol{\omega}_{t-1}$，其均值为 0，协方差矩阵为 $\boldsymbol{Q}_{t-1}$。

进一步对上述过程加以整理，即可得到卡尔曼滤波的预测过程的矩阵形式：

$$
\begin{gathered}
\check{\boldsymbol{T}}_t=\boldsymbol{A}\hat{\boldsymbol{T}}_{t-1}+\boldsymbol{\omega}_{t-1} \\
\check{\boldsymbol{\Sigma}}_t=\boldsymbol{A}\hat{\boldsymbol{\Sigma}}_{t-1}\boldsymbol{A}^{\mathrm{T}}+\boldsymbol{Q}_{t-1}
\end{gathered}
\tag{10-2}
$$

其中 $\hat{\boldsymbol{T}}_{t-1}$ 为目标在 t–1 时刻真实状态 $\boldsymbol{T}_{t-1}$ 的估计值，$\check{\boldsymbol{T}}_t$ 为目标在 t 时刻状态的预测值，矩阵 $\boldsymbol{A}$ 是由式（10-1）得到的状态转移矩阵，$\hat{\boldsymbol{\Sigma}}_{t-1}$ 为 t–1 时刻的状态协方差，$\check{\boldsymbol{\Sigma}}_t$ 为 t 时刻的预测状态协方差。

数据关联：经由 3D 目标检测模块，我们可以得到当前帧目标的信息，记为 $\boldsymbol{D}_t=\{\boldsymbol{D}_t^1,\boldsymbol{D}_t^2,\cdots,\boldsymbol{D}_t^{n_t}\}$，$n_t$ 为 t 时刻检测到的目标个数，$\boldsymbol{D}_t^j=(x_t^j,y_t^j,z_t^j,\theta_t^j,l_t^j,w_t^j,h_t^j,s_t^j)$，$j\in\{1,2,\cdots,n_t\}$。在获取到 $\boldsymbol{D}_t$ 和 $\check{\boldsymbol{T}}_t$ 以后，我们需要找到二者之间哪些目标对应上了，而哪些目标没有对应上，这一步骤即为数据关联过程。AB3DMOT 算法首先计算两个集合中目标之间 BBox 的 3D IoU 值，并得到对应的关联矩阵。以计算 $\check{\boldsymbol{T}}_t$ 中第 i 个目标和 $\boldsymbol{D}_t$ 中第 j 个目标之间 BBox 的 3D IoU 值为例，该过程可以表示为

$$
\text{3dIoU}_{i,j}=\frac{\text{vol}(\text{BBox}_i)\cap\text{vol}(\text{BBox}_j)}{\text{vol}(\text{BBox}_i)\cup\text{vol}(\text{BBox}_j)}
\tag{10-3}
$$

$$
\text{affinity\_matrix}=\begin{bmatrix}
\text{3dIoU}_{1,1} & \cdots & \text{3dIoU}_{1,n_t} \\
\vdots & \ddots & \vdots \\
\text{3dIoU}_{m_{t-1},1} & \cdots & \text{3dIoU}_{m_{t-1},n_t}
\end{bmatrix}
\tag{10-4}
$$

在具体计算时，3D 图像的 IoU 计算相比 2D 图像的 IoU 计算具有更高的复杂度，但是考虑到智能驾驶遇到的目标物体通常只在地面上做平面运动，所以只需要计算出投影到地面上的

不规则重叠面积，再乘以重叠的高度，便可近似计算出 3D IoU 值。在计算两个平面图形的重叠面积时，可以先用萨瑟兰 - 霍奇曼算法计算出重叠多边形的顶点，再用鞋带公式（shoelace formula）计算出多边形的面积。

在得到关联矩阵后，AB3DMOT 算法进一步将关联问题转换为基于二分图的匹配问题，并采用经典的匈牙利算法来求解。同时，在匹配过程中，若两帧对应目标之间计算得到的 $\text{3dIoU}_{i,j}$ 小于阈值 $\text{IoU}_{\min}$，则认为二者没有得到较好的关联匹配。此外，X. Weng 指出，在数据关联过程中，3D IoU 指标也可以使用物体中心点的距离指标来代替。

经过数据关联后，AB3DMOT 算法将输出下述 4 个集合：

$$T_{\text{match}} = \{T_{\text{match}}^1, T_{\text{match}}^2, \cdots, T_{\text{match}}^{w_t}\} \tag{10-5}$$

$$D_{\text{match}} = \{D_{\text{match}}^1, D_{\text{match}}^2, \cdots, D_{\text{match}}^{w_t}\} \tag{10-6}$$

$$T_{\text{unmatch}} = \{T_{\text{unmatch}}^1, T_{\text{unmatch}}^2, \cdots, T_{\text{unmatch}}^{m_{t-1}-w_t}\} \tag{10-7}$$

$$D_{\text{unmatch}} = \{D_{\text{unmatch}}^1, D_{\text{unmatch}}^2, \cdots, D_{\text{unmatch}}^{n_t-w_t}\} \tag{10-8}$$

其中 T_{match} 和 D_{match} 分别为预测数据和检测数据中关联匹配上的数据集合，w_t 为关联目标的个数，T_{unmatch} 和 D_{unmatch} 分别为预测数据和检测数据中未能关联匹配上的数据集合。

基于卡尔曼滤波的状态更新：对于关联匹配上的目标，考虑到当前帧目标检测结果的不确定性，AB3DMOT 算法使用卡尔曼滤波进行目标的状态更新。将目标检测结果 $\boldsymbol{D}_t$ 中的前 7 维作为观测变量，结合参考文献 [9]，可得到系统的观测方程为

$$\boldsymbol{D}_t = \boldsymbol{H}\check{\boldsymbol{T}}_t + \boldsymbol{v}_t,\quad \boldsymbol{H}_{7\times10} = [\boldsymbol{I}\quad \boldsymbol{0}],\quad \boldsymbol{S}_t = \boldsymbol{H}\check{\boldsymbol{\Sigma}}_t\boldsymbol{H}^{\text{T}} + \boldsymbol{R} \tag{10-9}$$

其中 $\boldsymbol{v}_t$ 为观测方程中的高斯噪声，均值为 0，协方差矩阵为 $\boldsymbol{R}$。$\boldsymbol{S}_t$ 为新息协方差（innovation covariance）矩阵，旨在表征预测的目标检测的不确定性。

进一步地，系统的状态更新过程为

$$\begin{aligned} \boldsymbol{K}_t &= \check{\boldsymbol{\Sigma}}_t \mathbf{H}^{\text{T}}\boldsymbol{S}_t^{-1} \\ \hat{\boldsymbol{T}}_t &= \check{\boldsymbol{T}}_t + \boldsymbol{K}_t(\boldsymbol{D}_t - \boldsymbol{H}\hat{T}_t) \\ \hat{\boldsymbol{\Sigma}}_t &= (\boldsymbol{I} - \boldsymbol{K}_t\boldsymbol{H})\check{\boldsymbol{\Sigma}}_t \end{aligned} \tag{10-10}$$

其中 $\boldsymbol{K}_t$ 为卡尔曼增益矩阵，$\hat{\boldsymbol{\Sigma}}_t$ 为 t 时刻的估计状态协方差，$\hat{T}_t$ 为关联的各目标的最终状态估计值，$\hat{\boldsymbol{T}}_t = \{\hat{\boldsymbol{T}}_t^k\}$，$k \in \{1,2,\cdots,w_t\}$，$\hat{\boldsymbol{T}}_t^k = (x_t', y_t', z_t', \theta_t', l_t', w_t', h_t', s_t', v_x', v_y', v_z')$。

此外，由于目标检测模块给出的方向角 θ 精度不高，有时会出现两帧之间反向的情况；因此，AB3DMOT 算法在对方向角 θ 进行状态更新时，引入了方向角矫正判断。具体做法如下：若 $\boldsymbol{D}_{\text{match}}^k$ 和 $\boldsymbol{T}_{\text{match}}^k$ 之间的方向角误差大于 $\dfrac{\pi}{2}$，则人为地在 $\boldsymbol{T}_{\text{match}}^k$ 的方向角上增加 π，从而使得 $\boldsymbol{D}_{\text{match}}^k$ 和 $\boldsymbol{T}_{\text{match}}^k$ 之间没有过大的角度变化。

生命周期管理：在实际驾驶场景中，每帧点云中既可能有一些新出现的目标，也可能有一些目标离开当前视野，因此 AB3DMOT 算法设计了单独的目标生命周期管理模块。一方面，显而易见，每帧点云中潜在的新增目标来自集合 $\boldsymbol{D}_{\text{unmatch}}$。同时，为了避免目标检测假阳性给跟踪带来的不稳定性，AB3DMOT 算法并不是在目标 $\boldsymbol{D}_{\text{unmatch}}^p$（$p \in \{1,2,\cdots,n_t - w_t\}$）一出现时就新增对应的轨迹，而是当目标 $\boldsymbol{D}_{\text{unmatch}}^p$ 连续 $\text{Bir}_{\min}$ 帧被关联匹配后才生成对应的轨迹。同时，当新增一条目标轨迹时，初始化三个维度的速度均为 0。

另一方面，潜在的消失目标则来自集合 $\boldsymbol{T}_{\text{unmatch}}$。同样，为了避免检测模块漏检带来的影

响，降低场景中存在物体的轨迹被误删除的可能性，只有当目标 $\boldsymbol{T}_{\text{unmatch}}^{q}$（$q \in \{1,2,\cdots,m_{t-1}-w_t\}$）连续 $\text{Age}_{\max}$ 帧没被关联匹配上时，AB3DMOT 算法才会判断该目标从当前场景中消失了，并在关联轨迹数据集中删除对应的轨迹数据。

X. Weng 等人基于 KITTI 和 NuScense 数据集[18] 对 AB3DMOT 算法进行了测试验证，并与开源的多目标跟踪算法 mmMOT[19] 和 FANTrack[20] 做了对比。测试结果显示，AB3DMOT 算法相比 FANTrack 和 mmMOT 算法具有更好的精度、稳定性和实时性。特别是在推理时间上，AB3DMOT 算法在 KITTI 数据集中达到了 207.4 FPS，到目前为止，它仍然是 3D 多目标跟踪领域实时性最好的算法。图 10-2 示例性地给出了 FANTrack 和 AB3DMOT 算法在 KITTI 数据集中的跟踪效果并做了对比。从中可以看出，在该场景的三帧数据中，FANTrack 算法出现了同一目标的 ID 切换，而对于图像右侧物体存在漏跟踪的情况，AB3DMOT 算法具有更好的稳定性。

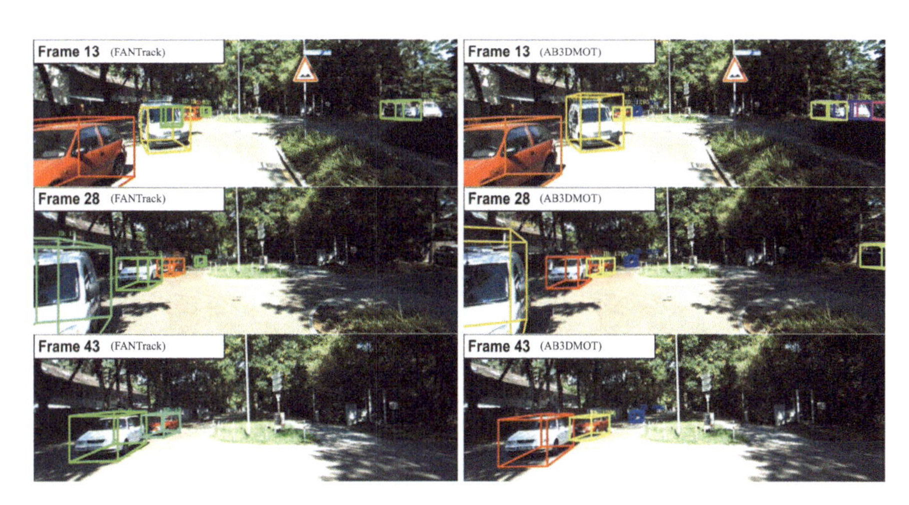

图 10-2　对比 FANTrack 与 AB3DMOT 算法的跟踪效果

（注：图片来自参考文献 [8]）

10.2.3　算法小结

AB3DMOT 算法是基于 3D 激光点云的经典多目标跟踪算法，旨在基于目标检测模块的输出，使用“匈牙利匹配 + 卡尔曼滤波状态估计”的组合策略，实现目标的关联匹配和运动状态估计，完成多目标的跟踪任务。由于实时性较强，AB3DMOT 算法及其改进算法在工程中有较强的普适性，读者对该算法应有较深入的理解。

10.3　SimTrack 算法

基于 tracking-by-detection 思想的 3D 多目标跟踪算法目前在工业应用中占据主导地位，但是此类跟踪算法过于依赖当前目标检测的结果，目标跟踪的信息也没能较好地反馈给目标检测模块。此外，其匹配步骤通常需要人工设计匹配规则并且需要调试相关阈值和参数。受限于工

程师的先验知识，人工设计的规则通常难以适配多种复杂的道路场景，且算法中的参数和阈值往往也需要结合场景进行调试。因此，许多学者近年来着手探索基于 tracking-with-detection 思想的方案，希望通过网络的方式基于数据驱动联合实现检测和跟踪任务。轻舟智航的 C. Luo 等人[15]在 ICCV 2021 会议上提出了 SimTrack 算法，旨在实现基于 3D 激光点云的目标一体化检测和跟踪，去除启发式匹配关联模块，将目标关联、消失物体清除和新生物体检测集成在一个端到端的可训练网络中，以降低跟踪系统的复杂程度。该算法的官方开源代码可在 GitHub 上找到，感兴趣的读者可以结合代码来加深对该算法的理解。

10.3.1 算法整体架构

图 10-3 给出了 SimTrack 算法的基本流程，从中可以看出 SimTrack 算法使用多帧点云作为输入，并通过基于柱状体素或普通体素的骨架网络对点云进行特征提取，得到伪 BEV 特征图。进一步地，网络输出变成了 3 个分支，分别为混合时间中心图（Hybrid-Time Centerness Map）分支、运动估计分支和回归分支。SimTrack 算法以物体中心点表征物体位置，并在混合时间中心图分支中给出目标在多帧点云序列中首次出现的位置，以便跟踪时匹配目标实体。运动估计分支用于估计目标在多帧点云中的运动偏移量，回归分支则用于得到目标的尺寸、偏航角等信息。

在推理时，SimTrack 算法通过读取各目标在之前混合时间中心图中的位置和估计的运动变化，得到当前帧各目标的可能位置，并与当前帧的混合时间中心图进行关联，以实现对目标的跟踪检测。

图 10-3 还进一步展示了目标检测和跟踪的输出结果，其中灰色框和蓝色框分别表示先前帧和当前帧的位置和尺寸。在图 10-3 的最右侧，标记为①的物体为当前帧消失的物体，其具有较低的置信度；标记为②、③、④的物体为检测并跟踪到的物体；标记为⑤的物体为新生物体。

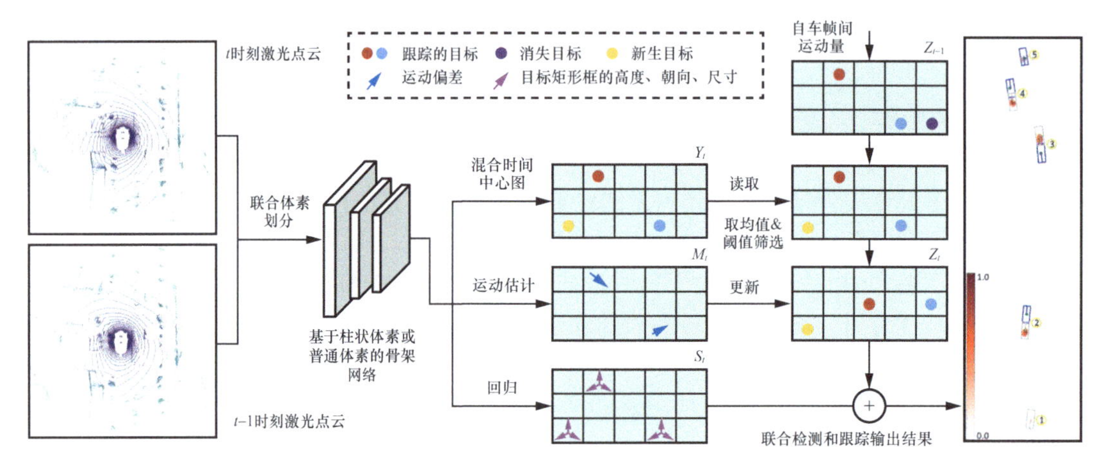

图 10-3 SimTrack 算法的基本流程

（注：图片来自参考文献 [15]）

10.3.2 算法各模块分析

如前所述，SimTrack 算法主要通过混合时间中心图分支和运动更新分支的结合，实现检测和跟踪任务的联合，从而省去了启发式的目标匹配过程和手动的目标生命周期管理模块。接下来，我们将针对 SimTrack 算法的这几个主要模块进行详细讨论。

1. 混合时间中心图

在 SimTrack 算法中，C. Luo 等人提出了混合时间中心图以同时表达先前帧的检测物体和当前帧的新生物体。具体地说，若当前网络输入的两帧点云分别对应于 t–1 时刻和 t 时刻，则可以通过混合时间中心图给出每个目标在点云序列中首次出现的位置，并用其中心点处的 2D 高斯分布热力图来代表该目标。假设在 t–1 时刻各目标位置的真值可表示为 $\{d_i^{t-1}\}_{i=1,\cdots,n_{t-1}}$，且在 t 时刻各目标位置的真值可表示为 $\{d_i^t\}_{i=1,\cdots,n_t}$，则混合时间中心图真值的构造策略如下。

（1）对于同时在 t–1 帧和 t 帧出现的一个跟踪目标，假设其位置分别记作 d_i^{t-1} 和 d_j^t，则可以利用该目标在点云序列中首次出现的位置 d_i^{t-1} 构建其在混合时间中心图中的真值。

（2）对于仅在 t–1 帧出现，而在 t 帧消失的目标，将其记为负样本，并且不在混合时间中心图中创建该目标对应的高斯热力图。

（3）对于仅在 t 帧出现的新生物体，利用 d_j^t 创建该目标的中心热力图。

通过上述方式，对于被跟踪的某个目标，我们可以直接通过判断其在当前帧混合时间中心图 Y_t 中的位置与其在上一帧更新后中心图 Z_{t-1} 中的位置是否一致，来建立当前帧目标和历史帧目标之间的匹配关系。对于当前帧消失的目标，可结合检测的置信度阈值来判断是否需要删除该目标；而对于新生目标，则仅需要在混合时间中心图中进行常规的目标检测任务。由此，我们便可基于混合时间中心图实现跟踪目标的匹配、消失目标的删除和新生目标的检测。

2. 运动更新分支和回归分支

如前所述，SimTrack 算法通过分析我们从不同帧中抽取的混合时间中心图来建立目标的匹配关系。因此，对于在线跟踪系统，我们需要回归各目标的运动变化，以得到它们在当前帧对应中心图中的位置估计，从而便于目标的匹配关联。SimTrack 算法通过引入运动更新分支来估算目标在两帧之间的运动量。可通过计算目标中心在两帧间的位置差来描述目标在这段时间内的运动信息，并通过该运动信息将混合时间中心图 Y_t 转换为更新后的中心图 Z_t。运动量的具体表示如下：

$$(\Delta u, \Delta v) = (u_t - u_{t-1}, v_t - v_{t-1}) \tag{10-11}$$

其中 (u,v) 为物体中心点坐标。

此外，SimTrack 算法还通过回归分支得到目标的其他 3D 信息，包括高度 z、边界框尺寸 (w,l,h) 以及以 $(\sin\theta,\cos\theta)$ 形式表示的朝向信息，其中 θ 为边界框的偏航角。

3. 损失函数

在训练混合时间中心图时，C. Luo 等人借鉴了 CenterPoint 算法 [14] 和 CenterNet 算法 [21]，使用了 focal loss 函数，具体如下：

$$L_{\text{cen}} = -\frac{1}{N}\sum_{c,d_i}\begin{cases}(1-Y_{c,d_i})^{\alpha}\log(Y_{c,d_i}),\ \text{如果}\tilde{Y}_{c,d_i}=1\text{的话}\\(1-\tilde{Y}_{c,d_i})^{\beta}(Y_{c,d_i})^{\alpha}\log(1-\tilde{Y}_{c,d_i}),\ \text{其他}\end{cases} \tag{10-12}$$

其中 $\tilde{Y}$ 和 Y 分别表示混合时间中心图真值和预测的混合时间中心图，N 表示目标个数，α 和 β 分别为 focal loss 函数的超参数 [22]。

对于运动更新分支，C. Luo 等人则使用了标准的 L1 损失函数：

$$L_{\text{mot}} = \frac{1}{N}\sum_{i=1}^{N}\left|\tilde{M}_{d_i} - M_{d_i}\right| \tag{10-13}$$

其中 $\tilde{M}$ 表示运动图真值，M 表示预测的运动图。

此外，在回归分支中，C. Luo 等人同样使用了标准的 L1 损失函数：

$$L_{\text{reg}} = \frac{1}{N}\sum_{i=1}^{N}\left|\tilde{S}_{d_i} - S_{d_i}\right| \tag{10-14}$$

其中 $\tilde{S}$ 和 S 分布表示物体高度、尺寸及朝向信息的真值和预测值。

最终，SimTrack 算法的总体损失函数为

$$L_{\text{total}} = \omega_{\text{cen}}L_{\text{cen}} + \omega_{\text{mot}}L_{\text{mot}} + \omega_{\text{reg}}L_{\text{reg}}$$

其中 ω_{cen}、ω_{mot} 和 ω_{reg} 分别为各损失函数的权重系数。

4. 在线推理

在推理过程中，SimTrack 算法首先将上一时刻得到的更新后的中心图 Z_{t-1} 结合自车位姿变化（ego-motion）转换到当前帧坐标系下，此时，Z_{t-1} 中记录了当前帧坐标系下各目标在 t−1 时刻的中心点位置、跟踪标识和置信度得分。C. Luo 等人进一步对其与当前帧得到的混合时间中心图 Y_t 进行平均化处理，紧接着根据设定的置信度阈值去除本帧消失的目标，并在 Z_{t-1} 和 Y_t 共享的栅格区域中识别跟踪目标实体。对于点云序列中连续出现的目标，由于混合时间中心图 Y_t 同样记录的是其在 t−1 时刻出现的位置，因此若 Z_{t-1}^{cur} 和 Y_t 中有两个目标落在相同的区域内，则可以通过简单的读取操作给 Y_t 中的目标赋予 Z_{t-1}^{cur} 中对应目标的跟踪标识，以完成目标的匹配过程。最后结合运动估计信息 M_t 对 Y_t 进行运动更新，将跟踪到的目标更新到对应当前帧 t 时刻的位置，并得到更新后的中心图 Z_t 以便在下一周期使用。表 10-1 进一步给出了 SimTrack 在线推理的算法流程。

表 10-1　SimTrack 在线推理的算法流程

算法：SimTrack 在线推理

输入：激光点云序列 $P_0, P_1, \cdots, P_n$，其中 $P_i = \{x_j, y_j, z_j, r_j, \Delta t j\} \mid j = 1, \cdots, N_i$），$r$ 为激光点反射强度，Δt 为第 i 帧点云相对当前帧点云的间隔时间，N_i 为该帧点云个数。
输出：目标检测和跟踪任务的联合输出结果。
for t=0,1,⋯,n **do**
　if t==0 **then**
　　$Y_0, M_0, S_0 \leftarrow$ Network(P_0)
　　在 Y_0 上执行阈值筛选和 NMS 操作
　　在 Y_0 上执行跟踪标识的初始化操作
　　$Z_0 \leftarrow Y_0$
　else
　　利用 ego-motion 将 Z_{t-1} 转换到当前帧坐标系下
　　$Y_t, M_t, S_t \leftarrow$ Network(P_t, P_{t-1})
　　$Y_t = (Z_{t-1} + Y_t)/2$
　　在 Y_t 上执行阈值筛选和 NMS 操作
　　由 Z_{t-1} 识别 Y_t 中各目标的跟踪标识
　　初始化 Y_t 中新生目标的跟踪标识
　　$Z_t \leftarrow$ Update(Y_t, M_t)
　end
end

为了验证 SimTrack 算法的有效性，C. Luo 等人基于 NuScenes 数据集 [23] 和 Waymo 公开数据集 [24] 对它进行了测试，并将其与 AB3DMOT 算法、CenterPoint 算法和 Probabilistic-3DMOT 算法 [9] 的性能做了对比。感兴趣的读者可查阅参考文献 [8] 并分析具体的测试对比数据。图 10-4 示例性地给出了 CenterPoint 算法和 SimTrack 算法在 NuScense 验证集中的检测和跟踪结果。对于同一个目标实体，图 10-4 使用相同颜色的边界框来表示。因此，若算法输出结果图中某个目标的边框颜色相对真值发生变化，则表明跟踪算法出现了错误的 ID 切换，没能够正确地匹配和跟踪该目标。图 10-4(a)～图 10-4(c) 分别为某一场景对车辆检测和跟踪的真值、CenterPoint 算法输出结果和 SimTrack 算法输出结果。在图 10-4（a）中，左下侧红色框表示的车辆在行驶中被周围物体遮挡了一段时间，在测试时 SimTrack 算法能够成功地跟踪到该目标，而 CenterPoint 算法则没能够正确地进行该目标的匹配和跟踪。图 10-4（d）～图 10-4（f）分别为某一场景对行人检测和跟踪的真值、CenterPoint 算法输出结果和 SimTrack 算法输出结果。在该场景中，SimTrack 算法同样能够较好地对行人目标进行匹配和跟踪，而 CenterPoint 算法对小目标的速度估计不准确，因而未能够较好地跟踪左上角的行人目标。

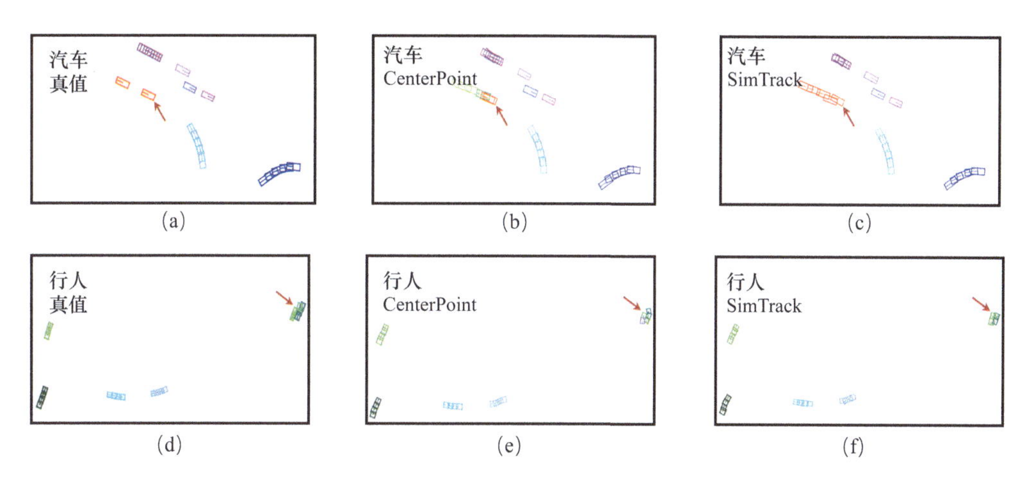

图 10-4 CenterPoint 算法和 SimTrack 算法在 NuScenes 验证集中的检测和跟踪结果

（注：图片来自参考文献 [15]）

10.3.3 算法小结

通过学习，我们进一步了解了如何通过网络端到端地进行目标的跟踪和匹配，并与目标检测任务耦合。SimTrack 算法使用混合时间中心图来表达多帧点云中的目标信息，并基于提取的运动信息和混合时间中心图实现了目标的匹配、消失目标的删除和新生目标的检测，从而省去了传统跟踪方法中的启发式匹配模块，这对于我们后续的工作和研究具有一定的启示意义。

10.4 本章小结

在本章中，我们了解了目前 3D 激光点云中多目标跟踪任务的主要技术流派和对应的多个算法，并进一步详细学习了基于 tracking-by-detection 思想的 AB3DMOT 算法，以及基于 tracking-with-detection 思想的 SimTrack 算法。读者可以基于工作中平台的算力、实时性、跟踪精度等具体需求，选择合适的算法并加以改进。

本章参考文献

[1] 王海，李洋，蔡英凤，等. 基于激光雷达的 3D 实时车辆跟踪 [J]. 汽车工程，2021，43(7): 1013-1021.

[2] BLACKMAN S. Multiple hypothesis tracking for multiple target tracking[J]. IEEE Aerospace and Electronic Systems Magazine, 2009, 19(1): 5-18.

[3] KUHN H W. The hungarian method for the assignment problem[J]. Naval Research Logistics Quarterly, 1955, 3(1): 29-48.

[4] SVENSSON L, SVENSSON D, GUERRIERO M, et al.Set JPDA filter for multitarget tracking[J].IEEE Transactions on Signal Processing, 2011, 59(10): 467-469.

[5] KONSTANTINOVA P, UDVAREV A, SEMERDJIEV T. A study of a target tracking algorithm using global nearest neighbor approach[C]. In Proceedings of the International Conference on Computer Systems and Technologies, 2003: 290-295.

[6] FARUQI F A, DAVIS R C. Kalman filter design for target tracking[J]. IEEE Transactions on Aerospace and Electronic Systems, 1980, 1(6): 50-56.

[7] SHERRAH J, RISTIC B, REDDING N J. Particle filter to track multiple people for visual surveillance[J]. IET Computer Vision, 2011, 5(4): 192-200.

[8] WENG X, WANG J, HELD D, et al. 3D multi-object tracking: A baseline and new evaluation metrics[C]. In 2020 IEEE/RSJ International Conference on Intelligent Robots and Systems (IROS), 2020: 103-109.

[9] CHIU H K, LI J, AMBRUŞ A, et al. Probabilistic 3D multi-modal, multi-object tracking for autonomous driving[C]. In 2021 IEEE International Conference on Robotics and Automation (ICRA), 2021: 322-326.

[10] WU H, HAN W, WEN C, et al. 3D multi-object tracking in point clouds based on prediction confidence-guided data association[C]. In IEEE Transactions on Intelligent Transportation Systems, 2021: 566-569.

[11] ZHANG Y, SHENG H, WU Y B, et al. Long-term tracking with deep tracklet association[C]. IEEE Transactions on Image Processing, 2020: 69-76.

[12] LUO W J, YANG B. Fast and furious: Real time end-to-end 3D detection, tracking and motion forecasting with a single convolutional net[C]. In CVPR, 2018: 356-359.

[13] HAI W, LI Q, WEN C L. et al. Tracklet proposal network for multi-object tracking on point clouds[C]. IJCAI, 2021: 116-119.

[14] YIN T W, ZHOU X Y. Center-based 3D object detection and tracking[C]. In CVPR, 2021: 117-118.

[15] LUO C, YANG X. Exploring simple 3D multi-object tracking for autonomous driving[C]. In 2021 IEEE/CVF International Conference on Computer Vision (ICCV), 2021: 105-108.

[16] BEWLEY A, GE Z, OTT L, et al. Simple online and realtime tracking[C]. ICIP, 2016: 310-316.

[17] KALMAN R. A new approach to linear filtering and prediction problems[J]. Journal of Basic Engineering, 1960, 82(1): 35-45.

[18] MILAN A. MOT16: A benchmark for multi-object tracking[EB/OL]. CVPR, 2016.

[19] ZHANG W, ZHOU H, SUN S, et al. Robust multi-modality multi-object tracking[C]. ICCV, 2019: 265-268.

[20] BASER E. FANTrack: 3D multi-object tracking with feature association network[C]. IV, 2020: 150-160.

[21] ZHOU X Y, WANG D Q, KRÄHENBÜHL P. Objects as points[EB/OL]. ArXiv: 1904.07850, 2019.

[22] LIN T Y, GOYAL P, GIRSHICK R, et al. Focal loss for dense object detection[C]. In ICCV, 2017: 299-306.

[23] CAESAR H, BANKITI V, LANG A H. et al. NuScenes: A multimodal dataset for autonomous driving[C]. In CVPR, 2020: 116-119.

[24] SUN P, KRETZSCHMAR H, DOTIWALLA X et al. Scalability in perception for autonomous driving: Waymo open dataset[C]. In CVPR, 2020: 244-249.

[25] 张嗣瀛，高立群．现代控制理论 [M]．北京：清华大学出版社，2006.

[26] RUPPEL F, FAION F, GLÄSER C, et al. Transformers for multi-object tracking on point clouds[C]. ArXiv.2205. 15730, 2022.

第 11 章 激光里程计

11.1 引言

激光里程计是通过连续帧激光点云的扫描匹配来估计激光雷达的位姿变化并输出其运动轨迹的功能模块，也是采用激光雷达进行导航、定位和地图构建的基础之一。扫描匹配这一概念早期主要出现在机器人学相关文献中，它在本质上与测绘学领域的点云拼接或点云匹配解决的是同一类问题，但目的不同。前者通过将不同帧的激光点云匹配到同一坐标系下，从而得到相对位姿变换；而后者则是为了得到同一坐标系的点云[1]。图 11-1 描述了点云扫描匹配和激光里程计的基本原理。

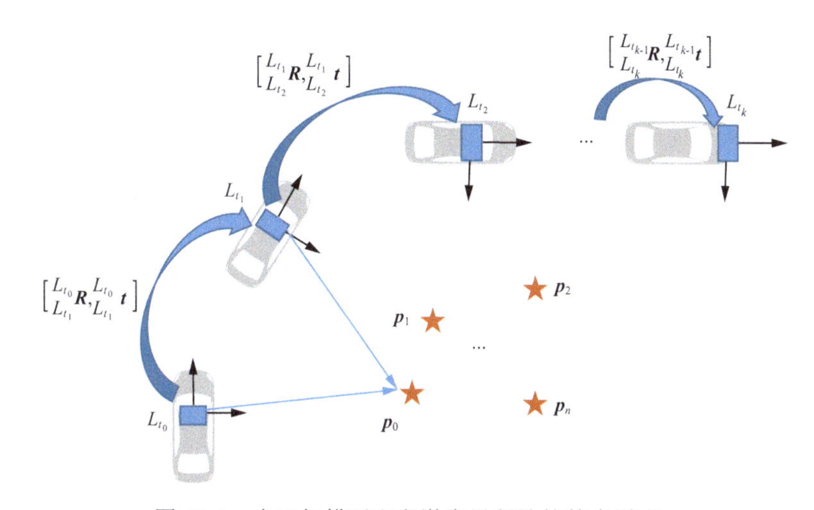

图 11-1　点云扫描匹配和激光里程计的基本原理

图 11-1 中的 $\{\boldsymbol{p}_0,\cdots,\boldsymbol{p}_n\}$ 为静止的路标，当激光雷达随车辆运动时，各路标在激光雷达坐标系下的位置也会发生相应的变化。通过同一物体在不同帧中对应激光点的变化反推激光雷达位姿变换是激光里程计算法的一种基本思路。以求解激光雷达在 $[t_0,t_1]$ 时间内的运动为例，假设 ${}^{L_{t_0}}\boldsymbol{p}_0$ 为 $\boldsymbol{p}_0$ 路标点在 $\{L_{t_0}\}$ 坐标系下的表示，${}^{L_{t_1}}\boldsymbol{p}_0$ 为 $\boldsymbol{p}_0$ 路标点在 $\{L_{t_1}\}$ 坐标系下的表示，且激光雷达坐标系 $\{L_{t_0}\}$ 在经过空间旋转 ${}^{L_{t_1}}_{L_{t_0}}\boldsymbol{R}\in\mathrm{SO}(3)$ 和平移 ${}^{L_{t_1}}_{L_{t_0}}\boldsymbol{t}$ 后被变换到 $\{L_{t_1}\}$ 坐标系，则 ${}^{L_{t_1}}\boldsymbol{p}_0$ 和 ${}^{L_{t_0}}\boldsymbol{p}_0$ 之间的关系可表示为

$$ {}^{L_{t_0}}\boldsymbol{p}_0={}^{L_{t_0}}_{L_{t_1}}\boldsymbol{R}*{}^{L_{t_1}}\boldsymbol{p}_0+{}^{L_{t_1}}_{L_{t_0}}\boldsymbol{t} \tag{11-1}$$

根据 n 个路标点，我们可以得到 n 个形如式（11-1）的方程，结合非线性最小二乘等方法，便可得到激光雷达在 $[t_0,t_1]$ 时间内的位姿变化 $\left\{{}^{L_{t_1}}_{L_{t_0}}\boldsymbol{R},{}^{L_{t_1}}_{L_{t_0}}\boldsymbol{t}\right\}$。不断重复上述过程，直至 t_k 时刻，即可得到整个过程中激光雷达的运动状态，再结合激光雷达外参矩阵，最终便可输出车辆轨迹信息。

在真实的智能驾驶场景中，业界有多种较成熟的匹配方案。根据具体匹配方案的不同，同时根据参考文献 [2] 和 [3]，本章将点云的扫描匹配大致分为 4 个类别：（1）基于原始点云的扫描匹配；（2）基于特征点的扫描匹配；（3）基于点云分布的扫描匹配；（4）基于深度学习的扫描匹配。

1. 基于原始点云的扫描匹配

顾名思义，基于原始点云的扫描匹配就是直接对原始点云执行匹配操作。ICP（Iterative Closest/Corresponding Point）算法是此类方法中较为成熟且得到广泛使用的匹配方法。其中，Chen[4] 和 Besl[5] 分别将点到面的距离和点到点的距离作为匹配误差度量提出了 P2Pl（Point-to-Plane）-ICP 和 P2P（Point-to-Point）-ICP 算法。

以 P2P-ICP 算法为例，假设当前点云 $\boldsymbol{Q}=\{\boldsymbol{p}_i=(x_i,y_i,z_i)\,|\,i=1,\cdots,m\}$，已有参考点云 $\boldsymbol{R}=\{\boldsymbol{q}_i=(x_i,y_i,z_i)\,|\,i=1,\cdots,m\}$，位姿变换矩阵 $\boldsymbol{T}=\begin{bmatrix}\boldsymbol{R} & \boldsymbol{t}\\ \boldsymbol{0} & 1\end{bmatrix}$，$\boldsymbol{e}_i$ 为度量误差。结合式（11-1），P2P-ICP 算法旨在通过求解式（11-2）中的优化问题来得到两帧点云的匹配，实现对应激光雷达的位姿变换求解。

$$\begin{aligned}\boldsymbol{T}^* &= \underset{\boldsymbol{T}}{\operatorname{argmin}}\sum_i \boldsymbol{e}_i^{\mathrm{T}}(\boldsymbol{T})\boldsymbol{e}_i(\boldsymbol{T})\\ &= \underset{\boldsymbol{T}}{\operatorname{argmin}}\sum_i (\boldsymbol{T}\boldsymbol{p}_i-\boldsymbol{q}_i)^{\mathrm{T}}(\boldsymbol{T}\boldsymbol{p}_i-\boldsymbol{q}_i)\end{aligned} \tag{11-2}$$

其中 $\boldsymbol{R}\in \mathrm{SO}(3)$ 为旋转矩阵，$\boldsymbol{t}$ 为位移矢量，$\boldsymbol{p}_i$ 和 $\boldsymbol{q}_i$ 为两帧间对应的激光点，P2P-ICP 算法具体则通过欧氏距离来构建两帧中点的对应关系。

可以看出，P2P-ICP 算法通常需要两帧的点云数目、对应关系一致，但在实际应用中，随着激光雷达发生位置变换，其视野的改变会导致前后两帧扫描到完全对应点的可能性极小。而 P2Pl-ICP 算法使用点到面的距离，这可以明显提高点云匹配的稳定性，误差度量变为

$$\boldsymbol{e}_i=(\boldsymbol{T}\boldsymbol{p}_i-\boldsymbol{q}_i)*\boldsymbol{n}_i \tag{11-3}$$

此外，Diosi[6] 在极坐标下结合自己提出的关联匹配规则并通过最小化加权距离残差实现了点云的 2D 扫描匹配。参考文献 [7] 将扫描点及位姿看作随机变量，利用马氏距离寻找两帧间的对应点，提出了 PIC（Probabilistic Iterative Correspondence）算法，该算法考虑了传感器噪声及初始位姿的不确定性，利用迭代的方式来求解，算法的收敛速度、精度和鲁棒性均优于 P2P-ICP 算法。

2. 基于特征点的扫描匹配

由于激光雷达一帧点云中点的个数较多，并且可能包含异常点、噪声点等，一些学者考虑从点云中抽取部分有代表性的关键特征点进行点云的匹配，以降低算力消耗并提高稳定性。例如，参考文献 [8] 从点云中提取拐角点和边角点，用于全局扫描匹配。Nakamura[9] 受视觉领域 SIFT 特征描述子的启发，提出了 2D 点云的局部不变特征（Congruence Transformation and Feature，CTF），并基于 CTF 特征点实现点云的全局扫描匹配。张继等人 [10] 基于广义曲率，从 3D 点云中提取边缘特征点、平面特征点等，基于特征点的匹配实现激光雷达的位姿估计并建立周围环境的点云地图。其他基于特征点的扫描匹配方法还尝试采用点特征直方图 [11] 及其变体 FPFH[12]、角度不变特征 [13] 等方式来实现点云的匹配。

3. 基于点云分布的扫描匹配

由于点云的分布能够间接地表达其扫描周围环境的特性，同一物体表面在不同帧中对应点云的分布是高度相似的，因此一些学者尝试基于不同帧中点云的分布情况实现匹配注册。此类方法中影响力最大的是 NDT（Normal Distributions Transform）匹配算法 [14]。该算法会对点云进行栅格化 / 体素化，通过正态分布及其变体描述点云的分布特性，并通过最大化两帧分布的似然来实现匹配注册，该算法速度较快且具有较高的稳定性。参考文献 [15] 提出利用方向分布表征点云的几何趋势，并基于巴氏距离描述两帧点云的相似度，从而实现点云的匹配。

Censi[16] 利用广义霍夫变换（Generalized Hough Transform，GHT）得到了点云的近似分布，基于此实现了匹配注册，并称该过程为 GPM（GHT Particles Matching）。该算法能够用于非结构化场景，并具有较高的执行效率。

4. 基于深度学习的扫描匹配

随着深度学习在智能驾驶领域得到推广，许多学者也在尝试使用深度学习方法。Elbaz[17] 首次通过深度学习编码网络学习 3D 点云的局部结构，用于 3D 点云的匹配注册，并提出了 LORAX 算法。Sheng[18] 等人进一步提出了 SpinNet 网络，以学习通用表面描述符（General Surface Descriptor，GSD）并用于 3D 点云的扫描匹配。

在 11.2 节和 11.3 节中，我们将分别学习基于边缘点、平面点等特征点进行匹配注册的 LOAM 算法，以及基于点云的正态分布特性进行匹配注册的 NDT 算法。

11.2 基于特征点进行匹配注册的 LOAM 算法

本节将首先介绍经典的激光里程计和建图算法——LOAM[10]。该算法由卡内基 • 梅隆大学的张继和 Sanjiv Singh 于 2014 年提出，并在 KITTI 数据集中取得优异的测试效果。LOAM 算法能够实时地从点云中抽取有代表性的角点、平面点进行点云的匹配，且算法原理相对简单，流程也比较清晰，因此被许多学者研究、借鉴和改进。

11.2.1 LOAM 算法框架

LOAM 算法的基本流程如图 11-2 所示。 在第 t 帧，系统接收到激光雷达的原始点云 $\hat{P}$，并首先基于激光点的广义曲率信息提取出点云中的角点和平面点。而后，将 IMU/ 里程计数据作为该帧内激光雷达的运动变化初始估计值，并基于插值的方式去除帧内的点云运动畸变。接下来，对去除了运动畸变的特征点和上一帧的特征点进行匹配，计算得到两帧间激光雷达的运动变化量。最后，将运动信息以 10Hz 的频率传入位姿变化集成模块，无偏的特征点点云和运动变化量则以 1Hz 的频率传入激光点云建图模块，用于输出点云地图。此外，LOAM 算法还会以 1Hz 的频率进行点云帧和点云地图的匹配，并将输出的位姿信息传入位姿变化集成模块以矫正里程计输出的位姿信息，提高位姿估计结果的鲁棒性和准确性。

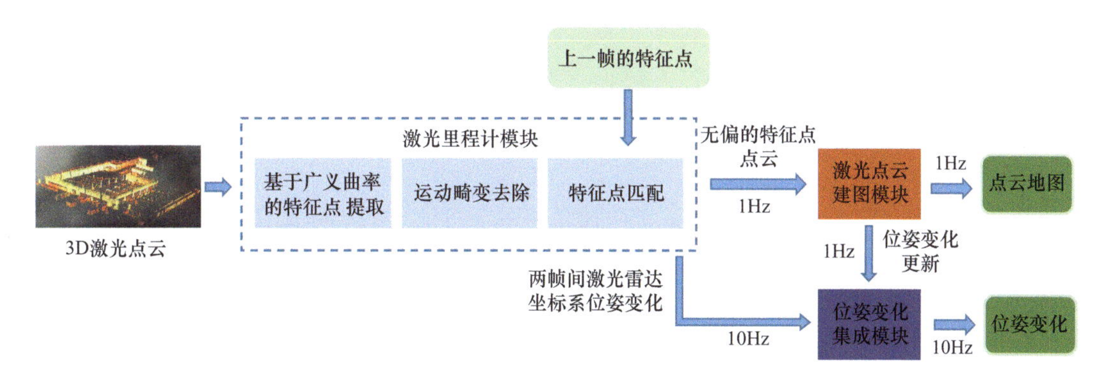

图 11-2 LOAM 算法的基本流程

11.2.2　LOAM 算法细节分析

LOAM 算法涉及较多的公式推导，下面我们借鉴张继等人在参考文献 [10] 中给出的公式推导过程，讲述 LOAM 算法的细节和基本原理。

1. 特征点提取

LOAM 算法采用式（11-4）计算广义曲率 c，用以描述点 i 周围的光滑度，并用以从第 k 帧的激光点云 P_k 中抽取边缘特征点和平面特征点作为特征点。

$$c=\frac{1}{|S|*\left\|\boldsymbol{X}_{(k,i)}^{L}\right\|}\left\|\sum_{j\in S,j\neq i}\left(\boldsymbol{X}_{(k,i)}^{L}-\boldsymbol{X}_{(k,j)}^{L}\right)\right\| \tag{11-4}$$

其中 S 为激光点云 P_k 中与 i 点 $\boldsymbol{X}_{(k,i)}^{L}$ 同一线束的邻域点集，$\|\boldsymbol{X}\|$ 表示求解矢量 $\boldsymbol{X}$ 的二范数。

对激光点云中所有的点计算广义曲率，而后对它们进行排序，并将广义曲率较大的 N 个激光点选为边缘特征点，而将广义曲率较小的 M 个激光点选为平面特征点。具体在 LOAM 算法中，张继将 3D 激光雷达 180° 的水平 FOV 划分为 4 个扇区，并从每个扇区中最多提取 2 个边缘特征点和 4 个平面特征点，以保证特征点分布的均匀性，同时设置 $\mathrm{Th}_c=5\times10^{-3}$ 作为边缘特征点的广义曲率阈值。读者在实际使用时可根据处理的具体场景以及采用的激光雷达设备对上述参数进行调整。

在进行特征点提取时，为保证特征点分布的均匀性，当某一激光点 i 附近已有被抽取到的特征点时，通常不再把激光点 i 选取为特征点。同时，当激光点 i 所在平面接近平行于激光线束时，也需要避免将其选取为特征点，具体如图 11-3（a）中的 A、B 两点所示。此外，我们还需要避免选取到的特征点处在物体被遮挡区域的边界上，如图 11-3（b）中的 A 点所示。因为在这两种情况下，基于式（11-1）抽取的特征点通常是不可靠的，当激光雷达位置发生改变时，我们观测到的特征点位置也会相应地发生变化。

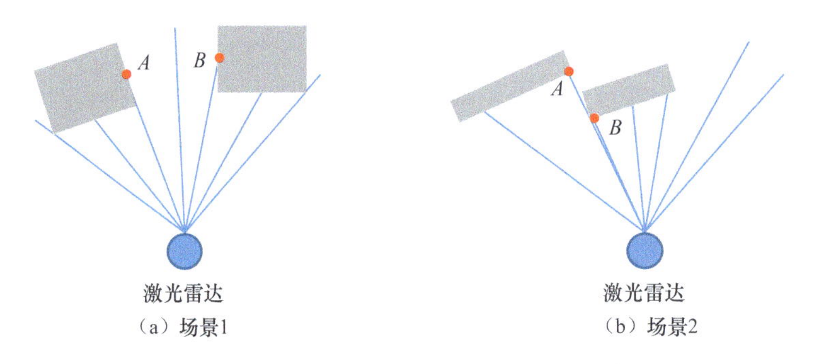

图 11-3　不宜选取为特征点的两种场景示意图

图 11-4 给出了张继等人从采集于走廊的一帧激光点云中提取的平面特征点和边缘特征点。

2. 帧间特征点匹配

一些视觉、激光里程计算法通常基于两帧之间对应特征点的坐标变化，来估计相机、激光雷达在两帧之间的六自由度位姿变化量。考虑到激光点云具有稀疏性，并且缺少色彩和纹理信息，LOAM 算法尝试通过查找当前帧点云中边缘特征点和上一帧点云中边界线的对应关系，以及当前帧点云中平面特征点和上一帧点云中局部平面之间的对应关系，来解决两帧点云的匹配问题。令 t_k 为第 k 帧的初始时刻，也即第 k−1 帧的末尾时刻，如图 11-5 所示。我们从第 t−1

帧获取的激光点会随着时间由 t_{k-1} 变化到 t_k 而不断累积，记该帧内的点云为 P_{k-1}，然后将其投影到 t_k 时刻，记为 $\bar{P}_{k-1}$ 并存储于 3D k-d 树 [19] 中。令 $\mathcal{E}_k$ 和 H_k 分别为第 k 帧点云 P_k 中的边缘特征点和平面特征点集合，将它们投影到帧首时刻并分别记为 $\tilde{\mathcal{E}}_k$ 和 $\tilde{H}_k$。该过程与点云的运动畸变去除过程类似。

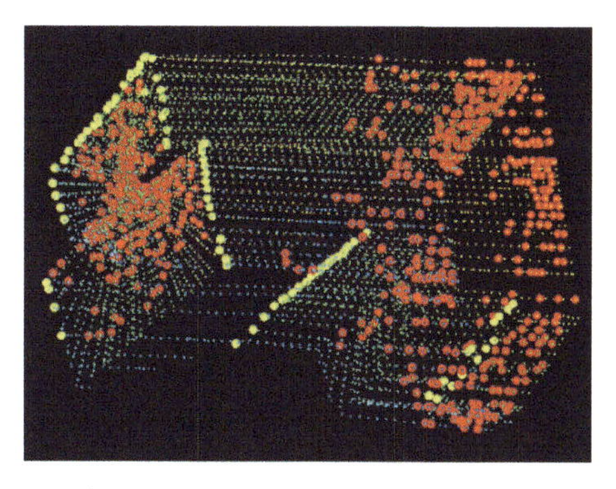

图 11-4　边缘特征点和平面特征点提取结果示例（黄色为边缘特征点，红色为平面特征点）
（注：图片来自参考文献 [10]）

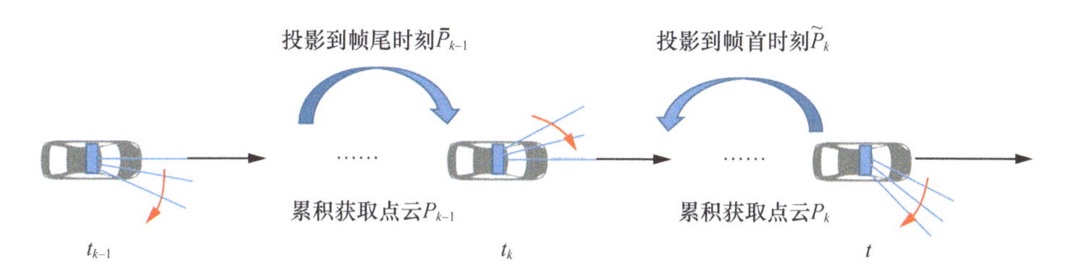

图 11-5　时间戳和点云定义示意图

图 11-6（a）诠释了在点云 $\bar{P}_{k-1}$ 中搜索与边缘特征点 i 对应的边缘线和边缘特征点的过程。令点 i 为投影后点集 $\tilde{\mathcal{E}}_k$ 中的一个边缘特征点（显示为绿色），$i \in \tilde{\mathcal{E}}_k$。点 j 为点云 $\bar{P}_{k-1}$ 中与点 i 最近的邻域点，点 l 为点云 $\bar{P}_{k-1}$ 中与点 j 线束相邻且距离点 i 最近的邻域点。点 j 和点 l 的直接连线即为点云 $\bar{P}_{k-1}$ 中与点 i 对应的边缘线。然后结合式（11-1）判断点 j 和点 l 是否为边缘特征点，由此实现两帧之间边缘特征点的对应。

图 11-6（b）则诠释了在点云 $\bar{P}_{k-1}$ 中搜索与平面特征点 i 对应的面元和平面特征点的过程。令点 i 为点集 $\tilde{H}_k$ 中的一个平面特征点（显示为绿色），$i \in \tilde{H}_k$。由于最少三个点才可以决定一个平面，因此如前所述，在点云 $\bar{P}_{k-1}$ 中搜索与点 i 距离最近的邻域点并记为点 j，然后在点 j 的同一线束中搜索距离点 i 最近的邻域点（排除点 j），并记为点 l；在点 j 的相邻线束中搜索距离点 i 最近的邻域点，并记为点 m。在此过程中，可结合式（11-1）判断点 j、点 l 和点 m 是否为平面特征点，由此实现两帧之间平面特征点的对应。

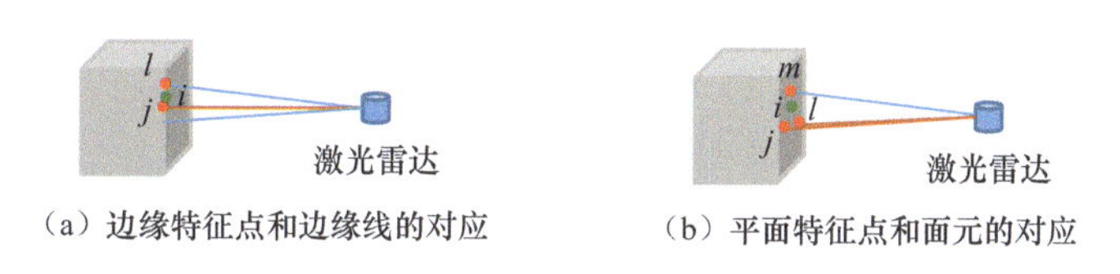

图 11-6　LOAM 算法的特征点对应过程示意图

LOAM 算法通过最小化相邻帧特征点间的距离来求解激光雷达的运动变换。基于边缘特征点之间的对应关系以及平面特征点之间的对应关系，我们可以得到边缘特征点和对应边缘线以及平面特征点和对应面元之间的距离，分别如式（11-5）和式（11-6）所示。

$$d_{\varepsilon}=\frac{\left|\left(\tilde{\boldsymbol{X}}_{(k,i)}^{L}-\bar{\boldsymbol{X}}_{(k-1,j)}^{L}\right)\times\left(\tilde{\boldsymbol{X}}_{(k,i)}^{L}-\bar{\boldsymbol{X}}_{(k-1,l)}^{L}\right)\right|}{\left|\bar{\boldsymbol{X}}_{(k-1,j)}^{L}-\bar{\boldsymbol{X}}_{(k-1,l)}^{L}\right|} \tag{11-5}$$

其中 $\tilde{\boldsymbol{X}}_{(k,i)}^{L}$、$\bar{\boldsymbol{X}}_{(k-1,j)}^{L}$ 和 $\bar{\boldsymbol{X}}_{(k-1,l)}^{L}$ 分别为边缘特征点 i、点 j 和点 l 在 t_k 时刻的激光雷达坐标系 $\{\boldsymbol{L}_k\}$ 下的三维坐标矢量。

$$d_{H}=\left|\frac{\begin{array}{c}\left(\tilde{\boldsymbol{X}}_{(k,i)}^{L}-\bar{\boldsymbol{X}}_{(k-1,j)}^{L}\right)\\ \left(\tilde{\boldsymbol{X}}_{(k-1,j)}^{L}-\bar{\boldsymbol{X}}_{(k-1,l)}^{L}\right)\times\left(\tilde{\boldsymbol{X}}_{(k-1,j)}^{L}-\bar{\boldsymbol{X}}_{(k-1,m)}^{L}\right)\end{array}}{\left|\left(\tilde{\boldsymbol{X}}_{(k-1,j)}^{L}-\bar{\boldsymbol{X}}_{(k-1,l)}^{L}\right)\times\left(\tilde{\boldsymbol{X}}_{(k-1,j)}^{L}-\bar{\boldsymbol{X}}_{(k-1,m)}^{L}\right)\right|}\right| \tag{11-6}$$

其中 $\tilde{\boldsymbol{X}}_{(k,i)}^{L}$、$\bar{\boldsymbol{X}}_{(k-1,j)}^{L}$、$\bar{\boldsymbol{X}}_{(k-1,l)}^{L}$ 和 $\bar{\boldsymbol{X}}_{(k-1,m)}^{L}$ 分别为边缘特征点 i、点 j、点 l 和点 m 在 t_k 时刻的激光雷达坐标系 $\{\boldsymbol{L}_k\}$ 下的三维坐标矢量。

3. 帧间运动估计

LOAM 算法假设激光雷达在各帧之间是匀速运动的，由此便可采用线性插值的方式将帧内任意时间戳对应的激光点云投影到帧首时刻或帧尾时刻。令 t 为当前时刻，$\boldsymbol{T}_k^L(t)$ 为 $[t_k,t]$ 时间内激光雷达的位姿变换矢量，于是有 $\boldsymbol{T}_k^L(t)=[\boldsymbol{\tau}_k^L(t),\boldsymbol{\theta}_k^L(t)]^{\mathrm{T}}$，其中 $\boldsymbol{\tau}_k^L(t)=[t_x,t_y,t_z]^{\mathrm{T}}$ 为位移矢量，$\boldsymbol{\theta}_k^L(t)=[\theta_x,\theta_y,\theta_z]^{\mathrm{T}}$ 为旋转角矢量，同时根据罗德里格斯旋转公式 [20]，可由旋转角矢量求解对应的旋转矩阵：

$$\boldsymbol{R}_k^L(t)=\mathrm{e}^{\hat{\theta}_k^L(t)}=\boldsymbol{I}+\frac{\hat{\boldsymbol{\theta}}_k^L(t)}{\left\|\boldsymbol{\theta}_k^L(t)\right\|}\sin\left\|\boldsymbol{\theta}_k^L(t)\right\|+\left(\frac{\hat{\boldsymbol{\theta}}_k^L(t)}{\left\|\boldsymbol{\theta}_k^L(t)\right\|}\right)^2\left(1-\left\|\cos\boldsymbol{\theta}_k^L(t)\right\|\right) \tag{11-7}$$

其中 $\hat{\boldsymbol{\theta}}_k^L(t)$ 为旋转矢量 $\boldsymbol{\theta}_k^L(t)$ 的反对称阵。

假定对于点 $i\in P_k$，对应的时间戳为 $t_{(k,i)}$，$\boldsymbol{T}_{(k,i)}^L$ 为 $[t_k,t_{(k,i)}]$ 对应的位姿变换矢量，则 $\boldsymbol{T}_{(k,i)}^L$ 可以基于 $\boldsymbol{T}_k^L(t)$ 通过插值求得，如式（11-8）所示。

$$\boldsymbol{T}_{(k,i)}^L=\frac{t_{(k,i)}-t_k}{t-t_k}\boldsymbol{T}_k^L(t) \tag{11-8}$$

因此，通过下式可实现将点集 $\mathcal{E}_k$ 和 H_k 投影到帧首时刻，从而得到 $\tilde{\mathcal{E}}_k$ 和 $\tilde{H}_k$。

$$\tilde{\boldsymbol{X}}_{(k,i)}^L=\boldsymbol{R}_{(k,i)}^L\boldsymbol{X}_{(k,i)}^L+\boldsymbol{\tau}_{(k,i)}^L \tag{11-9}$$

其中 $\boldsymbol{X}_{(k,i)}^L$ 为 $\mathcal{E}_k$ 或 H_k 中点 i 的坐标，$\tilde{\boldsymbol{X}}_{(k,i)}^L$ 为 $\tilde{\mathcal{E}}_k$ 或 $\tilde{H}_k$ 中对应点的坐标，$\boldsymbol{T}_{(k,i)}^L$ 为时间戳 $t_{(k,i)}$ 在帧首时刻 t_k 的位姿变换矢量，$\boldsymbol{R}_{(k,i)}^L$ 和 $\boldsymbol{\tau}_{(k,i)}^L$ 分别为对应的旋转矩阵和位移矢量。

结合式（11-5）和式（11-9），我们可以进一步将边缘特征点到对应边缘线的距离改写为下述形式：

$$d_{\varepsilon}=f_{\varepsilon}\left(\boldsymbol{X}_{(k,i)}^L,\boldsymbol{T}_k^L(t)\right),\quad i\in\mathcal{E}_k \tag{11-10}$$

类似地，结合式（11-6）和式（11-9），我们可以进一步将平面特征点到对应面元的距离改写为下述形式：

$$d_H=f_H(\boldsymbol{X}_{(k,i)}^L,\boldsymbol{T}_k^L(t)),\quad i\in H_k \tag{11-11}$$

对于 $\mathcal{E}_k$ 和 H_k 中的每一个特征点，我们可以获得一个形如式（11-10）或式（11-11）的等

式方程，然后结合所有的等式方程，最终表示为

$$f(\boldsymbol{T}_k^L(t)) = \boldsymbol{d} \tag{11-12}$$

通过最小化 $\boldsymbol{d}$ 可以求解出激光雷达的运动变换矢量 $\boldsymbol{T}_k^L(t)$。这实际上是一个非线性最小二乘问题，因此可以采用高斯牛顿法或列文伯格 - 马夸尔特算法[21]来求解。张继等人给出的基于列文伯格 - 马夸尔特算法的运动估计迭代过程如式（11-13）所示。

$$\boldsymbol{T}_k^L(t) \leftarrow \boldsymbol{T}_k^L(t) - (\boldsymbol{J}^{\mathrm{T}}\boldsymbol{J} + \lambda \mathrm{diag}(\boldsymbol{J}^{\mathrm{T}}\boldsymbol{J}))^{-1}\boldsymbol{J}^{\mathrm{T}}\boldsymbol{d} \tag{11-13}$$

其中 $\boldsymbol{J} = \partial \boldsymbol{f} / \partial \boldsymbol{T}_k^L(t)$，$\lambda$ 为列文伯格 - 马夸尔特算法的参数因子。

11.2.3 激光里程计算法流程

在分析完 LOAM 算法的各细节模块之后，下面给出 LOAM 算法的详细流程，如表 11-1 所示。LOAM 算法所需的输入为投影到时间戳 t_k 的点云 $\bar{P}_{k-1}$，随着时间不断增长的点云 P_k，以及将上一个递归循环得到的位姿变换作为初始估计的 $\boldsymbol{T}_k^L(t)$。

表 11-1 LOAM 算法的详细流程

算法：激光里程计
输入：$\bar{P}_{k-1}$，P_k，上一个递归循环估计的 $\boldsymbol{T}_k^L(t)$ 输出：$\bar{P}_k$，$\boldsymbol{T}_k^L(t)$
1 算法开始 2 **if** t 为帧首时刻 **then** 3 $\boldsymbol{T}_k^L(t) \leftarrow 0$ 4 **end** 5 检测点云 P_k 中的边缘特征点和平面特征点，并存储到 $\mathcal{E}_k$ 或 H_k 中 6 **for** iter $\leqslant$ $\mathrm{iter}_{\max}$ **do** 7 **for each** $i \in \mathcal{E}_k$ **do** 8 搜索边缘特征点 i 对应的边缘线，并根据式（11-10）得到边缘特征点到边缘线的距离，更新式（11-12） 9 **end** 10 **for each** $j \in H_k$ **do** 11 搜索平面特征点 j 对应的面元，并根据式（11-11）得到平面特征点到面元的距离，更新式（11-12） 12 **end** 13 计算式（11-12）中每一行的双平方权重，剔除异常值 14 根据式（11-13）迭代更新 $\boldsymbol{T}_k^L(t)$ 15 **if** 非线性最小二乘优化过程收敛 **then** 16 **break** 17 **end** 18 **end** 19 **if** t 为帧尾时刻 **then** 20 将点云 P_k 中的每个点投影到 $t+1$ 时刻，得到点云 $\bar{P}_k$ 21 **return** $\bar{P}_k$ 和 $\boldsymbol{T}_k^L(t)$ 22 **else** 23 **return** $\boldsymbol{T}_k^L(t)$ 24 **end** 25 算法结束

在迭代过程中，为了剔除异常的特征点，LOAM 算法采用了双平方权重机制。我们根据式（11-10）或式（11-11）计算得到的距离值较大的项，将被分配较小的权重值。当距离值大

于设定的阈值时，对应的特征点为噪声点，分配的权重为 0。

如果该优化过程收敛（见表 11-1 中的第 15 行），或者达到设置的最大迭代次数（见表 11-1 中的第 6 行），则终止对 $\boldsymbol{T}_k^L(t)$ 的迭代更新。进一步地，若 t 为帧尾时刻，即 $t=t_{k+1}$，则需要进一步将点云 P_k 投影到帧尾时刻，得到点云 $\bar{P}_k$ 并最终输出 $\bar{P}_k$ 和 $\boldsymbol{T}_k^L(t)$，否则算法输出 $\boldsymbol{T}_k^L(t)$。

11.2.4 激光雷达建图

建图模块负责结合已有的点云地图对激光里程计的位姿估计进行修正，并将每帧得到的点云 $\bar{P}_k$ 匹配注册在世界坐标系 $\{W\}$ 下，然后更新点云地图。结合具体需求，LOAM 算法提供了两种建图方案。一种是首先根据激光里程计的输出累积 10 帧（即 1 秒）的点云，得到子地图，然后对其与现有点云地图进行匹配。另一种是对于每一帧点云，均对其与现有点云地图进行匹配，每帧点云和点云地图的匹配同样以 1Hz 运行。第一种建图方案计算耗时相对较小，而第二种建图方案则具有较高的建图和位姿估计精度。

以第二种建图方案为例，其建图和位姿修正的原理如图 11-7 所示。在第 k 帧的帧尾时刻，激光里程计模块输出该帧内无运动畸变的点云 $\bar{P}_k$ 和该帧在 $[t_k,t_{k+1}]$ 时间内激光雷达的位姿变化矢量 $\boldsymbol{T}_k^L(t_{k+1})$。令 Q_{k-1} 为第 $k-1$ 帧得到的累积点云地图，$\boldsymbol{T}_{k-1}^W(t_k)$ 为第 $k-1$ 帧的帧尾时刻 t_k 激光雷达在点云地图中的位置。基于激光里程计的输出，建图模块得到激光雷达在第 k 帧的帧尾时刻 t_{k+1} 的位置 $\boldsymbol{T}_k^W(t_{k+1})$，将 $\bar{P}_k$ 转换到点云地图坐标系下，得到 $\bar{Q}_k$。然后，建图模块通过对激光雷达位置 $\boldsymbol{T}_k^W(t_{k+1})$ 进行优化，来对 $\bar{Q}_k$ 和 Q_{k-1} 进行匹配注册。该匹配过程与前述两帧间特征点的匹配过程类似，此处不再展开介绍。

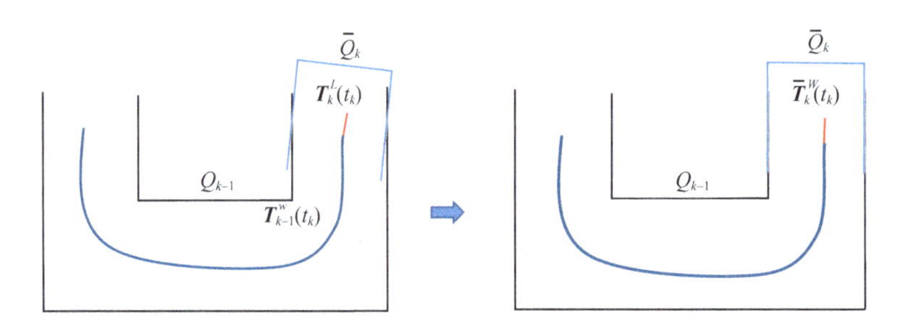

图 11-7 建图和位姿修正的原理示意图

张继等人基于不同的激光雷达和数据集对 LOAM 算法进行了测试。图 11-8 示例性地给出了该算法基于 KITTI 数据集的测试效果。图 11-8 展示了在城区、乡村和高速三个测试场景中，LOAM 算法得到的行驶轨迹和点云地图。在测试过程中，LOAM 算法总的平均相对位置误差为 0.88%，该指标在当时的 KITTI 里程计榜单上取得第二名的成绩。进一步地，由于 LOAM 算法假设激光雷达在每帧扫描时间内为匀速运动，这与激光雷达的实际运动不可避免地有一定偏差，张继等人尝试通过 IMU 输出的高频角速度和加速度，结合卡尔曼滤波算法 [23] 得到短时间内（如某一激光点扫描时刻对于帧首时刻或帧尾时刻）激光雷达的运动估计信息，从而提升点云预处理过程中点云运动畸变去除以及点云到帧首时刻投影的准确性。此外，基于 IMU 的运动信息也可得出扫描匹配的运动先验值。相关的测试结果这里不再给出，感兴趣的读者可以查阅参考文献 [10]。

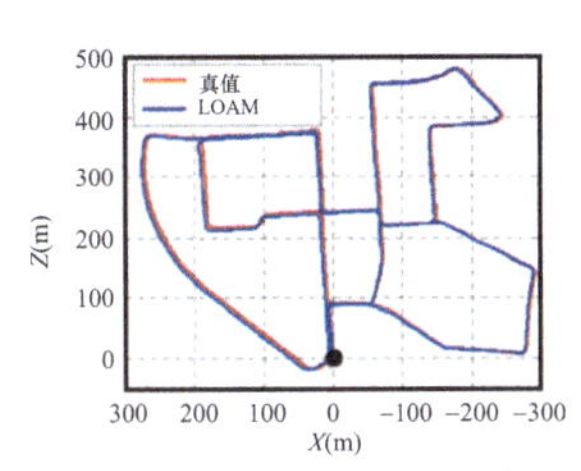

（a）城区场景中的LOAM算法输出轨迹及真值

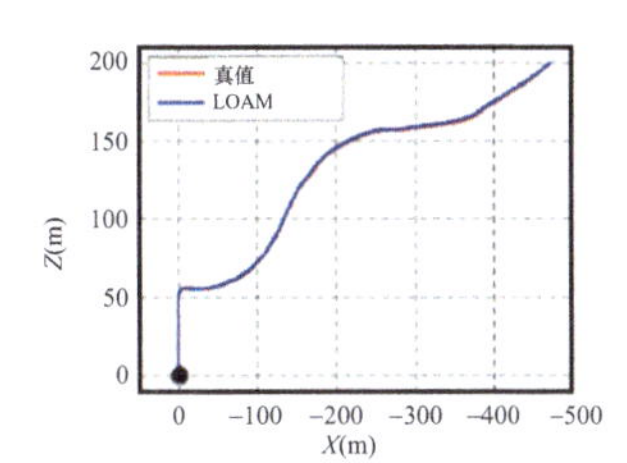

（b）乡村场景中的LOAM算法输出轨迹及真值

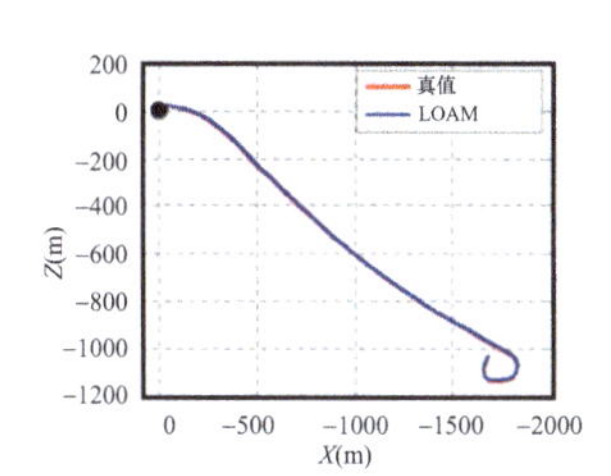

（c）高速场景中的LOAM算法输出轨迹及真值

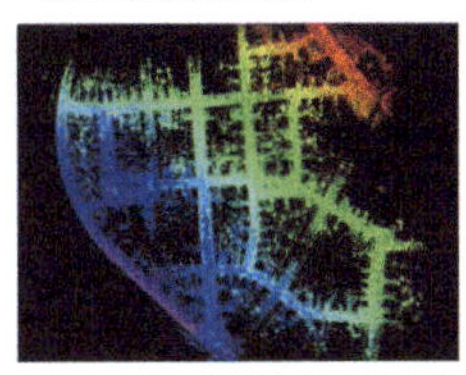

（d）城区场景点云地图

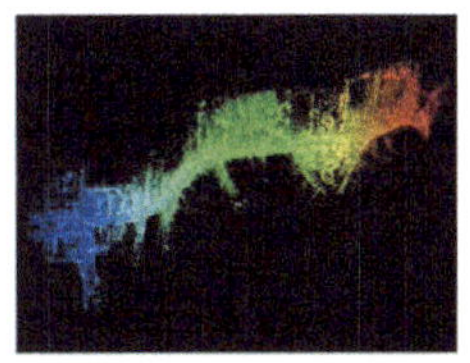

（e）乡村场景点云地图

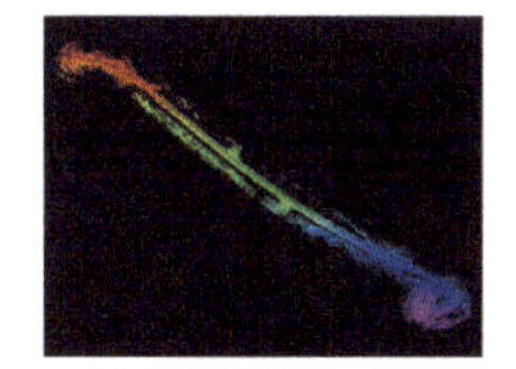

（f）高速场景点云地图

（g）城区场景

（h）乡村场景

（i）高速场景

图 11-8 KITTI 数据集多场景测试验证结果展示

（注：图片来自参考文献 [10]）

11.2.5 算法小结

我们学习了经典的激光里程计和建图算法——LOAM，该算法的激光里程计部分通过在原始点云中提取边缘特征点和平面特征点，并进行帧与帧之间特征点的匹配，进而结合非线性最小二乘优化方法，得到相邻扫描时刻间激光雷达的位姿变换。而在建图部分，LOAM 算法则进一步基于帧与点云地图或子地图与点云地图的匹配，对激光里程计的位姿估计进行矫正，从而提升定位和建图精度。LOAM 算法对后续的激光 SLAM 算法和多传感器融合 SLAM 算法的研究和发展具有较大的影响，值得读者深入了解。

11.3 基于点云的正态分布特征进行匹配注册的 NDT 算法

NDT（Normal-Distributions Transform）算法是由 Biber 和 Straßer 于 2003 年针对 2D 点云的配准提出的 [14]。与 ICP 这类基于点和点之间匹配的传统算法相比，NDT 算法首先将点云栅格化，并通过概率密度函数表征点云的分布特征，最后通过匹配两帧点云间的分布信息，得到激光雷达在两帧间的位姿变换。Magnusson 等人在参考文献 [24] 中将 NDT 算法进一步扩展应用至 3D 点云的配准，得到激光雷达的 3D 位姿变换。PCL 的 registration 模块也封装实现了 NDT 算法，以方便读者调用，具体的使用方法可参考 PCL 官方手册或参考文献 [27]。

11.3.1 点云的概率分布表示

NDT 算法首先将连续空间离散化，也就是对 2D 点云进行栅格划分，同时对 3D 点云进行体素划分。而后，可通过某种分布近似描述栅格或体素内点云的分布情况。假设某栅格或体素内的激光点表示为$\boldsymbol{x}_{j=1,\cdots,l}$，激光点坐标均值为$\boldsymbol{\mu}$，则可以计算得到该栅格对应的点云协方差矩阵为

$$\boldsymbol{\Sigma}=\frac{1}{l}\sum_{j}(\boldsymbol{x}_j-\boldsymbol{\mu})^{\mathrm{T}}(\boldsymbol{x}_j-\boldsymbol{\mu}) \tag{11-14}$$

其中l为该栅格或体素内激光点的个数。

若采用正态分布近似描述栅格内点的分布情况，则可以得到D（D=2 或 3）维正态分布的概率密度如下：

$$p(\boldsymbol{x})=\frac{1}{(2\pi)^{D/2}\sqrt{|\boldsymbol{\Sigma}|}}\mathrm{e}^{\left(-\frac{(\boldsymbol{x}-\boldsymbol{\mu})^{\mathrm{T}}\boldsymbol{\Sigma}^{-1}(\boldsymbol{x}-\boldsymbol{\mu})}{2}\right)} \tag{11-15}$$

执行完上述过程，我们便可以将稀疏、离散的点云转换为分片连续且可微的概率密度表达形式。图 11-9（a）和图 11-9（b）分别给出了二维空间中单线激光雷达的点云示例以及概率密度函数的可视化结果，图 11-9（c）和图 11-9（d）分别给出了激光雷达在矿洞中的 3D 点云示例以及概率密度函数的可视化结果。

（a）2D 点云示例

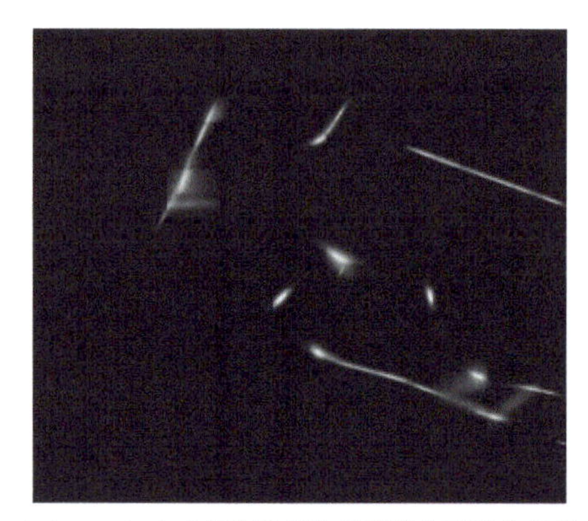

（b）2D 点云对应的概率密度函数的可视化结果

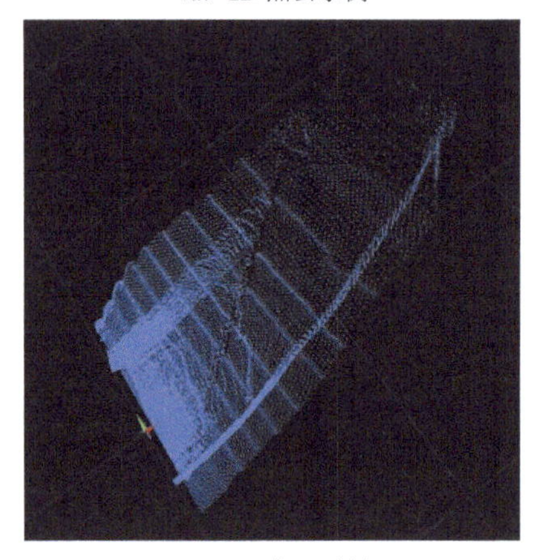

（c）3D 点云示例

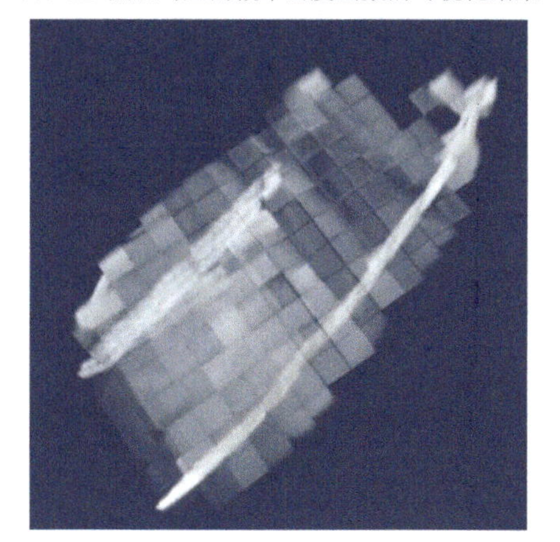

（d）3D 点云对应的概率密度函数的可视化结果

图 11-9　激光点云以及对应的概率密度函数的可视化结果

（注：图（a）和图（b）来自参考文献 [14]，图（c）和图（d）来自参考文献 [24]）

11.3.2 点云匹配注册

假设当前帧点云可表示为$\boldsymbol{\chi}=\{\boldsymbol{x}_1,\cdots,\boldsymbol{x}_n\}$，位姿矢量$\boldsymbol{p}$表示将当前帧点云投影到参考帧的空间变换，可通过式（11-16）来描述该投影变换过程。在使用 NDT 算法进行点云的匹配注册时，思路是搜索位姿矢量$\boldsymbol{p}=\{\boldsymbol{\theta},\boldsymbol{t}\}$，使得当前帧点云经$\boldsymbol{p}$投影到参考帧后，落在参考帧点云所代表物体表面的似然函数取得最大值，即转换为式（11-17）中的非线性优化问题。

$$\boldsymbol{T}(\boldsymbol{p},\boldsymbol{x}):\boldsymbol{x}'=\boldsymbol{R}\boldsymbol{x}+\boldsymbol{t} \tag{11-16}$$

其中，$\boldsymbol{R}$为$\boldsymbol{p}$中旋转角矢量$\boldsymbol{\theta}$对应的旋转矩阵，$\boldsymbol{t}$为$\boldsymbol{p}$中的位移矢量。

$$\boldsymbol{p}=\operatorname{argmax}\Psi，\ \Psi=\prod_{k=1}^{n}p(\boldsymbol{T}(\boldsymbol{p},\boldsymbol{x}_k)) \tag{11-17}$$

式（11-17）可进一步转换为最小化Ψ的负对数似然函数，也就是对式（11-18）求最小值，得到位姿矢量$\boldsymbol{p}$：

$$-\log(\Psi)=-\sum_{k=1}^{n}\log(p(\boldsymbol{T}(\boldsymbol{p},\boldsymbol{x}_k))) \tag{11-18}$$

其中，$p(\boldsymbol{x})$为栅格内的概率密度函数（Probability Density Function，PDE），Biber 等人[14]最初提出 NDT 算法时采用了式（11-15）所示的正态分布。但是，有些学者发现随着一些激光点远离均值，正态分布的负对数似然会无限增长。因此，在采用正态分布的 PDE 进行匹配时，扫描数据中的异常值就可能会对结果产生很大的影响。Magnusson 等人[24]和 Biber 等人[25]组合了正态分布和均匀分布，并将概率密度函数$p(\boldsymbol{x})$改进为

$$\bar{p}(\boldsymbol{x})=c_1\mathrm{e}^{\left(-\frac{(\boldsymbol{x}-\boldsymbol{\mu})^{\mathrm{T}}\boldsymbol{\Sigma}^{-1}(\boldsymbol{x}-\boldsymbol{\mu})}{2}\right)}+c_2p_0 \tag{11-19}$$

其中p_0为异常点的预估比例，在不失一般性的情况下进行推导时，可以令$p_0=1$，c_1和c_2则为常数。

进一步地，结合式（11-18）和式（11-19）可知，负对数似然函数的优化目标函数包含了$\log\left(c_1\mathrm{e}^{\left(-\frac{(\boldsymbol{x}-\boldsymbol{\mu})^{\mathrm{T}}\boldsymbol{\Sigma}^{-1}(\boldsymbol{x}-\boldsymbol{\mu})}{2}\right)}+c_2\right)$项，其一阶导数和二阶导数的求解较为复杂，Magnusson 等人考虑使用高斯函数对其进行近似处理。

形如$\bar{p}(x)=\log\left(c_1\mathrm{e}^{\left(-\frac{x^2}{2\sigma^2}\right)}+c_2\right)$的函数可使用式（11-20）所示的$\tilde{p}(x)$来近似。其中的参数$d_1$、$d_2$、$d_3$可通过当$x=0$、$x=\sigma$、$x=\infty$时有$\tilde{p}(x)=\bar{p}(x)$求解得到。

$$\tilde{p}(x)=d_1\mathrm{e}^{\left(-\frac{d_2x^2}{2\sigma^2}\right)}+d_3 \tag{11-20}$$

其中：

$$\begin{aligned}
d_3&=-\log(c_2)\\
d_1&=-\log(c_1+c_2)-d_3\\
d_2&=-2\log\left(\frac{-\log\left(c_1\mathrm{e}^{\left(-\frac{1}{2}\right)}+c_2\right)-d_3}{d_1}\right)
\end{aligned} \tag{11-21}$$

略去常数项，进而对于式（11-19）所示的概率密度函数 $\bar{p}(\boldsymbol{x})$，可采用下式进行近似表示：

$$\tilde{p}(\boldsymbol{x}_k)=-d_1\mathrm{e}^{\left(-\frac{d_2}{2}(\boldsymbol{x}_k-\boldsymbol{\mu}_k)^{\mathrm{T}}\boldsymbol{\Sigma}_k^{-1}(\boldsymbol{x}_k-\boldsymbol{\mu}_k)\right)} \tag{11-22}$$

最终，NDT 匹配问题可以转换为式（11-23）所示的优化问题，整个 NDT 算法的流程如表 11-2 所示。

$$\begin{gathered}\tilde{p}(\boldsymbol{x}_k)=-d_1\mathrm{e}^{\left(-\frac{d_2}{2}(\boldsymbol{x}_k-\boldsymbol{\mu}_k)^{\mathrm{T}}\boldsymbol{\Sigma}_k^{-1}(\boldsymbol{x}_k-\boldsymbol{\mu}_k)\right)}\\ \boldsymbol{p}=\operatorname{argmin}(s(\boldsymbol{p}))\\ s(\boldsymbol{p})=-\sum_{k=1}^{n}\tilde{p}(\boldsymbol{T}(\boldsymbol{p},\boldsymbol{x}))\end{gathered} \tag{11-23}$$

表 11-2　NDT 算法的流程

算法：NDT 匹配
1. 计算 t–1 时刻点云的 NDT 模型，即进行栅格 / 体素划分，得到每个栅格 / 体素的概率密度函数和分布参数
2. 初始化位姿变换矢量 $\boldsymbol{p}$（结合轮速计或初始化为 0）
3. 对于 t 时刻点云 $\boldsymbol{\chi}$ 中的每个激光点 $\boldsymbol{x}_k$，结合式（11-14）得到其投影到 t–1 时刻的对应点 $\boldsymbol{x}_k'$
4. 根据 $\boldsymbol{x}_k'$ 在 NDT_{t-1} 模型中查找对应栅格 / 体素的均值 $\boldsymbol{\mu}_k$ 和方差矩阵 $\boldsymbol{\Sigma}_k$
5. 结合 $s(\boldsymbol{p})=-\sum_{k=1}^{n}\tilde{p}(\boldsymbol{T}(\boldsymbol{p},\boldsymbol{x}))$ 求得当前位姿变换矢量 $\boldsymbol{p}$ 对应的两帧点云 NDT 匹配得分
6. 获取下一次迭代对应的位姿变换矢量 $\boldsymbol{p}\leftarrow\boldsymbol{p}+\Delta\boldsymbol{p}$，其中 $\boldsymbol{H}\Delta\boldsymbol{p}=-\boldsymbol{g}$，$\boldsymbol{g}$ 为 $s(\boldsymbol{p})$ 在当前点 $\boldsymbol{p}$ 处的梯度，$\boldsymbol{H}$ 为 $s(\boldsymbol{p})$ 在当前点 $\boldsymbol{p}$ 处的海森矩阵（牛顿法）
7. 跳转至步骤 3，直至达到收敛阈值

进一步地，为了简化表述，令

$$\boldsymbol{x}_k'\equiv T(\boldsymbol{p},\boldsymbol{x})-\boldsymbol{\mu}_k \tag{11-24}$$

梯度矢量 $\boldsymbol{g}$ 的第 i 个元素可通过用得分函数 $s(\boldsymbol{p})$ 对位姿矢量 $\boldsymbol{p}$ 的第 i 个元素求偏导得到，进而有

$$g_i=\frac{\delta s}{\delta p_i}=\sum_{k=1}^{n}d_1d_2\boldsymbol{x}_k'^{\mathrm{T}}\boldsymbol{\Sigma}_k^{-1}\frac{\delta\boldsymbol{x}_k'}{\delta p_i}\mathrm{e}^{\left(\frac{-d_2}{2}\boldsymbol{x}_k'^{\mathrm{T}}\boldsymbol{\Sigma}_k^{-1}\boldsymbol{x}_k'\right)} \tag{11-25}$$

海森矩阵 $\boldsymbol{H}$ 的第 i 行第 j 列元素 $H_{i,j}$ 可由式（11-26）求得：

$$\begin{gathered}H_{ij}=\frac{\delta^2 s}{\delta p_i\delta p_j}=\sum_{k=1}^{n}d_1d_2\mathrm{e}^{\left(\frac{-d_2}{2}\boldsymbol{x}_k'^{\mathrm{T}}\boldsymbol{\Sigma}_k^{-1}\boldsymbol{x}_k'\right)},\\ \left(-d_2\left(\boldsymbol{x}_k'^{\mathrm{T}}\boldsymbol{\Sigma}_k^{-1}\frac{\delta\boldsymbol{x}_k'}{\delta p_i}\right)\left(\boldsymbol{x}_k'^{\mathrm{T}}\boldsymbol{\Sigma}_k^{-1}\frac{\delta\boldsymbol{x}_k'}{\delta p_j}\right)+\boldsymbol{x}_k'^{\mathrm{T}}\boldsymbol{\Sigma}_k^{-1}\frac{\delta^2\boldsymbol{x}_k'}{\delta p_i\delta p_j}+\frac{\delta\boldsymbol{x}_k'^{\mathrm{T}}}{\delta p_j}\boldsymbol{\Sigma}_k^{-1}\frac{\delta\boldsymbol{x}_k'}{\delta p_i}\right)\end{gathered} \tag{11-26}$$

1. 2D-NDT

具体在二维空间中，我们可以采用三维矢量描述点的空间变换 $\boldsymbol{p}=[t_x,t_y,\phi]^{\mathrm{T}}$，其中 $\boldsymbol{t}=[t_x,t_y]^{\mathrm{T}}$ 为位移矢量，ϕ 为旋转角，逆时针旋转为正，则激光点的二维空间变换可表示为

$$\boldsymbol{T}(\boldsymbol{p},\boldsymbol{x})=\begin{bmatrix}\cos\phi & -\sin\phi\\ \sin\phi & \cos\phi\end{bmatrix}\boldsymbol{x}+\begin{bmatrix}t_x\\ t_y\end{bmatrix} \tag{11-27}$$

在式（11-25）中，计算梯度矢量$\boldsymbol{g}$所需的$\dfrac{\delta \boldsymbol{x}'_k}{\delta p_i}$可由下述雅克比矩阵$\boldsymbol{J}_2$的每一列得到：

$$\boldsymbol{J}_2=\begin{bmatrix}1 & 0 & -x_1\sin\phi - x_2\cos\phi \\ 0 & 1 & x_1\cos\phi - x_2\sin\phi\end{bmatrix} \tag{11-28}$$

在式（11-26）中，计算$H_{i,j}$所需的$\dfrac{\delta^2 \boldsymbol{x}'_k}{\delta p_i \delta p_j}$可表示为

$$\frac{\delta^2 \boldsymbol{x}'_k}{\delta p_i \delta p_j}=\begin{cases}\begin{bmatrix}-x_1\cos\phi + x_2\sin\phi \\ -x_1\sin\phi - x_2\sin\phi\end{bmatrix}，\text{如果}i=j=3\text{的话} \\ \begin{bmatrix}0 \\ 0\end{bmatrix}，\text{其他}\end{cases} \tag{11-29}$$

2．3D-NDT

NDT 算法在二维问题和三维问题中的主要区别在于对空间变换的表达不同，以及随之而来的偏微分求解公式的不同。这里我们借鉴 Magnusson 等人在参考文献 [24] 中列出的推导过程给出了部分公式的描述，感兴趣的读者可以进一步参考原始文献。我们采用 6 维矢量$\boldsymbol{p}_6=[t_x,t_y,t_z,\phi_x,\phi_y,\phi_z]^{\mathrm{T}}$来表示激光点的空间变换，并具体使用 z-y-x 的欧拉角顺序描述三维空间旋转，激光点的投影变换过程具体可由下式描述：

$$\boldsymbol{T}_E(\boldsymbol{p}_6,\boldsymbol{x})=\boldsymbol{R}_x\boldsymbol{R}_y\boldsymbol{R}_z\boldsymbol{x}+\boldsymbol{t}=\begin{bmatrix}c_yc_z & -c_ys_z & s_y \\ c_xs_z+s_xs_yc_z & c_xc_z-s_xs_ys_z & -s_xc_y \\ s_xs_z-c_xs_yc_z & c_xs_ys_z+s_xc_z & c_xc_y\end{bmatrix}\boldsymbol{x}+\begin{bmatrix}t_x \\ t_y \\ t_z\end{bmatrix} \tag{11-30}$$

其中$c_i=\cos\phi_i$，$s_i=\sin\phi_i$。

结合式（11-30）求解其一阶偏导$\left(\dfrac{\delta}{\delta p_i}\right)\boldsymbol{T}_E(\boldsymbol{p}_6,\boldsymbol{x})$，得到$\boldsymbol{T}_E(\boldsymbol{p}_6,\boldsymbol{x})$对应的雅克比矩阵如下：

$$\boldsymbol{J}_E=\begin{bmatrix}1 & 0 & 0 & 0 & c & f \\ 0 & 1 & 0 & a & d & g \\ 0 & 0 & 1 & b & e & h\end{bmatrix} \tag{11-31}$$

其中：

$$\begin{aligned}
a&=x_1(-s_xs_z+c_xs_yc_z)+x_2(-s_xc_z-c_xs_ys_z)+x_3(-c_xc_y) \\
b&=x_1(-c_xs_z+s_xs_yc_z)+x_2(-s_xs_ys_z-c_xc_y)+x_3(-s_xc_y) \\
c&=x_1(-s_yc_z)+x_2(s_ys_z)+x_3(c_y) \\
d&=x_1(s_xc_yc_z)+x_2(-s_xc_ys_z)+x_3(s_xs_y) \\
e&=x_1(-c_xc_yc_z)+x_2(c_xc_ys_z)+x_3(-c_xs_y) \\
f&=x_1(-c_xs_z)+x_2(-c_yc_z) \\
g&=x_1(c_xc_z-s_xs_ys_z)+x_2(-c_xs_z-s_xs_yc_z) \\
h&=x_1(s_xc_z+c_xs_ys_z)+x_2(c_xs_yc_z-s_xs_z)
\end{aligned} \tag{11-32}$$

进一步求解其二阶偏导$\left(\dfrac{\delta^2}{\delta p_i \delta p_j}\right)\boldsymbol{T}_E(\boldsymbol{p}_6,\boldsymbol{x})$，作为其海森矩阵的第 i 行第 j 列元素H_{ij}，从

而得到完整的海森矩阵如下：

$$\boldsymbol{H}_E=\begin{bmatrix}H_{11} & \cdots & H_{16}\\ \vdots & \ddots & \vdots\\ H_{61} & \cdots & H_{66}\end{bmatrix}=\begin{bmatrix}0&0&0&0&0&0\\0&0&0&0&0&0\\0&0&0&0&0&0\\0&0&0&\boldsymbol{a}&\boldsymbol{b}&\boldsymbol{c}\\0&0&0&\boldsymbol{b}&\boldsymbol{d}&\boldsymbol{e}\\0&0&0&\boldsymbol{c}&\boldsymbol{e}&\boldsymbol{f}\end{bmatrix} \tag{11-33}$$

其中：

$$\boldsymbol{a}=\begin{bmatrix}0\\ x_1(-c_xs_z-s_xs_yc_z)+x_2(-c_xc_z-s_xs_ys_z)+x_3(s_xc_y)\\ x_1(-s_xs_z+c_xs_yc_z)+x_2(-c_xs_ys_z-s_xc_z)+x_3(-c_xc_y)\end{bmatrix}$$

$$\boldsymbol{b}=\begin{bmatrix}0\\ x_1(c_xc_yc_z)+x_2(-c_xc_ys_z)+x_3(c_xs_y)\\ x_1(s_xc_yc_z)+x_2(-s_xc_ys_z)+x_3(s_xs_y)\end{bmatrix}$$

$$\boldsymbol{c}=\begin{bmatrix}0\\ x_1(-s_xc_z-c_xs_ys_z)+x_2(-s_xs_z-c_xs_yc_z)\\ x_1(c_xc_z-s_xs_ys_z)+x_2(-s_xs_yc_z-c_xs_z)\end{bmatrix}$$

$$\boldsymbol{d}=\begin{bmatrix}x_1(-c_yc_z)+x_2(c_ys_z)+x_3(-s_z)\\ x_1(-s_xs_yc_z)+x_2(s_xs_ys_z)+x_3(s_xc_y)\\ x_1(c_xs_yc_z)+x_2(-c_xs_ys_z)+x_3(-c_xc_y)\end{bmatrix} \tag{11-34}$$

$$\boldsymbol{e}=\begin{bmatrix}x_1(s_ys_z)+x_2(s_yc_z)\\ x_1(-s_xc_ys_z)+x_2(-s_xc_yc_z)\\ x_1(c_xc_ys_z)+x_2(c_xc_yc_z)\end{bmatrix}$$

$$\boldsymbol{f}=\begin{bmatrix}x_1(-c_yc_z)+x_2(c_ys_z)\\ x_1(-c_xs_z-s_xs_ys_z)+x_2(-c_xc_z+s_xs_ys_z)\\ x_1(s_xs_z+c_xs_yc_z)+x_2(-c_xs_ys_z-s_xc_z)\end{bmatrix}$$

结合式（11-31）、式（11-32）和式（11-25）以及式（11-33）、式（11-34）和式（11-26）即可得到 3D NDT 问题 $\boldsymbol{p}_6$ 迭代中优化搜索所需的 $\boldsymbol{H}$ 和 $\boldsymbol{g}$。

Magnusson 等人[26]基于直线道路、路口、矿道和室内等多种场景对 NDT 算法进行了测试验证。图 11-10 为测试结果图，从中可以看出 NDT 算法能够较稳定、精确地处理多场景的点云匹配问题。

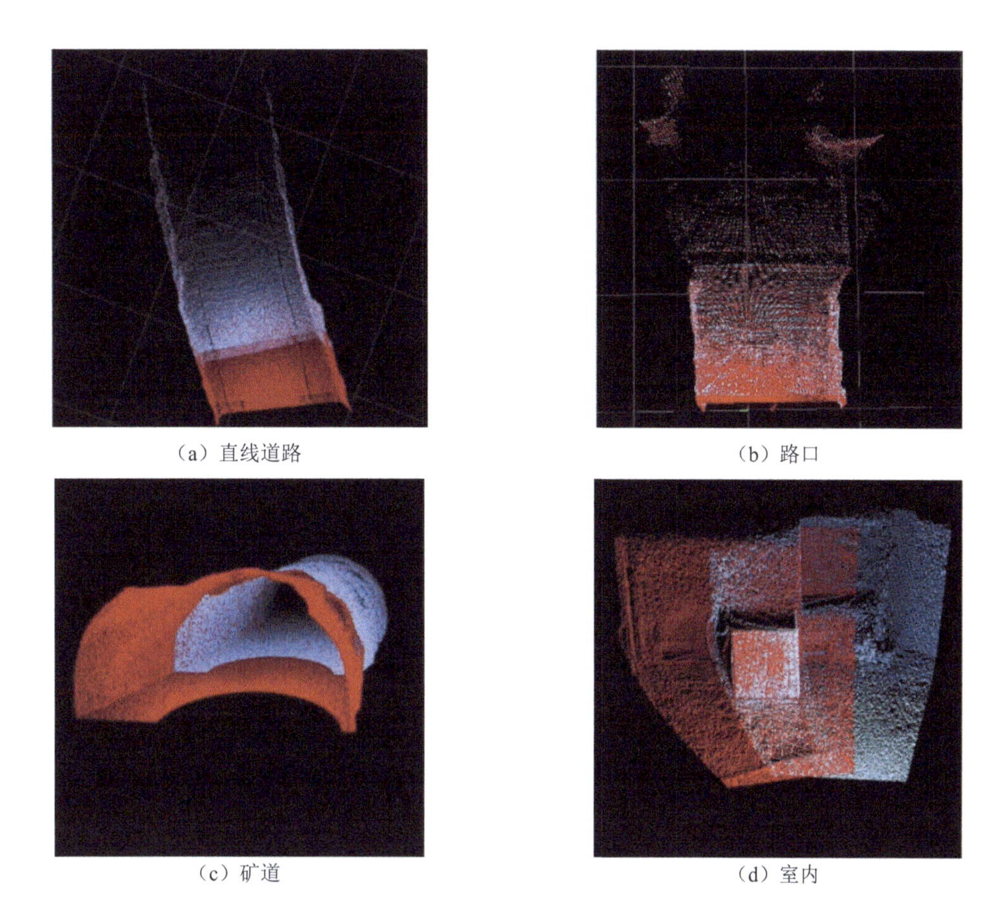

（a）直线道路　（b）路口

（c）矿道　（d）室内

图 11-10　4 种场景下 NDT 算法的点云匹配效果

（注：图片来自参考文献 [24]）

11.3.3 算法小结

我们学习了经典的点云匹配算法——NDT，该算法通过概率密度函数（PDF）描述点云的特征，并实现两帧点云的配准。与 ICP 算法直接基于元素点云进行点到点的匹配相比，NDT 算法具有较小的计算开销和较优的稳定性。在 PDF 的选取上，参考文献 [14]、[24]、[25] 分别使用了正态分布以及正态分布和均匀分布的组合，但实际上，PDF 不一定仅限于正态分布，任何能够在局部表征点云结构并且对异常值具有鲁棒性的 PDF 都是合适的，读者也可以尝试使用其他分布对 NDT 算法加以改进。

11.4 本章小结

在本章中，我们初步学习了激光扫描匹配以及激光里程计和建图算法——LOAM，深入讨论了基于多帧激光点云实现激光雷达运动估计的原理，并对工程中应用较广的 LOAM 算法和 NDT 算法做了细节分析。此外在介绍 LOAM 算法时，我们还介绍了基于激光里程计进行建图

的基本过程。

对于 LOAM 算法而言，IMU 的引入更多是用于点云运动畸变的去除等，其并没有深入地参与激光雷达的运动估计。在第 12 章中，我们将具体学习激光里程计和 IMU 的融合定位。

本章参考文献

[1] 宗文鹏，李广云，李明磊，等. 激光扫描匹配方法研究综述 [J]. 中国光学，2018，11(6)：914-930.

[2] MARTINEZ J L, GONZALEZ J, MORALES J, et al. Mobile robot motion estimation by 2D scan matching with genetic and iterative closest point algorithms[J]. Journal of Field Robotics, 2006, 23(1): 21-34.

[3] GAO Y, LIU S, ATIA M M, et al. INS/GPS/LiDAR integrated navigation system for urban and indoor environments using hybrid scan matching algorithm[J]. Sensors, 2015, 15(9): 235-238.

[4] CHEN Y, MEDIONI G. Object modeling by registration of multiple range images[C]. In Proceedings of IEEE International Conference on Robotics and Automation, 1991: 145-155.

[5] BESL P J, MCKAY H D. A method for registration of 3D shapes[J]. IEEE Transactions on Pattern Analysis and Machine Intelligence, 1992, 14(2): 239-256.

[6] DIOSI A, KLEEMAN L. Fast laser scan matching using polar coordinates[J]. International Journal of Robotics Research, 2007, 26(10): 125-130.

[7] MONTESANO L, MINGUEZ J, MONTANO L. Probabilistic scan matching for motion estimation in unstructured environments[C]. In IEEE International Conference on Intelligent Robots and Systems, 2005: 3499-3504.

[8] JENSFELT P, KRISTENSEN S. Active global localization for a mobile robot using multiple hypothesis tracking[J]. IEEE Transactions on Robotics & Automation, 2001, 17(5): 748-760.

[9] NAKAMURA T, TASHITA Y. Congruence transformation invariant feature descriptor for robust 2D scan matching[C]. In IEEE International Conference on Systems, Man, and Cybernetics. 2014: 166-169.

[10] ZHANG J, SINGH S. LOAM: LiDAR odometry and mapping in realtime[C]. Robotics: Science and Systems, 2014: 780-786.

[11] RUSU R B, BLODOW N, MARTON Z, et al. Aligning point cloud views using persistent feature histograms[C]. In IEEE/RSJ International Conference on Intelligent Robots and Systems (IROS 2008), 2008: 336-339.

[12] RUSU R B, BLODOW N, BEETZ M. Fast point feature histograms (FPFH) for 3D registration[C]. In IEEE International Conference on Robotics and Automation, 2009: 181-186.

[13] JIANG J, CHENG J, CHEN X. Registration for 3D point cloud using angular-invariant feature[J]. Neurocomputing, 2009, 72(16): 3839-3844.

[14] MARTIN, MAGNUSSON, HENRIK, et al.Automatic appearance-based loop detection from three-dimensional laser data using the norrmal distributions transform[J]. Journal of Field Robotics, 2009, 6(1): 275-280.

[15] RYU H, WAN K C. Efficient scan matching method using direction distribution[J]. Electronics Letters, 2015, 51(9): 686-688.

[16] CENSI A. Scan matching in a probabilistic framework[C]. In IEEE International Conference on Robotics and Automation, 2006: 2291-2296.

[17] ELBAZ G, AVRAHAM T, FISCHER A. 3D point cloud registration for localization using a deep neural network auto-encoder[C]. In IEEE Conference on Computer Vision and Pattern Recognition (CVPR), 2017: 2472-2481.

[18] AO S, HU Q Y, YANG B, et al. SpinNet: Learning a general surface descriptor for 3D point cloud registration[C]. CVPR, 2021: 117-119.

[19] BERG M D, KREVELD M V, OVERMARS M, et al.Computational geometry: Algorithms and applications[M]. Berlin: Springer, 2008.

[20] MURRAY R, SASTRY S. A mathematical introduction to robotic manipulation[M]. Boca Raton: CRC Press, 1994.

[21] HARTLEY R, ZISSERMAN A. Multiple view geometry in computer vision[M]. Cambridge: Cambridge University Press, 2004.

[22] RUSU R B, COUSINS S. 3D is Here: Point cloud library (PCL)[C]. In IEEE International Conference on Robotics and Automation (ICRA), 2011: 1-4.

[23] THRUN S, BURGARD W, FOX D. Probabilistic Robotics[M]. Cambridge: The MIT Press, 2005.

[24] MAGNUSSON M. The three-dimensional normal-distributions transform — An efficient representation for registration, surface analysis and loop detection[D]. Ph.D. Dissertation, 2009: 36-39.

[25] BIBER P, FLECK S, STRAßER W. A probabilistic framework for robust and accurate matching of point clouds[C]. In 26th Pattern Recognition Symposium (DAGM 04), 2004: 480-487.

[26] MAGNUSSON M, LILIENTHAL A, DUCKETT T. Scan registration for autonomous mining vehicles using 3D-NDT[J]. Journal of Field Robotics, 2007, 5(1): 35-39.

[27] 郭浩，苏伟，朱德海，等．点云库 PCL 从入门到精通 [M]．北京：机械工业出版社，2019.

第12章 激光雷达 + IMU 组合定位

12.1 引言

第 11 章介绍的激光里程计算法仅通过激光点云估计激光雷达的运动状态，其精度受周围环境及激光雷达点云质量的影响较大。IMU（Inertial Measurement Unit）是机器人和汽车领域常用的测量车辆运动状态的传感器，其主要包含陀螺仪和加速度计，可以较高的频率（如 40 ～ 500 Hz）输出被测物体的角速度以及加速度，并可通过积分的方式进一步得到一段时间内车辆的姿态和位置变化。但 IMU 在实际工作时，由于各种不可避免的干扰因素，会导致陀螺仪及加速度计产生误差，其导航误差将随时间而增大，因此通常需要利用外部信息进行辅助，通过组合导航的方式来提升 IMU 定位的准确性 [1]。另外，由于激光里程计频率较低（通常为 10Hz），且主要通过对环境的感知来实现对自车的定位估计，而 IMU 具有较高的频率，其通过对自身运动状态量的积分实现位姿估计，二者在一定程度上具有互补性，因此许多学者尝试将激光里程计和 IMU 组合起来以实现高精度的实时定位。根据二者组合方式和原理的不同，业界通常将此细分为 LiDAR+IMU 松耦合以及 LiDAR+IMU 紧耦合两个研究方向。

1. 激光雷达与 IMU 松耦合定位

该类别的组合定位算法通常使激光里程计和 IMU 航位推算相互独立运行，并基于卡尔曼滤波框架、粒子滤波框架等实现二者信息的融合，最终输出定位估计结果。例如，国防科技大学的 H. Xue 等人 [2] 于 2019 年提出了 IMU-AHFLO 算法，旨在使用基于点线特征或点云分布特征匹配的激光里程计得到车辆在两帧点云对应时刻内位姿变化的观测值，然后利用高频的 IMU 数据结合车辆运动学方程得到上述时刻位姿变化的预测值，最后使用卡尔曼滤波器对车辆的位姿状态进行估计。南昌大学的廖杰华 [3] 则尝试结合 LOAM 算法 [34] 和自适应粒子滤波算法，用于无人物流小车的室内定位。Google 发布的 Cartographer 算法 [4-6] 则采用分层优化的思路，在前端使用无迹卡尔曼滤波器实现 2D 激光雷达点云和 IMU 数据的松耦合，并在后端基于子地图构建优化问题，同时使用分支定界法 [7] 加速闭环检测过程的求解。

2. 激光雷达与 IMU 紧耦合定位

上述松耦合的定位方式虽然原理简单，但是人为地将激光雷达数据和 IMU 数据分开运算会造成一定程度的信息损失。因此，一些学者尝试对同一个位姿优化问题结合激光雷达数据和 IMU 数据来求解，即使用紧耦合的方式进行位姿估计 [8,23]。激光雷达与 IMU 紧耦合定位具体又可细分为基于滤波器思想和基于平滑优化思想两种形式。

基于滤波器思想的紧耦合定位算法通常会在系统的状态更新过程中结合多传感器的数据 [9]。例如，H. Sebastian 等人 [10] 基于自适应扩展卡尔曼滤波器实现了 3D 激光雷达和 GPS/INS 的紧耦合，并被成功应用于无人小车的室外定位。但是由于滤波器对系统状态方程进行了线性化近似并且使用了递推过程，导致算法的线性化累积误差不断增大，算法的精度通常会随时间不断降低。为了改善这类算法的性能，香港科技大学机器人与多感知实验室的 C. Qin 等人 [8] 在 ICRA 2020 会议上提出了 LINS 算法，旨在使用迭代的误差状态卡尔曼滤波器实现激光雷达数据和 IMU 数据的紧耦合，并通过不断修正系统的状态误差来获取最优的位姿估计，实现对车辆实时的高精度定位和建图。香港大学 Mars 实验室在 2021 年和 2022 年分别提出了 FAST-LIO

算法[33]和 FAST-LIO2 算法[34]，旨在通过迭代卡尔曼滤波框架，在状态迭代更新步骤中通过结合激光雷达数据和 IMU 数据构建非线性优化问题以实现紧耦合定位。

基于平滑优化思想的紧耦合定位算法通常将定位问题转为图论中的图模型表示，并基于最小二乘或非线性优化的方式来求解。业界常用的图模型有动态贝叶斯网络[14]、因子图模型[15,16]、马尔可夫随机场模型[17,18]等，近年来以因子图模型的使用最为广泛。例如，P. Geneva 等人[19]在 IROS 2018 会议上提出了 Lips 算法，旨在基于图优化框架结合激光雷达平面约束因子和 IMU 预积分因子[20]实现室内三维定位。H. Ye 等人[21]在 LIO-mapping 算法中同样结合图优化框架实现了激光雷达和 IMU 的紧耦合定位，并提出了旋转约束建图方法来对最终的位姿和点云地图进行优化。此外，T. Shan 等人在 LIO-SAM 算法[22]中进一步基于因子图模型实现了激光里程计因子、预积分因子及 GPS 因子的紧耦合，并且已被应用于多种测试平台。

下面我们将分别针对 LiDAR + IMU 的松耦合和紧耦合两种技术路线，具体选取两个算法进行学习。

12.2 IMU-AHFLO 算法

本节选择 LiDAR + IMU 松耦合方案中较有代表性的 IMU-Aided High-Frequency LiDAR Odometry（简称 IMU-AHFLO）算法[2]进行展开。与紧耦合方案中涉及 IMU 预积分和因子图等理论相比，基于 EKF 的松耦合原理过程相对简单，为了加深读者的理解，本节将给出 H. Xue 等人在 IMU-AHFLO 算法中执行的公式推导过程。

我们的目的是结合 IMU 数据和激光雷达数据获取车辆的实时位姿，为此，我们首先需要定义算法求解过程中涉及的 3 个坐标系，具体如图 12-1 所示。

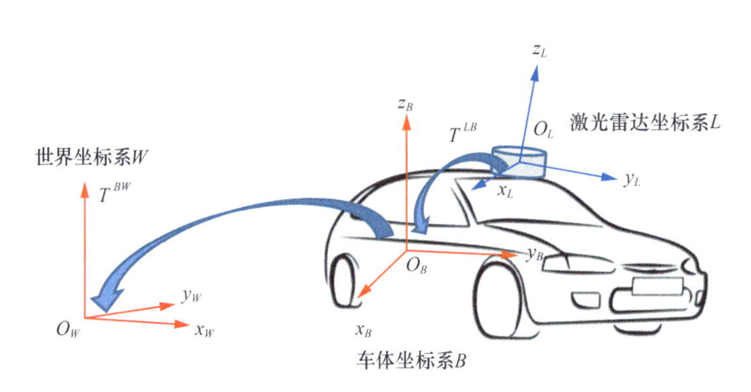

图 12-1　IMU-AHFLO 算法中各坐标系的定义

IMU-AHFLO 算法中各坐标系的位置和朝向定义如下。

（1）世界坐标系 $\{W\}$：世界坐标系为“东北天”坐标系，即 x 轴指向东，y 轴指向北，z 轴朝上，世界坐标系的原点是事先给定的固定位置。

（2）车体坐标系 $\{B\}$：车体坐标系与 IMU 坐标系一致，原点位于车辆后轴中心处，x 轴沿着车辆后轴指向右侧，车头方向为 y 轴，z 轴朝上。

（3）激光雷达坐标系 $\{L\}$：激光雷达坐标系的原点为激光雷达安装位置，x 轴指向右侧，

前向为 y 轴，z 轴朝上。

本节使用 $\boldsymbol{T}_k^{WB}$ 表示 t_k 时刻由 $\{W\}$ 坐标系运动到 $\{B\}$ 坐标系的空间变换矩阵（上标读取顺序为从左向右），并有 $\boldsymbol{T}_k^{WB}=(\boldsymbol{T}_k^{BW})^{-1}$。$\Delta\boldsymbol{T}_{k,k-1}^{B}$ 表示车辆在 $[t_{k-1},t_k]$ 时间内相对 $\{B\}_{t-1}$ 坐标系的运动变化，并有

$$\Delta\boldsymbol{T}_{k,k-1}^{B}=(\boldsymbol{T}_{k-1}^{WB})^{-1}*\boldsymbol{T}_k^{WB} \tag{12-1}$$

其中 $\boldsymbol{T}$ 为齐次变换矩阵，并有 $\boldsymbol{T}=\begin{bmatrix}\boldsymbol{R} & \boldsymbol{p}\\ 0 & 1\end{bmatrix}$，$\boldsymbol{R}$ 为对应的旋转矩阵，$\boldsymbol{p}$ 为位移矢量。

本节使用 $\boldsymbol{T}_k^{WL}$ 表示 t_k 时刻由 $\{W\}$ 坐标系运动到 $\{L\}$ 坐标系的空间变换矩阵，即激光雷达在世界坐标系下的位置。$\Delta\boldsymbol{T}_{k,k-1}^{L}$ 表示激光雷达在 $[t_{k-1},t_k]$ 时间内相对 $\{L\}_{t-1}$ 坐标系的运动变化。$\boldsymbol{T}^{BL}$ 则表示由 $\{B\}$ 坐标系运动到 $\{L\}$ 坐标系的空间变换矩阵，此为激光雷达的外参，可利用前面章节中介绍的静态或动态标定算法得出。

12.2.1 IMU-AHFLO 算法流程

在 IMU-AHFLO 算法中，IMU 和轮速计以 100Hz 的频率运行，激光里程计以 10Hz 的频率运行，激光里程计和 IMU/轮速计的耦合流程如图 12-2 所示。

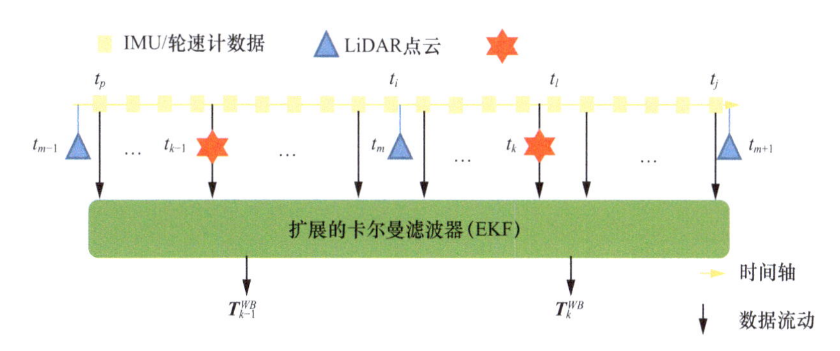

图 12-2 激光里程计和 IMU/ 轮速计的耦合流程

观察图 12-2，在 t_{m-1}、t_m 和 t_{m+1} 时刻，我们分别获取到第 $m-1$ 帧、第 m 帧和第 $m+1$ 帧点云，每两帧点云的时间间隔约为 100 毫秒，并且在此期间，我们通常可以得到 10 组 IMU 数据和轮速计数据。令 t_i 和 t_j 分别为第 m 帧和第 $m+1$ 帧点云间 IMU 数据的起始时间戳和终止时间戳，且有 $t_m\approx t_i$，$t_{m+1}\approx t_j$。以第 m 帧点云为研究对象，并假设我们已知车辆在 t_{k-1} 时刻的位姿为 $\boldsymbol{T}_{k-1}^{WB}$。一方面，基于 t_{m-1} 和 t_m 时刻的激光点云信息，我们可以采用 NDT 算法或 LOAM 算法中基于特征的点云匹配方法得到 $[t_{m-1},t_m]$ 时间内激光雷达的位置变换，并结合激光雷达外参，得到车体的相应位姿变化，作为车辆位姿的观测值。需要指出的是，缘于激光里程计的滞后性，通常我们在 t_k 时刻才能获取到对应 t_m 时刻的位姿状态。因此，考虑到激光里程计的上述滞后性，IMU-AHFLO 算法基于激光里程计的输出结果，并结合 $[t_m,t_k]$ 时间内由 IMU 推算的车辆位置变化作为最终观测值，以希望更接近当前 t_k 时刻车辆的真实状态。另一方面，基于车辆运动学方程并结合高频的 IMU/轮速计数据，我们可以近似得到 t_k 时刻车辆位置的状态预测值。最后，根据 t_k 时刻车体位置的状态预测值和基于激光里程计得到的车体在 t_k 时刻的位置观测值，结合 EKF 算法即可得到 t_k 时刻车辆位置的最终估计值 $\boldsymbol{T}_k^{WB}$。状态预测和观测的具体推理过程我们将在本章后续部分详细展开。

12.2.2　基于 IMU/ 轮速计的车辆位姿估计

图 12-3 给出了简化的车辆运动模型，IMU 安装在车辆后轴中心，IMU 坐标系的定义与车体坐标系的定义一致，两个轮速计分别安装在两个后轮处。小车由 t_{k-1} 时刻位置行驶至 t_k 时刻位置，其间，左、右轮速计输出的行驶距离分别为 Δs_l 和 Δs_r，IMU 输出的三个轴向角速度信息为 ${}_B\boldsymbol{\omega}_k^{WB}=[\omega_k^x,\omega_k^y,\omega_k^z]^{\mathrm{T}}$，${}_B\boldsymbol{\omega}_k^{WB}$ 是车体坐标系相对世界坐标系的旋转角速度在当前车体坐标系下的表示。H. Xue 等人在 IMU-AHFLO 算法中利用 IMU 输出的角速度信息估计车辆的姿态，并结合轮速计数据估计车辆的位移。

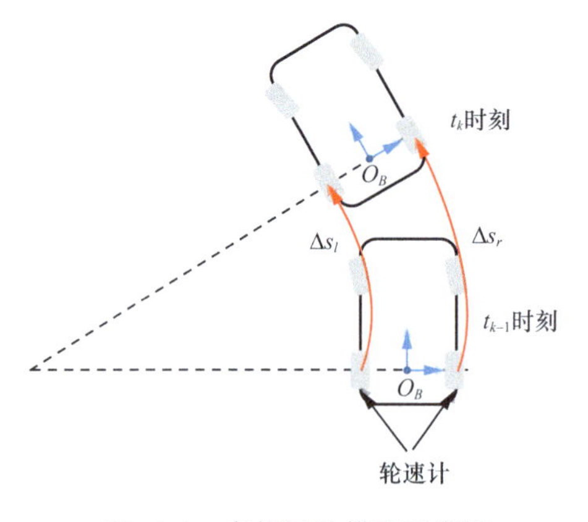

图 12-3　车辆运动模型示意图

1. 角度维度

对于 IMU 的角速度数据，基于车辆运动学公式[24]，我们可以得到：

$$\frac{\mathrm{d}\boldsymbol{R}_k^{WB}}{\mathrm{d}t}=\boldsymbol{R}_k^{WB}\begin{bmatrix}\omega_k^x\\\omega_k^y\\\omega_k^z\end{bmatrix}^{\wedge} \tag{12-2}$$

其中 ^ 表示反对称阵操作，并有

$$\begin{bmatrix}\omega_k^x\\\omega_k^y\\\omega_k^z\end{bmatrix}^{\wedge}=\begin{bmatrix}0&-\omega_k^z&\omega_k^y\\\omega_k^z&0&-\omega_k^x\\-\omega_k^y&\omega_k^x&0\end{bmatrix} \tag{12-3}$$

假设车辆在 $[t_{k-1},t_k]$ 时间内的角速度为常量，在 $[t_{k-1},t_k]$ 时间内对式（12-2）求积分，并求得该微分方程的解为

$$\boldsymbol{R}_k^{WB}=\boldsymbol{R}_{k-1}^{WB}\exp\left(\left({}_B\boldsymbol{\omega}_k^{WB}\Delta t\right)^{\wedge}\right) \tag{12-4}$$

其中 $\Delta t=t_k-t_{k-1}$。

由此，我们可以结合上一时刻 t_{k-1} 车辆的姿态 $\boldsymbol{R}_{k-1}^{WB}$ 和 IMU 的角速度数据 ${}_B\boldsymbol{\omega}_k^{WB}$，推算得到当前时刻 t_k 车辆的姿态 $\boldsymbol{R}_k^{WB}$。

2. 位移维度

IMU-AHFLO 算法利用轮速计信息推算车辆位置。由于左、右两侧轮速计输出的行驶距离分别为 Δs_l 和 Δs_r，令 Δs 为二者的平均值，则 Δs 表示车辆在车体坐标系下的相对位移。假设车辆在 $[t_{k-1},t_k]$ 时间内的速度为常量，并且有 $v=\Delta s/(t_k-t_{k-1})$，由于轮速计仅能够记录沿着车头方向的位移，在 $[t_{k-1},t_k]$ 时间内，我们近似忽略了其他方向的运动，因此可以得到当前车体坐标系下车辆的速度矢量 $\boldsymbol{v}_k^B=[v,0,0]^{\mathrm{T}}$。进一步地，也可以得到车体坐标系下车辆的速度矢量。在世界坐标系下，车辆速度矢量之间的关系可以表示为

$$\boldsymbol{v}_k^W=\boldsymbol{R}_k^{WB}\boldsymbol{v}_k^B \tag{12-5}$$

因此，结合车辆前一时刻的位置矢量 $\boldsymbol{p}_{k-1}^{WB}$、车辆的姿态 $\boldsymbol{R}_k^{WB}$ 和车辆的速度矢量 $\boldsymbol{v}_k^W$，可以

得到当前时刻车辆的位置为

$$\boldsymbol{p}_k^{WB} = \boldsymbol{p}_{k-1}^{WB} + \boldsymbol{v}_k^{W}(t_k - t_{k-1}) = \boldsymbol{p}_{k-1}^{WB} + \boldsymbol{R}_k^{WB}[\Delta s,0,0]^{\mathrm{T}} \tag{12-6}$$

12.2.3 基于 EKF 的松耦合过程

在第 10 章介绍的多目标跟踪模块中，我们已经接触过 EKF 的一些概念，下面我们将具体介绍 EKF 的基本原理和过程，进而详细分析 IMU-AHFLO 算法利用 EKF 实现激光里程计和 IMU/ 轮速计松耦合的过程。同样，这里的讨论将涉及系统状态估计的基本知识，但是考虑到篇幅和本节侧重点，我们不再展开介绍，需要了解系统状态估计相关基础知识的读者可参考《现代控制理论》《视觉 SLAM 十四讲》等图书。

1. EKF 的基本原理

EKF（Extended Kalman Filter）是经典的系统状态估计方法，在控制、数据融合等领域得到了广泛应用。EKF 是 KF（Kalman Filter）在非线性问题中的扩展，因此 EKF 同 KF 一样，也假设系统状态变量和观测变量均符合高斯分布，并且通常也由“预测”和“更新”两个步骤组成。

假设 t_k 时刻非线性系统的状态变量为 $\boldsymbol{x}_k$，观测变量为 $\boldsymbol{z}_k$，系统状态方程 f 和观测方程 h 均是非线性的。在预测步骤中，我们希望通过系统状态方程和上一时刻系统的后验状态 $\hat{\boldsymbol{x}}_{k-1}$，可以得到当前时刻系统状态的先验估计。具体来说，EKF 使用一阶泰勒展开公式将系统状态方程在 $\hat{\boldsymbol{x}}_{k-1}$ 处做了线性化近似，故有预测步骤的状态递推公式：

$$\begin{aligned} \bar{\boldsymbol{x}}_k &\approx f(\hat{\boldsymbol{x}}_{k-1}) + \frac{\partial f}{\partial \boldsymbol{x}_{k-1}}\Big|_{\hat{\boldsymbol{x}}_{k-1}}(\boldsymbol{x}_{k-1} - \hat{\boldsymbol{x}}_{k-1}) \\ \bar{\boldsymbol{P}}_k &= \boldsymbol{F}\hat{\boldsymbol{P}}_{k-1}\boldsymbol{F}^{\mathrm{T}} + \boldsymbol{R} \end{aligned} \tag{12-7}$$

其中 $\bar{\boldsymbol{x}}_k$ 和 $\bar{\boldsymbol{P}}_k$ 为 t_k 时刻系统状态 $\boldsymbol{x}_k$ 的先验高斯分布的均值矩阵和方差矩阵，$\boldsymbol{R}$ 为系统噪声的方差矩阵，$\hat{\boldsymbol{x}}_{k-1}$ 和 $\hat{\boldsymbol{P}}_{k-1}$ 为 t_{k-1} 时刻系统状态 $\boldsymbol{x}_{k-1}$ 的后验高斯分布的均值矩阵和方差矩阵，$\boldsymbol{F}$ 为系统状态方程在 $\hat{\boldsymbol{x}}_{k-1}$ 处的雅克比矩阵，又称为状态转移矩阵，且有

$$\boldsymbol{F} = \frac{\partial f}{\partial \boldsymbol{x}_{k-1}}\Big|_{\hat{\boldsymbol{x}}_{k-1}} \tag{12-8}$$

在更新步骤中，结合当前状态 $\boldsymbol{x}_k$ 的先验预测值 $\bar{\boldsymbol{x}}_k$ 和当前的系统观测值 $\boldsymbol{z}_k$，可以估计当前系统的后验状态 $\hat{\boldsymbol{x}}_k$，同样使用一阶泰勒展开公式将系统观测方程在 $\bar{\boldsymbol{x}}_k$ 处做线性化近似，即有

$$\begin{aligned} \boldsymbol{K}_k &= \bar{\boldsymbol{P}}_k\boldsymbol{H}^{\mathrm{T}}(\boldsymbol{H}\bar{\boldsymbol{P}}_k\boldsymbol{H}^{\mathrm{T}} + \boldsymbol{Q})^{-1} \\ \hat{\boldsymbol{x}}_k &= \bar{\boldsymbol{x}}_k + \boldsymbol{K}_k(\boldsymbol{z}_k - h(\bar{\boldsymbol{x}}_k)) \\ \hat{\boldsymbol{P}}_k &= (\boldsymbol{I} - \boldsymbol{K}_k\boldsymbol{H})\bar{\boldsymbol{P}}_k \end{aligned} \tag{12-9}$$

其中 $\boldsymbol{Q}$ 为测量噪声的方差矩阵，$\boldsymbol{K}_k$ 为卡尔曼增益，$\hat{\boldsymbol{x}}_k$ 和 $\hat{\boldsymbol{P}}_k$ 分别为系统状态 $\boldsymbol{x}_k$ 的后验高斯分布的均值矩阵和方差矩阵。$\boldsymbol{H}$ 为系统观测方程在 $\bar{\boldsymbol{x}}_k$ 处的雅克比矩阵，又称为观测矩阵，且有

$$\begin{aligned} \boldsymbol{z}_k &\approx h(\bar{\boldsymbol{x}}_k) + \frac{\partial h}{\partial \boldsymbol{x}_k}\Big|_{\bar{\boldsymbol{x}}_k}(\boldsymbol{x}_k - \bar{\boldsymbol{x}}_k) \\ \boldsymbol{H} &= \frac{\partial h}{\partial \boldsymbol{x}_k}\Big|_{\bar{\boldsymbol{x}}_k} \end{aligned} \tag{12-10}$$

2. IMU-AHFLO 算法的车辆状态方程

具体到车辆的位姿估计问题，令车辆在 t_k 时刻的状态变量为

$$\boldsymbol{x}_k = [\boldsymbol{\theta}_k^{WB}, \boldsymbol{p}_k^{WB}]^{\mathrm{T}} \tag{12-11}$$

其中 $\boldsymbol{\theta}_k^{WB} = [\theta_k^x, \theta_k^y, \theta_k^z]^{\mathrm{T}}$ 为车辆在世界坐标系下的姿态角矢量，根据罗德里格斯旋转公式，我们可以得到 $\boldsymbol{R}_k^{WB}$ 和 $\boldsymbol{\theta}_k^{WB}$ 之间的关系如下：

$$\boldsymbol{R}_k^{WB} = \cos(\theta_k^{WB}) * \boldsymbol{I} + (1-\cos(\theta_k^{WB}) * \boldsymbol{n}_k * \boldsymbol{n}_k^{\mathrm{T}}) + \sin(\theta_k^{WB}) * \boldsymbol{n}_k^{\wedge} \tag{12-12}$$

其中 $\boldsymbol{\theta}_k^{WB} = \sqrt{(\theta_k^x)^2 + (\theta_k^y)^2 + (\theta_k^z)^2}$，$\boldsymbol{n}_k = \boldsymbol{\theta}_k^{WB} / \boldsymbol{\theta}_k^{WB}$，$\boldsymbol{n}_k^{\wedge}$ 为 $\boldsymbol{n}_k$ 的反对称阵。

结合式（12-12）和群论以及量子力学中常用的 BCH（Baker-Campbell-Hausdorff）公式[26]，我们可以将李群空间中表示的车辆姿态递推公式［见式（12-4）］改写为对应李代数空间中状态变量 $\boldsymbol{\theta}_k^{WB}$ 的表示形式，即有

$$\boldsymbol{\theta}_k^{WB} = \boldsymbol{\theta}_{k-1}^{WB} + \boldsymbol{J}_l^{-1}(\boldsymbol{\theta}_{k-1}^{WB}) * ({}_B\boldsymbol{\omega}_k^{WB}\Delta t) \tag{12-13}$$

其中 $\boldsymbol{J}_l(\boldsymbol{\theta}_{k-1}^{WB})$ 为李群 $\boldsymbol{\theta}_{k-1}^{WB}$ 的左雅克比，并有

$$\boldsymbol{J}_l^{-1}(\boldsymbol{\theta}_{k-1}^{WB}) = \frac{\boldsymbol{\theta}_{k-1}^{WB}}{2}\cot\left(\frac{\boldsymbol{\theta}_{k-1}^{WB}}{2}\right)\boldsymbol{I} + \left(1 - \frac{\boldsymbol{\theta}_{k-1}^{WB}}{2}\cot\left(\frac{\boldsymbol{\theta}_{k-1}^{WB}}{2}\right)\right)\boldsymbol{n}_k\boldsymbol{n}_k^{\mathrm{T}} \tag{12-14}$$

由式（12-13）和式（12-6），我们可以得到车辆状态方程为

$$\boldsymbol{x}_k = \boldsymbol{x}_{k-1} + \begin{bmatrix} \boldsymbol{J}_l^{-1}(\boldsymbol{\theta}_{k-1}^{WB}) * ({}_B\boldsymbol{\omega}_k^{WB}\Delta t) \\ \boldsymbol{R}_k^{WB}(1:3,1) * \Delta s \end{bmatrix} \tag{12-15}$$

结合式（12-8），我们可以求得 EKF 预测过程中的系统状态转移矩阵，即有

$$\boldsymbol{F} = \begin{bmatrix} \boldsymbol{F}_{\theta\theta} & \boldsymbol{0}_{3\times3} \\ \boldsymbol{F}_{p\theta} & \boldsymbol{I}_{3\times3} \end{bmatrix} \in \mathbb{R}^{6\times6} \tag{12-16}$$

其中：

$$\boldsymbol{F}_{\theta\theta} = \boldsymbol{I}_{3\times3} + \begin{bmatrix} \left(\dfrac{\partial \boldsymbol{J}_l^{-1}(\boldsymbol{\theta}_{k-1}^{WB})}{\partial \theta_{k-1}^x} * {}_B\boldsymbol{\omega}_k^{WB}\Delta t\right)^{\mathrm{T}} \\ \left(\dfrac{\partial \boldsymbol{J}_l^{-1}(\boldsymbol{\theta}_{k-1}^{WB})}{\partial \theta_{k-1}^y} * {}_B\boldsymbol{\omega}_k^{WB}\Delta t\right)^{\mathrm{T}} \\ \left(\dfrac{\partial \boldsymbol{J}_l^{-1}(\boldsymbol{\theta}_{k-1}^{WB})}{\partial \theta_{k-1}^z} * {}_B\boldsymbol{\omega}_k^{WB}\Delta t\right)^{\mathrm{T}} \end{bmatrix}^{\mathrm{T}} \tag{12-17}$$

$$\boldsymbol{F}_{p\theta} = \boldsymbol{I}_{3\times3} + \left[\frac{\partial \boldsymbol{R}_k^{WB}(1:3,1)}{\partial \theta_{k-1}^x}, \frac{\partial \boldsymbol{R}_k^{WB}(1:3,1)}{\partial \theta_{k-1}^y}, \frac{\partial \boldsymbol{R}_k^{WB}(1:3,1)}{\partial \theta_{k-1}^z}\right] * \Delta s$$

3. IMU-AHFLO 算法的车辆观测方程

假设选择的观测变量为

$$\boldsymbol{z}_k = [\boldsymbol{\theta}_k^{WB}, \boldsymbol{p}_k^{WB}]^{\mathrm{T}} \tag{12-18}$$

若将激光里程计的输出直接作为观测结果，则观测矩阵具体为

$$\boldsymbol{H} = \boldsymbol{I}_{6\times6} \tag{12-19}$$

但是，我们需要考虑激光里程计计算结果的滞后性。如图 12-2 所示，激光里程计旨在计算由 t_m 时刻的点云进行匹配得到的车辆位姿观测结果，计算过程直到 t_k 时刻才结束并输出给 EKF，这段时间内车辆的运动可近似基于 $[t_i, t_l]$ 时间内 IMU/ 轮速计的信息进行补偿。令 $\Delta\boldsymbol{\xi}_{i,j} = [\Delta\boldsymbol{\theta}_{i,l}, \Delta\boldsymbol{p}_{i,l}]^{\mathrm{T}}$，为进一步提升定位算法的准确性，H. Xue 等人在 IMU-AHFLO 算法中使用了下述观测方程：

$$\boldsymbol{z}_k = \begin{bmatrix} \boldsymbol{\theta}_m \\ \boldsymbol{p}_m \end{bmatrix} + \begin{bmatrix} \boldsymbol{J}_l^{-1}(\boldsymbol{\theta}_k^{WB}) * (\Delta\boldsymbol{\theta}_{i,l}) \\ \Delta\boldsymbol{R}_{i,j}^{B}(1:3,1) * \Delta\boldsymbol{p}_{i,l} \end{bmatrix} \tag{12-20}$$

对应的观测矩阵为

$$\boldsymbol{H} = \begin{bmatrix} \boldsymbol{H}_{\theta\theta} & \boldsymbol{0}_{3\times3} \\ \boldsymbol{0}_{3\times3} & \boldsymbol{H}_{pp} \end{bmatrix} \tag{12-21}$$

其中 $\boldsymbol{H}_{pp} = \Delta\boldsymbol{R}_{i,l}^{WB} \in \mathbb{R}^{3\times3}$，$\boldsymbol{H}_{\theta\theta} \in \mathbb{R}^{3\times3}$ 并可表示为

$$\boldsymbol{H}_{\theta\theta} = \begin{bmatrix} \left(\dfrac{\partial \boldsymbol{J}_l^{-1}(\boldsymbol{\theta}_k)}{\partial \theta_k^x} * \Delta\boldsymbol{\theta}_{i,l} \right)^{\mathrm{T}} \\ \left(\dfrac{\partial \boldsymbol{J}_l^{-1}(\boldsymbol{\theta}_k)}{\partial \theta_k^y} * \Delta\boldsymbol{\theta}_{i,l} \right)^{\mathrm{T}} \\ \left(\dfrac{\partial \boldsymbol{J}_l^{-1}(\boldsymbol{\theta}_k)}{\partial \theta_k^z} * \Delta\boldsymbol{\theta}_{i,l} \right)^{\mathrm{T}} \end{bmatrix}^{\mathrm{T}} \tag{12-22}$$

基于式（12-7）中的先验协方差矩阵 $\bar{\boldsymbol{P}}_k$ 和式（12-20）中的观测矩阵 $\boldsymbol{H}$，可由式（12-9）得到卡尔曼增益 $\boldsymbol{K}_k$ 和系统状态的后验估计 $\hat{\boldsymbol{x}}_k$。IMU-AHFLO 算法的流程如表 12-1 所示。

表 12-1 IMU-AHFLO 算法的流程

输入：车辆历史位置集合 $\{\boldsymbol{T}_i^{WB}\}$，IMU 数据和轮速计数据，由激光里程计得到的车辆位置观测值 $\boldsymbol{T}_{L_k}^{WB}$，上一帧 t_{k-1} 时刻的车辆位置 $\boldsymbol{T}_{k-1}^{WB}$ 输出：当前帧 t_k 时刻的车辆位置最终估计值 $\boldsymbol{T}_k^{WB}$
1. 利用 $\boldsymbol{T}_{k-1}^{WB}$ 和 IMU/轮速计数据，结合式（12-7）得到 t_k 时刻的车辆状态预测值 $\bar{\boldsymbol{x}}_k$ 2. if 获取到激光里程计数据 $\boldsymbol{T}_{L_k}^{WB}$ then 3. 利用 $\bar{\boldsymbol{x}}_k$ 和 $\boldsymbol{T}_{L_k}^{WB}$，结合式（12-9）计算车辆的后验状态 $\hat{\boldsymbol{x}}_k$ 并输出 $\boldsymbol{T}_k^{WB}$ 4. end 5. else 6. 将预测值 $\bar{\boldsymbol{x}}_k$ 作为当前车辆状态并输出 $\boldsymbol{T}_k^{WB}$ 7. end

Xue 等选取结构化道路场景和越野道路场景对 IMU-AHFLO 算法进行了测试验证。在结构化道路场景中，保持车辆行驶速度为 25 km/s，总的行驶距离为 1.1 km。在越野道路场景中，保持车辆行驶速度为 15 km/s，总的行驶距离为 1.0 km。IMU-AHFLO 算法的输出轨迹和轨迹真值的对比结果如图 12-4 所示，该算法在结构化道路场景下的平均相对位置误差为 0.31%，在越野道路场景下的平均相对位置误差为 0.93%。

（a）结构化道路场景

（b）越野场景

轨迹真值　IMU-AHFLO算法的输出轨迹　起点　终点

图 12-4　对比 IMU-AHFLO 算法在结构化道路场景和越野场景下的测试效果

（注：图片来自参考文献 [2]）

12.2.4　算法小结

我们以 IMU-AHFLO 算法为例，详细分析了 IMU 和 LiDAR 经卡尔曼滤波框架进行松耦合定位的原理和过程。由于二者计算车辆位置的原理不同，失效形式也不同，因此通过二者的组合在一定程度上可以互补各自模块的缺点。具体来说，由于 IMU/轮速计数据频率较高，激光里程计数据频率较低，因此在 IMU-AHFLO 算法中，我们选择基于 IMU/轮速计数据结合汽车的运动状态方程，对车辆位置状态进行预测，并基于激光里程计的输出结果得到车辆位置状态的观测值，最终结合卡尔曼更新过程得到对应的后验状态估计值。

然而，这种松耦合的方式虽然原理和实现相对简单，但无法高效地利用 IMU 和 LiDAR 里程计数据，并且随着 IMU 测量偏差的不断累积，还会导致算法精度降低，此时 IMU/LiDAR 的紧耦合定位方法就派上用场了。

12.3 LIO-SAM 算法

在本节中，我们将学习 LIO-SAM 算法[22]，该算法由美国麻省理工学院的 T. Shan 等人于 2020 年提出，旨在基于因子图优化框架实现激光雷达、IMU 和 GPS 的实时、稳定以及精确的融合定位，其开源代码可在 GitHub 上找到。由于该算法使用了因子图优化和 IMU 预积分技术，因此我们将首先介绍这两部分的基础知识，而后学习 LIO-SAM 算法的具体流程。

12.3.1　因子图优化基础

因子图是一种无向概率图，由 Kschischang 等[27]在用于分析信道编码的 Tanner 图、Wiberg 图等图模型的基础上改进提出。因子图可用来对复杂系统的全局函数进行因式分解，改写成多个简单局部函数的乘积，并采用“和 - 积”算法清楚地表示系统状态变量之间的信息传递关系，在统计推断、译码编码、实时定位等多个领域都有广泛的应用。因子图包含变量节点和因子节点，并通过无向边将变量节点和因子节点相连接。与某个因子节点相连接的变量节点为该因子的变量，定义在因子图上的联合概率分布可以表示为各个因子的联乘积。下面我们通过一个简单的例子介绍因子图在 SLAM 领域的应用。

思考图 12-5 所示的一个简单的车辆定位问题，车辆在三个时刻处于不同的位置，其间我们通过激光里程计、视觉里程计等对路标进行观测，得到车辆位置的估计并用红色箭头表示，同时采用车辆轮速计或 IMU 得到不同时刻间车辆位置的增量并用绿色箭头表示。这个车辆定位问题可以转为图 12-6 所示的因子图，在该因子图中，车辆和路标的位置被表示为变量节点，观测信息在经过处理后变为车辆和路标以及不同时刻间车辆的位置约束关系，并通过无向边与对应的节点相连接。若将因子图中的变量节点统一用 X 表示，则有 $X=\{x_1,x_2,x_3,l_1,l_2\}$；若将获取的车辆位置观测值统一用 Z 表示，则有 $Z=\{z_{x_p},z_{o_1},z_{o_2},z_{M_1},z_{M_2},z_{M_3}\}$。由于车辆的位置和周围的环境特征都具有不确定性，因此 SLAM 问题其实是一个概率问题，也就是给定观测值 Z，对未知状态变量 X 的概率进行估计，可表示为

$$X^*=\operatorname{argmax} P(X\mid Z) \tag{12-23}$$

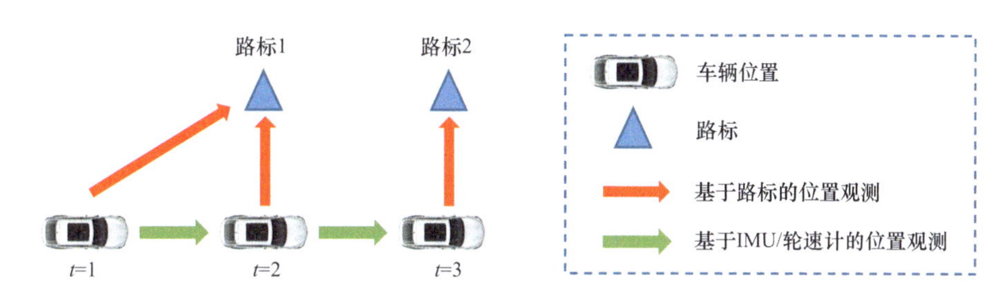

图 12-5　一个简单的车辆定位问题

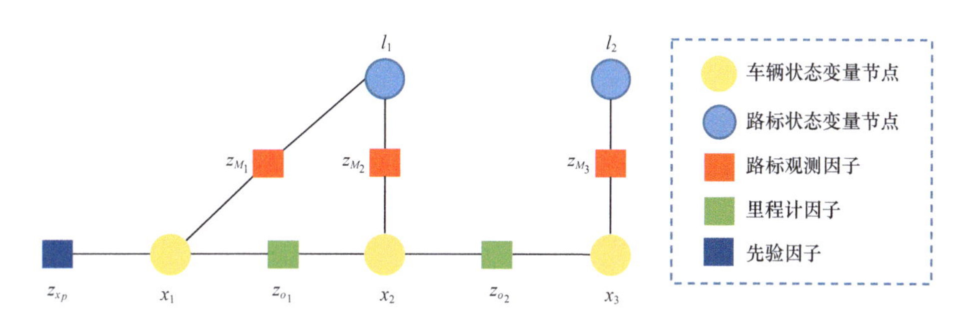

图 12-6　将示例 SLAM 问题转换得到的因子图

对于这类问题，最常用的方法是通过最大化后验概率来求解状态变量 X 的最优估计。结合贝叶斯公式我们可以得到：

$$P(X\mid Z)=\frac{P(Z\mid X)P(X)}{P(Z)}\propto P(Z\mid X)P(X) \tag{12-24}$$

其中 $P(X)$ 为状态变量的先验概率，$P(Z\mid X)$ 为状态变量的后验概率，即有

$$X^*=\operatorname{argmax} P(X\mid Z)=\operatorname{argmax} P(Z\mid X)P(X) \tag{12-25}$$

而 $P(Z\mid X)$ 则由各传感器模型得到，令

$$\phi_i(X_i)\doteq\varphi_i(X_i,Z_i)=P(Z_i\mid X_i) \tag{12-26}$$

于是有

$$X^*=\underset{X}{\operatorname{argmax}}\,\phi(X)=\underset{X}{\operatorname{argmax}}\prod\phi(X_i) \tag{12-27}$$

具体针对这个示例而言，可以将 $\phi(X)$ 近似表示为

$$\phi(X)\doteq\phi_1(x_1)\phi_2(x_1,l_1)\phi_3(x_2,l_1)\phi_4(x_3,l_2)\phi_5(x_1,x_2)\phi_6(x_2,x_3) \tag{12-28}$$

其中 $\phi_2(x_1,l_1)$、$\phi_3(x_2,l_1)$ 和 $\phi_4(x_3,l_2)$ 对应路标观测因子，$\phi_5(x_1,x_2)$ 和 $\phi_6(x_2,x_3)$ 对应里程计因子，$\phi_1(x_1)$ 对应先验因子。

假设各定位传感器的特性近似于高斯分布模型，则每个因子可用下述形式来表示：

$$\phi_i(X_i)=\exp\left(-\frac{1}{2}\|f_i(X_i)\|_{\Sigma_i}^2\right) \tag{12-29}$$

其中 $f_i(X_i)$ 为传感器测量函数，其根据因子类型的不同通常有下述 3 种表述形式。

先验因子：$f_{\text{prior}}(x_i)\propto x_i-z_i$。

里程计因子：$f_{\text{prior}}(x_i,x_{i+1})\propto(x_{i+1}-x_i)-z_i$。

路标观测因子：$f_{\text{landmark}}(x_i,l_i)\propto \text{project}(x_i,l_i)-z_i$。

故式（12-27）可进一步表示为

$$\begin{aligned}X^*&=\underset{X}{\operatorname{argmax}}\prod\phi(X_i)=\underset{X}{\operatorname{argmax}}\log\left(\prod_i\phi_i(X_i)\right)\\&=\underset{X}{\operatorname{argmin}}\prod_i(-\log(\phi_i(X_i)))=\underset{X}{\operatorname{argmin}}\sum_i\|f_i(X_i)\|_{\Sigma_i}^2\end{aligned} \tag{12-30}$$

由此，我们便将该例中的车辆定位问题等效为求解 MAP，并转换为基于各因子的非线性最小二乘问题，而后就可以采用成熟的非线性优化算法（如高斯 - 牛顿迭代法或 Levenbeg-Marquardt 算法等）来求解。关于因子图的增量更新推理等更深入的原理，这里不再进一步展开，感兴趣的读者可以参考 iSAM 算法 [15] 和 iSAM2 算法 [16] 进行深入学习。

12.3.2 IMU 预积分基础

IMU 预积分最早由 Lupton 于 2012 年提出 [20]，Forster 等人进一步将其扩展到 SO(3) 上 [29,30]，并通过结合该技术与因子图框架，将 IMU 预积分的实现代码封装到 GTSAM 库 [16] 中供读者学习使用。由于 IMU 预积分理论比较复杂且十分抽象，这里引用了 Forster 等人在参考文献 [29] 和 [30] 中给出的部分推理过程，以方便读者理解。

1. IMU 预积分的引出及其理想值表达

以常见的 6 轴 IMU 为例，其内部包含一个 3 轴加速度计和一个 3 轴陀螺仪，其测量结果可由式（12-31）和式（12-32）表示。

IMU 陀螺仪测量模型：

$${}_B\tilde{\boldsymbol{\omega}}_{WB}(t)={}_B\boldsymbol{\omega}_{WB}(t)+\boldsymbol{b}^g(t)+\boldsymbol{\eta}^g(t) \tag{12-31}$$

IMU 加速度计测量模型：

$${}_B\tilde{\boldsymbol{a}}(t)=\boldsymbol{R}_{WB}^{\mathrm{T}}(t)({}_W\boldsymbol{a}(t)-{}_W\boldsymbol{g})+\boldsymbol{b}^a(t)+\boldsymbol{\eta}^a(t) \tag{12-32}$$

其中，$\boldsymbol{b}=\{\boldsymbol{b}^g,\boldsymbol{b}^a\}$ 是陀螺仪和加速度计对应的测量偏差，该偏差会随时间而缓慢变化，$\boldsymbol{\eta}^g(t)$ 和 $\boldsymbol{\eta}^a(t)$ 则为二者对应的高斯白噪声。B 表示 IMU/机器人坐标系，W 表示世界坐标系。${}_B\boldsymbol{\omega}_{WB}(t)\in\mathbb{R}^3$ 为 IMU/机器人坐标系 B 相对世界坐标系 W 的瞬时角速度在 IMU/机器人坐标系 B 下的表示，${}_W\boldsymbol{a}(t)\in\mathbb{R}^3$ 为 IMU 传感器的加速度，${}_W\boldsymbol{g}$ 为世界坐标系下的重力加速度。由于智能车辆上搭载的 IMU 通常精度较低，陀螺仪在静置时无法敏感地测量地球自转，因此我们在车辆 SLAM 问题中不会像传统捷联 INS 解算那样考虑地球自转并根据位置更新重力矢量，而是假设世界坐标系 W 是静止的，并且假设重力矢量 ${}_W\boldsymbol{g}$ 是固定不变的。IMU 的位置和姿态可由空间变换 $\{\boldsymbol{R}_{WB},{}_W\boldsymbol{p}\}$ 表示，并且根据车辆运动方程有

$$\begin{cases} \dot{\boldsymbol{R}}_{WB} = \boldsymbol{R}_{WB} * {}_B\boldsymbol{\omega}_{WB} \\ {}_W\dot{\boldsymbol{v}} = {}_W\boldsymbol{a} \\ {}_W\dot{\boldsymbol{p}} = {}_W\boldsymbol{v} \end{cases} \tag{12-33}$$

具体在 $t+\Delta t$ 时刻，对式（12-33）两侧求积分可得到：

$$\begin{cases} \boldsymbol{R}_{WB}(t+\Delta t) = \boldsymbol{R}_{WB}(t)\exp\left(\int_t^{t+\Delta t} {}_B\boldsymbol{\omega}_{WB}(\tau)\mathrm{d}\tau\right) \\ {}_W\boldsymbol{v}(t+\Delta t) = {}_W\boldsymbol{v}(t) + \int_t^{t+\Delta t} {}_W\boldsymbol{a}(\tau)\mathrm{d}\tau \\ {}_W\boldsymbol{p}(t+\Delta t) = {}_W\boldsymbol{p}(t) + \int_t^{t+\Delta t} {}_W\boldsymbol{v}(\tau)\mathrm{d}\tau + \iint_t^{t+\Delta t} {}_W\boldsymbol{a}(\tau)\mathrm{d}\tau^2 \end{cases} \tag{12-34}$$

假设 ${}_B\boldsymbol{\omega}_{WB}$ 和 ${}_W\boldsymbol{a}$ 在 $[t, t+\Delta t]$ 时间内为常数，则式（12-34）可进一步转换为离散形式：

$$\begin{cases} \boldsymbol{R}_{WB}(t+\Delta t) = \boldsymbol{R}_{WB}(t)\exp({}_B\boldsymbol{\omega}_{WB}(t)\Delta t) \\ {}_W\boldsymbol{v}(t+\Delta t) = {}_W\boldsymbol{v}(t) + {}_W\boldsymbol{a}(t)\Delta t \\ {}_W\boldsymbol{p}(t+\Delta t) = {}_W\boldsymbol{p}(t) + {}_W\boldsymbol{v}(t)\Delta t + \frac{1}{2}{}_W\boldsymbol{a}(t)\Delta t^2 \end{cases} \tag{12-35}$$

再结合式（12-31）和式（12-32），我们可进一步得到：

$$\begin{cases} \boldsymbol{R}_{WB}(t+\Delta t) = \boldsymbol{R}_{WB}(t)\exp(({}_B\tilde{\boldsymbol{\omega}}_{WB}(t) - \boldsymbol{b}^g(t) - \boldsymbol{\eta}^{gd}(t))\Delta t) \\ {}_W\boldsymbol{v}(t+\Delta t) = {}_W\boldsymbol{v}(t) + {}_W\boldsymbol{g}\Delta t + R_{WB}(t)({}_B\tilde{\boldsymbol{a}}(t) - \boldsymbol{b}^a(t) - \boldsymbol{\eta}^{ad}(t))\Delta t \\ {}_W\boldsymbol{p}(t+\Delta t) = {}_W\boldsymbol{p}(t) + {}_W\boldsymbol{v}(t)\Delta t + \frac{1}{2}{}_W\boldsymbol{g}\Delta t^2 + \frac{1}{2}R_{WB}(t)({}_B\tilde{\boldsymbol{a}}(t) - \boldsymbol{b}^a(t) - \boldsymbol{\eta}^{ad}(t))\Delta t^2 \end{cases} \tag{12-36}$$

其中 $\boldsymbol{\eta}^{gd}$、$\boldsymbol{\eta}^{ad}$ 为离散噪声，它们的协方差与对应的连续噪声 $\boldsymbol{\eta}^{gd}$、$\boldsymbol{\eta}^{ad}$ 的协方差之间满足 $\mathrm{Cov}(\boldsymbol{\eta}^{ad}(t)) = \frac{1}{\Delta t}\mathrm{Cov}(\boldsymbol{\eta}^a(t))$ 且 $\mathrm{Cov}(\boldsymbol{\eta}^{gd}(t)) = \frac{1}{\Delta t}\mathrm{Cov}(\boldsymbol{\eta}^g(t))$ [32]。

图 12-7 示意性地给出了激光点云/图像、IMU 及关键帧的时间频率。通常 IMU 的采样频率较高，而激光雷达或相机的采样频率相对较低，并且考虑到因子图优化迭代所需的耗时，我们通常按照给定的条件设置关键帧（如每隔 5 帧点云选择一个关键帧，或者在当前时刻车辆相对上一个关键帧的位姿变化大于阈值时选择当前帧为关键帧），而后仅在关键帧进行基于因子图的多传感器融合位姿优化。

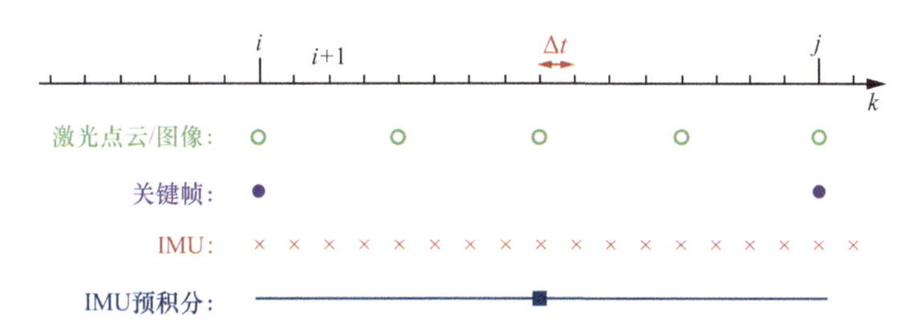

图 12-7　各传感器频率示意图

（注：图片根据参考文献 [20] 制作而成）

图 12-7 中的第 i 帧和第 j 帧为关键帧，IMU 的采样间隔为 Δt。结合式（12-36），在第 j 帧，根据 IMU 的数据信息可将 IMU/ 机器人在世界坐标系下的位置进一步表示为

$$\begin{cases} \boldsymbol{R}_j = \boldsymbol{R}_i \prod_{k=1}^{j-1} \exp((\tilde{\boldsymbol{\omega}}_k - \boldsymbol{b}_k^g - \boldsymbol{\eta}_k^{gd})\Delta t) \\ \boldsymbol{v}_j = \boldsymbol{v}_i + \boldsymbol{g}\Delta t_{ij} + \sum_{k=i}^{j-1} \boldsymbol{R}_k(\tilde{\boldsymbol{a}}_k - \boldsymbol{b}_k^a - \boldsymbol{\eta}_k^{ad})\Delta t \\ \boldsymbol{p}_j = \boldsymbol{p}_i + \sum_{k=i}^{j-1} \left[\boldsymbol{v}_k \Delta t + \frac{1}{2}\boldsymbol{g}\Delta t^2 + \frac{1}{2}\boldsymbol{R}_k(\tilde{\boldsymbol{a}}_k - \boldsymbol{b}_k^a - \boldsymbol{\eta}_k^{ad})\Delta t^2 \right] \end{cases} \tag{12-37}$$

其中 $\Delta t_{ij} = \sum_{k=i}^{j-1} \Delta t$，并且为了简化表示，我们省略了用于表示坐标系的下标 W 和 B，由此 IMU 或机器人坐标系在第 i 帧的位姿便可以用状态变量 $\boldsymbol{X}_i = \{\boldsymbol{R}_i, \boldsymbol{p}_i, \boldsymbol{v}_i, \boldsymbol{b}_i\}$ 来描述。

前面曾提到，在获取到关键帧 i 之后，我们利用因子图优化迭代求解 i 时刻车辆的位姿 $\{\boldsymbol{R}_i, \boldsymbol{p}_i\}$，而此时 IMU 仍在高频、实时地进行采样，$\boldsymbol{R}_k$ 则会随着关键帧 i 位姿的迭代而不断变化。因此，若我们根据 IMU 积分方法计算第 j 帧的位姿，则需要随着因子图对 $\{\boldsymbol{R}_i, \boldsymbol{p}_i\}$ 的迭代优化而不断地重复计算式（12-37），这是十分耗时且没有必要的。IMU 预积分理论背后的思想就是希望避免上述重新计算积分的过程，并基于两帧之间的 IMU 数据近似计算位姿增量。我们由式（12-37）可以得到两个关键帧之间的位姿增量，并将 IMU 预积分的理想值表示为

$$\begin{cases} \Delta\boldsymbol{R}_{ij} \doteq \boldsymbol{R}_i^{\mathrm{T}} \boldsymbol{R}_j = \prod_{k=1}^{j-1} \exp((\tilde{\boldsymbol{\omega}}_k - \boldsymbol{b}_k^g - \boldsymbol{\eta}_k^{gd})\Delta t) \\ \Delta\boldsymbol{v}_{ij} \doteq \boldsymbol{R}_i^{\mathrm{T}}(\boldsymbol{v}_j - \boldsymbol{v}_i - \boldsymbol{g}\Delta t_{ij}) = \sum_{k=1}^{j-1} \Delta\boldsymbol{R}_{ik}(\tilde{\boldsymbol{a}}_k - \boldsymbol{b}_k^a - \boldsymbol{\eta}_k^{ad})\Delta t \\ \Delta\boldsymbol{p}_{ij} \doteq \boldsymbol{R}_i^{\mathrm{T}}\left(\boldsymbol{p}_j - \boldsymbol{p}_i - \boldsymbol{v}_i\Delta t_{ij} - \frac{1}{2}\boldsymbol{g}\Delta t_{ij}^2\right) = \sum_{k=i}^{j-1}\left[\Delta\boldsymbol{v}_{ik}\Delta t + \frac{1}{2}\Delta\boldsymbol{R}_{ik}(\tilde{\boldsymbol{a}}_k - \boldsymbol{b}_k^a - \boldsymbol{\eta}_k^{ad})\Delta t^2\right] \end{cases} \tag{12-38}$$

其中 $\Delta\boldsymbol{R}_{ik} \doteq \boldsymbol{R}_i^{\mathrm{T}}\boldsymbol{R}_k$，$\Delta\boldsymbol{v}_{ik} \doteq \boldsymbol{R}_i^{\mathrm{T}}(\boldsymbol{v}_k - \boldsymbol{v}_i - \boldsymbol{g}\Delta t_{ik})$。

2. IMU 预积分的测量值及其测量噪声

进一步地，我们希望将 IMU 的噪声项（$\boldsymbol{\eta}_k^{ad}$ 和 $\boldsymbol{\eta}_k^{gd}$）从预积分的理想值中分离出来，以使得预积分的测量值能够表达为理想值“加”（位移、速度表示为数值相加，旋转表示为数值相乘）噪声的形式。同时，我们假设两个关键帧之间 IMU 的偏差为常数，即有

$$\boldsymbol{b}_i^g = \boldsymbol{b}_{i+1}^g = \cdots = \boldsymbol{b}_{j-1}^g,\quad \boldsymbol{b}_i^a = \boldsymbol{b}_{i+1}^a = \cdots = \boldsymbol{b}_{j-1}^a \tag{12-39}$$

结合 BCH 公式：

$$\exp(\boldsymbol{\phi} + \delta\boldsymbol{\phi}) = \exp(\boldsymbol{\phi})\exp(\boldsymbol{J}_r(\boldsymbol{\phi})\delta\boldsymbol{\phi}) \tag{12-40}$$

其中 $\boldsymbol{J}_r(\boldsymbol{\phi})$ 为 SO(3) 上的右雅克比矩阵，并且有

$$\boldsymbol{J}_r(\boldsymbol{\phi}) = \boldsymbol{I} - \frac{1-\cos(\|\boldsymbol{\phi}\|)}{\|\boldsymbol{\phi}\|^2}\boldsymbol{\phi}^{\wedge} + \frac{\|\boldsymbol{\phi}\| - \sin(\|\boldsymbol{\phi}\|)}{\|\boldsymbol{\phi}^3\|}(\boldsymbol{\phi}^{\wedge})^2 \tag{12-41}$$

对于式（12-38）中的 $\Delta\boldsymbol{R}_{ij}$，我们可以近似得到：

$$\Delta \boldsymbol{R}_{ij} \simeq \prod_{k=i}^{j-1}[\exp((\tilde{\boldsymbol{\omega}}_k - \boldsymbol{b}_k^g)\Delta t)\exp(-\boldsymbol{J}_r^k \boldsymbol{\eta}_k^{gd}\Delta t)] \tag{12-42}$$

其中 $\boldsymbol{J}_r^k \doteq \boldsymbol{J}_r^k((\tilde{\boldsymbol{\omega}}_k - \boldsymbol{b}_k^g)\Delta t)$。

令 $\Delta\tilde{\boldsymbol{R}}_{ij} \doteq \prod_{k=i}^{j-1}\exp((\tilde{\boldsymbol{\omega}}_k - \boldsymbol{b}_k^g)\Delta t)$ 为预积分的旋转测量值，并结合 SO(3) 中的下述交换性：

$$\exp(\boldsymbol{\phi})\boldsymbol{R} = \boldsymbol{R}\exp(\boldsymbol{R}^{\mathrm{T}}\boldsymbol{\phi}) \tag{12-43}$$

可将式（12-42）进一步改写为

$$\Delta \boldsymbol{R}_{ij} \simeq \Delta\tilde{\boldsymbol{R}}_{ij}\prod_{k=i}^{j-1}\exp(-\Delta\tilde{\boldsymbol{R}}_{k+1j}^{\mathrm{T}}\boldsymbol{J}_r^k\boldsymbol{\eta}_k^{gd}\Delta t) \doteq \Delta\tilde{\boldsymbol{R}}_{ij}\exp(-\delta\boldsymbol{\phi}_{ij}) \tag{12-44}$$

其中 $\exp(-\delta\boldsymbol{\phi}_{ij})$ 是对应旋转测量值 $\Delta\tilde{\boldsymbol{R}}_{ij}$ 的测量噪声。

进一步地，对应式（12-38）中的速度增量，则有

$$\begin{aligned}
\Delta \boldsymbol{v}_{ij} &\simeq \sum_{k=i}^{j-1}[\Delta\tilde{\boldsymbol{R}}_{ik}(\boldsymbol{I} - \delta\boldsymbol{\phi}_{ik}^{\wedge})(\tilde{\boldsymbol{a}}_k - \boldsymbol{b}_i^a)\Delta t - \Delta\tilde{\boldsymbol{R}}_{ik}\boldsymbol{\eta}_k^{ad}\Delta t] \\
&= \Delta\tilde{\boldsymbol{v}}_{ij} + \sum_{k=1}^{j-1}[\Delta\tilde{\boldsymbol{R}}_{ik}(\tilde{\boldsymbol{a}}_k - \boldsymbol{b}_i^a)^{\wedge}\delta\boldsymbol{\phi}_{ik}\Delta t - \Delta\tilde{\boldsymbol{R}}_{ik}\boldsymbol{\eta}_k^{ad}\Delta t] \\
&\doteq \Delta\tilde{\boldsymbol{v}}_{ij} - \delta\boldsymbol{v}_{ij}
\end{aligned} \tag{12-45}$$

其中 $\Delta\tilde{\boldsymbol{v}}_{ij} \doteq \sum_{k=i}^{j-1}\Delta\tilde{\boldsymbol{R}}_{ik}(\tilde{\boldsymbol{a}}_k - \boldsymbol{b}_i^a)\Delta t$ 为预积分的速度测量值，$\delta\boldsymbol{v}_{ij}$ 为对应的测量噪声。

最后，对于式（12-38）中的位移增量，则有

$$\begin{aligned}
\Delta \boldsymbol{p}_{ij} &\simeq \sum_{k=i}^{j-1}\left[(\Delta\tilde{\boldsymbol{v}}_{ik} - \delta\boldsymbol{v}_{ik})\Delta t + \frac{1}{2}\Delta\tilde{\boldsymbol{R}}_{ik}(\boldsymbol{I} - \delta\boldsymbol{\phi}_{ik}^{\wedge})(\tilde{\boldsymbol{a}}_k - \boldsymbol{b}_i^a)\Delta t^2 - \frac{1}{2}\Delta\tilde{\boldsymbol{R}}_{ik}\boldsymbol{\eta}_k^{ad}\Delta t^2\right] \\
&= \Delta\tilde{\boldsymbol{p}}_{ij} + \sum_{k=i}^{j-1}\left[-\delta\boldsymbol{v}_{ik}\Delta t + \frac{1}{2}\Delta\tilde{\boldsymbol{R}}_{ik}(\boldsymbol{I} - \delta\boldsymbol{\phi}_{ik}^{\wedge})(\tilde{\boldsymbol{a}}_k - \boldsymbol{b}_i^a)\Delta t^2 - \frac{1}{2}\Delta\tilde{\boldsymbol{R}}_{ik}\boldsymbol{\eta}_k^{ad}\Delta t^2\right] \\
&= \Delta\tilde{\boldsymbol{p}}_{ij} - \delta\boldsymbol{p}_{ij}
\end{aligned} \tag{12-46}$$

结合式（12-38）、式（12-44）～式（12-46），我们可以将预积分的测量值改写为理想值“加”测量噪声的形式：

$$\begin{cases}
\Delta\tilde{\boldsymbol{R}}_{ij} = \boldsymbol{R}_i^{\mathrm{T}}\boldsymbol{R}_j\exp(-\delta\boldsymbol{\phi}_{ij}) \\
\Delta\tilde{\boldsymbol{v}}_{ij} = \boldsymbol{R}_i^{\mathrm{T}}(\boldsymbol{v}_j - \boldsymbol{v}_i - \boldsymbol{g}\Delta t_{ij}) + \delta\boldsymbol{v}_{ij} \\
\Delta\tilde{\boldsymbol{p}}_{ij} = \boldsymbol{R}_i^{\mathrm{T}}\left(\boldsymbol{p}_j - \boldsymbol{p}_i - \boldsymbol{v}_i\Delta t_{ij} - \frac{1}{2}\boldsymbol{g}\Delta t_{ij}^2\right) + \delta\boldsymbol{p}_{ij}
\end{cases} \tag{12-47}$$

令预积分的测量噪声 $\boldsymbol{\eta}_{ij}^{\Delta} \triangleq [\delta\boldsymbol{\phi}_{ij}^{\mathrm{T}} \quad \delta\boldsymbol{v}_{ij}^{\mathrm{T}} \quad \delta\boldsymbol{p}_{ij}^{\mathrm{T}}]^{\mathrm{T}}$，则有 $\boldsymbol{\eta}_{ij}^{\Delta}$ 近似服从高斯分布 $N(\boldsymbol{0}_9, \boldsymbol{\Sigma}_{ij})$，$\boldsymbol{\Sigma}_{ij}$ 为协方差矩阵，这里不再给出其具体的推导公式。

3. 偏差更新

在上述 IMU 预积分测量值和测量噪声的推理过程中，我们假设第 i 帧和第 j–1 帧之间 IMU 内部陀螺仪和加速度计的偏差 $\boldsymbol{b}_i = \{\boldsymbol{b}_i^g, \boldsymbol{b}_i^a\}$ 保持不变，但实际上该偏差会有较小的变化，记为 $\delta\boldsymbol{b}_i = \{\delta\boldsymbol{b}_i^g，\delta\boldsymbol{b}_i^a\}$。当该偏差不断变化时，就需要不断结合式（12-47）重新计算 IMU 预

积分的测量值，该过程仍然十分耗时。为了解决这个问题，Forster 等人提出使用线性化来近似计算偏差变化时预积分的测量值。令 $\bar{\boldsymbol{b}}_i^g$ 和 $\bar{\boldsymbol{b}}_i^a$ 为旧的偏差，新的偏差 $\boldsymbol{b}_i^g$ 和 $\boldsymbol{b}_i^a$ 则用旧的偏差加上变化量来近似表示，即有 $\boldsymbol{b}_i \leftarrow \bar{\boldsymbol{b}}_i + \delta \boldsymbol{b}_i$。由此可进一步得到预积分的测量值关于偏差变化的一阶近似更新公式：

$$\begin{cases} \Delta\tilde{\boldsymbol{R}}_{ij}(\boldsymbol{b}_i^g) \simeq \Delta\tilde{\boldsymbol{R}}_{ij}(\bar{\boldsymbol{b}}_i^g)\exp\left(\dfrac{\partial\Delta\bar{\boldsymbol{R}}_{ij}}{\partial\boldsymbol{b}^g}\partial\boldsymbol{b}^g\right) \\ \Delta\tilde{\boldsymbol{v}}_{ij}(\boldsymbol{b}_i^g,\boldsymbol{b}_i^a) \simeq \Delta\tilde{\boldsymbol{v}}_{ij}(\bar{\boldsymbol{b}}_i^g,\bar{\boldsymbol{b}}_i^a) + \dfrac{\partial\Delta\bar{\boldsymbol{v}}_{ij}}{\partial\boldsymbol{b}^g}\delta\boldsymbol{b}_i^g + \dfrac{\partial\Delta\bar{\boldsymbol{v}}_{ij}}{\partial\boldsymbol{b}^a}\delta\boldsymbol{b}_i^a \\ \Delta\tilde{\boldsymbol{p}}_{ij}(\boldsymbol{b}_i^g,\boldsymbol{b}_i^a) \simeq \Delta\tilde{\boldsymbol{p}}_{ij}(\bar{\boldsymbol{b}}_i^g,\bar{\boldsymbol{b}}_i^a) + \dfrac{\partial\Delta\bar{\boldsymbol{p}}_{ij}}{\partial\boldsymbol{b}^g}\delta\boldsymbol{b}_i^g + \dfrac{\partial\Delta\bar{\boldsymbol{p}}_{ij}}{\partial\boldsymbol{b}^a}\delta\boldsymbol{b}_i^a \end{cases} \tag{12-48}$$

4. IMU 预积分因子的残差

通过将 IMU 预积分的测量值表示为理论值和高斯噪声“相加”的形式，便可进一步结合因子图的思想，针对将 IMU 预积分集成到因子图中的优化框架，与其他位姿传感进行融合，并且定义 IMU 预积分因子的残差公式为

$$\begin{aligned} \boldsymbol{r}_{\Delta\boldsymbol{R}_{ij}} &\doteq \log\left(\left(\Delta\tilde{\boldsymbol{R}}_{ij}(\bar{\boldsymbol{b}}_i^g)\exp\left(\frac{\partial\Delta\bar{\boldsymbol{R}}_{ij}}{\partial\boldsymbol{b}^g}\partial\boldsymbol{b}^g\right)\right)^{\mathrm{T}}\boldsymbol{R}_i^{\mathrm{T}}\boldsymbol{R}_j\right) \\ \boldsymbol{r}_{\Delta\boldsymbol{v}_{ij}} &\doteq \boldsymbol{R}_i^{\mathrm{T}}(\boldsymbol{v}_j - \boldsymbol{v}_i - \boldsymbol{g}\Delta t_{ij}) - \left[\Delta\tilde{\boldsymbol{v}}_{ij}(\bar{\boldsymbol{b}}_i^g,\bar{\boldsymbol{b}}_i^a) + \frac{\partial\Delta\bar{\boldsymbol{v}}_{ij}}{\partial\boldsymbol{b}^g}\delta\boldsymbol{b}_i^g + \frac{\partial\Delta\bar{\boldsymbol{v}}_{ij}}{\partial\boldsymbol{b}^a}\delta\boldsymbol{b}_i^a\right] \\ \boldsymbol{r}_{\Delta\boldsymbol{p}_{ij}} &= \boldsymbol{R}_i^{\mathrm{T}}\left(\boldsymbol{p}_j - \boldsymbol{p}_i - \boldsymbol{v}_i\Delta t_{ij} - \frac{1}{2}\boldsymbol{g}\Delta t_{ij}^2\right) - \left[\Delta\tilde{\boldsymbol{p}}_{ij}(\bar{\boldsymbol{b}}_i^g,\bar{\boldsymbol{b}}_i^a) + \frac{\partial\Delta\bar{\boldsymbol{p}}_{ij}}{\partial\boldsymbol{b}^g}\delta\boldsymbol{b}_i^g + \frac{\partial\Delta\bar{\boldsymbol{p}}_{ij}}{\partial\boldsymbol{b}^a}\delta\boldsymbol{b}_i^a\right] \end{aligned} \tag{12-49}$$

对于 IMU 测量偏差，我们假设其变化服从布朗运动，将其对时间求导即为白噪声，故有

$$\dot{\boldsymbol{b}}^g = \boldsymbol{\eta}^{bg},\quad \dot{\boldsymbol{b}}^a = \boldsymbol{\eta}^{ba} \tag{12-50}$$

在两关键帧对应的 $[t_i, t_j]$ 时间内对上式求导，则有

$$\boldsymbol{b}_j^g = \boldsymbol{b}_i^g + \boldsymbol{\eta}^{bgd},\quad \boldsymbol{b}_j^a = \boldsymbol{b}_i^a + \boldsymbol{\eta}^{bad} \tag{12-51}$$

其中 $\boldsymbol{\eta}^{bgd}$ 和 $\boldsymbol{\eta}^{bad}$ 是均值为 0 的离散噪声，并且方差 $\boldsymbol{\Sigma}^{bgd} \doteq \Delta t_{ij}\mathrm{Cov}(\boldsymbol{\eta}^{bg})$，$\boldsymbol{\Sigma}^{bad} \doteq \Delta t_{ij}\mathrm{Cov}(\boldsymbol{\eta}^{ba})$。

由式（12-51），我们便可将 IMU 测量偏差作为状态变量融入因子图的优化过程中，并定义 IMU 预积分因子的残差为

$$\left\|\boldsymbol{r}_{\boldsymbol{b}_{ij}}\right\|^2 \doteq \left\|\boldsymbol{b}_j^g - \boldsymbol{b}_i^g\right\|_{\boldsymbol{\Sigma}^{bgd}}^2 + \left\|\boldsymbol{b}_j^a - \boldsymbol{b}_i^a\right\|_{\boldsymbol{\Sigma}^{bad}}^2 \tag{12-52}$$

至此，我们便完成了对 IMU 预积分及其与因子图结合的基本原理的介绍，由于篇幅受限，上述一些公式的证明过程我们没有详细展开，感兴趣的读者可以查阅参考文献 [30]、相关博客或者北京航空航天大学邱笑晨博士的“IMU 预积分总结与公式推导”等资料。

12.3.3　LIO-SAM 算法流程及分析

在完成对上述因子图和 IMU 预积分基础知识的学习后，下面介绍并分析 LIO-SAM 算法的流程。在 LIO-SAM 算法中，T. Shan 利用因子图优化框架实现了激光里程计、IMU 的紧耦合，并且可以接入 GPS 和回环检测因子，以进一步降低算法在长距离工况下对车姿估计的误

差和漂移。LIO-SAM 算法的流程如图 12-8 所示。

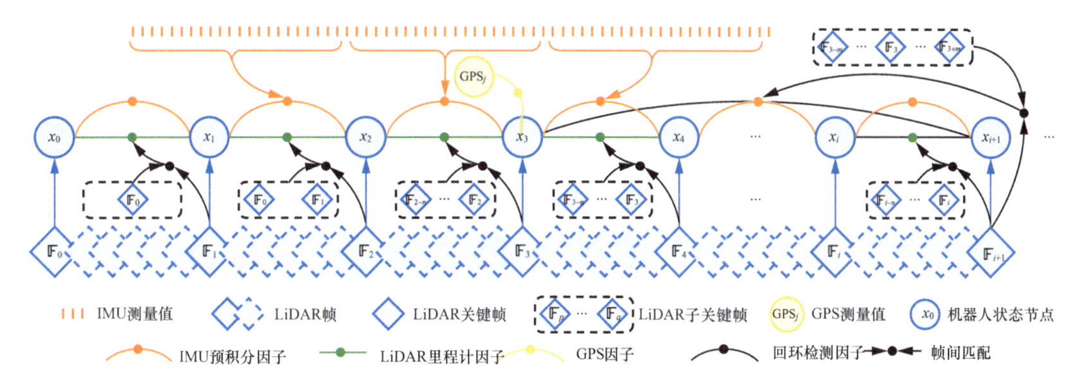

图 12-8 LIO-SAM 算法的流程

（注：图片来自参考文献 [22]）

在 LIO-SAM 算法中，W 表示世界坐标系，B 表示 IMU/机器人坐标系，状态变量 $\boldsymbol{x}=[\boldsymbol{R}^{\mathrm{T}},\boldsymbol{p}^{\mathrm{T}},\boldsymbol{v}^{\mathrm{T}},\boldsymbol{b}^{\mathrm{T}}]^{\mathrm{T}}$ 表示机器人的状态，$\boldsymbol{R}\in \mathrm{SO}(3)$ 表示坐标系 B 相对于坐标系 W 的旋转矢量，$\boldsymbol{p}$ 表示坐标系 B 相对于坐标系 W 的位移矢量，$\boldsymbol{v}$ 表示车辆的行驶速度，$\boldsymbol{b}$ 表示 IMU 测量偏差。如图 12-8 所示，LIO-SAM 算法使用因子图优化框架实现多传感器的融合定位，并将车辆位姿估计转换为最大化后验概率问题，具体引入的因子有 4 个：（1）激光里程计因子；（2）IMU 预积分因子；（3）GPS 因子；（4）回环检测因子。12.3.2 节已经分析了 IMU 预积分的原理及其融入因子图的过程，下面对其余三个因子进行分析。

1. 激光里程计因子

在获取到一帧激光点云后，LIO-SAM 算法使用 LOAM 算法中的特征点提取方式，得到边缘特征点和平面特征点。记 F_i^e 和 F_i^p 分别为 i 时刻从激光点云中提取出的边缘特征点和平面特征点，并把该帧激光点云表示为由特征点描述的形式，即 $\mathbb{F}_i=\{F_i^e,F_i^p\}$。前面我们已经提到，考虑到计算耗时，我们在因子图优化中通常按照一定的规则，选择一部分激光点云或图像作为关键帧，以进行后端优化。具体在 LIO-SAM 算法中，当估计到新的激光点云帧 $\mathbb{F}_{i+1}$ 与之前的关键帧 $\mathbb{F}_i$ 之间的位置和旋转大于设定的阈值（位移大于 1 米，旋转角度大于 10°）时，就将 $\mathbb{F}_{i+1}$ 设定为新的关键帧，因子图中对应的状态节点即为 $\boldsymbol{x}_{i+1}$。具体则分为下述三个过程。

（1）基于子关键帧构建局部体素地图。

LIO-SAM 算法没有延续 LOAM 算法中进行帧 - 帧匹配或帧 - 全局地图匹配的方式，而是首先基于滑窗的方式动态选取最新的 n 个关键帧来构建局部地图，记这几个关键帧的集合为 $\{\mathbb{F}_{i-n},\cdots,\mathbb{F}_i\}$，而后结合对应的位姿矩阵 $\{\boldsymbol{T}_{i-n},\cdots,\boldsymbol{T}_i\}$，将各关键帧的特征点转换到世界坐标系 W 下，得到世界坐标系下的局部地图并表示为

$$\boldsymbol{M}_i=\{\boldsymbol{M}_i^e,\boldsymbol{M}_i^p\} \tag{12-53}$$

其中，$\boldsymbol{M}_i^e={}'F_i^e\cup{}'F_{i-1}^e\cup\cdots\cup{}'F_{i-n}^e$，$\boldsymbol{M}_i^p={}'F_i^p\cup{}'F_{i-1}^p\cup\cdots\cup{}'F_{i-n}^p$，${}'F_i^e$ 和 ${}'F_i^p$ 分别为 $\mathbb{F}_i$ 关键帧转换到世界坐标系下的边缘特征点和平面特征点。

最后，利用体素滤波操作对局部点云地图 $\boldsymbol{M}_i$ 进行降采样，以消除位于同一个体素内的重复特征点。

（2）帧 - 局部地图的特征匹配。

在获取到局部体素地图 $\boldsymbol{M}_i$ 后，将新得到的关键帧 $\mathbb{F}_{i+1}$ 与其进行帧 - 局部地图的匹

配。在进行匹配时，首先基于 IMU 数据估算出第 $i+1$ 帧的初始位姿变换 $\tilde{\boldsymbol{T}}_{i+1}$，并基于此将 $\mathbb{F}_{i+1}=\{F_i^e,F_i^p\}$ 转换到世界坐标系下，得到该关键帧转换后的边缘特征点 $'F_{i+1}^e$ 和平面特征点 $'F_{i+1}^p$，而后在 $\boldsymbol{M}_i$ 中寻找对应的边缘特征点和平面特征点以进行匹配。

（3）位姿变化计算。

与 LOAM 算法一样，LIO-SAM 算法在进行特征匹配时仍通过最小化对应边缘特征点和平面特征点之间的距离来得到最优的位姿估计 $\boldsymbol{T}_{i+1}$，即有

$$\min_{\boldsymbol{T}_{i+1}}\left\{\sum_{\boldsymbol{p}_{i+1,\ k\in'F_{i+1}^e}^e}\boldsymbol{d}_{e_k}+\sum_{\boldsymbol{p}_{i+1,\ k\in'F_{i+1}^p}^p}\boldsymbol{d}_{p_k}\right\}\tag{12-54}$$

其中：

$$\boldsymbol{d}_{e_k}=\frac{\left|(\boldsymbol{p}_{i+1,k}^e-\boldsymbol{p}_{i,u}^e)\times(\boldsymbol{p}_{i+1,k}^e-\boldsymbol{p}_{i,v}^e)\right|}{\left|\boldsymbol{p}_{i,u}^e-\boldsymbol{p}_{i,v}^e\right|}$$

$$\boldsymbol{d}_{p_k}=\frac{\begin{vmatrix}\boldsymbol{p}_{i+1,k}^p-\boldsymbol{p}_{i,u}^p\\(\boldsymbol{p}_{i,u}^p-\boldsymbol{p}_{i,v}^p)\times(\boldsymbol{p}_{i,u}^p-\boldsymbol{p}_{i,w}^p)\end{vmatrix}}{\left|(\boldsymbol{p}_{i,u}^p-\boldsymbol{p}_{i,v}^p)\times(\boldsymbol{p}_{i,u}^p-\boldsymbol{p}_{i,w}^p)\right|}$$

其中 $\boldsymbol{p}_{i+1,k}^e$ 为 $'F_{i+1}^e$ 中的一个边缘特征点，$\boldsymbol{p}_{i,u}^e$、$\boldsymbol{p}_{i,v}^e$ 为 $\boldsymbol{M}_i$ 中与 $\boldsymbol{p}_{i+1,k}^e$ 对应的边缘线上的两个特征点，$\boldsymbol{p}_{i+1,k}^p$ 为 $'F_{i+1}^p$ 中的一个平面特征点，$\boldsymbol{p}_{i,u}^p$、$\boldsymbol{p}_{i,v}^p$ 和 $\boldsymbol{p}_{i,w}^p$ 为 $\boldsymbol{M}_i$ 中与 $\boldsymbol{p}_{i+1,k}^p$ 对应的平面面元上的三特征点。

根据式（12-54）得到的 $\boldsymbol{T}_{i+1}$，再结合第 i 个关键帧的位姿矩阵，便可得到相对位姿变化量为

$$\Delta\boldsymbol{T}_{i,i+1}=\boldsymbol{T}_i^{\mathrm{T}}\boldsymbol{T}_{i+1}$$

2. GPS 因子

通过因子图将 IMU 预积分和激光里程计相结合，我们可以获取相对可靠的车辆位姿估计，但是在一些长距离定位和导航任务中，系统状态仍会有一定的漂移。为了解决此问题，LIO-SAM 算法进一步引入了 GPS 因子。考虑到激光惯导融合里程计的漂移增长得十分缓慢，在实际应用中，我们仅在估计的位置协方差大于接收到的 GPS 位置协方差时，才在因子图中添加 GPS 因子。

3. 回环检测因子

进一步地，T. Shan 在 LIO-SAM 算法中引入了回环检测因子，并且采用了基于欧氏距离的回环检测方法。当新的状态因子 $\boldsymbol{x}_{i+1}$ 加入因子图时，我们首先在因子图中搜索与 $\boldsymbol{x}_{i+1}$ 在欧氏空间中距离最近的先前状态因子。如图 12-8 所示，假设初步搜索到 $\boldsymbol{x}_3$ 是与 $\boldsymbol{x}_{i+1}$ 距离最近的状态因子。而后，选择 $\mathbb{F}_3$ 及其前后各 m 个关键帧（$\{\mathbb{F}_{3-m},\cdots,\mathbb{F}_3,\cdots,\mathbb{F}_{3+m}\}$），并将它们转换到世界坐标系下以构建局部体素地图。最后，采用类似上述激光里程计中帧 - 局部体素地图的匹配方式计算相对位姿变换 $\Delta\boldsymbol{T}_{3,i+1}$，并将其作为回环约束添加到因子图中。T. Shan 在其论文中给出 m 的默认值为 12，对于新的状态因子 $\boldsymbol{x}_{i+1}$，回环检测的搜索距离为 15 米。

T. Shan 对 LIO-SAM 算法进行了大量的测试验证。图 12-9 仅示例性地给出了 T. Shan 基于无人小车平台对 LIO-SAM 算法测试的效果。在该测试中，T. Shan 将一个 Velodyne VLP-16 激光雷达、一个 MicroStrain 3DM-GX5-25 IMU、一个 Reach M GPS 等测试设备安装在无人小车

上，并使其在公园中行驶以采集数据。在经过 40 分钟的数据采集后，小车行驶回到初始位置。在行驶过程中，小车经过 3 种路面，分别是沥青道路、草地和泥土道路。

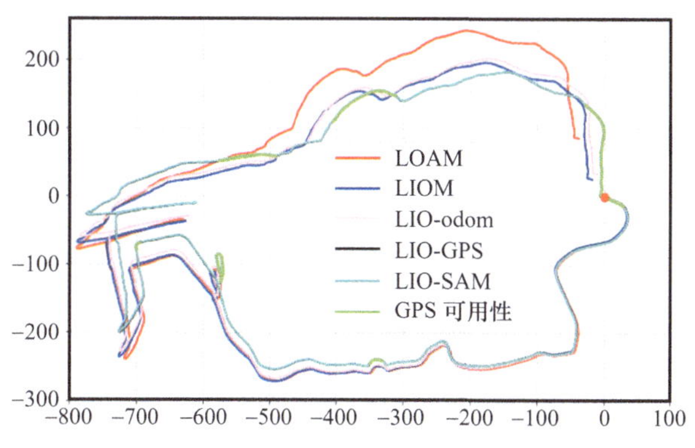

（a）不同算法计算的行驶轨迹对比

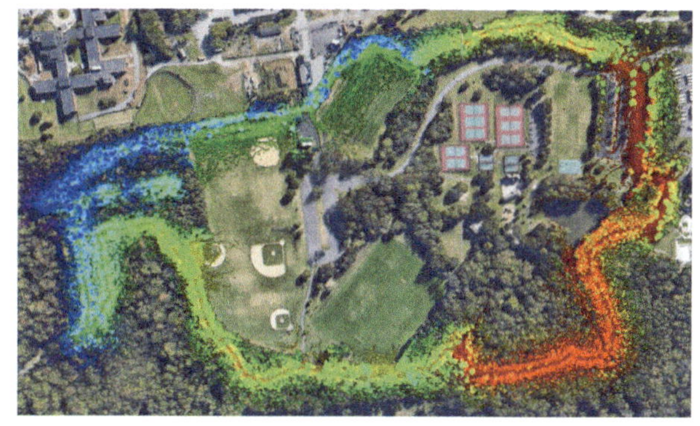

（b）点云地图与测试场景的叠加效果

图 12-9 LIO-SAM 算法的测试效果

（注：图片来自参考文献 [22]）

为了模拟更具有挑战性的建图场景，T. Shan 仅在小车经过开阔区域时使用 GPS 测量数据，有效区域如图 12-9（a）中的绿色线段所示。由此，T. Shan 便构建出机器人经过多处 GPS 丢失路段，并周期性地行驶到 GPS 有效区域以利用 GPS 因子矫正算法的位姿偏差的建图场景。

不同算法在测试场景中的输出轨迹如图 12-9（a）所示，从中可以看出，LOAM 算法、LIOM 算法和 LIO-odom 算法由于缺少 GPS 提供的绝对位姿数据矫正，它们的输出轨迹均具有较大的偏移。由于图 12-9（a）仅显示了行驶轨迹在水平面上的投影，我们看到 LIO-GPS 算法和 LIO-SAM 算法的轨迹几乎重合。但实际上，由于缺少闭环检测因子，并且由于 GPS 无法提供可靠的绝对高程信息，LIO-GPS 算法的输出轨迹无法实现有效的闭环。此外，在实时性方面，LOAM 算法在该数据集中仅能以 67% 的实时时间运行，其余算法均可以完全实时运行。

12.3.4 算法小结

我们首先学习了因子图及其在定位问题应用中的基本知识，SLAM 问题可以转换为基于多因子的最大化后验概率问题。而后，我们进一步学习了 IMU 预积分技术的原理，该技术实现了不依赖重积分计算就能高效地基于 IMU 数据估算关键帧之间的位姿增量。最后，我们结合

LIO-SAM 算法进一步学习了如何基于因子图优化框架实现 IMU 预积分、LiDAR 里程计紧耦合、GPS 及回环检测的融合，以实现鲁棒、精确的融合定位。

12.4 本章小结

本章介绍了 LiDAR 与 IMU 松耦合和紧耦合的两种技术路线，并分别选择基于 EKF 的 IMU-AHFLO 算法和基于因子图及 IMU 预积分技术的 LIO-SAM 算法进行详细展开。由于篇幅受限，本章对于因子图优化和预积分相关理论没有给出更深入的推导证明，感兴趣的读者可以查阅原始文献或相关资料。

本章参考文献

[1] 崔海路．基于 LiDAR 和 IMU 融合的智能车组合定位导航技术研究 [D]．齐鲁工业大学，2021.

[2] XUE H, FU H, DAI B. IMU-aided high-frequency LiDAR odometry for autonomous driving[J]. Applied Sciences, 2019, 9(7):15-18.

[3] 廖杰华．激光雷达 /IMU 组合导航定位方法研究 [D]．南昌大学，2020.

[4] 任工昌 , 刘朋 , 何舟 . 基于激光雷达提取特征的改进匹配算法 [J]. 陕西科技大学学报 , 2021, 5(6): 36-39.

[5] KONOLIGE K, GRISETTI G, KÜMMERLE R, et al. Efficient sparse pose adjustment for 2D mapping[C]. In 2010 IEEE/RSJ International Conference on Intelligent Robots and Systems, 2010: 22-29.

[6] HESS W, KOHLER D, RAPP H, et al. Real-time loop closure in 2D LiDAR SLAM[C]. IEEE International Conference on IEEE, 2016: 1271-1278.

[7] 熊伟．运筹学 [M]．3 版．北京：机械工业出版社，2014.

[8] QIN C, YE H, PRANATA C E, et al. LINS: A LiDAR-inertial state estimator for robust and efficient navigation[C]. In 2020 IEEE International Conference on Robotics and Automation (ICRA), 2020: 8899-8906.

[9] HESCH J A,MIRZAEI F M, MARIOTTINI G L, et al. A laser-aided inertial navigation system (l-ins) for human localization in unknown indoor environments[C]. In 2010 IEEE International Conference on Robotics and Automation (ICRA). 2010: 5376-5382.

[10] HENING S, COREY A. 3D LiDAR SLAM integration with GPS/INS for UAVs in urban GPS-degraded environments[C]. In AIAA information Systems-AIAA Infotech @ Aerospace, 2017: 106-109.

[11] HUANG G P, MOURIKIS A I, ROUMELIOTIS S I. A quadratic complexity observability-constrained unscented kalman filter for slam[J]. IEEE Transactions on Robotics, 2013, 29(5): 1226-1243.

[12] HUANG S, DISSANAYAKE G. Convergence and consistency analysis for extended kalman filter based SLAM[J]. IEEE Transactions on Robotics, 2007, 23(5): 1036-1049.

[13] DELLAERT F, KAESS M. Square root SAM: Simultaneous localization and mapping via square root information smoothing[J]. The International Journal of Robotics Research, 2006: 25(12), 1181-1203.

[14] LI W, SHEN Y, CAI B. 4D SLAM: An efficient dynamic bayes network-based approach for dynamic scene understanding[J]. In IEEE Access, 2020, 8(1): 219-220.

[15] KAESS M, RANGANATHAN A, DELLAERT F. iSAM: Incremental smoothing and mapping[J]. IEEE Transactions on

Robotics, 2008, 24(6): 1365-1378.

[16] KAESS M.iSAM2: Incremental smoothing and mapping using the bayes tree[J]. The International Journal of Robotics Research, 2011, 31(2): 216-235.

[17] OSCAR F, SAVAGE J，CONTRERAS L. SLAM system based on hidden markov models[J]. Informatics and Automation, 2021, 21(1): 181-212.

[18] YEDIDIA J S, FREEMAN W T, WEISS Y. Generalized belief propagation[C]. In Advances in Neural Information Processing Systems (NIPS), 2000: 689-695.

[19] GENEVA P, ECKENHOFF K, YANG Y, et al. Lips: Lidarinertial 3D plane slam[C]. In 2018 IEEE/RSJ International Conference on Intelligent Robots and Systems (IROS), 2018: 123-130.

[20] LUPTON T, SUKKARIEH S. Visual-inertial-aided navigation for high-dynamic motion in built environments without initial conditions[J]. In IEEE Transactions on Robotics, 2012, 28(1): 61-76.

[21] YE H, CHEN Y, LIU M. Tightly coupled 3D LiDAR inertial odometry and mapping[C]. In 2019 IEEE International Conference on Robotics and Automation (ICRA), 2019: 3144-3150.

[22] SHAN T, ENGLOT B, MEYERS D, et al. LIO-SAM: Tightly-coupled LiDAR inertial odometry via smoothing and mapping[C]. in 2020 IEEE/RSJ International Conference on Intelligent Robots and Systems (IROS), 2020: 5135-5142.

[23] 李帅鑫，李广云，王力，等. LiDAR/IMU 紧耦合的实时定位方法 [J]. 自动化学报，2021，47(06): 1377-1389.

[24] FORSTER C, CARLONE L, DELLAERT F, et al. On-manifold preintegration for real-time visual-inertial odometry[J]. IEEE Trans. Robot, 2017, 33(1): 1-21.

[25] BARFOOT T D. State estimation for robotics[M]. Cambridge: Cambridge University Press, 2017.

[26] FORSTER C, CARLONE L, DELLAERT F, et al. IMU preintegration on manifold for efficient visual-inertial maximum-a-posteriori estimation[EB/OL]. Georgia Institute of Technology, 2015.

[27] KSCHISCHANG F R, FREY B J, LOELIGER H A. Factor graphs and the sum-product algorithm[J]. IEEE Trans on Information Theory, 2001, 47(2): 498-519.

[28] CHRISTIAN F. IMU preintegration on manifold for efficient visual-inertial maximum-a-posteriori estimation[C]. Georgia Institute of Technology, 2015: 106-109.

[29] CHRISTIAN F. On-manifold preintegration for real-time visual-inertial odometry[J]. IEEE Transactions on Robotics, 2017, 33(6): 1-21.

[30] CRASSIDIS J L. Sigma-point kalman filtering for integrated GPS and inertial navigation[J]. IEEE Trans. Aerosp. Electron. Syst, 2006, 42(2):750-756.

[31] ZHANG J, SINGH S. Low-drift and real-time LiDAR odometry and mapping[J]. Autonomous Robots, 2017, 41(2): 401-416.

[32] XU W, ZHANG F. Fast-lio: A fast, robust LiDAR inertial odometry package by tightly-coupled iterated kalman filter[J]. IEEE Robotics and Automation Letters, 2021, 6(2): 3317-3324.

[33] WEI X, CAI Y X, HE D J, et al. FAST-LIO2: Fast direct LiDAR-inertial odometry[C]. Arxiv abs/2107.06829, 2022.

第13章 多传感器融合SLAM

13.1 引言

缘于各传感器的工作特性和局限性，使用一种或两种传感器往往处理不了我们在车辆正常行驶过程中遇到的各种复杂路况。例如，激光里程计通常无法有效处理几何结构十分类似的道路场景，因此在隧道、高架路等场景下易出现退化现象。在高动态场景下，点云容易匹配失败且激光里程计的重定位能力较差。IMU 和轮速计因为存在累积误差等，无法单独提供长距离、精确的位置信息。GPS 在立交桥、隧道、高楼密布等场景下往往会出现信号丢失或误差较大的情况。视觉里程计则受天气、光照影响较大，且在动态环境、显著特征过多或过少以及存在部分遮挡的情况下容易失效[1]。因此，结合智能车辆各定位传感器相关数据，通过多传感融合实现高精度、稳定、实时的定位是目前学术界和工业界的热点之一。

多传感器融合 SLAM 同样分为松耦合和紧耦合两种方式，并且紧耦合同样有基于滤波和基于平滑优化两种技术路线，这里不再重复介绍，详见第 12 章。其中，紧耦合方式由于充分结合了各传感器信息，定位算法的精度和稳定性较高，是目前研究的重点。例如，X. Zuo 等人[2]在 IROS 2019 会议上提出了 LIC-Fusion 算法，旨在基于 MSCKF（Multi-State Constraint Kalman Filter）框架[3]实现激光雷达、IMU 和相机的紧耦合定位。牛津大学的 D. Wisth 等人[4]则基于因子图框架实现了基于线 / 面特征的激光里程计因子、基于 FAST 特征点[5,14]匹配的视觉里程计因子和 IMU 预积分因子的紧耦合。香港大学 Mars 实验室则分别在 Fast-LIO 算法[6]和 Fast-LIO2 算法[7]的基础上进一步提出了 R^2LIVE 算法[8]和 R^3LIVE 算法[9]。R^2LIVE 算法结合滤波和平滑优化两种方式，实现了激光雷达、IMU 和相机的高精度紧耦合定位和建图。R^3LIVE 算法则在 R^2LIVE 算法的基础上将其进一步扩展至定位、环境重建和地图着色等任务中，其中激光惯性里程计用于几何结构的重建，而视觉惯性里程计则可用于纹理渲染。LIO-SAM 算法的作者 T. Shan 等人[10]在 ICRA 2021 会议上提出了基于因子图框架的 LVI-SAM 算法，旨在实现多传感器的紧耦合和基于场景重识别的全局优化。整个系统由视觉惯性定位子系统和激光惯性定位子系统组成。当通过故障检测模块识别出某一子系统失效时，另一子系统仍可独立运行，从而提升了算法的多场景适应性和鲁棒性。

此外，为了满足 L4 级智能驾驶等应用场景下的定位需求，一些学者进一步尝试结合事先构建的高精点云地图，以提供精确、实时的全局定位信息。考虑到基于高精点云地图进行全局匹配的定位方法也可能由于道路及周边环境变化出现失效的情况，百度的 G. Wan 等人基于误差状态卡尔曼滤波框架[11]实现了激光雷达、GNSS、IMU 和先验点云地图模块的信息融合，在城区、高速、隧道等多个场景下可以达到厘米级的定位精度。在 ICRA 2020 会议上，百度的 W. Ding 等[12]尝试不依赖 GPS 模块，通过因子图框架实现激光惯性里程计和基于先验地图的全局匹配之间的紧耦合，并在多组测试中取得不错的定位精度。进一步地，图森未来的 L. Pan 等人[13]则尝试去除激光里程计模块，仅基于轮速计、IMU 和先验点云地图实现无人物流卡车高精度的全局定位。

下面我们选取激光雷达 + IMU + 视觉组合定位中比较有代表性的 R^2LIVE 算法和图森未来在 ICRA 2021 会议上提出的基于激光雷达特征地图辅助的多传感器紧耦合定位算法，详细学习相关原理。

13.2 视觉、激光雷达、IMU 融合的 R^2LIVE 算法

R^2LIVE 算法是由香港大学 Mars 实验室的 J. Lin 等人[8]在 IROS 2021 会议上提出的实时多传感器融合 SLAM 算法。该算法首先基于滤波的方式实现了将激光雷达、相机、IMU 紧耦合的里程计模块，而后结合因子图优化对里程计结果进一步精细化。J. Lin 等人通过三种传感器的高效结合，使得 R^2LIVE 算法能够有效处理视觉失效和激光里程计退化的场景，在室内和室外测试中取得了十分优异的定位和建图效果。R^2LIVE 算法的开源代码可在 GitHub 上找到。

13.2.1 算法总体流程介绍

图 13-1 展示了 R^2LIVE 算法的总体流程，从中可以看出，R^2LIVE 算法从整体上由里程计模块和因子图优化模块两部分组成。里程计模块基于迭代误差状态卡尔曼滤波框架实现了激光雷达、相机和 IMU 三种观测数据的紧耦合，得到系统位姿状态的初步估计，并且分别按照各自传感器的频率输出。迭代误差状态卡尔曼滤波框架首先采用误差状态卡尔曼滤波器的思想在误差状态空间中进行状态传播，而后进一步结合迭代误差状态卡尔曼滤波器的更新方式，将更新过程转换为最大化后验估计问题，并利用高斯牛顿法加以求解。在进行激光雷达侧的位姿初步估计时，J. Lin 等人使用了基于平面特征点提取和运动补偿[6]的方法；而在进行相机侧的位姿估计时，则使用了快速角点提取[14]和 KLT 光流跟踪[15]的方式。此外，为了进一步提升视觉端的测量精度，J. Lin 等人在因子图优化模块中使用了基于动态滑窗的因子图方法来实现对视觉路标、关键帧位姿以及相机相对激光雷达和 IMU 时间偏差的优化。

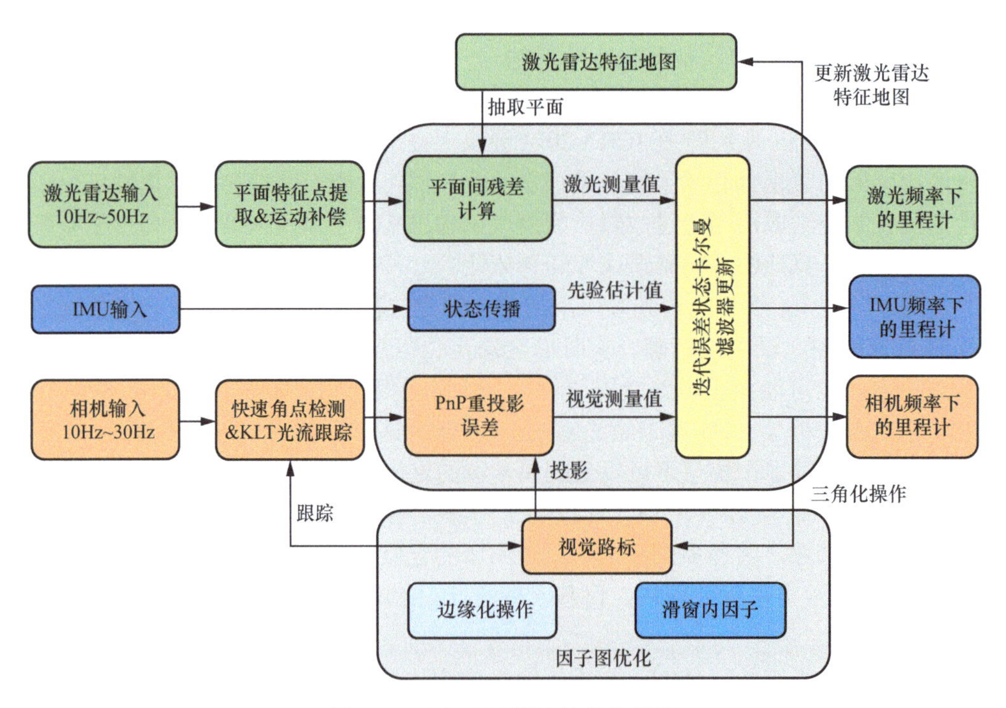

图 13-1 R^2LIVE 算法的总体流程

（注：图片来自参考文献 [8]）

13.2.2 基于滤波的里程计模块

考虑到 R²LIVE 算法的总体流程相对复杂，下面给出 J. Lin 等人在参考文献 [8] 中列出的公式推理过程，以便读者理解算法原理。

1. 连续时间下的运动学模型

假设IMU、相机和激光雷达的数据输出频率分别为200Hz、20Hz和10Hz，如图13-2所示；并且假设激光雷达、相机和 IMU 已经做好时间同步，各传感器之间刚性连接，即外参固定不变。激光雷达和 IMU 之间的外参 ${}^I\boldsymbol{T}_L=({}^I\boldsymbol{R}_L,{}^I\boldsymbol{p}_L)$ 已在实验室中标定得到，而 IMU 和相机之间的外参 ${}^I\boldsymbol{T}_C=({}^I\boldsymbol{R}_C,{}^I\boldsymbol{p}_C)$ 则需要在线估计得到。

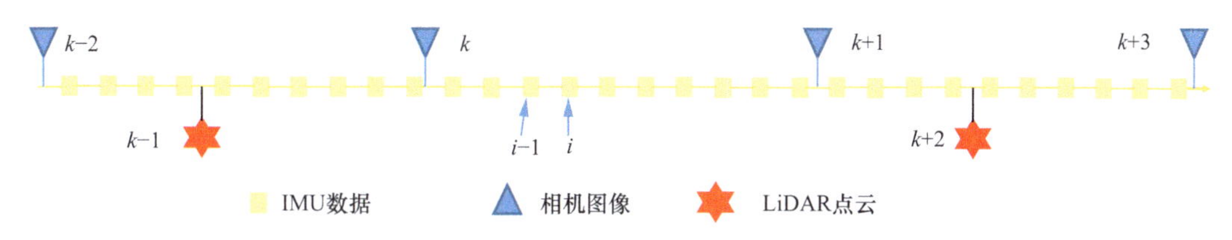

图 13-2 各传感器的数据输出频率示意图

（注：标号 i 表示 IMU 数据的序号，标号 k 表示激光雷达数据或相机数据的序号）

为了便于描述，假设 IMU 坐标系即为车体坐标系，我们可以得到下述运动学公式：

$$ {}^G\dot{\boldsymbol{p}}_I={}^G\boldsymbol{v}_I \tag{13-1}$$

$$ {}^G\dot{\boldsymbol{v}}_I={}^G\boldsymbol{R}_I(\boldsymbol{a}_m-\boldsymbol{b}_a-\boldsymbol{n}_a)+{}^G\boldsymbol{g} \tag{13-2}$$

其中：

$$ {}^G\dot{\boldsymbol{R}}_I={}^G\boldsymbol{R}_I[\boldsymbol{\omega}_m-\boldsymbol{b}_g-\boldsymbol{n}_g]_\times,\quad \dot{\boldsymbol{b}}_a=\boldsymbol{n}_{ba},\quad \dot{\boldsymbol{b}}_g=\boldsymbol{n}_{bg} \tag{13-3}$$

${}^G(\cdot)$ 表示全局坐标系下的矢量，${}^G\boldsymbol{R}_I$ 和 ${}^G\boldsymbol{p}_I$ 分别表示 IMU 相对全局坐标系的姿态和位置，${}^G\boldsymbol{g}$ 为重力加速度矢量，$\boldsymbol{\omega}_m$ 和 $\boldsymbol{a}_m$ 分别为陀螺仪和加速度计的原始测量结果，$\boldsymbol{n}_a$ 和 $\boldsymbol{n}_g$ 为 IMU 测量值的白噪声，$\boldsymbol{b}_a$ 和 $\boldsymbol{b}_g$ 分别为陀螺仪和加速度计的偏差，并且可通过高斯噪声 $\boldsymbol{n}_{ba}$ 和 $\boldsymbol{n}_{bg}$ 驱动的随机游走来建模表达。

2. 离散时间下的运动学模型

为了利用卡尔曼滤波框架，下面对式（13-1）和式（13-2）以 IMU 频率进行离散化。令系统在第 i 个 IMU 测量数据对应时刻下的状态变量为

$$ \boldsymbol{x}_i=[{}^G\boldsymbol{R}_{I_i}^{\mathrm{T}},{}^G\boldsymbol{p}_{I_i}^{\mathrm{T}},{}^I\boldsymbol{R}_{C_i}^{\mathrm{T}},{}^I\boldsymbol{p}_{C_i}^{\mathrm{T}},{}^G\boldsymbol{v}_i^{\mathrm{T}},\boldsymbol{b}_{g_i}^{\mathrm{T}},\boldsymbol{b}_{a_i}^{\mathrm{T}}]^{\mathrm{T}} \tag{13-4}$$

其中下标 I 表示 IMU 坐标系，下标 C 表示相机坐标系。

结合式（13-4）和零阶保持模型，我们可以将运动学公式转化为下述离散形式：

$$ \boldsymbol{x}_{i+1}=\boldsymbol{x}_i\boxplus(\Delta t*\boldsymbol{f}(\boldsymbol{x}_i,\boldsymbol{u}_i,\boldsymbol{w}_i)) \tag{13-5}$$

其中：

$$ \boldsymbol{u}_i=[\boldsymbol{\omega}_{m_i}^{\mathrm{T}},\boldsymbol{a}_{m_i}^{\mathrm{T}}]^{\mathrm{T}},\quad \boldsymbol{w}_i=[\boldsymbol{n}_{g_i}^{\mathrm{T}},\boldsymbol{n}_{a_i}^{\mathrm{T}},\boldsymbol{n}_{bg_i}^{\mathrm{T}},\boldsymbol{n}_{ba_i}^{\mathrm{T}}]^{\mathrm{T}}$$

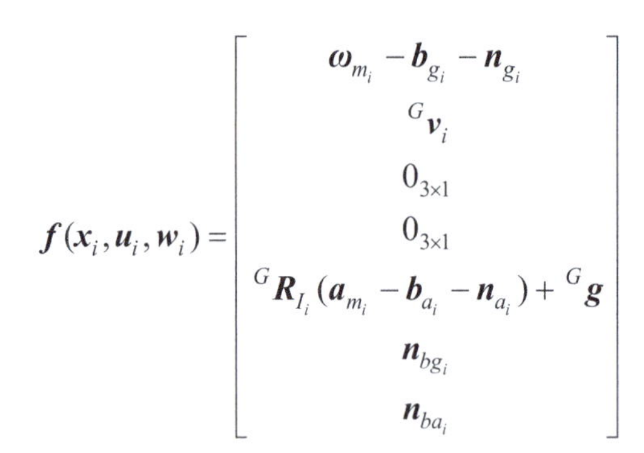

$$\boldsymbol{f}(\boldsymbol{x}_i,\boldsymbol{u}_i,\boldsymbol{w}_i)=\begin{bmatrix}\boldsymbol{\omega}_{m_i}-\boldsymbol{b}_{g_i}-\boldsymbol{n}_{g_i}\\ {}^{G}\boldsymbol{v}_i\\ 0_{3\times1}\\ 0_{3\times1}\\ {}^{G}\boldsymbol{R}_{I_i}(\boldsymbol{a}_{m_i}-\boldsymbol{b}_{a_i}-\boldsymbol{n}_{a_i})+{}^{G}\boldsymbol{g}\\ \boldsymbol{n}_{bg_i}\\ \boldsymbol{n}_{ba_i}\end{bmatrix}$$

3. 状态传播

机器人、车辆的状态变量是定义在流形空间［如 SE(3)］上的，而传统的卡尔曼滤波器则是定义在欧氏空间 $\mathbb{R}^n$ 上的，二者具有不一致性，再加上使用欧拉角等 $\mathbb{R}^3$ 空间中的向量形式描述车辆姿态在特殊场景下具有奇异性；因此近年来许多学者尝试将卡尔曼滤波器扩展至误差状态空间[16]以更高效、精确地解决 SLAM 问题。J. Lin 等人在 R^2LIVE 算法中引入了定义在流形空间上的误差状态卡尔曼滤波器以估计系统的状态 $\boldsymbol{x}_i$。误差状态 $\delta\hat{\boldsymbol{x}}_i$ 则定义在估计状态 $\hat{\boldsymbol{x}}_i$ 所对应的切空间上，具体由系统的真实状态 $\boldsymbol{x}_i$ 和估计状态 $\hat{\boldsymbol{x}}_i$ 经“$\boxminus$”操作求得：

$$\delta\hat{\boldsymbol{x}}_i \triangleq \boldsymbol{x}_i \boxminus \hat{\boldsymbol{x}}_i=[{}^{G}\delta\hat{\boldsymbol{r}}_{I_i}^{\mathrm{T}},{}^{G}\delta\hat{\boldsymbol{p}}_{I_i}^{\mathrm{T}},{}^{I}\delta\hat{\boldsymbol{r}}_{C_i}^{\mathrm{T}},{}^{I}\delta\hat{\boldsymbol{p}}_{C_i}^{\mathrm{T}},{}^{G}\delta\hat{\boldsymbol{v}}_i^{\mathrm{T}},\delta\hat{\boldsymbol{b}}_{g_i}^{\mathrm{T}},\delta\hat{\boldsymbol{b}}_{a_i}^{\mathrm{T}}]^{\mathrm{T}}\sim\mathcal{N}(\boldsymbol{0}_{21\times1},\boldsymbol{\Sigma}_{\delta\hat{\boldsymbol{x}}_i}) \tag{13-6}$$

可以看出，$\delta\hat{\boldsymbol{x}}_i\in\mathbb{R}^{21}$ 为表征系统状态的最小维度，$\delta\hat{\boldsymbol{x}}_i$ 服从均值为 $\boldsymbol{0}_{21\times1}$、方差为 $\boldsymbol{\Sigma}_{\delta\hat{\boldsymbol{x}}_i}$ 的高斯分布，且有

$${}^{G}\delta\hat{\boldsymbol{r}}_{I_i}=\log\left({}^{G}\hat{\boldsymbol{R}}_{I_i}^{\mathrm{T}}\,{}^{G}\boldsymbol{R}_{I_i}\right),\quad {}^{I}\delta\hat{\boldsymbol{r}}_{C_i}=\log\left({}^{I}\hat{\boldsymbol{R}}_{C_i}^{\mathrm{T}}\,{}^{I}\boldsymbol{R}_{C_i}\right) \tag{13-7}$$

一旦接收到新的 IMU 测量数据，就将过程噪声项设置为 0，并对系统状态进行传播，从而得到：

$$\hat{\boldsymbol{x}}_{i+1}=\hat{\boldsymbol{x}}_i\boxplus(\Delta t*\boldsymbol{f}(\hat{\boldsymbol{x}}_i,\boldsymbol{u}_i,\boldsymbol{w}_i)) \tag{13-8}$$

对应的估计误差则在线性化误差空间中进行传播，具体的推导和证明过程不再展开，感兴趣的读者可以查阅参考文献 [16]。我们直接给出误差状态的传播公式如下：

$$\begin{aligned}\delta\hat{\boldsymbol{x}}_{i+1}&=\boldsymbol{x}_{i+1}\boxminus\hat{\boldsymbol{x}}_{i+1}\\&=(\boldsymbol{x}_i\boxplus(\Delta t*\boldsymbol{f}(\boldsymbol{x}_i,\boldsymbol{u}_i,\boldsymbol{w}_i)))\boxminus(\hat{\boldsymbol{x}}_i\boxplus(\Delta t*\boldsymbol{f}(\hat{\boldsymbol{x}}_i,\boldsymbol{u}_i,\boldsymbol{w}_i)))\\&\approx\boldsymbol{F}_{\delta\hat{x}}\delta\hat{\boldsymbol{x}}+\boldsymbol{F}_w\boldsymbol{w}_i\sim\mathcal{N}(\boldsymbol{0}_{21\times1},\boldsymbol{\Sigma}_{\delta\hat{\boldsymbol{x}}_{i+1}})\end{aligned} \tag{13-9}$$

其中：

$$\begin{gathered}\boldsymbol{\Sigma}_{\delta\hat{\boldsymbol{x}}_{i+1}}=\boldsymbol{F}_{\delta\hat{x}}\boldsymbol{\Sigma}_{\delta\hat{\boldsymbol{x}}_i}\boldsymbol{F}_{\delta\hat{x}}^{\mathrm{T}}+\boldsymbol{F}_w\boldsymbol{Q}\boldsymbol{F}_w^{\mathrm{T}}\\ \boldsymbol{F}_{\delta\hat{x}}=\left.\frac{\partial(\delta\hat{\boldsymbol{x}}_{i+1})}{\partial\delta\hat{\boldsymbol{x}}_i}\right|_{\delta\hat{\boldsymbol{x}}_i=\boldsymbol{0},\boldsymbol{w}_i=\boldsymbol{0}},\quad \boldsymbol{F}_w=\left.\frac{\partial(\delta\hat{\boldsymbol{x}}_{i+1})}{\partial\boldsymbol{w}_i}\right|_{\delta\hat{\boldsymbol{x}}_i=\boldsymbol{0},\boldsymbol{w}_i=\boldsymbol{0}}\end{gathered} \tag{13-10}$$

$\boldsymbol{Q}$ 为噪声对应的协方差对角矩阵。

在 R^2LIVE 算法中，我们假设已经通过融合最邻近帧（如第 k 帧）的激光或相机里程计观测数据得到系统最优的状态和协方差估计，而后基于 IMU 测量数据，利用式（13-8）和式（13-10）不断地进行状态传播，直至获取到第 k+1 帧激光或相机里程计观测数据。

4. 先验分布

令式（13-8）和式（13-10）描述的迭代传播过程在获取到第 k+1 帧激光或相机观测数据时暂停，此时获取的状态估计和方差矩阵分别为 $\hat{\boldsymbol{x}}_{k+1}$ 和 $\boldsymbol{\Sigma}_{\delta\hat{\boldsymbol{x}}_{k+1}}$。在融合第 k+1 帧激光或相机里程计的观测数据之前，系统误差状态的先验分布如下：

$$\mathbf{x}_{k+1} \boxminus \hat{\mathbf{x}}_{k+1} \sim \mathcal{N}(\mathbf{0}, \boldsymbol{\Sigma}_{\delta \hat{\mathbf{x}}_{k+1}}) \tag{13-11}$$

5. 迭代更新的初始化

R²LIVE 算法借鉴了 LINS 算法[17]和 Fast-LIO 算法的思想，使用迭代误差状态卡尔曼滤波器进行多传感器的数据融合，将系统的状态更新问题转换为最大化后验概率（MAP）问题，并使用高斯牛顿法迭代求解系统真实状态 $\mathbf{x}_{k+1}$ 的最优后验估计。在 MAP 问题中，我们通常使用先验估计 $\hat{\mathbf{x}}_{k+1}$ 对系统的后验估计 $\check{\mathbf{x}}_{k+1}$ 进行初始化，并在 MAP 问题的迭代求解过程中对 $\check{\mathbf{x}}_{k+1}$ 进行精细化。

在迭代过程中，定义 $\delta \check{\mathbf{x}}_{k+1}$ 为系统真实状态 $\mathbf{x}_{k+1}$ 和当前估计状态 $\check{\mathbf{x}}_{k+1}$ 之间的误差状态，即有

$$\delta \check{\mathbf{x}}_{k+1} \triangleq \mathbf{x}_{k+1} \boxminus \check{\mathbf{x}}_{k+1} \tag{13-12}$$

进一步结合式（13-11）和式（13-12），我们得到：

$$\mathbf{x}_{k+1} \boxminus \hat{\mathbf{x}}_{k+1} = \left(\check{\mathbf{x}}_{k+1} \boxplus \delta \check{\mathbf{x}}_{k+1}\right) \boxminus \hat{\mathbf{x}}_{k+1} \approx \check{\mathbf{x}}_{k+1} \boxminus \hat{\mathbf{x}}_{k+1} + H \delta \check{\mathbf{x}}_{k+1} \sim \mathcal{N}(\mathbf{0}, \boldsymbol{\Sigma}_{\delta \hat{\mathbf{x}}_{k+1}}) \tag{13-13}$$

其中：

$$H = \left.\frac{(\check{\mathbf{x}}_{k+1} \boxplus \delta \check{\mathbf{x}}_{k+1}) \boxminus \hat{\mathbf{x}}_{k+1}}{\partial \delta \check{\mathbf{x}}_{k+1}}\right|_{\delta \check{\mathbf{x}}_{k+1} = \mathbf{0}}$$

由式（13-13），我们可以进一步得到 $\delta \check{\mathbf{x}}_{k+1}$ 的先验分布为

$$\delta \check{\mathbf{x}}_{k+1} \sim \mathcal{N}\left(-H^{-1}\left(\check{\mathbf{x}}_{k+1} \boxminus \hat{\mathbf{x}}_{k+1}\right), H^{-1} \boldsymbol{\Sigma}_{\delta \hat{\mathbf{x}}_{k+1}} H^{-\mathrm{T}}\right) \tag{13-14}$$

6. 激光里程计的测量值

如果系统获取到的第 k+1 帧数据为激光点云，R²LIVE 算法将从原始的 3D 激光点云中提取平面特征点，同时基于 IMU 数据去除点云中的运动畸变。令 L_{k+1} 为去除运动畸变后的特征点集合，计算每个特征点 ${}^L\mathbf{p}_j \in L_{k+1}$ 的残差，其中 j 为特征点标号，L 表示特征点处在激光雷达坐标系下。

由于 $\check{\mathbf{x}}_{k+1}$ 为 $\mathbf{x}_{k+1}$ 在当前帧的估计状态，我们可以利用它将激光雷达坐标系下的特征点转换到全局坐标系下，即有

$${}^G\mathbf{p}_j = {}^G\check{\mathbf{R}}_{I_{k+1}}({}^I\mathbf{R}_L\,{}^L\mathbf{p}_j + {}^I\mathbf{p}_L) + {}^G\check{\mathbf{p}}_{I_{k+1}} \tag{13-15}$$

而后采用类似 LOAM 算法和 Fast-LIO 算法中的方式，在点云地图中搜索与该特征点距离最近的平面特征点并计算对应面元的法向量 $\boldsymbol{\mu}_j$。取该面元中的一个点 $\mathbf{q}_j$，我们可以得到测量残差为

$$\mathbf{r}_l\left(\check{\mathbf{x}}_{k+1}, {}^L\mathbf{p}_j\right) = \mathbf{u}_j^{\mathrm{T}}({}^G\mathbf{p}_j - \mathbf{q}_j) \tag{13-16}$$

令特征点 ${}^L\mathbf{p}_j$ 中的噪声为 $\mathbf{n}_j$，我们可以将其表示为激光特征点的真实位置 ${}^L\mathbf{p}_j^{gt}$ 加上测量噪声，即有

$${}^L\mathbf{p}_j = {}^L\mathbf{p}_j^{gt} + \mathbf{n}_j, \mathbf{n}_j \sim \mathcal{N}(\mathbf{0}, \boldsymbol{\Sigma}_{\mathbf{n}_j}) \tag{13-17}$$

考虑到若将激光特征点的真实位置 ${}^L\mathbf{p}_j^{gt}$ 和真实的系统状态 $\mathbf{x}_{k+1}$ 代入式（13-16），就应该

使得残差为 0，故有

$$\mathbf{0}=\boldsymbol{r}_l\left(\boldsymbol{x}_{k+1},{}^L\boldsymbol{p}_j^{gt}\right)\approx\boldsymbol{r}_l\left(\check{\boldsymbol{x}}_{k+1},{}^L\boldsymbol{p}_j\right)+\boldsymbol{H}_j^l\delta\check{\boldsymbol{x}}_{k+1}+\boldsymbol{\alpha}_j \tag{13-18}$$

我们利用式（13-12）对 $\boldsymbol{x}_{k+1}$ 进行了参数化分解，并假设 $\boldsymbol{\alpha}_j\sim\mathcal{N}(\mathbf{0},\boldsymbol{\Sigma}_{\boldsymbol{\alpha}_j})$，这也构成了 $\delta\check{\boldsymbol{x}}_{k+1}$ 的后验分布，并且有

$$\boldsymbol{H}_j^l=\left.\frac{\partial\boldsymbol{r}_l(\check{\boldsymbol{x}}_{k+1}\boxplus\delta\check{\boldsymbol{x}}_{k+1},{}^L\boldsymbol{p}_j)}{\partial\delta\check{\boldsymbol{x}}_{k+1}}\right|_{\delta\check{\boldsymbol{x}}_{k+1}=\mathbf{0}}$$

$$\boldsymbol{\Sigma}_{\boldsymbol{\alpha}_j}=\boldsymbol{F}_{\boldsymbol{p}_j}\boldsymbol{\Sigma}_{\boldsymbol{n}_j}\boldsymbol{F}_{\boldsymbol{p}_j}^{\mathrm{T}} \tag{13-19}$$

$$\boldsymbol{F}_{\boldsymbol{p}_j}=\left(\frac{\partial\boldsymbol{r}_l\left(\check{\boldsymbol{x}}_{k+1},{}^L\boldsymbol{p}_j\right)}{\partial{}^L\boldsymbol{p}_j}\right)={}^G\check{\boldsymbol{R}}_{I_{k+1}}{}^I\boldsymbol{R}_L$$

7. 视觉里程计的测量值

如果系统获取到的第 k+1 帧数据为视觉图像，R²LIVE 算法将从无畸变的图像中提取快速角点 C_{k+1}，并使用 KLT 光流跟踪在动态滑窗的关键帧和当前帧之间进行特征点跟踪。如果快速角点 C_{k+1} 丢失特征点或者新增未被跟踪到的特征点，则利用最优估计的相机位姿在 3D 空间中对新的特征点进行三角化，从而得到对应的路标点。视觉路标和第 k+1 帧中被跟踪到的特征点之间的重投影误差则用于更新当前状态估计 $\check{\boldsymbol{x}}_{k+1}$。

对于一个角点 ${}^C\boldsymbol{p}_s=[\mu_s,\nu_s]^{\mathrm{T}}\in C_{k+1}$，将对应的 3D 空间中的路标点记为 ${}^G\boldsymbol{P}_s$，s 为特征角点的标号，则对于该角点的测量残差为

$$\begin{aligned}\boldsymbol{r}_c\left(\check{\boldsymbol{x}}_{k+1},{}^C\boldsymbol{p}_s,{}^G\boldsymbol{P}_s\right)&={}^C\boldsymbol{p}_s-\boldsymbol{\pi}({}^C\boldsymbol{P}_s)\\{}^C\boldsymbol{P}_s=\left({}^G\check{\boldsymbol{R}}_{I_{k+1}}{}^I\check{\boldsymbol{R}}_{C_{k+1}}\right)^{\mathrm{T}}{}^G\boldsymbol{P}_s-{}^I\check{\boldsymbol{R}}_{C_{k+1}}{}^I\check{\boldsymbol{p}}_{C_{k+1}}&-\left({}^G\check{\boldsymbol{R}}_{I_{k+1}}{}^I\check{\boldsymbol{R}}_{C_{k+1}}\right)^{\mathrm{T}}{}^C\check{\boldsymbol{p}}_{I_{k+1}}\end{aligned} \tag{13-20}$$

其中 $\boldsymbol{\pi}(\cdot)$ 为针孔相机投影模型。

进一步考虑时间图像中的测量噪声，我们得到：

$${}^G\boldsymbol{P}_s={}^G\boldsymbol{P}_s^{gt}+\boldsymbol{n}_{\boldsymbol{P}_s},\ \boldsymbol{n}_{\boldsymbol{P}_s}\sim\mathcal{N}(\mathbf{0},\boldsymbol{\Sigma}_{\boldsymbol{n}_{\boldsymbol{P}_s}}) \tag{13-21}$$

$${}^C\boldsymbol{p}_s={}^C\boldsymbol{p}_s^{gt}+\boldsymbol{n}_{\boldsymbol{p}_s},\boldsymbol{n}_{\boldsymbol{p}_s}\sim\mathcal{N}(\mathbf{0},\boldsymbol{\Sigma}_{\boldsymbol{n}_{\boldsymbol{p}_s}}) \tag{13-22}$$

其中 ${}^G\boldsymbol{P}_s^{gt}$ 和 ${}^C\boldsymbol{p}_s^{gt}$ 分别为 ${}^G\boldsymbol{P}_s$ 和 ${}^C\boldsymbol{p}_s$ 对应的真值。

同样，若将视觉特征点和路标点的真值以及真实的系统状态 $\boldsymbol{x}_{k+1}$ 代入式（13-20），就应该使得残差为 0。在此基础上，我们可以得到残差的一阶泰勒近似表示如下：

$$\mathbf{0}=\boldsymbol{r}_l(\boldsymbol{x}_{k+1},{}^C\boldsymbol{p}_s,{}^G\boldsymbol{P}_s)\approx\boldsymbol{r}_c\left(\check{\boldsymbol{x}}_{k+1},{}^C\boldsymbol{p}_s,{}^G\boldsymbol{P}_s\right)+\boldsymbol{H}_s^c\delta\check{\boldsymbol{x}}_{k+1}+\boldsymbol{\beta}_s \tag{13-23}$$

这里同样对 $\delta\check{\boldsymbol{x}}_{k+1}$ 施加了另一种后验分布，并且有

$$\boldsymbol{\beta}_s \sim \mathcal{N}(\mathbf{0}, \boldsymbol{\Sigma}_{\boldsymbol{\beta}_s})$$

$$\boldsymbol{H}_s^c = \left.\frac{\partial \boldsymbol{r}_C(\check{\boldsymbol{x}}_{k+1} \boxplus \delta \check{\boldsymbol{x}}_{k+1}, {}^C\boldsymbol{p}_s, {}^G\boldsymbol{P}_s)}{\partial \delta \check{\boldsymbol{x}}_{k+1}}\right|_{\delta \check{\boldsymbol{x}}_{k+1} = \mathbf{0}} \tag{13-24}$$

$$\boldsymbol{\Sigma}_{\boldsymbol{\beta}_s} = \boldsymbol{\Sigma}_{\boldsymbol{n}_{p_s}} + \boldsymbol{F}_{\boldsymbol{P}_s} \boldsymbol{\Sigma}_{\boldsymbol{n}_{\boldsymbol{P}_s}} \boldsymbol{F}_{\boldsymbol{P}_s}^{\mathrm{T}}$$

$$\boldsymbol{F}_{\boldsymbol{P}_s} = \frac{\partial \boldsymbol{r}_c\left(\check{\boldsymbol{x}}_{k+1}, {}^C\boldsymbol{p}_s, {}^G\boldsymbol{P}_s\right)}{\partial {}^G\boldsymbol{P}_s}$$

8. 迭代误差状态卡尔曼滤波器的更新

结合式（13-14）中 $\delta \check{\boldsymbol{x}}_{k+1}$ 的先验分布，式（13-18）中由激光雷达观测得到的 $\delta \check{\boldsymbol{x}}_{k+1}$ 的后验分布，以及式（13-23）中由视觉观测得到的 $\delta \check{\boldsymbol{x}}_{k+1}$ 的后验分布，J. Lin 等进一步将迭代误差状态卡尔曼滤波器的更新过程描述为下述最大化后验概率问题：

$$\min_{\delta \check{\boldsymbol{x}}_{k+1}} \left(\begin{array}{l} \left\| \check{\boldsymbol{x}}_{k+1} \boxminus \hat{\boldsymbol{x}}_{k+1} + \boldsymbol{H} \delta \check{\boldsymbol{x}}_{k+1} \right\|^2_{\boldsymbol{\Sigma}_{\delta \check{\boldsymbol{x}}_{k+1}}} + \sum_{j=1}^{m_l} \left\| \boldsymbol{r}_l\left(\check{\boldsymbol{x}}_{k+1}, {}^L\boldsymbol{p}_j\right) + \boldsymbol{H}_j^l \delta \check{\boldsymbol{x}}_{k+1} \right\|^2_{\boldsymbol{\Sigma}_{\boldsymbol{\alpha}_j}} \\ + \sum_{s=1}^{m_c} \left\| \boldsymbol{r}_c\left(\check{\boldsymbol{x}}_{k+1}, {}^C\boldsymbol{p}_s, {}^G\boldsymbol{P}_s\right) + \boldsymbol{H}_s^c \delta \check{\boldsymbol{x}}_{k+1} \right\|^2_{\boldsymbol{\Sigma}_{\boldsymbol{\beta}_s}} \end{array} \right) \tag{13-25}$$

其中 $\|\boldsymbol{x}\|^2_{\boldsymbol{\Sigma}} = \boldsymbol{x}^{\mathrm{T}} \boldsymbol{\Sigma}^{-1} \boldsymbol{x}$。考虑到系统通常不会同时获取到激光测量数据和相机测量数据，因此在更新时可对应设置 $m_l = 0$ 或 $m_c = 0$，并记

$$\boldsymbol{H} = \left[\boldsymbol{H}_1^{l\mathrm{T}}, \cdots, \boldsymbol{H}_{m_l}^{l\ \mathrm{T}}, \boldsymbol{H}_1^{c\mathrm{T}}, \cdots, \boldsymbol{H}_{m_c}^{c\ \mathrm{T}}\right]^{\mathrm{T}}$$

$$\boldsymbol{R} = \mathrm{diag}(\boldsymbol{\Sigma}_{\boldsymbol{\alpha}_1}, \cdots, \boldsymbol{\Sigma}_{\boldsymbol{\alpha}_{m_l}}, \boldsymbol{\Sigma}_{\boldsymbol{\beta}_1}, \cdots, \boldsymbol{\Sigma}_{\boldsymbol{\beta}_{m_c}})$$

$$\check{\boldsymbol{z}}_{k+1} = \left[\begin{array}{c} \boldsymbol{r}_l\left(\check{\boldsymbol{x}}_{k+1}, {}^L\boldsymbol{p}_1\right)^{\mathrm{T}}, \cdots, \boldsymbol{r}_l\left(\check{\boldsymbol{x}}_{k+1}, {}^L\boldsymbol{p}_{m_l}\right)^{\mathrm{T}}, \boldsymbol{r}_c\left(\check{\boldsymbol{x}}_{k+1}, {}^C\boldsymbol{p}_1, {}^G\boldsymbol{P}_1\right)^{\mathrm{T}}, \cdots, \\ \boldsymbol{r}_c\left(\check{\boldsymbol{x}}_{k+1}, {}^C\boldsymbol{p}_{m_c}, {}^G\boldsymbol{P}_{m_c}\right)^{\mathrm{T}} \end{array} \right]^{\mathrm{T}} \tag{13-26}$$

$$\boldsymbol{P} = (\boldsymbol{H})^{-1} \left(\boldsymbol{\Sigma}_{\delta \check{\boldsymbol{x}}_{k+1}}\right) \boldsymbol{H}^{-\mathrm{T}}$$

而后可以得到卡尔曼增益为

$$\boldsymbol{K} = (\boldsymbol{H}^{\mathrm{T}} \boldsymbol{R}^{-1} \boldsymbol{H} + \boldsymbol{P}^{-1})^{-1} \boldsymbol{H}^{\mathrm{T}} \boldsymbol{R}^{-1} \tag{13-27}$$

接下来，我们可以利用下式更新系统的状态估计：

$$\check{\boldsymbol{x}}_{k+1} = \check{\boldsymbol{x}}_{k+1} \boxplus \left(-\boldsymbol{K} \check{\boldsymbol{z}}_{k+1} - (\boldsymbol{I} - \boldsymbol{K}\boldsymbol{H})(\boldsymbol{H})^{-1} \left(\check{\boldsymbol{x}}_{k+1} \boxminus \hat{\boldsymbol{x}}_{k+1} \right) \right) \tag{13-28}$$

通过不断地迭代式（13-28），直至达到收敛阈值，便可得到融合 IMU 数据和第 $k+1$ 帧激光\相机测量值后系统最优的后验估计。最后，R²LIVE 算法执行下述 3 个操作：（1）将新的激光点云投影到世界坐标系下并更新点云地图；（2）如果当前帧是图像关键帧，则利用得到的最优

估计状态对当前帧中的关键点进行三角化，得到新的视觉路标点；（3）将当前状态作为下一时刻状态传播的起点，并令

$$\hat{\boldsymbol{x}}_{k+1} = \check{\boldsymbol{x}}_{k+1}, \quad \hat{\boldsymbol{\Sigma}}_{\delta\bar{\boldsymbol{x}}_{k+1}} = (\boldsymbol{I} - \boldsymbol{K}\boldsymbol{H})\check{\boldsymbol{\Sigma}}_{\delta\boldsymbol{x}_{k+1}} \tag{13-29}$$

以上一些公式的具体推理过程这里没有列出，感兴趣的读者可以查阅参考文献 [8]。

13.2.3　因子图优化模块

如前所述，R^2LIVE 算法会把新增视觉关键帧中未被跟踪的特征点基于三角化操作，计算得到新的视觉路标点。但是由于关键帧位姿估计误差，该三角化操作的精度较低。为了进一步提升视觉路标的精度、关键帧位姿精度以及矫正相机和激光-IMU 子系统之间的时间偏差，J. Lin 等人进一步使用因子图优化模块，在由一组图像关键帧构成的动态数据滑窗中对相机位姿和视觉路标点做了优化。因子图优化模块的基本流程如图 13-3 所示。

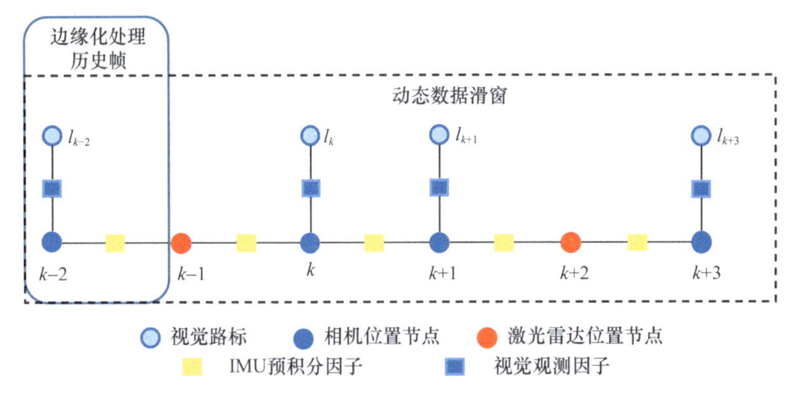

图 13-3　R^2LIVE 算法中因子图优化模块的基本流程

因子图的基本原理我们在 LIO-SAM 算法中已经学习过，具体在 R^2LIVE 算法的因子图优化模块中，J. Lin 等人同时引入了相机位姿因子 [18] 和激光雷达位姿因子，并且使用预积分因子构建相机和激光雷达之间的位姿约束。此外，为了保持后端优化的轻量化，位姿图中的 LiDAR 位姿是固定的，并且 LiDAR 原始点的测量数据未参与姿势图的优化。

J. Lin 等使用手持设备进行了 R^2LIVE 算法的测试验证。在测试过程中，行走轨迹的总长度为 876 米并回到起点，该算法实时构建的 3D 点云地图如图 13-4 所示。

图 13-4　R^2LIVE 算法在校园场景下构建的 3D 点云地图

（注：图片来自参考文献 [8]）

13.2.4　算法小结

我们通过 R^2LIVE 算法进一步学习了如何基于迭代误差状态卡尔曼滤波器实现 IMU、激光雷达和相机的紧耦合，从而进行高精度、鲁棒的定位和建图。R^2LIVE 算法首先通过分析系统的误差状态，得到状态的传播过程，并分别结合激光里程计中几何特征的提取和匹配，以及视觉里程计中角点提取和跟踪的思想，得到对系统状态的后验概率约束表达；然后进一步使用迭

代卡尔曼滤波框架将其更新问题转换为最大化后验估计问题，从而将 IMU 数据、相机特征点和激光雷达特征点融入同一个优化问题，实现三个传感器信息的高度融合。

13.3 融合点云地图的 TMFL 算法

在 L4 级的智能驾驶任务中，通常需要我们实时给出车辆在长距离行驶中的绝对位置估计。如前所述，单独依赖激光雷达、相机及 IMU 等传感器的组合，通常仅能够保证局部范围内的定位精度，考虑到 GPS 信号可能在隧道、桥梁等场景中存在较大的噪声或者出现完全失效的情况，为了保证定位算法的精度、实时性和鲁棒性，一些学者考虑引入高精地图，以实现智能驾驶车辆的长距离绝对定位。图森未来的 L. Pan 等[13]在 ICRA 2021 会议上提出了基于激光雷达特征地图辅助的多传感器紧耦合定位（Tightly-coupled Multi-sensor Fusion for Localization，TMFL）算法，旨在基于因子图优化框架实现 IMU、轮速计与激光点云地图之间的紧耦合，将车辆的位姿估计问题转换成一个优化问题，并使用固定延迟平滑（fixed-lag smoothing）的方式在动态滑窗内求解该优化问题。在 TMFL 算法中，当前帧激光点云和激光雷达特征地图之间的匹配实现了对车辆的全局位姿估计，而基于车辆运动学模型和 IMU/轮速计数据，则可以得到车辆局部时刻的相对位姿变化，二者联合构成了对车辆状态的最终约束。

13.3.1 算法总体流程介绍

图 13-5 给出了 TMFL 算法的总体流程。TMFL 算法所需的传感器有轮速编码器、IMU 和激光雷达，并且需要事先构建好的激光雷达特征地图提供额外数据支持。轮速编码器用于提供对系统速度的观测，IMU 用于计算帧间相对位姿变化并提供系统状态的初始值。每帧激光点云经过 IMU 数据去除运动畸变后，与现有的激光雷达特征地图进行匹配，得到系统位姿状态的全局观测。最后，TMFL 算法在联合优化中实现三者信息的紧耦合。在此过程中，L. Pan 等人通过在局部滑窗内实现各因子残差的最小化，使用固定间隔平滑的方式得到系统位姿状态的最优估计，具体过程如图 13-6 所示。

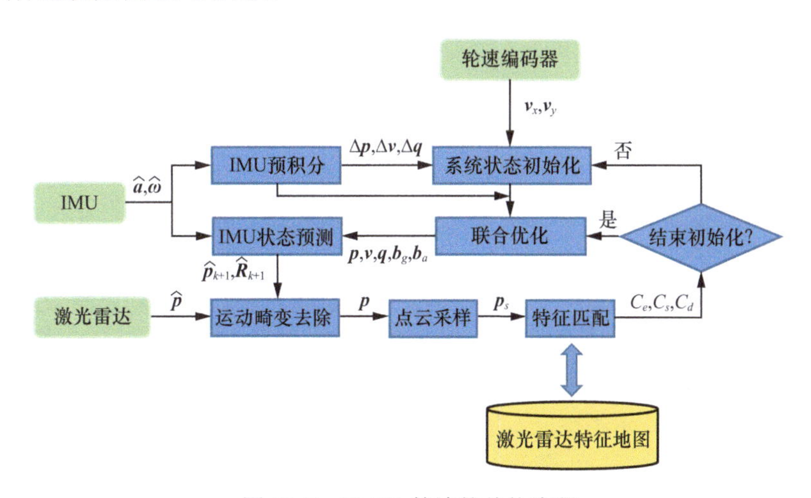

图 13-5　TMFL 算法的总体流程

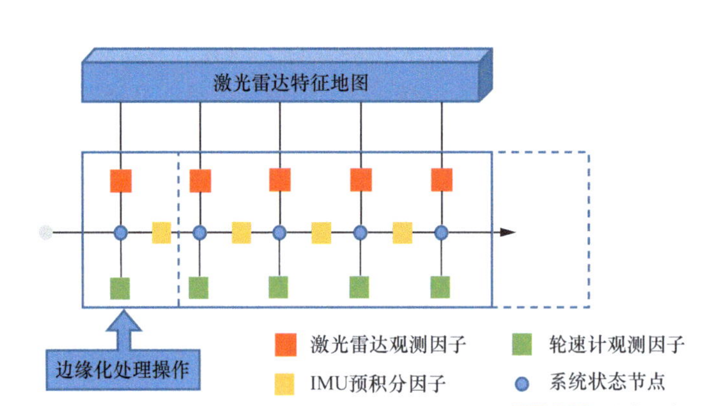

图 13-6　基于滑窗的因子图优化示意图

在 TMFL 算法中，L. Pan 等假设各传感器之间已经做好时钟同步，并且内参已知，激光雷达、IMU、轮速编码器之间的外参事先也已经标定好了，但是激光雷达和 IMU 之间的外参须在线修正。与前述算法一样，由于假设 IMU 坐标系即为车体坐标系，因此后续的参数变量都只需要转换到 IMU 坐标系下进行表达即可。系统在图 13-6 所示滑窗内的状态可表示为

$$\begin{cases} \boldsymbol{X}_{k-m+1:k} = [\boldsymbol{X}_{k-m+1}, \boldsymbol{X}_{k-m+2}, \cdots, \boldsymbol{X}_k] \\ \boldsymbol{X}_k = [\boldsymbol{p}_k^{\mathrm{T}} \quad \boldsymbol{v}_k^{\mathrm{T}} \quad \boldsymbol{q}_k^{\mathrm{T}} \quad \boldsymbol{b}_{a_k}^{\mathrm{T}} \quad \boldsymbol{b}_{g_k}^{\mathrm{T}} \quad \boldsymbol{p}_{lb}^{\mathrm{T}} \quad \boldsymbol{q}_{lb}^{\mathrm{T}}]^{\mathrm{T}} \end{cases} \tag{13-30}$$

其中 $\boldsymbol{p}_k$ 和 $\boldsymbol{v}_k$ 为 IMU 相对于世界坐标系 F_W 的位置和速度；$\boldsymbol{q}_k$ 为旋转矩阵 $\boldsymbol{R}_k$ 对应的单位四元数，表示由车体坐标系 F_B 到世界坐标系 F_W 的旋转变换；$\boldsymbol{b}_{a_k}^{\mathrm{T}}$ 和 $\boldsymbol{b}_{g_k}^{\mathrm{T}}$ 表示 k 时刻加速度计和陀螺仪的偏差；外参 $\boldsymbol{q}_{lb}^{\mathrm{T}}$ 和 $\boldsymbol{p}_{lb}^{\mathrm{T}}$ 分别是由世界坐标系 F_W 到激光雷达坐标系 F_L 的旋转矢量和位移矢量。

13.3.2　激光雷达特征地图构建

L. Pan 等事先构建出了高精度的激光雷达特征地图用于和智能驾驶时获取的激光雷达点云进行帧 - 图的匹配，以获取车辆的全局位姿估计。激光雷达特征地图包含了 3 种特征：边缘特征、平面特征以及点云的 3D 分布特征。与传统稀疏的 3D 点云地图或 NDT 地图相比，激光雷达特征地图同时包含了几何特征和分布特征，使得 TMFL 算法在进行当前帧点云和地图的匹配时能够具有更好的精度和鲁棒性。激光雷达特征地图的生成具体分为下述 3 个步骤。

（1）记录 LiDAR 位姿：为构建智能驾驶车辆所需的高精度地图，L. Pan 等首先使用安装有高精度 GNSS、IMU、轮速编码器和两个激光雷达的车辆对智能驾驶路段进行数据采集，而后使用离线的 SLAM 框架并基于多传感器数据的融合获取高精度的 LiDAR 位姿。基于每帧点云对应的 LiDAR 位姿，即可将点云转换到世界坐标系下，得到全局一致的点云地图。

（2）去除点云畸变：与前述章节一致，L. Pan 等假设车辆在连续的位置数据时间内为匀速运动，并结合 IMU 和轮速编码器的数据和车辆运动学模型来去除每帧点云中的运动畸变。

（3）激光雷达特征地图参数化：在获取到全局一致的无畸变点云地图后，L. Pan 等进一步从稠密的点云地图中抽取其显著特征。他们首先对点云地图进行体素划分，并计算每个体素内的均值和方差矩阵；而后对方差矩阵进行特征值分析，并根据特征值将体素分为边缘体素、平

面体素或正态分布体素。具体而言，具有两个较小特征值和一个较大特征值的体素为边缘体素；具有一个较小特征值和两个较大特征值的体素为平面体素；其他的体素为正态分布体素。最后，他们利用边缘体素中的线性方程、平面体素中的法向量以及正态分布体素的均值和方差来实现对应体素的参数化，从而得到高精度的激光雷达特征地图。

13.3.3 TMFL算法各模块分析

1. IMU预积分因子

TMFL算法使用IMU预积分因子得到车辆的初始状态估计，为特征匹配和联合优化提供初值，该模块对于算法的鲁棒性和精度至关重要。至于IMU预积分的基本原理，我们在第12章中已经学习过。假设在k时刻，IMU中陀螺仪和加速度计的观测模型可表示为

$$\begin{cases}\hat{\boldsymbol{\omega}}_k=\boldsymbol{\omega}_k+\boldsymbol{b}_{g_k}+\boldsymbol{n}_{g_k}\\ \hat{\boldsymbol{a}}_k=\boldsymbol{a}_k-\boldsymbol{R}_k^{-1}\boldsymbol{g}+\boldsymbol{b}_{a_k}+\boldsymbol{n}_{a_k}\end{cases} \tag{13-31}$$

那么在k+1时刻，由车辆运动学模型进行积分并进行离散化近似，可得到车辆的位姿表达如下：

$$\begin{cases}\hat{\boldsymbol{R}}_{k+1}=\boldsymbol{R}_k\exp((\hat{\boldsymbol{\omega}}_k-\bar{\boldsymbol{b}}_g)\Delta t)\\ \hat{\boldsymbol{p}}_{k+1}=\boldsymbol{p}_k+\boldsymbol{v}_k\Delta t+\dfrac{1}{2}(\boldsymbol{R}_k(\hat{\boldsymbol{a}}_k-\bar{\boldsymbol{b}}_a)+\boldsymbol{g})\Delta t^2\end{cases} \tag{13-32}$$

其中$\boldsymbol{R}_k$是k时刻由坐标系F_B到坐标系F_W的旋转矩阵，Δt表示时间戳k和时间戳k+1之间的时间间隔，$\exp(\cdot)$表示$\mathrm{so}(3)\to\mathrm{SO}(3)$的映射，$\bar{\boldsymbol{b}}_g$和$\bar{\boldsymbol{b}}_a$分别表示陀螺仪和加速度计的偏差。

根据C. Forster等人在参考文献[19]中给出的预积分的基本原理，我们可以得到预积分变量$\Delta\boldsymbol{p}$、$\Delta\boldsymbol{v}$、$\Delta\boldsymbol{q}$以及IMU预积分因子的残差表示。L. Pan等人则在TMFL算法中进一步使用了残差项的四元数表示形式，具体如下：

$$\boldsymbol{r}_B(\boldsymbol{X};\mathcal{Z})=\begin{bmatrix}\boldsymbol{R}_k^{\mathrm{T}}\left(\boldsymbol{p}_{k+1}-\boldsymbol{p}_k-\boldsymbol{v}_k\Delta t-\dfrac{1}{2}\boldsymbol{g}\Delta t^2\right)\\ \boldsymbol{R}_k^{\mathrm{T}}(\boldsymbol{v}_{k+1}-\boldsymbol{g}\Delta t)-\Delta\boldsymbol{v}\\ 2\left[\Delta\boldsymbol{q}^{-1}\otimes\boldsymbol{q}_k^{-1}\otimes\boldsymbol{q}_{k+1}\right]_{xyz}\\ \boldsymbol{b}_{a_{k+1}}-\boldsymbol{b}_{a_k}\\ \boldsymbol{b}_{g_{k+1}}-\boldsymbol{b}_{g_k}\end{bmatrix} \tag{13-33}$$

其中$\otimes$表示四元数乘法，$[\cdot]_{xyz}$表示四元数的虚部。

2. 激光雷达特征因子

在接收到原始点云$\hat{P}$后，与前述算法一样，我们首先对其执行去畸变操作。TMFL算法选择将每帧点云投影到帧首时刻，得到无偏的点云P。而后，TMFL算法均匀地从点云P中抽取特征点。具体来说，TMFL算法没有使用LOAM[20]、V-LOAM[21]和LIO-mapping等算法[22]中直接根据完备的点云P计算各点的广义曲率以抽取特征点的方式，而是先对点云P进行均匀采样，获得点云P_S作为特征候选点，而后计算每个采样点的平滑度。这不仅能够节省较多的点云处理耗时，而且能够保持特征点关联的鲁棒性和精确性。

在得到特征候选点云 P_S 后，首先结合位姿的初始估计值，将其转换到全局坐标系 F_W 下，而后对其与事先构建的激光雷达特征地图进行关联匹配，在优化过程中不断地对位姿估计进行精细化。如果点 $\boldsymbol{p}_i^{pt} \in P_S$ 在转换到全局坐标系后落在某一类别的特征体素中，且该点的广义曲率符合对应的阈值条件（比如对于落在边缘体素中的点，其广义曲率须满足边缘点阈值），则表明该点通过了几何验证。对于通过几何验证的点，TMFL 算法将进一步使用它们构建观测约束，具体的激光特征残差因子如下：

$$\begin{cases} \boldsymbol{r}_{\mathcal{C}_e}(\boldsymbol{X}_k;\boldsymbol{p}_i^{pt}) = (\boldsymbol{p}_2^e - \boldsymbol{p}_1^e)\times(\boldsymbol{R}_k\boldsymbol{p}_i^{pt} + \boldsymbol{p}_k - \boldsymbol{p}_1^e) \\ \boldsymbol{r}_{\mathcal{C}_s}(\boldsymbol{X}_k;\boldsymbol{p}_i^{pt}) = \boldsymbol{n}^{\mathrm{T}}(\boldsymbol{R}_k\boldsymbol{p}_i^{pt} + \boldsymbol{p}_k) \\ \boldsymbol{r}_{\mathcal{C}_d}(\boldsymbol{X}_k;\boldsymbol{p}_i^{pt}) = (\boldsymbol{R}_k\boldsymbol{p}_i^{pt} + \boldsymbol{p}_k - \boldsymbol{p}^d)^{\mathrm{T}}\Sigma^{-1}(\boldsymbol{R}_k\boldsymbol{p}_i^{pt} + \boldsymbol{p}_k - \boldsymbol{p}^d) \end{cases} \tag{13-34}$$

其中 $\boldsymbol{r}_{\mathcal{C}_e}$、$\boldsymbol{r}_{\mathcal{C}_s}$ 和 $\boldsymbol{r}_{\mathcal{C}_d}$ 分别表示点 $\boldsymbol{p}_i^{pt}$ 到边缘特征、平面特征以及正态分布特征的几何残差，$\boldsymbol{R}_k$ 和 $\boldsymbol{p}_k$ 为待优化的旋转矩阵和位移矢量。点 $\boldsymbol{p}_i^{pt} \in P_S$ 为当前帧激光雷达坐标系下的一个激光特征点，$\boldsymbol{p}_1^e$ 和 $\boldsymbol{p}_2^e$ 为点 $\boldsymbol{p}_i^{pt}$ 对应地图中边缘特征体素的任意两个点，$\boldsymbol{n}$ 为点 $\boldsymbol{p}_i^{pt}$ 对应地图中平面特征体素的法向量，$\boldsymbol{p}^d$ 和 Σ 为点 $\boldsymbol{p}_i^{pt}$ 对应地图中正态分布体素的均值和方差。

结合一帧点云中所有的特征点，最终得到激光雷达特征因子的损失函数如下：

$$E_{\mathcal{C}}(\boldsymbol{X}_k;\mathcal{Z}) = \sum_{i\in\mathcal{C}_e}\left\|\boldsymbol{r}_{\mathcal{C}_e}(\boldsymbol{X}_k;\mathcal{Z}_{ki}^e)\right\|_{\boldsymbol{\Sigma}_{k,\mathrm{map}}^e}^2 + \sum_{i\in\mathcal{C}_s}\left\|\boldsymbol{r}_{\mathcal{C}_s}(\boldsymbol{X}_k;\mathcal{Z}_{ki}^s)\right\|_{\boldsymbol{\Sigma}_{k,\mathrm{map}}^s}^2 + \sum_{i\in\mathcal{C}_d}\left\|\boldsymbol{r}_{\mathcal{C}_d}(\boldsymbol{X}_k;\mathcal{Z}_{ki}^d)\right\|_{\boldsymbol{\Sigma}_{k,\mathrm{map}}^d}^2 \tag{13-35}$$

其中 $\boldsymbol{r}_{\mathcal{C}_e}(\boldsymbol{X}_k;\mathcal{Z}_{ki}^e)$、$\boldsymbol{r}_{\mathcal{C}_s}(\boldsymbol{X}_k;\mathcal{Z}_{ki}^s)$ 和 $\boldsymbol{r}_{\mathcal{C}_d}(\boldsymbol{X}_k;\mathcal{Z}_{ki}^d)$ 分别表示边缘特征点 $\mathcal{Z}_{ki}^e$、平面特征点 $\mathcal{Z}_{ki}^s$ 和正态分布特征点 $\mathcal{Z}_{ki}^e$ 与对应地图中特征体素之间的残差，$\|\boldsymbol{a}\|_{\Sigma}^2 = \boldsymbol{a}^{\mathrm{T}}\boldsymbol{\Sigma}\boldsymbol{a}$ 表示方差为 $\boldsymbol{\Sigma}$ 的平方马氏距离，$\boldsymbol{\Sigma}_{k,\mathrm{map}}^e$、$\boldsymbol{\Sigma}_{k,\mathrm{map}}^s$ 和 $\boldsymbol{\Sigma}_{k,\mathrm{map}}^d$ 分别表示第 k 帧中边缘特征、平面特征和正态分布特征的信息矩阵，这些矩阵的对角线元素反映了与地图之间的匹配精度。

3. 轮速计速度因子

通过结合轮速计的原始脉冲数据和车辆的阿克曼运动学模型，我们可以得到车辆在水平面上的速度观测 $[\boldsymbol{v}_x, \boldsymbol{v}_y]$ 以及车体坐标系下的 yaw 角速度 $\dot{\theta}$。由于轮速计与 LiDAR 和 IMU 相互独立，因此在多传感器紧耦合过程中引入轮速计的观测数据对于提升定位估计的鲁棒性至关重要。特别是在其他传感器失效时（如激光雷达的观测数据由于大量运动物体的干扰存在较大噪声或者 IMU 在特定运动状态下退化[23]时），轮速计提供的速度约束能够有效地限制车辆速度估计与陀螺仪及加速度计的偏差，同时有效提高优化问题的收敛性，并增强定位算法的精度和鲁棒性。

轮速计对于汽车水平方向速度的约束可通过下述残差模型来表示：

$$\boldsymbol{r}_v(\boldsymbol{R}_k;\hat{\boldsymbol{v}}_k) = \boldsymbol{v}_k - \boldsymbol{R}_k\hat{\boldsymbol{v}}_k \tag{13-36}$$

其中 $\hat{\boldsymbol{v}}_k = [\boldsymbol{v}_x, \boldsymbol{v}_y, 0]^{\mathrm{T}}$ 为轮速计在车体坐标系 F_B 下的速度观测。

4. 状态初始化

在进行传感器紧耦合的非线性优化之前，需要对各状态变量进行初始化，以保证紧耦合定位的精度。初始化的参数具体包含 IMU 坐标系下的速度 $\boldsymbol{v}_{1:m}$、重力矢量 $\boldsymbol{g}$、陀螺仪偏差 $\boldsymbol{b}_g$ 和加速度计偏差 $\boldsymbol{b}_a$。与 VINS-Mono 算法类似，TMFL 算法也在动态滑窗中进行激光雷达和轮速计的联合优化。为此，我们首先根据 IMU 预积分和轮速计观测得到车辆运动的初始估计，而后利用前述介绍的方法对动态滑窗中每一帧内的激光点云特征（包括边缘特征、平面特征和正态分布特征）与激光雷达特征地图进行匹配关联，最后结合激光特征匹配和运动约束得到下述非线性优化问题以求解激光雷达在每一帧的位姿：

$$\boldsymbol{T}_k^{\omega}=\underset{\boldsymbol{T}_k^{\omega}}{\arg\min}\, E_C(\boldsymbol{X}_k;\mathcal{Z})+\left\|\boldsymbol{r}_{\text{odo}}(\boldsymbol{X}_k;\hat{\boldsymbol{v}}_k)\right\|_{\boldsymbol{\Sigma}_{k,\ k+1}^{v}}^2 \tag{13-37}$$

其中 $E_C(\boldsymbol{X}_k;\mathcal{Z})$ 为式（13-35）引入的激光雷达特征因子，$\boldsymbol{r}_{\text{odo}}(\boldsymbol{X}_k;\hat{\boldsymbol{v}}_k)$ 为轮速计引入的运动约束残差：

$$\boldsymbol{r}_{\text{odo}}(\boldsymbol{X}_k;\hat{\boldsymbol{v}}_k)=\boldsymbol{p}_{k+1}-\boldsymbol{R}_k\boldsymbol{R}_k^{\mathrm{T}}\boldsymbol{p}_k-\hat{\boldsymbol{v}}_k\Delta t \tag{13-38}$$

在得到滑窗内每帧点云对于激光雷达的位姿后，TMFL 算法进一步使用 VINS-Mono 算法中的初始化策略计算重力矢量 $\boldsymbol{g}$、陀螺仪偏差 $\boldsymbol{b}_g$、加速度计偏差 $\boldsymbol{b}_a$ 以及滑窗内每一帧点云时刻的车辆速度 $\boldsymbol{v}$。

5. 多传感器紧耦合

TMFL 算法使用基于固定延迟平滑器的联合优化框架。固定延迟平滑器其实是一种迭代算法，它能够在动态滑窗中交替地更新状态变量并且边缘化旧的状态约束[24]。参考文献 [24] 进一步指出固定延迟平滑器是一种基于图优化的增量状态估计方法，它能够递归地维持最近 m 帧状态变量的联合概率密度。L. Pan 等人将该联合优化问题描述为下述最大化后验概率（MAP）问题：

$$\boldsymbol{P}(\boldsymbol{X}\mid\mathcal{U},\mathcal{Z})\propto\boldsymbol{P}(\boldsymbol{X}_0)\prod_{k=1}^{m}\boldsymbol{P}(\boldsymbol{X}_k\mid\boldsymbol{X}_{k-1},\mathcal{U}_k)\prod_{k=1}^{m}\prod_{i=1}^{n}\boldsymbol{P}(\mathcal{Z}_{ki}\mid\boldsymbol{X}_k) \tag{13-39}$$

其中序号 k 表示帧号，序号 i 表示观测序号，$\boldsymbol{P}(\boldsymbol{X}_0)$ 为状态的先验，$\boldsymbol{P}(\boldsymbol{X}_k\mid\boldsymbol{X}_{k-1},\mathcal{U}_k)$ 为运动约束；$\boldsymbol{P}(\mathcal{Z}_{ki}\mid\boldsymbol{X}_k)$ 表示第 i 个传感器的观测约束。

假设上述各因子均满足零均值高斯噪声模型，则上述 MAP 问题可转换成下述非线性最小二乘问题：

$$\begin{aligned}\boldsymbol{X}^*=\arg\min_{\boldsymbol{X}}&\left\|\boldsymbol{r}_{\text{piror}}(\boldsymbol{X})\right\|^2+\sum_{k=1}^{m}\sum_{i\in C}E_C(\boldsymbol{X}_k;\mathcal{Z})\\&+\sum_{k=1}^{m}\sum_{i\in B}\left\|\boldsymbol{r}_B(\boldsymbol{X}_k;\mathcal{Z})\right\|_{\boldsymbol{\Sigma}_{k,\ k+1}^{B}}^2+\sum_{k=1}^{m}\sum_{i\in B}\left\|\boldsymbol{r}_v(\boldsymbol{X}_k;\mathcal{Z})\right\|_{\boldsymbol{\Sigma}_{k,k+1}^{V}}^2\end{aligned} \tag{13-40}$$

其中 $\boldsymbol{r}_{\text{piror}}$、$E_C$、$\boldsymbol{r}_B$ 和 $\boldsymbol{r}_V$ 分别对应先验因子、激光雷达因子、IMU 预积分因子和轮速计速度因子。$\boldsymbol{\Sigma}_{k,k+1}^{B}$ 和 $\boldsymbol{\Sigma}_{k,k+1}^{V}$ 分别为 IMU 因子和速度因子的信息矩阵。

L. Pan 等在多个较有挑战性的场景中对 TMFL 算法进行了测试，总测试里程超过 200 千米。测试结果表明，即使在多处激光雷达观测出现退化的工况中，TMFL 算法仍能保持较高的精度和鲁棒性。图 13-7 示例性地展示了 L. Pan 等人在跨海大桥场景中对 TMFL 算法进行测试的效果。其中，左侧灰色点云为激光雷达特征地图，绿色点云为当前帧激光点云。在该场景中，重复的道路特征结构以及快速运动的车辆，都会对传统激光雷达里程计的位姿观测带来较大的影响，右侧展示的算法最终定位精度则表明了 TMFL 算法在该场景中的有效性。

图 13-7 TMFL 算法在跨海大桥测试场景中的效果展示
（注：图片来自参考文献 [13]）

13.3.4 算法小结

我们学习了如何通过紧耦合激光雷达、IMU 和轮速计等多个传感器得到长距离范围内高精度、鲁棒的实时定位。为了降低点云匹配注册的耗时和计算开销，TMFL 算法在稠密点云地图的基础上抽取了稀疏的点云特征，并且在每帧激光点云中通过均匀采样来减少待匹配特征点的个数，同时尽量保证匹配注册的精度。在因子图优化框架中，TMFL 算法实现了激光雷达特征因子、IMU 预积分因子和轮速计速度因子对车辆状态的联合优化，并基于固定之后平滑的思想降低优化问题的维度，提升算法的实时性。L. Pan 等人在多个较有挑战性的场景中进行的测试也表明了 TMFL 算法的有效性，值得我们深入学习和借鉴。

13.4 本章小结

在本章中，我们进一步学习了结合激光雷达、IMU、相机以及轮速计和离线高精地图的多传感器融合定位，并且对基于滤波和基于因子图优化的紧耦合方式有了进一步的理解。通过第 11 ～ 13 章的学习，我们基本掌握了激光里程计、激光惯性里程计以及多传感器融合定位和建图所需的主要技术，希望能够对读者了解激光 SLAM 起到一定的帮助作用。

本章参考文献

[1] 王金科，左星星，赵祥瑞，等. 多源融合 SLAM 的现状与挑战 [J]. 中国图象图形学报，2022，27(2)：368-389.

[2] ZUO X X, GENEVA P, LEE W, et al. LIC-fusion: LiDAR-inertial-camera odometry[C]. In 2019 IEEE/RSJ International Conference on Intelligent Robots and Systems (IROS), 2019: 5848-5854.

[3] MOURIKIS A I, ROUMELIOTIS S I. A multi-state constraint Kalman filter for vision-aided inertial navigation[C]. In Proceedings of the IEEE International Conference on Robotics and Automation, (Rome, Italy), 2007: 3565-3572.

[4] WISTH D, CAMURRI M, DAS S, et al. Unified multi-modal landmark tracking for tightly coupled lidar-visual-inertial odometry[J]. In IEEE Robotics and Automation Letters, 2021, 6(2): 1004-1011.

[5] ROSTEN E, PORTER R, DRUMMOND T. Faster and better: A machine learning approach to corner detection[J]. In IEEE Transactions on Pattern Analysis and Machine Intelligence, 2010, 32(1): 105-119.

[6] XU W, ZHANG F. Fast-lio: A fast, robust LiDAR-inertial odometry package by tightly-coupled iterated kalman filter[J]. IEEE Robotics and Automation Letters, 2021, 6(2): 3317-3324.

[7] WEI X, CAI Y X, HE D J, et al. FAST-LIO2: Fast direct LiDAR-inertial odometry[C]. ArXiv abs/2107.06829, 2022.

[8] LIN J, ZHENG C, XU W, et al. R2LIVE: A robust, real-time, LiDAR-inertial-visual tightly-coupled state estimator and mapping[J]. IEEE Robotics and Automation Letters, 2021, 6(4): 7469-7476.

[9] LIN J R, ZHANG F. R3LIVE: A robust, real-time, RGB-colored, LiDAR-inertial-visual tightly-coupled state estimation and mapping package[C]. ArXiv abs/2109.07982, 2021.

[10] SHAN T, ENGLOT B, RATTI C, et al. LVI-SAM: Tightly-coupled lidar-visual-inertial odometry via smoothing and mapping[C]. In 2021 IEEE International Conference on Robotics and Automation (ICRA), 2021: 5692-5698.

[11] WAN G. Robust and precise vehicle localization based on multi-sensor fusion in diverse city scenes[C]. In 2018 IEEE International Conference on Robotics and Automation (ICRA), 2018: 4670-4677.

[12] DING W, HOU S, GAO H, et al. LiDAR inertial odometry aided robust LiDAR localization system in changing city scenes[C]. In 2020 IEEE International Conference on Robotics and Automation (ICRA), 2020: 4322-4328.

[13] PAN L, JI K, ZHAO J. Tightly-coupled multi-sensor fusion for localization with LiDAR feature maps[C]. In 2021 IEEE International Conference on Robotics and Automation (ICRA), 2021: 5215-5221.

[14] ROSTEN E, DRUMMOND T. Machine learning for high-speed corner detection[C]. In Proceedings of the 9th European conference on Computer Vision-Volume Part I (ECCV2006), 2006: 430-443.

[15] LUCAS B D, KANADE T. An iterative image registration technique with an application to stereo vision[C]. In Proceedings of Imaging Understanding Workshop, 1981: 674-679.

[16] HE D, XU W, ZHANG F. Embedding manifold structures into kalman filters[C]. ArXiv: 2102. 03804, 2021.

[17] QIN C, YE H, PRANATA C E, et al. LINS: A LiDAR-inertial state estimator for robust and efficient navigation[C]. In 2020 IEEE International Conference on Robotics and Automation (ICRA), 2020: 8899-8906.

[18] QIN T, LI P, SHEN S. VINS-Mono: A robust and versatile monocular visual-inertial state estimator[J]. IEEE Transactions on Robotics, 2018, 34(4): 1004-1020.

[19] FORSTER C, CARLONE L, DELLAERT F, et al. On-manifold preintegration for real-time visual-inertial odometry[J]. IEEE Trans. Robot, 2017, 1(3): 1-21.

[20] ZHANG J, SINGH S. LOAM: LiDAR odometry and mapping in real-time[C]. In Robotics: Science and Systems Conference (RSS), 2014: 109-111.

[21] ZHANG J, SINGH S. Laser-visual-inertial odometry and mapping with high robustness and low drift[J]. Journal of Field Robotics (JFR), 2018, 35(8): 1242-1264.

[22] YE H Y, CHEN Y Y, LIU M. Tightly coupled 3D LiDAR inertial odometry and mapping[C]. In International Conference on Robotics and Automation (ICRA), 2019: 3144-3150.

[23] WU K J. Unobservable directions of VINS under special motions[EB/OL]. University of of Minnesota, 2016: 35-39.

[24] DONG T C, MOURIKIS A I .Motion tracking with fixed-lag smoothing: Algorithm and consistency analysis[C]. International Conference on Robotics & Automation, 2011: 60-66.

第14章 展望未来

在前面的章节中，我们分别介绍了激光雷达标定、感知和定位等模块中一些有代表性的算法。通过前面的学习，相信读者对各功能已经有了基本的了解，也希望对大家后续的学术研究和工程应用有一定的启示。在本章中，我们将一起展望未来，讨论激光雷达及其感知、定位技术的研究热点和发展方向。

14.1 车载激光雷达的未来

14.1.1 车载激光雷达当前面临的挑战

车载激光雷达领域目前仍处在探索、创新和突破的早期研究阶段，业界尚未形成较为成熟的技术体系以及完善的供应链和行业标准。激光雷达厂商在选择技术路线时，须在人眼安全的前提下，综合考虑技术储备、成本、性能、生产工艺、过车规难易程度等多重因素，这也直接导致当前市场上众多方案并存的局面。

虽然目前已有多家汽车厂商发布了搭载高线束激光雷达的量产车型，但是现有高分辨率半固态/混合固态激光雷达的价格普遍在几千到几万元人民币，同时受制于生产加工工艺等因素，目前半固态激光雷达产能不足，供货周期较长。所以，成本高、量产困难等诸多挑战仍是车载激光雷达在智能驾驶车辆中得以大规模推广的主要障碍。

14.1.2 车载激光雷达的发展趋势

从行业需求看，低成本、高分辨率、超远探测距离、抗干扰、满足人眼安全要求、符合车规要求等将是车载激光雷达商业化普及的发展趋势。接下来，我们具体从扫描方式和测距方式的角度讨论激光雷达的技术发展路线。从扫描方式上看，基于 MENS 振镜、硅光芯片式摆镜和透射棱镜等扫描方式的半固态 / 混合固态激光雷达仍将是短期内激光雷达厂商的主要技术方案。但是从长远看，半固态 / 混合固态均是车载激光雷达的一种过渡形态，纯固态激光雷达由于完全去除了内部运动部件，因此常被业界认为是车载激光雷达未来的技术路线。

FLASH 激光雷达和 OPA 激光雷达是纯固态激光雷达中比较有代表性的两种扫描方案。FLASH 激光雷达属于非扫描式激光雷达，其通过发射面阵激光来获取二维或三维激光图。扫描式激光雷达在单次发射激光线束时通常只探测某个方位的信息，而 FLASH 激光雷达在单次探测时就覆盖了视场角内的所有方位，可一次性实现全局成像并完成对周围环境的探测，所以系统稳定、刷新频率极高。但 FLASH 激光雷达能耗比较大，在现阶段，FLASH 激光雷达多作为辅助传感器。图 14-1 示意性地展示了 FLASH 激光雷达的工作原理。

OPA（Optical Phased Array）激光雷达包含由多个激光发射单元组成的发射阵列，其通过调节发射阵列中各单元的相位差来改变激光光束的出射角度，在设定方向上产生互相加强的干涉，从而实现高强度的指向光束，实现对周围环境的扫描探测。图 14-2 是 Quanergy Systems 在 2021 年发布的首款 OPA 激光雷达的原理示意图，可初步实现 100 米范围内的环境探测。

虽然现阶段 FLASH 式和 OPA 式车载纯固态激光雷达大多处于预研阶段，尚不能量产化落地，但它们具有芯片化、集成化程度高、抗干扰能力强、大规模生产后成本低、扫描频率高等优点，因此近年来越来越多的公司和学者投身于纯固态车载激光雷达的研究。

前面我们主要基于扫描方式对激光雷达进行了讨论。而按照激光测距方式，激光雷达可分为 ToF、FMCW 和 AMCW 等类别。现有的车载激光雷达大多基于 ToF（Time of Flying）测距

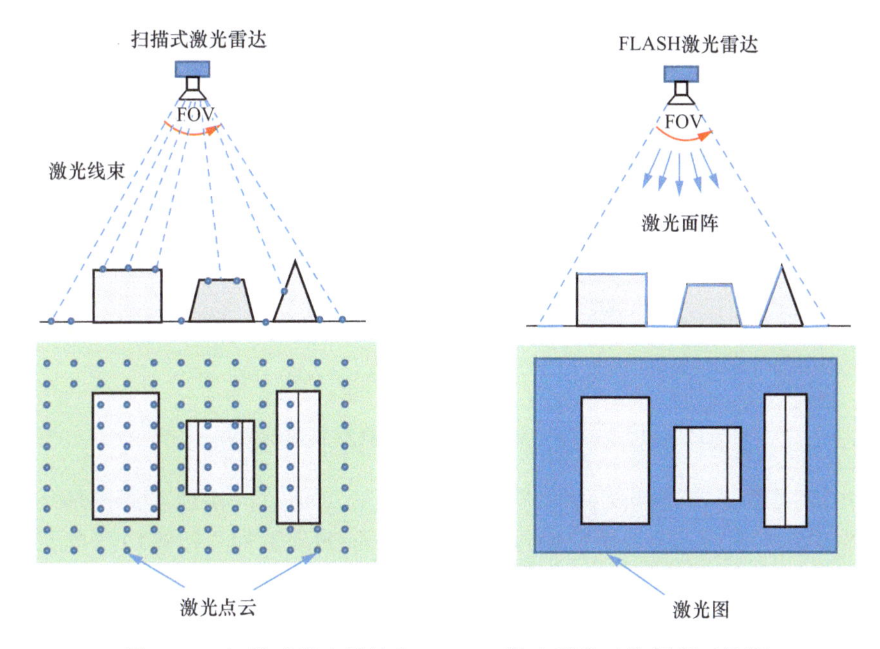

图 14-1 扫描式激光雷达和 FLASH 激光雷达工作原理对比图

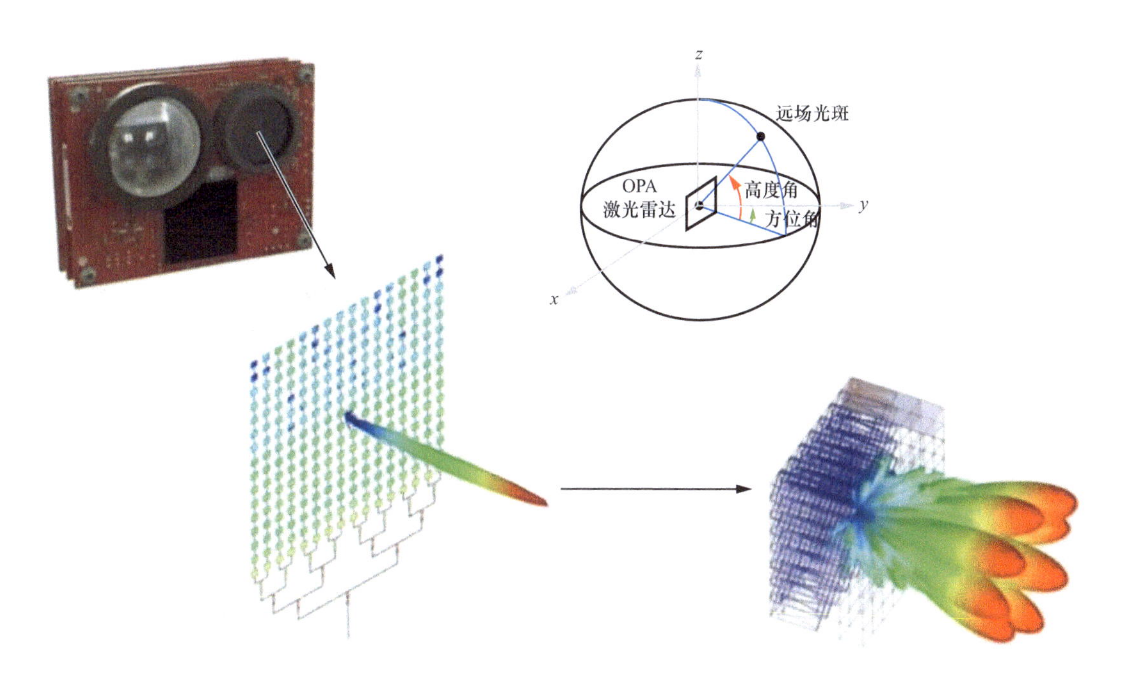

图 14-2 Quanergy S3 型 OPA 激光雷达工作原理示意图

（注：图片参考 Quanergy Systems 官网制作而成）

原理，即激光在照射到物体表面后被反射回来，接收器接收到反射光并计算激光从发射到接收的时间 t。将时间 t 乘以光速并除以 2 便可得到物体与激光雷达之间的距离。ToF 式激光雷达最大的问题是无法获取目标物体的速度信息，而 FMCW 式激光雷达是在扫描周期内发射频率变化的连续波，对反射光和发射光进行干涉，并利用混频探测技术测量反射光和发射光的频率

差 Δf，而后通过频率差 Δf 计算出与目标物体的距离，如图 14-3 所示。此外，如果目标物体靠近车辆，光频率会升高；如果目标物体远离车辆，光频率会降低；通过频率差异就能算出目标物体相对于车辆的速度。

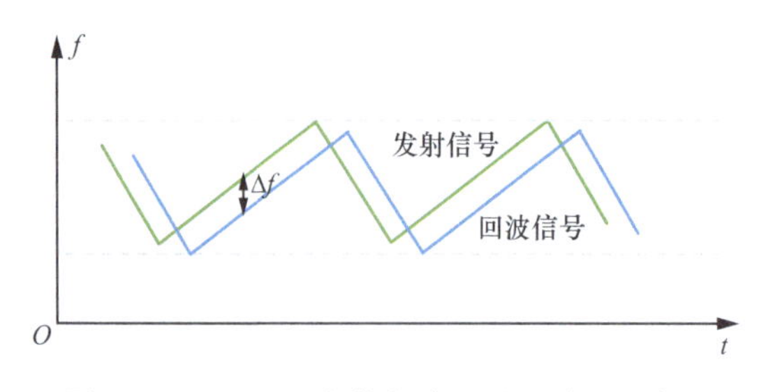

图 14-3 FMCW 式激光雷达测距原理示意图

由于 FMCW 式激光雷达能够测算出目标物体的速度信息，实现对周围环境的 4D 探测，近年来，业界对此类激光雷达的研究投入明显增加，Aeva、雷神科技等均发布了 FMCW 式激光雷达。图 14-4 展示了 Aeva 于 2021 年发布的 4D 激光雷达的点云效果。

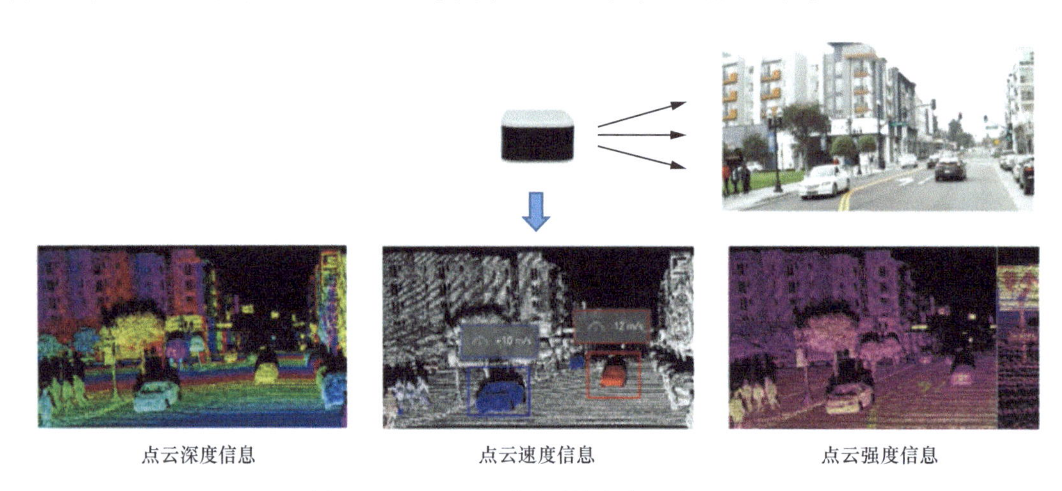

图 14-4 Aeva 4D 激光雷达的点云效果展示

（注：图片参考 Aeva 官网制作而成）

14.2 激光感知算法的研究热点和趋势

通俗地说，在一定的计算开销下全场景地实现“看”得更远、更准、更快是激光感知算法的总体目标。从计算开销和实时性来说，为了使激光感知算法满足上板、上车的工程化要求，我们可通过设计轻量化网络或使用共用骨架网络的多任务网络架构来降低算法的计算开销[1]。从场景来说，激光雷达在雨、雪、雾天气和尘霾等场景下点云质量明显降低，因此如何应对这种恶劣工况及特殊场景值得我们持续研究。在硬件技术上，我们可以采用多回波模式，增强激光雷达对雨、雪、雾、灰尘的穿透能力。具体在算法层面，则可以开发相关的算法模型，降低雨、雪、雾等对感知模块的影响，并提升系统在此类场景中的检测性能[2-4]。

那么，如何让激光感知系统“看”得更远、更准呢？缘于激光雷达点云的稀疏性，且远处物体对应的点云个数较少，如图 14-5 所示，远距离物体、小目标的检测是激光感知的难点之一。同时，物体遮挡、点云噪声和驾驶中的地面颠簸对目标的检测也会产生负面的影响。一方面，经过业界学者多年的研究和不断突破 [5-7]，目前仅基于单帧激光点云的感知算法的性能已经逐渐趋于稳定。因此，一些学者最近尝试基于叠加操作、cross-attention 操作或 Transformer 机制对多帧激光点云进行处理，从中抽取时空特征，以进一步提升激光感知算法的检测性能 [8-10]。

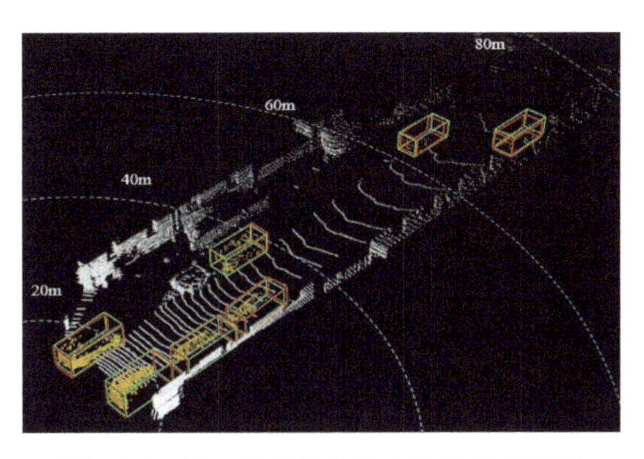

图 14-5　远、近目标点云个数对比示意图

另一方面，由于相机能够提供丰富的色彩、纹理信息，毫米波雷达能够提供目标物体的速度信息，激光雷达能够提供高精度的三维距离信息，结合多模态传感器的信息提升感知系统的性能，也逐渐成为这一领域的研究热点。早期，业界通常将多模态融合感知算法分为前融合和后融合两种形式。随着近几年涌现较多的研究成果，前述分类已无法描述现有的多个研究方向。因此，我们根据参考文献 [11] ～ [13] 将融合感知的研究大致分为图 14-6 所示的类别。

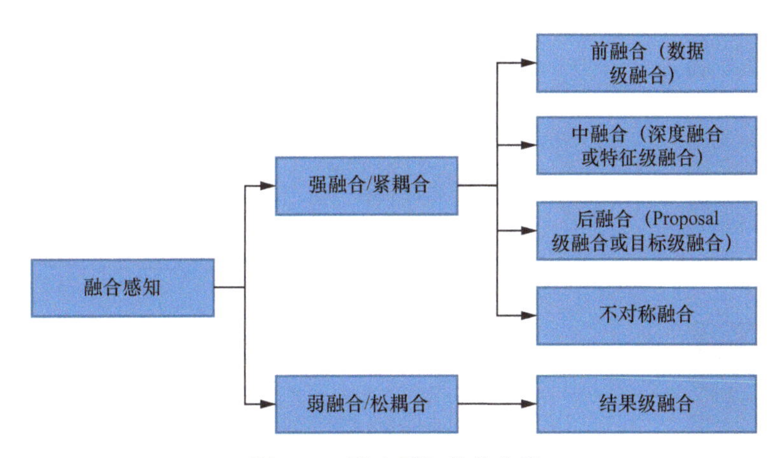

图 14-6　融合感知总体分类

首先，根据算法中各传感器信息交互的紧密程度，我们大体上将融合感知分为强融合 / 紧耦合和弱融合 / 松耦合两个方向。其次，根据多传感器信息的表示形式和交互步骤所属的阶段，强融合 / 紧耦合又细分为前融合、中融合、后融合以及不对称融合。下面我们以相机和激光雷达两种传感器的融合为例，简述各种融合方案的基本思路。其中，前融合又称为数据级融合，其不仅仅局限于直观上通过空间投影对激光点云和相机图像进行原始数据的对齐、结合，而且包含对图像语义特征和激光点云数据进行结合 [14,15] 或者对激光点云特征信息和原始图像进行

结合[16]等多种方式。中融合又称为深度融合或特征级融合，其主要通过各自的骨架网络从不同模态的传感器数据中抽取出特征信息，而后对跨模态的特征进行融合，并基于融合后的特征完成最终的检测或分割任务[17,18]。后融合又称为 Proposal 级融合或目标级融合，其利用不同模态对应网络分支识别出的潜在检测目标之间的信息融合来提升最终的检测性能[12,19]。不对称融合是指在网络中对不同传感器数据使用不同的信息表征形式进行融合。例如，将从激光点云中抽取的 Proposal 信息和图像数据或者从图像中抽取的特征信息融合[20-22]。弱融合 / 松耦合则是一种结果级融合方式。以检测任务为例，在这种融合方式下，网络模型中不同模态下的数据并没有进行相互传递，各分支单独进行目标的检测，最终通过一些弱连接的方式实现多模态信息的交互[23]，或者通过人为制定的规则进行多模态下目标的匹配关联，以最终实现检测目标信息的精细化。图 14-7 进一步展示了以上各融合方案的大致流程。

总体而言，目前的大多数研究成果表明强融合 / 紧耦合方式的多模态融合感知性能要优于

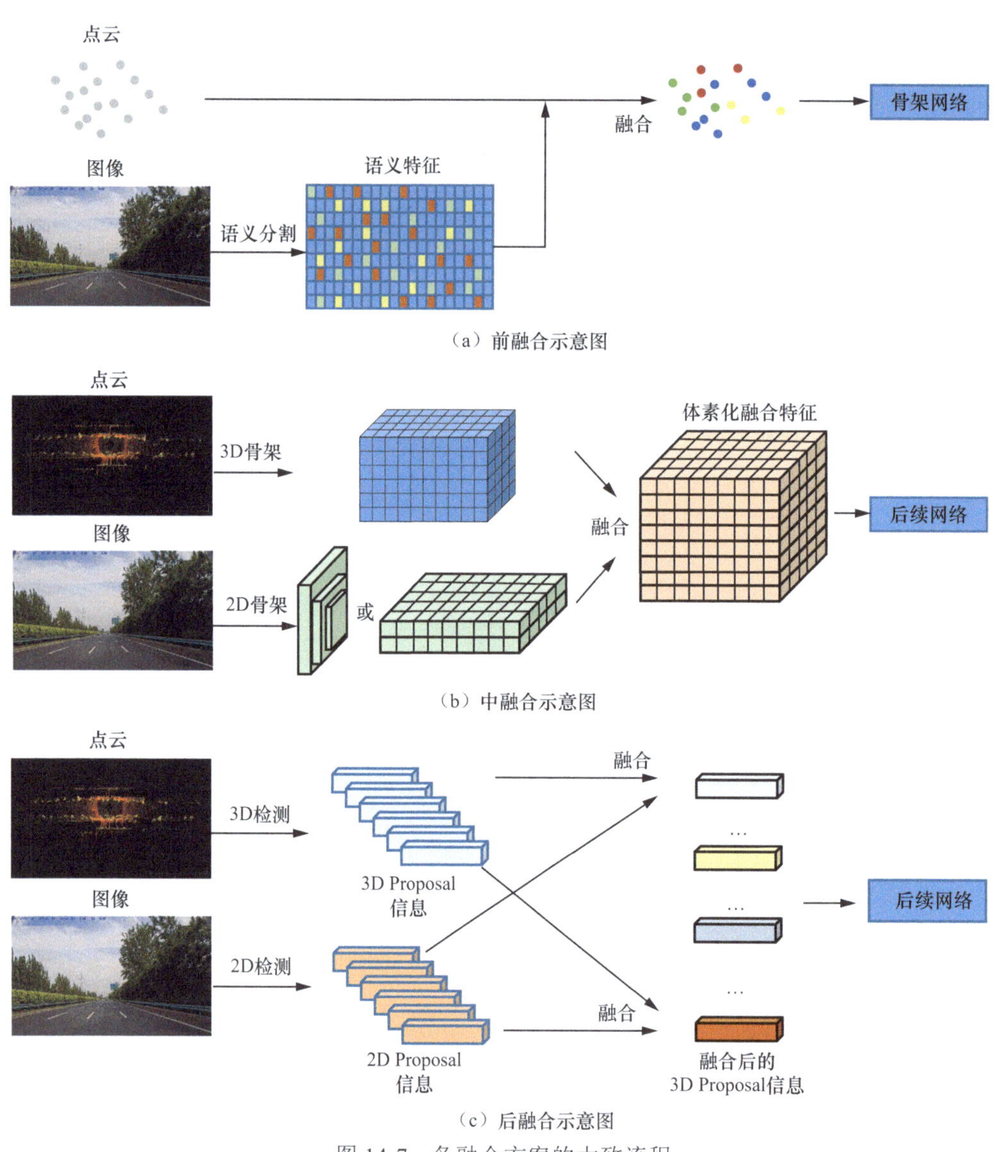

图 14-7　各融合方案的大致流程

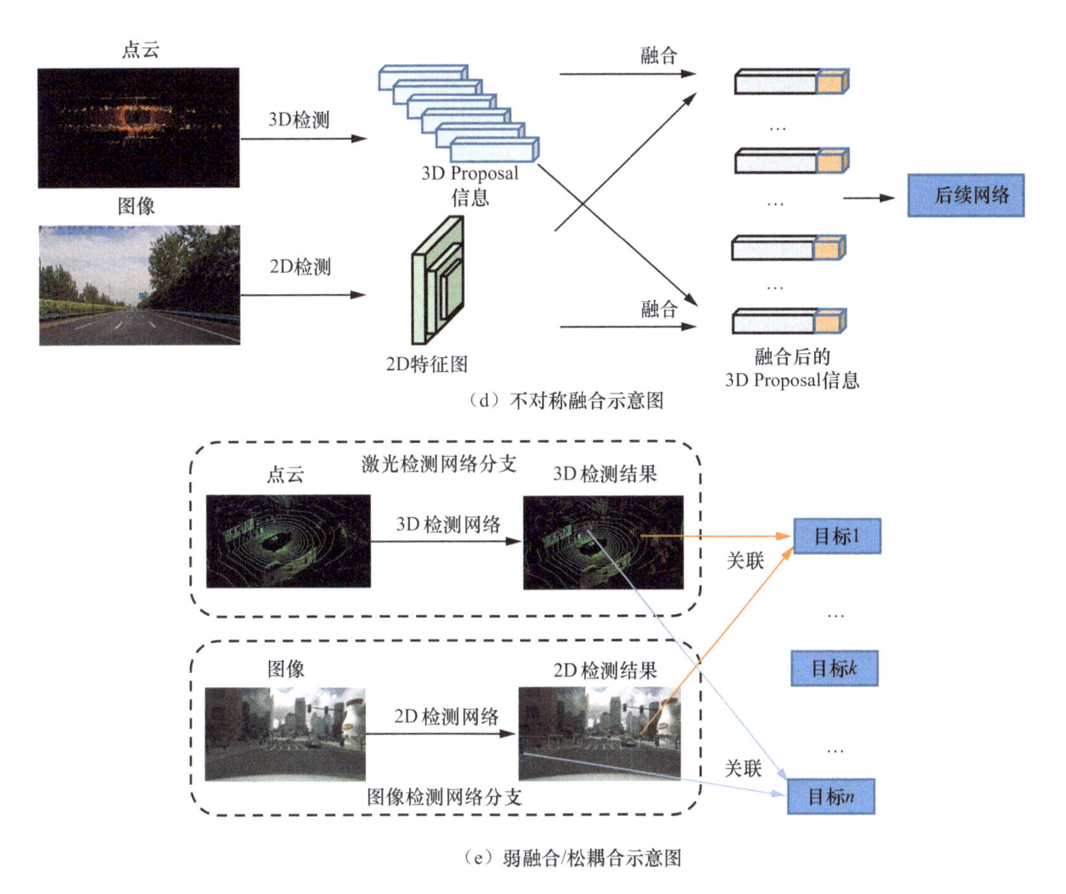

图 14-7 各融合方案的大致流程（续）

弱融合 / 松耦合方式。这是由于强融合 / 紧耦合方式可以在数据级、特征级或 Proposal 级等多个阶段实现多模态传感器信息的融合，并且能够更高效地结合多模态传感器的优势。因此目前看来，强融合 / 紧耦合方式将会是融合感知的趋势。

进一步地，在感知算法中结合导航地图或高精地图信息也是一个值得深入研究和探讨的方向 [24,25]。因为能够提供周围环境和道路的先验信息，所以地图对于提升感知算法的精度、稳定性和鲁棒性等起到促进作用。此外，感知、预测、决策等一体化网络也逐渐引起学者们的研究兴趣，并且业界最近也涌现一些优秀的成果 [26,27]。

14.3 激光定位算法的研究热点和趋势

类似地，我们对智能驾驶中定位算法的总体需求是精确、稳定地实现各驾驶场景中的实时定位。然而，单一定位传感器或单传感器定位系统存在明显的局限性，例如 GPS 在室内、隧道、高架桥等场景中容易出现信号丢失或定位信息不准确的情况；IMU 因为存在零偏不确定性和累积误差，无法长时间独立用来计算车辆位姿变化；基于单相机的定位系统受外界光照影响较大，且在动态环境、背景特征过少或过多等条件下会失效；基于单激光雷达的定位系统无法有效处理结构相似的场景，且重定位效果较差[28]。因此，结合多种传感信息、结合多特征基元数据以及结合多维度信息的多源定位算法是目前业界的研究热点之一。

在经过对第 12、13 章的学习后，我们已经熟悉多传感器融合这一概念，这里不再介绍。多特征基元数据融合是指在定位系统中使用多种特征基元，例如从激光点云中提取的点特征、面特征、体素特征，以及从相机图像中提取的点特征、线特征、像素特征等。我们知道在走廊、车库等场景下，仅基于点特征的定位方案在精度和鲁棒性方面有一定的不足。而此类场景中的线特征、面特征、体素特征则比较丰富，各特征基元的引入可进一步提升定位系统的性能[29-31]。多维度信息融合则是在几何信息和语义信息等维度实现数据的融合。传统定位算法基于图像或点云提取几何特征，并基于几何特征的匹配实现位姿估计。在恶劣工况或特殊场景下，几何特征的提取较不稳定，这就导致传统定位算法在这些场景下的精度、性能不佳。如图 14-8 和图 14-9 所示，语义信息提取的稳定性相对较好，因此结合几何信息和语义信息实现多维度信息融合定位，也是目前业界的研究热点和趋势之一[32,33]。

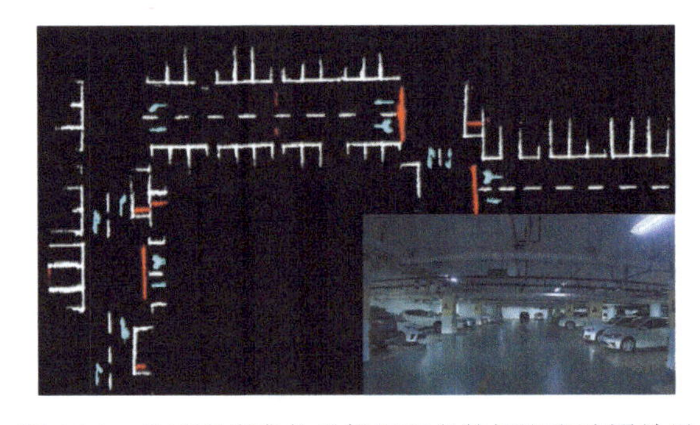

图 14-8　地下车库车位及标识语义的提取和建图效果

（注：图片来自参考文献 [32]）

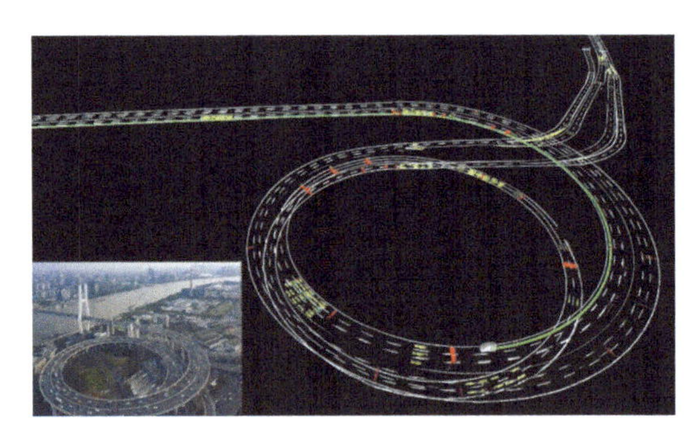

图 14-9　上海南浦大桥车道线及标识语义的提取和建图效果

（注：图片来自参考文献 [33]）

随着深度学习技术近年来在多个领域取得突破性进展，基于深度学习网络进行特征提取[34,35]、回环检测[36]或位姿估计[37,38]也是业界的一个研究热点。图 14-10 展示了 DMLO[38] 算法基于卷积神经网络在两帧点云中抽取特征点并通过全局稀疏匹配实现激光里程计功能的基本流程。

此外，智能驾驶面临的场景通常是高动态场景，而传统定位算法最初是面向静态场景提出的，因此如何降低或消除运动物体对 SLAM 算法的影响是一个值得持续研究的开放性课题。在早期研究中，学者们尝试通过使用视点特征直方图（Viewpoint Feature Histogram，VFH）[39]、占用栅格[40]等技术识别对应运动物体的点云聚类，以便定位算法从剩余的静止物体中抽取特征基元。近年来，一些学者尝试使用深度学习的方式分割[41,42]或检测[43]出运动物体以用于定位功能，并取得令人欣喜的成果。图 14-11 示意性地给出了 MOS 算法[41]如何基于多帧激光点云中包含的时间和空间信息，快速分割出运动物体所对应的点云。

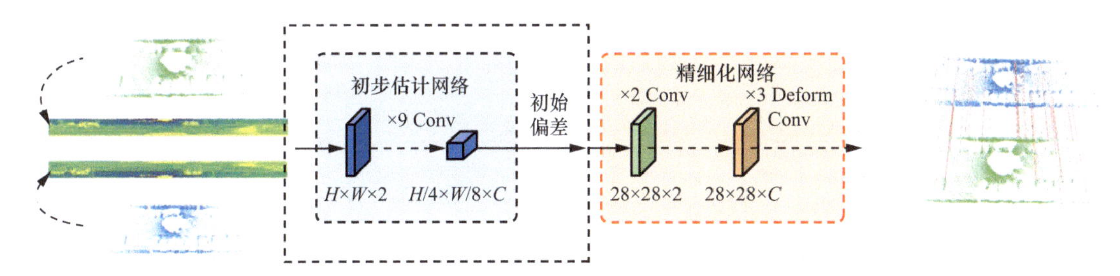

图 14-10　DMLO 算法实现激光里程计功能的基本流程

（注：图片来自参考文献 [38]）

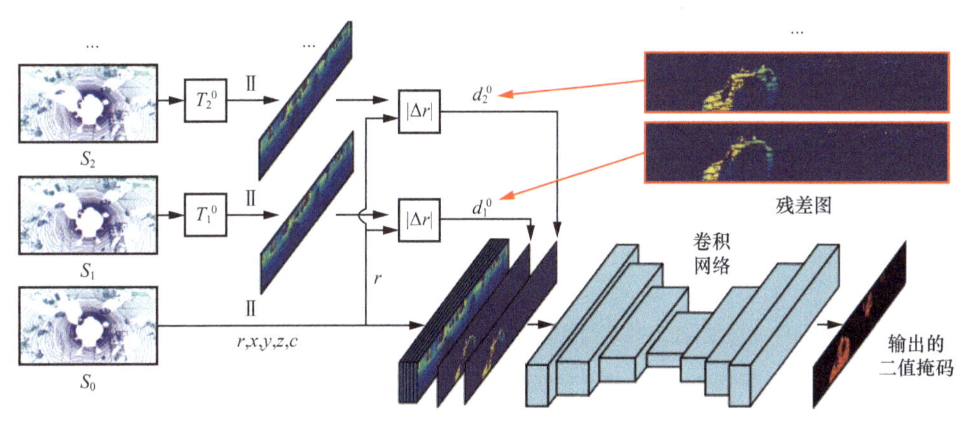

图 14-11　MOS 算法的基本流程

（注：图片来自参考文献 [41]）

14.4 本章小结

在完成对相关算法理论的学习、讨论后，我们在本章中讨论了激光雷达及其感知和定位算法的几个研究热点和趋势。在激光雷达硬件领域，我们认为车载激光雷达在短期内仍将沿用半固态的总体方案架构，并主要集中于解决成本、抗噪声、产能、符合车规标准等量产化需求；而从长远看，业界会逐渐向纯固态激光雷达方案推进。在感知算法领域，轻量化网络、多任务网络是降低算法计算开销的一种有效途径。此外，基于时空序列信息或多传感器信息以提升感知算法的性能，是目前的研究热点和趋势之一。在定位算法领域，多源信息融合定位逐渐成为业界学者们的发力点之一。同时，引入深度学习方法以提升定位算法的精度和鲁棒性，也是一个普遍的研究趋势。

当然，激光雷达及其感知和定位算法仍是快速发展的热点研究领域，业内会不断涌现新的研究方向和创新点，本章无法做到完全概括或准确预测，谨希望本章的讨论能给读者后续的工作或研究提供些许参考思路。

至此，你已经完成对全书的学习，希望你在读完本书后，对车载激光雷达本身及其感知和定位算法有一定的了解。期待你能够在后续的研究或工作中取得可喜的成果，为车载激光雷达的推广应用及行业发展贡献一份力量！

本章参考文献

[1] 邹丹平，郁文贤．面向复杂环境的视觉感知技术现状，挑战与趋势 [J]．人工智能，2021, 4(1): 104-117.

[2] WANG Y, FU F, SHI J, et al. Efficient moving objects detection by LiDAR for rain removal[C]. Intelligent Computing Methodologies, 2016: 697-706.

[3] YANG T, LI Y, RUICHEK Y, et al. Lanoising: A data-driven approach for 903nm ToF LiDAR performance modeling under fog[C]. In 2020 IEEE/RSJ International Conference on Intelligent Robots and Systems (IROS), 2020: 10084-10091.

[4] QIAN K, ZHU S, ZHANG X, et al. Robust multimodal vehicle detection in foggy weather using complementary LiDAR and radar signals[C]. In 2021 IEEE/CVF Conference on Computer Vision and Pattern Recognition (CVPR), 2021: 444-453.

[5] HU Y H. AFDetV2: Rethinking the necessity of the second stage for object detection from point clouds[C]. AAAI, 2022: 316-319.

[6] LU Y, HAO X, SUN S, et al. RAANet: Range-aware attention network for LiDAR-based 3D object detection with auxiliary density level estimation[EB/OL]. ArXiv, abs/2111.09515, 2021.

[7] DENG S H, LIANG Z H, SUN L, et al. VISTA: Boosting 3D object detection via dual cross-view spatial attention[C]. In 2022 IEEE/CVF Conference on Computer Vision and Pattern Recognition (CVPR), 2022: 8438-8447.

[8] QI C R. Offboard 3D object detection from point cloud sequences[C]. In 2021 IEEE/CVF Conference on Computer Vision and Pattern Recognition (CVPR), 2021: 6130-6140.

[9] YANG Z, ZHOU Y, CHEN Z, et al. Ngiam. 3D-MAN: 3D multi-frame attention network for object detection[C]. ArXiv:2103.16054v1, 2021.

[10] LUO Z, ZHANG G, ZHOU C, et al. TransPillars: Coarse-to-fine aggregation for multi-frame 3D object detection[C]. ArXiv: 2208.03141, 2022.

[11] HUANG K, SHI B, LI X, et al. Multi-modal sensor fusion for auto driving perception: A survey[C]. ArXiv:2202.02703, 2022.

[12] BAI X, HU Z, ZHU X, et al. TransFusion: Robust LiDAR-camera fusion for 3D object detection with transformers[C]. In 2022 IEEE/CVF Conference on Computer Vision and Pattern Recognition (CVPR), 2022: 1080-1089.

[13] SONG T, ZHANG X D, DING M, et al. Deepfusion: A deep learning based multi-scale feature fusion method for predicting drug-target interactions[J]. Methods, 2022, 3(6): 269-277.

[14] VORA S, LANG A H, HELOU B, et al. Pointpainting: Sequential fusion for 3D object detection[C]. In Proceedings of the IEEE/CVF Conference on Computer Vision and Pattern Recognition, 2020: 4604-4612.

[15] WANG C W, MA C, ZHU M, et al. Pointaugmenting: Cross-modal augmentation for 3D object detection[C]. In Proceedings of the IEEE/CVF Conference on Computer Vision and Pattern Recognition, 2021: 11794-11803.

[16] MEYER G P, CHARLAND J, HEGDE D, et al. Sensor fusion for joint 3D object detection and semantic segmentation[C]. In Proceedings of the IEEE/CVF Conference on Computer Vision and Pattern Recognition Workshops, 2019: 10-19.

[17] YOO J H, KIM Y, KIM J S, et al. 3D-CVF: Generating joint camera and lidar features using cross-view spatial feature fusion for 3D object detection[C]. ArXiv: 2004. 12636, 3, 2020.

[18] LIU Z. BEVFusion: Multi-task multi-sensor fusion with unified bird's—eye view representation[C]. ArXiv: 2205. 13542,2022.

[19] KU J, MOZIFIAN M, LEE J, et al. Joint 3D proposal generation and object detection from view aggregation[C]. In 2018 IEEE/RSJ International Conference on Intelligent Robots and Systems (IROS), 2018: 1-8.

[20] CHEN X, MA H, WAN J, et al. Multi-view 3D object detection network for autonomous driving[C]. In IEEE CVPR, 2017: 6526-6534.

[21] PANG S, MORRIS D, RADHA H. Clocs: Camera-LiDAR object candidate's fusion for 3D object detection[C]. ArXiv:2009.00784, 2020.

[22] SINGH A, KAMIREDDYPALLI A, GANDHI V, et al. LiDAR guided small obstacle segmentation[C]. ArXiv: 2003.05970, 2020.

[23] QI C R, LIU W, WU C X, et al. Frustum pointnets for 3D object detection from rgb-d data[C]. In Proceedings of the IEEE Conference on Computer Vision and Pattern Recognition, 2018: 918-927.

[24] YANG B, LIANG M, URTASUN R. HDNET: Exploiting HD maps for 3D object detection[C]. In 2nd Conference on Robot Learning (CoRL), 2018: 156-161.

[25] FANG J, ZHOU D, SONG X, et al. Mapfusion: A general framework for 3D object detection with HD maps[C]. In 2021 IEEE/RSJ International Conference on Intelligent Robots and Systems (IROS), 2021: 3406-3413.

[26] ZHANG Y P, ZHU Z, ZHENG W Z, et al. BEVerse: Unified perception and prediction in birds-eye-view for vision-centric autonomous driving[EB/OL]. ArXiv: 2205.09743, 2022.

[27] HU S, CHEN L, WU P, et al. ST-P3: End-to-end vision-based autonomous driving via spatial-temporal feature learning[C]. ArXiv: 2207.07601, 2022.

[28] 王金科，左星星，赵祥瑞，等. 多源融合 SLAM 的现状与挑战 [J]. 中国图象图形学报，2022, 27(2): 22-29.

[29] CHEN S L, NAN L L, XIA R B, et al. PLADE: A plane-based descriptor for point cloud registration with small overlap[J]. IEEE Transactions on Geoscience and Remote Sensing, 2020, 58(4): 2530-2540.

[30] NICHOLSON L, MILFORD M, SÜNDERHAUF N. QuadricSLAM: dual quadrics from object detections as landmarks in object-oriented SLAM[J]. IEEE Robotics and Automation Letters, 2019: 4(1): 1-8.

[31] YANG S C, SCHERER S. CubeSLAM: Monocular 3D object SLAM[J]. IEEE Transactions on Robotics, 2019, 35(4): 925-938.

[32] QIN T, CHEN T, CHEN Y, et al. AVP-SLAM: Semantic visual mapping and localization for autonomous vehicles in the parking lot[C]. ArXiv: 2007.01813, 2020.

[33] QIN T, ZHENG Y, CHEN T, et al. Roadmap: A light-weight semantic map for visual localization towards autonomous driving[C]. ArXiv: 2106.02527, 2021.

[34] 秦红星，刘镇涛，谭博元. 深度学习刚性点云配准前沿进展 [J]. 中国图象图形学报，2022, 27(2): 329-348.

[35] BAI X, LUO Z, ZHOU L, et al. D3Feat: Joint learning of dense detection and description of 3D local features[C]. ArXiv: 2003.03164, 2020.

[36] DUBÉ R,DUGAS D, STUMM E, et al. Segmatch: Segment based place recognition in 3D point clouds[C]. In 2017 IEEE International Conference on Robotics and Automation (ICRA), 2017: 5266-5272.

[37] 赵洋，刘国良，田国会，等. 基于深度学习的视觉 SLAM 综述 [J]. 机器人，2017, 10(6):889-896.

[38] LI Z, WANG N. DMLO: Deep matching LiDAR odometry[C]. In 2020 IEEE/RSJ International Conference on Intelligent Robots and Systems (IROS), 2020: 6010-6017.

[39] LITOMISKY K, BHANU B. Removing moving objects from point cloud scenes[C]. WDIA 2012. Lecture Notes in Computer Science, 2013: 50-58.

[40] XIAO W, VALLET B, XIAO Y, et al. Occupancy modelling for moving object detection from LiDAR point clouds: A comparative study[J]. Remote Sensing and Spatial Information Sciences, 2017, 3(6): 171-178.

[41] CHEN X. Moving object segmentation in 3D LiDAR data: A learning-based approach exploiting sequential data[D]. In IEEE Robotics and Automation Letters, 2021: 6529-6536.

[42] HE Z, FAN X, PENG Y, et al. EmPointMovSeg: Sparse tensor based moving object segmentation in 3D LiDAR point clouds for autonomous driving embedded system[J]. In IEEE Transactions on Computer-Aided Design of Integrated Circuits and Systems, 2023, 42(1): 41-53.

[43] MA T, OU Y. MLO: Multi-object tracking and LiDAR odometry in dynamic environment[EB/OL]. ArXiv: 2204. 11621, 2022.